शिवानी राकेश

शिवानी राकेश का जन्म 6 नवम्बर, 1987 में बुंदेलखंड के जालौन जिले के कोंच कस्बे में हुआ। प्राथमिक से लेकर इंटरमीडिएट तक की उनकी शिक्षा उरई में हुई। उच्च शिक्षा लखनऊ में। उन्होंने 'एमिटी यूनिवर्सिटी' से 2006 में 'बैचलर ऑफ़ फ़ाइन आर्ट्स' की डिग्री प्राप्त की। तदुपरान्त नोएडा स्थित मल्टी नेशनल कम्पनी 'मैजिक सॉफ्टवेयर' में ई-बुक प्रोडक्शन और एनीमेशन डिविजन में काम किया। तीन सालों तक नौकरी करने के बाद पुनः लखनऊ लौटकर लखनऊ विश्वविद्यालय के मास कम्युनिकेशन विभाग से पोस्ट ग्रेजुएट डिप्लोमा किया। वहाँ 'हाउ एडवरटाइजिंग बीकेम यंग' शीर्षक से लघु शोध प्रबन्ध लिखा। चित्रकारी, एनिमेशन और सिनेमा में उनकी गहरी दिलचस्पी है। 'सिनेमा को पढ़ते हुए' उनकी पहली पुस्तक है।

ई-मेल : shivani.niranjan@gmail.com

सिनेमा को पढ़ते हुए

शिवानी राकेश

लोकभारती पेपरबैक्स

लोकभारती पेपरबैक्स में
पहला संस्करण : 2024

लोकभारती पेपरबैक्स : उत्कृष्ट साहित्य के जनसुलभ संस्करण

लोकभारती प्रकाशन
पहली मंजिल, दरबारी बिल्डिंग, महात्मा गांधी मार्ग
प्रयागराज-211 022
द्वारा प्रकाशित
शाखाएँ : 1-बी, नेताजी सुभाष मार्ग, दरियागंज, नई दिल्ली-110 002
अशोक राजपथ, साइंस कॉलेज के सामने, पटना-800 006
1, अनमोल सोराबजी सन्तुक लेन, धोबी तलाव, मरीन लाइंस, मुम्बई-400 002
वेबसाइट : www.lokbhartiprakashan.com
ई-मेल : info@lokbhartiprakashan.com

बी.के. ऑफसेट
नवीन शाहदरा, दिल्ली-110 032
द्वारा मुद्रित

मूल्य : ₹399

CINEMA KO PADHTE HUYE
by Shivani Rakesh

ISBN : 978-93-48229-90-8

प्यारे मम्मी-पापा के लिए

क्रम

प्रस्तावना

सिनेमा विचार अभिव्यक्ति का सशक्त एवं प्रभावी माध्यम है। यह भारतीय समाज के दैनिक जीवन में एक जरूरी हिस्से की तरह शामिल है। सन् 1913 में अपने आगाज से लेकर आज तक भारतीय सिनेमा का एक समृद्ध इतिहास और परम्परा है। गाँव-शहर, गरीब-अमीर तथा इस देश के सभी धर्मावलम्बियों और उनके जीवन से जुड़ी फिल्मों का निर्माण बॉलीवुड ने किया। दर्शकों ने उन्हें देखा, समझा और अपनी पसन्द-नापसन्द जाहिर की। फिल्मों से जुड़ी यादें सबके जीवन में शामिल भी हैं। फिल्मों से हमें बहुत कुछ सीखने, जानने को मिलता है और उनके तत्त्व हमारे व्यक्तित्व में अनायास सम्मिलित भी होते रहते हैं। सन् 1980 के दशक के अन्त तक सिनेमा शहर के दायरे में सिमटा हुआ था। ग्रामीण क्षेत्रों के लोग कस्बों और बाजारों के छोटे सिनेमाघरों में तैयारी के साथ फिल्में देखने जाया करते थे। अस्सी के दशक के अन्त के आते-आते वीडिओ/वीसीआर जेरनेटर सेट एवं रंगीन टेलीविजन ने सट्टे और किराए पर गाँवों में शादी-व्याह और जन्मदिन आदि के विशेष अवसरों पर दखल देना आरम्भ किया। नब्बे के दशक के अन्तिम वर्षों में सेटेलाइट चैनलों ने धीरे-धीरे फिल्मों का दर्शकों के पक्ष में विकेन्द्रीकरण किया। सन् 2024 की बात करें तो पिछले तीन-चार सालों से फिल्में हफ्ते या पखवाड़े में नहीं बल्कि हर दिन रिलीज होकर हर समय, प्रत्येक गाँव-घर में कम्प्यूटर, टेलीविजन और मोबाइल फोन पर इंटरनेट डाटा के सहारे मौजूद हैं। अब ओटीटी चैनलों पर फिल्मों के असंख्य विकल्प मौजूद हैं। दर्शक को जो पसन्द आए, जब समय हो तब फिल्में/वेब सीरीज देखने की आजादी है। बॉलीवुड ही नहीं हॉलीवुड और दुनिया के तमाम देशों की फिल्मों के हिन्दी, अंग्रेजी या अन्य देशी भाषाई संस्करण हमारे ड्राइंगरूम, बेडरूम या ऑफिस के कम्प्यूटर, टेलीविजन और मोबाइल पर उपलब्ध हैं।

फिल्मों से अपने प्रथम परिचय की बात करूँ तो सन् 1987-88 के वर्ष में जब गाँव के कुछ लड़के दिल्ली कमाने गए और मनोरंजन का एक नया जादुई साधन रंगीन टेलीविजन और जनरेटर लेकर लौटे तब हुआ। इसी दौरान मैंने सिनेमाहॉल में पिताजी के साथ पहली फिल्म सन्नी देओल, अनिल कपूर और श्रीदेवी अभिनीत

'जोशीले' सिसवा बाजार कस्बे के प्रेमचित्र मन्दिर में डी.सी. टिकट लेकर देखी थी। पिताजी फिल्म देखने के बहुत शौक़ीन थे। हर शनिवार और बुद्धवार को सिसवा बाजार जरूर जाते और हफ्ते में एक फिल्म जरूर देखते। मैंने सिनेमा हॉल में दूसरी फिल्म बुआ के लड़के के साथ प्रेमचित्र मन्दिर में ही 'आवारगी' देखी थी। दूरदर्शन पर भी वीकेंड पर गाँव के अमीर लोगों के घरों के ब्लैक एंड ह्वाइट टेलीविजन पर तमाम फिल्में देखीं। गाँव में ही वीडियो पर 'मैंने प्यार किया', 'नगीना', 'मर्द', 'शहंशाह', 'जवाब हम देंगे', 'दोस्त', 'निगाहें', 'आई मिलन की रात' जैसी और भी न जाने कितनी फिल्में बार-बार देखीं। इस तरह बचपन से फिल्मों के प्रति रुचि बढ़ती गई।

गाँव के बाहर स्थित बड़े से खलिहान पर आई बारातों के बारह-सोलह गजी रंगीन शामियानों के नीचे नौटंकी, चमरनचवा और धोबिनचवा का लाइव प्रसारण देखकर मनोरंजन करने वाले लोगों की रुचि अब वी.सी.आर. वाले रंगीन टेलीविजन देखने में बढ़ने लगी। जो लोग शादी के तय होने के समय दहेज के सामानों की लिस्ट के साथ मशहूर नौटंकी-टोलियों और बैंड-बाजों का नाम अपनी इज्जत में चार चाँद लगाने के लिए फिक्स किया करते थे, वे बारात में अब अपनी पसन्द की हीरो-हीरोइन की फिल्मों के कैसेट रंगीन टेलीविजन पर देखने की माँग करने लगे थे। बात केवल शादी बारात तक न रही, अब गाँव-घर में बच्चों की पैदाइश, मुंडन और जन्मदिन जैसे अवसरों पर पड़ोस का 'वीडियो वाला' रंगीन फिल्में दिखाने लगा। सन् 1990 के दशक का आरम्भ एक बड़े सांस्कृतिक परिवर्तन का प्रस्थान बिन्दु था जिसने धीरे-धीरे परम्परागत लोक कलाओं को प्रतिस्थापित कर बॉलीवुड सिनेमा को देश के कोने-कोने में पहुँचाया। सिनेमा के बढ़ते प्रभाव के कारण लोक कलाकार और लोक-कलाएँ हाशिए पर चली गईं और कुछ विलुप्त भी हो गईं।

फिल्मों का जादू बचपन से ही मेरे मन पर चल रहा था। बाबूजी के पास फिल्मी गीतों की एक किताब थी जिसमें सन् 1960 और आगे के दशक की फिल्मों जैसे 'पलकों की छाँव में', 'हम किसी से कम नहीं', 'दूसरा आदमी' जैसी सैकड़ों फिल्मों के गीत थे। किताब के बीच के पन्नों में उस जमाने के हीरो और हीरोइनों के फोटो भी थे जिसमें धर्मेन्द्र, हेमा मालिनी, असरानी, अनिल धवन, रेखा, जितेन्द्र, सारिका, जरीना वहाब, राजेश खन्ना, शत्रुघ्न सिन्हा आदि के चित्र आज भी याद हैं। फिल्मों और कलाकारों से परिचय के ये प्रारम्भिक दिन थे। सिनेमा हॉल के बन्द अँधेरे कमरों से निकलकर फिल्में और कलाकार गाँव-गाँव टेलीविजन और वीडियो के माध्यम से पहुँचने लगे थे। अखबारों में सिनेमाहॉल में चलने वाली फिल्मों के पोस्टर छपा करते थे जिनको देखकर पता चल जाता था कि किस सिनेमा हॉल में कौन सी फिल्म चल रही है। बड़े भैया गोरखपुर पढ़ने चले गए थे,

हम गाँव में उनके आने का इन्तजार करते और उनसे फिल्मों वाले अखबार की माँग करते थे। वे जब अखबार लाते तो उन्हें अपने किताबों पर 'उपरौटा' (कवर) लगाते और उन पर छपे हीरो-हीरोइन की फोटो को बड़े ध्यान से देखते। फिल्मों और उनके हीरो-हीरोइन के नाम याद करते। गाँव के बाहर के नए विकसित होते चौराहों पर सलून की नई काठ की गुमटियों में हजामत कराने वालों के ठीक सामने दिव्या भारती, रेखा, गोविन्दा, करिश्मा कपूर के चमकते फोटो ग्राहकों को आकर्षित करने के नए प्रयोग के तौर पर सामने आए थे। गाँव में बुधवार और शुक्रवार को चित्रहार, रविवार को रंगोली तथा शुक्रवार, शनिवार और रविवार की शाम को नियमित फिल्में देखने की सुविधा पड़ोसियों की कृपा से उपलब्ध हो गई थी। वे बड़े मजेदार और जादुई दिन थे। मैं फिल्में देखता और एक पुरानी डायरी में उनके नाम की लिस्ट भी बनाता जाता कि कितनी फिल्में देखने का रिकॉर्ड बन गया। टेलीविजन के परदे पर डोलती-बोलती छवियों का हमारे बालमन पर एक सम्मोहन सा प्रभाव हो गया था।

आडियो-विज़ुअल माध्यम होने के कारण सिनेमा का प्रभाव व्यापक एवं स्थायी होता है इसलिए फिल्मों की विषय वस्तु और एजेंडे को समझना बहुत जरूरी है। सिनेमा के बारे में एक समझ विकसित करने के लिए निरन्तर शोध एवं लेखन की आवश्यकता है। अपने निजी अनुभव से मैं यह बात कह सकता हूँ कि फिल्मों का सबसे ज्यादा असर बच्चों पर पड़ता है। सन् 1990 के आसपास जब 'रामायण', 'महाभारत', 'टीपू सुल्तान', 'चाणक्य' और 'वीर अब्दुल हमीद' जैसे धारावाहिक घर-घर लोकप्रिय हो रहे थे उसी समय 'लोहा', 'नगीना', 'मर्द' और 'दिल' जैसी सैकड़ों फिल्में वीडियो कैसेट और टेलीविजन के माध्यम से लोगों पर अपना जादुई असर छोड़ रही थीं। लोग एक ही रात में तीन-चार फिल्में देखते और महीनों तक उनकी कहानियों पर चर्चा करते और गाने गाते। नई उम्र के लड़के तो फिल्मी स्टाइल में नदी-नहर, तालाब, खलिहान, बगीचे में फिल्मों के एक्शन सीन रिक्रियेट करके मौज करते। हीरो के ढिशुम-ढिशुम और पापुलर डायलॉग्स तो महीनो तक दोहराए जाते। 'शक्तिमान' की तरह लोग हवा में उड़ना चाहते। चन्द्रकान्ता के ऐयारों की तरह जादूगरी करना चाहते। हर कोई कल्पना की उड़ान भरकर बॉम्बे जाकर हीरो बनना चाहता। जो लोग बम्बई में रहते उनके पीछे एक कहानी जोड़ दी जाती, 'वो देवशरण का लौंडा जो हीरो की तरह बड़े-बड़े बाल रखता है, एक बार दिव्या भारती के मेकअप रूम में घुस गया और बोला हम भी हीरो बनना चाहते हैं तो उसने अपना कार्ड और नम्बर उसको दिया और जल्दी ही दोनों एक साथ किसी फिल्म में काम करने वाले हैं।' जब भी वह लड़का बम्बई से घर आता, गाँव के लड़के आते-जाते उसको बड़े ध्यान से देखते और कई बार तो सवाल भी करते, "भैया तोहार फिल्म कबले आई!" जवाब में वह भी इतराकर गोला देता कि बस

दो-तीन महीने बाद आने ही वाली है माधुरी दीक्षित के साथ। औरत-मर्द, बूढ़े-बच्चे सब सिनेमा के आकर्षण में बँधने लगे थे। आज भी 'बाहुबली' जैसी फिल्मों का लोग इन्तजार करते हैं।

जाहिर है कि सिनेमा मेरे ही नहीं मेरे जैसे अनगिनत लोगों की चेतना का अभिन्न हिस्सा है। इसीलिए यह बेहद जरूरी है कि सिनेमा और उसके तमाम पहलुओं पर गम्भीरता से बात हो। सिनेमा की युवा अध्येता शिवानी राकेश अपनी इस किताब 'सिनेमा को पढ़ते हुए' में यही काम करती हैं। इस पुस्तक में शामिल लेख फिल्मों में प्रस्तुत विभिन्न विषयों और मुद्दों पर केन्द्रित हैं। शिवानी राकेश ने यह प्रयास किया है कि एक विषय से जुड़ी फिल्मों को एक लेख में शामिल कर उनकी विषय-वस्तु का विश्लेषण किया जाए। फिल्मों की विषय-वस्तु के विश्लेषण व अध्ययन के लिए अन्तर्वस्तु-विश्लेषण पद्धति सर्वाधिक उपयुक्त होती है। इस पद्धति में लिखित, वाचिक अथवा दृश्य सन्देशों का विश्लेषण किया जाता है। इस विधि का सर्वप्रथम प्रयोग समाचार पत्र-पत्रिकाओं, लेखों, विज्ञापनों एवं भाषणों के विश्लेषण के लिए किया गया था। वर्तमान में इसका प्रयोग संचार, पत्रकारिता, समाजशास्त्र, मनोविज्ञान व व्यापार जैसे क्षेत्रों में किया जा रहा है। कंटेंट एनालीसिस किसी घटना के वर्णन एवं विश्लेषण के लिए एक व्यवस्थित और वस्तुनिष्ठ शोध प्रविधि है। अन्तर्वस्तु-विश्लेषण पद्धति को परिभाषित करते हुए विलियम पी. स्कॉट (2005:75) ने डिक्शनरी ऑफ सोशियोलॉजी में लिखा है—

> Content analysis is a research technique used to describe and analyses objectively, systematically, and quantitatively the content of written, spoken or pictorial communications such as novels, editorials, movies, comic books, and public speeches. By systematically classifying analytical components of the material being studied the researcher can identify specific or general themes that were not evident from simple examination and for example, might be able to judge the kind impact (either intended or unintended) the material is having upon those exposed to the communication.

अर्थात अन्तर्वस्तु विश्लेषण एक ऐसी शोध पद्धति है जो संचार माध्यमों—जिसमें सिनेमा भी शामिल है—के दृश्यों, संवादों, और अभिनय के हाव-भावों के माध्यम से दर्शकों पर उसके प्रभाव का विश्लेषण करती है। अन्तर्वस्तु विश्लेषण पद्धति का प्रयोग मात्रात्मक एवं गुणात्मक दोनों रूपों में किया जाता है। इस अध्ययन पद्धति में अर्थ, भाव तथा सन्दर्भ को अधिक महत्त्व दिया जाता है।

सिनेमा नि:सन्देह एक ताकतवर और दूरगामी असर छोड़ने वाला माध्यम है जो विश्व के प्रत्येक स्थान तक आज इंटरनेट के माध्यम से उपलब्ध है। ऐसे व्यापक प्रभाव वाले विषय का विश्वविद्यालय के विभिन्न विभागों में अध्ययन-अध्यापन और शोध किया जाना, समझा जाना, और पढ़ा जाना बेहद जरूरी है। शिवानी राकेश की यह किताब इसी दिशा में एक सधा हुआ प्रयास है जो सिनेमा को एक किताब की तरह पढ़ने और समझने में आपकी मदद करेगी।

—राकेश कबीर

भूमिका

सिनेमा मेरे लिए एक ऐसा सम्मोहक कला माध्यम है जिसमें मैं मनोरंजन से इतर भी गहरे तक डूबती रही हूँ। मेरे लिए यह महाकाव्य से तुलनीय है। दो से तीन घंटे के बीच में एक लम्बे कालखंड और समय की तमाम अच्छी-बुरी प्रवृत्तियों को अपने भीतर समेट लेने की क्षमता इसे दूसरे कला माध्यमों से अलहदा बनाती है। सिनेमा इसलिए भी एक विशिष्ट कला माध्यम है क्योंकि यह अपने भीतर तमाम दूसरे कला माध्यमों को समेट लेता है। यहाँ तक यह अपने पूर्वज रंगमंच का समरूप है पर सिनेमा इसके आगे जाते हुए तकनीक को भी अपने भीतर शामिल करता है। न सिर्फ इसलिए कि फिल्म कैमरे के माध्यम से शूट की जाती है बल्कि इसलिए भी कि यह अपने सम्भव होने या रचे जाने के बीच तकनीक के दूसरे अनेक रूपों का भी सघनतम रचनात्मक इस्तेमाल करता है। और तब जो सिनेमा हमारे सामने होता है वह हमें किसी चमत्कार की तरह से प्रभावित करता है।

इस किताब पर काम करते हुए अनेक लोगों से बात करने के क्रम में मैंने सिनेमा के इस चमत्कारिक असर को उनकी आँखों में महसूस किया है। सिनेमा पर बात भर करते हुए लोगों के भीतर एक किस्सागो या अभिनेता जागने लगता है। बहुतेरे लोग किसी फिल्म पर बात करते हुए उसकी कहानी नैरेट करने लगते हैं तो कुछ अभिनेताओं का अनुकरण करते हुए उन चरित्रों की विभिन्न भंगिमाओं को जस का तस प्रस्तुत कर देना चाहते हैं। ऐसा इसलिए होता है क्योंकि अपनी सारी भव्यता और सामूहिकता के बावजूद कहानी और अभिनय सिनेमा के सबसे बुनियादी पहलू हैं। इसी मसले पर सिनेमा जैसी अधुनातन कला विधा हमारी सबसे आदिम कला विधाओं से जुड़ जाती है। तब हम अचानक जानते हैं कि सिनेमा के सम्मोहन के पीछे कहानी कहने और सुनने की वह आदिम निरन्तरता भी है जो इस समूची सभ्यता की यात्रा में हमारे डी एन ए का हिस्सा बन गई है।

जब हम कहानी पर आते हैं तो जाहिर है कि कहानियाँ कुछ चरित्रों के माध्यम से कही जाती हैं। जिनके बीच तमाम मुद्दों पर प्रेम या/और टकराव होते हैं। इन चरित्रों के द्वंद्व के पीछे से एक पूरा देश और काल दिखता है जो इन्हें विश्वसनीय बनाकर दर्शकों से सीधे जोड़ देता है। जहाँ दर्शक किसी चरित्र या जीवन-स्थिति से

अपने आप को सीधे जोड़ लेता है। ऐसा न हो तो भी वह अपने विचार, पृष्ठभूमि और वर्गीय स्थिति के चलते किसी चरित्र से प्रेम करता है और उसे सभी समस्याओं से पार पाता या जीतता देखना चाहता है तो कुछ दूसरे चरित्रों को पराजित देखना चाहता है। एक सक्षम निर्देशक इन्हीं स्थितियों के बीच एक पूरी दुनिया रचता है।

जब मैं इस किताब पर काम कर रही थी तो सिनेमा के प्रति अपने सम्मोहन के बावजूद उन मुद्दों पर अपने आप को ज्यादा फोकस कर रही थी जो आज के देश और दुनिया में तरह-तरह से टकराव और सहयोग रच रहे हैं। सिनेमा से प्यार करने वाली एक अध्येता के रूप में मेरे लिए यह जानना और पढ़ना एक जरूरी काम रहा है कि देश-दुनिया की तमाम सामाजिक, सांस्कृतिक और राजनीतिक विसंगतियों को यह किस तरह से चित्रित करता है? चूँकि सिनेमा की सफलता का एक मापदंड 'बॉक्स ऑफिस' भी है इसलिए इस बात पर भी नजर रही कि बॉक्स ऑफिस की दुनिया कैसे इसके कंटेंट को प्रभावित करती है। दरअसल सिनेमा एक बड़ी पूँजी का माध्यम है। ऐसे में इसके निर्देशकों पर इस बात का पूरा दबाव रहता है कि न सिर्फ फिल्म निर्माण में लगी पूँजी वापस पाई जाए बल्कि बड़ी मात्रा में मुनाफा भी कमाया जाए। कई बार हिट और फ्लॉप के बीच ही अच्छा और बुरा सिनेमा भी तय हो रहा होता है। बाजार का नियम साफ है कि अगर किसी निर्देशक की फिल्में मुनाफा नहीं कमा पा रही हैं तो उसके लिए फिल्म बनाना मुश्किल होता जाएगा। आज 'एन एफ डी सी' जैसी कोई संस्था नहीं बची है जो हिट फिल्मों की बजाय सार्थक फिल्मों के निर्माण में पूँजी लगाए। इसलिए यह अनायास नहीं है कि वही निर्देशक सार्थक फिल्में बना पा रहे हैं जो भव्यता की बजाय मानवीय सम्बन्धों की जटिलता और मार्मिकता को पकड़ने की कोशिश कर रहे हैं।

किताब की शुरुआत में मैंने भारतीय सिनेमा का एक सघन ब्यौरा देने की कोशिश की है जिससे पाठक इससे न सिर्फ परिचित हो सकें बल्कि दूसरे तमाम विषयों पर बनने वाले सिनेमा पर बातचीत की एक जमीन तैयार की जा सके। इसके आगे इस किताब के पहले हिस्से में सिनेमा में विभिन्न स्त्री-छवियों के प्रस्तुतीकरण के मुद्दे पर अलग-अलग कोणों और फिल्मों के माध्यम से बात रखी गई है। इस अध्याय में इस सवाल पर जोर रहा है कि क्या स्त्रियों के जीवन और मुद्दों को सिनेमा में सही प्रतिनिधित्व मिल पा रहा है? धर्म, परम्परा, संस्कृति, राजनीति और बाजारवाद के बीच जो स्त्री छवियाँ यहाँ पर प्रस्तुत की जा रही हैं वे कितनी असली या काल्पनिक हैं? वे परम्परागत छवियों में ही दिख रही हैं या समय के साथ उनके बदलते हुए संघर्ष और मुद्दे भी फिल्मों में रचे जा रहे हैं? आधुनिक दुनिया में स्त्री-पुरुष सम्बन्धों में जो नए कोण प्रकट हुए हैं वे सिनेमा में कितना दिख रहे हैं? उदारवाद के बाद आए बाजारवाद का स्त्री के जीवन, स्वास्थ्य, रोजगार और इससे भी आगे बढ़कर एक बराबर के व्यक्ति के रूप में उसकी खोज, इन

फिल्मों में कितनी दिख रही है और उसका अपने देश, काल और समाज से किस तरह का रिश्ता बन रहा है।

किताब का दूसरा अध्याय 'प्रवास और भारतीय सिनेमा' पर केन्द्रित है। इसमें गिरमिटिया मजदूरों से लेकर आज तक सभी तरह की प्रवास-स्थितियों से जो नए तरह के अवसर, तनाव और सहयोग की दुनिया बनी है उस पर केन्द्रित फिल्मों को लेकर बात की गई है। जाहिर है कि प्रवास कुछ लोगों के लिए विकल्पहीनता की एक दारुण स्थिति है तो कुछ के लिए नए अवसरों की तलाश, पर दोनों ही स्थितियों में नए सांस्कृतिक, सामाजिक और राजनीतिक टकराव और सहयोग निर्मित होते हैं। इस अध्याय में इन्हीं स्थितियों के इर्द-गिर्द बनी फिल्मों की एक सघन पड़ताल है। अगले अध्याय में भी प्रवास एक केन्द्रीय स्थिति है पर यहाँ पृष्ठभूमि में युद्ध है जिसकी वजह से बड़े पैमाने पर विस्थापन होता है और लोग अपना घर और वतन छोड़कर अनजान इलाकों और देशों में शरण लेने के लिए मजबूर होते हैं। इसमें दुनिया भर के अनेक युद्धों की पृष्ठभूमि में बनी हुई फिल्मों का विशद अध्ययन किया गया है। किताब के चौथे अध्याय में 'डॉक्टर-मरीज सम्बन्ध और सिनेमा' तथा 'बॉलीवुड में रोड मूवीज और सड़क के मुद्दे' पर बात की गई है।

यह किताब मेरे लिए एक जुनून की तरह रही है। मैं उन सब के प्रति हृदय से कृतज्ञ हूँ जिनका सहयोग इस किताब पर काम करते हुए मुझे मिला। उम्मीद यही है कि इसे पढ़ते हुए आपको सिनेमा को देखने, समझने और पढ़ने का नया नजरिया मिलेगा। आप सबकी प्रतिक्रियाओं का इन्तजार बना रहेगा।

—शिवानी राकेश

भारतीय सिनेमा : एक संक्षिप्त इतिहास

भारत में सिनेमा का इतिहास 7 जुलाई, 2024 को 128 साल का हो गया। दिनांक 7 जुलाई 1896 ई. को जब बॉम्बे (मुम्बई) के वाटसन होटल में फ्रांस निवासी ल्यूमियर बन्धुओं (आगस्ट और लुई) ने अपने छायाचित्रों का प्रदर्शन किया था यह एक तथ्य है। भारत में जब सिनेमा का प्रादुर्भाव हुआ तब भारत में ब्रिटिश राज था, तो स्वाभाविक रूप से आवश्यक उपकरणों और अन्तर्राष्ट्रीय सहयोग का आदान-प्रदान सम्भव हुआ। सिनेमा के प्रभावों का अनुमान लगाते हुए ब्रिटिश शासकों ने राज्य के एक हथियार के रूप में इस माध्यम का प्रयोग अपनी विचारधारा का प्रचार-प्रसार करने के लिए उपयोग किया। 'बर्मा रानी' जैसी कुछ फिल्मों को पैसे लगाकर अंग्रेजों ने इसलिए बनवाया ताकि वे जापानी सेना के आक्रमण का विरोध कर जनता में एक माहौल बना सकें। भारत के पड़ोसी देशों में जहाँ अंग्रेजों का शासन था उन देशों में जे.एफ. मदन और अब्दुलली इसूफल्ली जैसे फिल्म निर्माताओं ने फिल्मों का प्रदर्शन कर पैसा कमाया। आगे चलकर राजकपूर की फिल्मों ने सोवियत रूस और चीन में बहुत लोकप्रियता हासिल की। भारतीय फिल्मों ने अन्तर्राष्ट्रीय फोरम और फिल्म समारोहों में भी अपनी उपस्थिति दर्ज कराई। बंगाली/हिन्दी फिल्मों के प्रख्यात निर्माता/निर्देशकों ने फिल्मकारों जैसे सत्यजित राय ने अन्तर्राष्ट्रीय ख्याति पाई और उनकी फिल्में यूरोपियन, अमरीकी और एशियाई दर्शकों द्वारा सराही गईं। राय की फिल्मों ने तत्पश्चात् विश्वव्यापी प्रभाव डाला। फ्रांस, इटली, ब्रिटेन और अमेरिका के फिल्मकारों ने सत्यजित राय की सिनेमाई शैली का उपयोग अपनी फिल्मों में किया। महान जापानी फिल्मकार अकीरा कुरोसोवा ने उनके काम की तारीफ की। सुब्रत मित्र, ऋत्विक घटक और गुरुदत्त की फिल्मों की शैली का प्रभाव भी दुनिया के विभिन्न देशों के फिल्मकारों पर पड़ा। कई एशियाई और दक्षिण एशियाई देश पश्चिमी सिनेमा के मुकाबले भारतीय सिनेमा को अपनी संवेदनाओं के निकट पाते हैं। जिग्ना देसाई का मानना है कि 21वीं शताब्दी तक भारतीय सिनेमा सीमा के बन्धनों से मुक्त हो गया था और उन सब जगहों तक फैल गया था जहाँ प्रवासी भारतीय बड़ी संख्या में रहते थे और अन्य अन्तर्राष्ट्रीय सिनेमा का विकल्प बन रहा था। प्रवासी भारतीयों के सिनेमा नामक अध्याय में इस पर विस्तार से चर्चा की गई है।

भारतीय सिनेमा को अमरीकन अकादमी अवार्ड (ऑस्कर) में भी पहचान मिली है। तीन भारतीय फिल्में 'मदर इंडिया' (1957), 'सलाम बॉम्बे' (1988) और 'लगान' (2001) सर्वश्रेष्ठ विदेशी भाषा फिल्म के अकादमी अवॉर्ड के लिए के लिए नामांकित हुई हैं। वर्ष 2023 में 'एलिफैंट व्हिसपर्स' डॉक्यूमेंट्री को तथा 'आर.आर.आर.' फिल्म के गाने नातू नातू को ऑस्कर जीतने में सफलता मिली। 'आल दैट ब्रीद्स' (2023) को भी ऑस्कर अवार्ड के लिए नामित किया गया था। इसके पहले अकादमी अवार्ड जीतने वाले भारतीय हैं भानु अथैया (फैशन डिजाइनर), सत्यजित राय (फिल्मकार), ए.आर. रहमान (संगीतकार) तथा रसूल पुकुट्टी (ध्वनि सम्पादक और गीतकार)।

सिनेमा के आरम्भिक वर्ष

भारतीय सिनेमा का इतिहास सौ वर्षों से अधिक पुराना है। दिनांक 7 जुलाई, 1896 को बॉम्बे (मुम्बई) में कुछ व्यक्तियों को नई तकनीक के माध्यम से मूक छवियों को परदे पर हिलते-डुलते देखने का अवसर मिला। यह संचार का एक सर्वथा नवीन माध्यम था जो औद्योगिक क्रान्ति के परिणामस्वरूप सामने आया था। सिनेमा और उपन्यास उन्नीसवीं-बीसवीं सदी की महान खोज हैं जिन्होंने विश्व भर में प्रचलित कथा-कहानी कहने-सुनने और देखने की चली आ रही परम्परा को नया आयाम दिया। डोलती छवियों के जादू ने दर्शकों को चमत्कृत कर दिया। अपने दैनन्दिन जीवन में घटित होने वाली घटनाओं को परदे पर हूबहू प्रस्तुत होते देख लोग आश्चर्यचकित थे। फ्रांस के लुमिएर बन्धुओं (Lumière brothers) और रॉबर्ट पॉल की लंदन (1896) में चलती हुई तसवीरों की स्क्रीनिंग के बाद, व्यावसायिक छायांकन दुनिया भर में सनसनी बन गया। सन् 1896 के मध्य तक बम्बई में लुमिएर और रॉबर्ट पॉल दोनों आरम्भिक फिल्मकारों ने अपनी फिल्मों का प्रदर्शन किया था। मुम्बई के वाटसन होटल में लुमिएर बन्धुओं के प्रदर्शन पर रिपोर्ट करते हुए *टाइम्स ऑफ इंडिया* ने लिखा—

> एक शक्तिशाली लालटेन की मदद से वास्तविक जीवन से मिलते-जुलते बहुत से दृश्य परदे पर दिखाए गए। जिस प्रकार प्रत्येक पात्र की भाव-भंगिमाएँ अत्यन्त स्पष्टता से प्रस्तुत की जा सकीं, उससे पता चलता है कि छायांकन की कला और जादुई लालटेन का गठजोड़ किस उन्नत स्थिति तक पहुँच चुका है। (श्रीनेत, दिनेश 2012:6)

यह भारत में सिनेमा के प्रदर्शन की पहली घटना थी जिसके बाद भारतीयों ने सिनेमा के निर्माण के प्रयास आरम्भ किए।

मूक सिनेमा का दौर : 1913 से 1931

भारत के कलकत्ता शहर में सन् 1897 में प्रोफेसर स्टीवेंसन द्वारा स्टार थियेटर में एक स्टेज शो में फिल्म दिखाई गई। स्टीवेंसन के प्रोत्साहन और कैमरा से भारतीय फोटोग्राफर हीरालाल सेन ने उस स्टेज शो के दृश्यों को समेटकर 'द फ्लॉवर ऑफ पर्शिया' (फारस के फूल, 1898) फिल्म बनाई। एच. एस. भटवडेकर की फिल्म 'द रेस्लर्स' (पहलवान, 1899) मुम्बई के हैंगिंग गार्डन में एक कुश्ती मैच को दिखाती है जो किसी भारतीय द्वारा शूट की हुई पहली फिल्म थी। यह पहली भारतीय वृत्तचित्र (documentary) फिल्म भी थी। आर. सी. थ्रोन (R.C. Thorne), जो भारतीय सिनेमा के अग्रणी फिल्मकार थे, ने सन् 1912में 'पुंडलीक' नाम से फिल्म बनाई। सन् 1913में दादा साहब फाल्के ने अपनी पहली फिल्म 'राजा हरिश्चन्द्र' का निर्माण किया। दादा साहब ने फिल्म निर्माण को एक मिशन की तरह लिया और 25 वर्षों में102 फिल्मों का निर्माण किया जो हिन्दू धार्मिक विषयों पर केन्द्रित थीं। भारत की पहली पूर्ण अवधि की फीचर फिल्म का निर्माण दादा साहब फाल्के द्वारा किया गया था। वे भारतीय भाषाओं और संस्कृति के विद्वान थे। उन्होंने मराठी भाषा में 'राजा हरिश्चन्द्र' (1913) नाम से पहली मूक फिल्म का निर्माण किया। इस फिल्म में पुरुषों ने महिलाओं का किरदार निभाया क्योंकि उस दौर में कोई भी महिला नाटक थियेटर और फिल्मों में अभिनय करे इसकी कल्पना नहीं की जा सकती थी। इस स्थिति में "नायिका के रूप में विदेशी युवतियों से भी अभिनय कराया गया। 'शकुन्तला' (1920) और 'सावित्री' (1923) फिल्मों में नायिकाओं का रोल क्रमश: अमेरिकी अभिनेत्री डोरोथी किंगडम और इतावली अभिनेत्री रीना डी लीगाआरो ने किए।" (दुबे, शशांक 2018:20)। फिलहाल 'सत्य हरिश्चन्द्र' फिल्म भारतीय सिनेमा के इतिहास में मील का पत्थर साबित हुई। इस फिल्म का सिर्फ एक ही प्रिंट बनाया गया था और इसे 'कोरोनेशन सिनेमेंटोग्राफ' में 3 मई, 1913 को प्रदर्शित किया गया। फिल्म को मिली व्यावसायिक सफलता ने अन्य फिल्मों के निर्माण के लिए पथ प्रशस्त किया। इसके तीन वर्ष बाद तमिल भाषा की पहली मूक फिल्म 'कीचक वधम' का निर्माण रंगास्वामी नटराज मुदालियर ने 1916 में किया। मुदालियर ने मद्रास में दक्षिण भारत के पहले फिल्म स्टूडियो की स्थापना भी की।

पारसी उद्यमी जमशेदजी फ्रामजी मदन द्वारा स्थापित मदन थियेटर पहली भारतीय सिनेमा थिएटर श्रृंखला थी। जमशेदजी 1902 से हर साल 10 फिल्मों का निर्माण करके भारतीय उपमहाद्वीप में वितरण करते थे। शशांक दुबे (2018:20) लिखते हैं, "उन्होंने भारत, श्रीलंका और वर्मा में लगभग 100 के आसपास तम्बू सिनेमा लगा डाले। इन फिल्मों में या तो किसी कुश्ती या फिर किसी मेले-ठेले

की सीधी रिकॉर्डिंग कर छोटी-मोटी डॉक्यूमेंट्री बना दी जाती थी। सिनेमा चल तो रहा था लेकिन अब तक यह कथानक के अभाव में बेजान ही था।" मदन जी ने कोलकाता में 'एल्फिनसटन बाइस्कोप कम्पनी' की स्थापना भी की। सन् 1919 में इस कम्पनी का 'मदन थिएटर लिमिटेड' में विलय हुआ जिसके माध्यम से बंगाल की कई लोकप्रिय साहित्यिक कृतियों को स्टेज पर आने का मौका मिला। उन्होंने दादा साहब फाल्के की फिल्म का 1917 में 'सत्यवादी राजा हरिश्चन्द्र' नाम से पुनर्निर्माण किया। आगे चलकर मूक और बोलती फिल्मों के अगुआ कलाकर रघुपति वैंकेया नायडू ने एशिया के विभिन्न क्षेत्रों में फिल्मों के प्रचार और बढ़ावे के लिए भ्रमण किया। वह मद्रास के पहले भारतीय सिनेमा हॉल गेयटी टॉकीज के निर्माता और स्वामी थे। उन्हें फादर ऑफ तेलुगु सिनेमा भी कहा जाता है। दक्षिण भारत में, पहली तमिल टॉकी फिल्म 'कालिदास तमिल' को 31 अक्टूबर, 1931 को रिलीज किया गया था।

बीसवीं सदी के प्रारम्भिक सालों में सिनेमा भारत की जनता के विभिन्न वर्गों में एक मनोरंजन माध्यम के रूप में लोकप्रिय हुआ। सिनेमा टिकट को कम दाम पर आम जनता के लिए सस्ता बनाया गया। आर्थिक रूप से सक्षम लोगों के लिए अतिरिक्त आराम देकर प्रवेश टिकट के दाम बढ़ाए गए क्योंकि मनोरंजन के इस सस्ते माध्यम सिनेमा की टिकट बम्बई में कम दाम में मिलती थे इसलिए दर्शकों की भीड़ सिनेमाघरों में नजर आने लगी थी। इसके साथ ही भारतीय व्यावसायिक सिनेमा की विषय वस्तु को जनता की रुचि एवं आकर्षण के हिसाब से ढालने का प्रयास शुरू हो गया। युवा फिल्म निर्माताओं ने भारत के सामाजिक और सांस्कृतिक जीवन के तत्त्वों को सिनेमा में शामिल करना आरम्भ किया। भारत के साथ-साथ विश्व के कई हिस्सों से नए विषय और विचारों को लेकर फिल्में बननी आरम्भ हुईं जिसकी वजह से दुनिया भर के फिल्म दर्शक और फिल्म बाजार भारतीय फिल्म उद्योग के बारे में जानने लगे।

फिल्म अध्येता वासुदेवन (2000) उस दौर के सिनेमा पर टिप्पणी करते हुए लिखते हैं—

> Indian cinema during colonial period addressed a 'fuzzy' community despite limitations. Perhaps, the rhetoric of nationalism was strong enough to check the communalism inherent in it. Nonetheless, the lasting images which Indian cinema conveyed to masses, during those times, were always imbued with communal danger and political ambiguity.

अंग्रेजी शासन के अन्तर्गत निर्मित फिल्में कई प्रतिबन्धों और दबावों के कारण अस्पष्ट और प्रतीकात्मक तरीके से राष्ट्रवाद के एजेंडे को आगे बढ़ाते हुए

साम्प्रदायिकता की समस्या को हल करने का भी प्रयास करती रहीं। इन फिल्मों ने जनता को साम्प्रदायिकता के खतरों और राजनीतिक दुविधा के प्रति सजग करने का काम किया।

भारतीय सिनेमा के आधिकारिक विद्वान आशीष राजाध्यक्ष ने इस दौर के सिनेमा की प्रवृत्तियों के बारे में टिप्पणी करते हुए लिखा है—

> जब हम भारतीय सिनेमा के आरम्भिक दौर को देखते हैं तो पाते हैं कि दादा साहब फाल्के की प्रथम फिल्म 'राजा हरिश्चन्द्र' और अन्य फिल्में हिन्दू मिथकीय कहानियों और चरित्रों पर आधारित थीं जैसे कि 'राजा हरिश्चन्द्र', 'सत्यवान-सावित्री', 'लंका दहन', 'कृष्ण जन्म', 'कालिया मर्दन' और 'सेतु बन्धन' इत्यादि। फाल्के ने ये फिल्में हिन्दू धर्म के त्योहारों, और धार्मिक संस्कारों के महत्त्व को समझाने के लिए बनाईं। इन फिल्मों के निर्माण के साथ उन्होंने राष्ट्रवादी सौन्दर्यबोध से सम्पृक्त सिनेमा का एक खाका खींचने का काम किया। (राजाध्यक्ष 1980: 20-67)

फाल्के के अनुयायी फिल्मकारों बाबू राव और आनन्द राव पेंटर ने भी हिन्दू मिथकों पर फिल्में बनाना जारी रखा। उन्होंने 'सीता स्वयंवर', 'सैरन्ध्री', 'भस्मासुर मोहिनी' और 'मार्कंडेय' जैसी फिल्में बनाईं। बाबू राव पेंटर ने मिथकीय फिल्मों के अलावा 'सिंहनाद' और 'सावकारिपाश' जैसी ऐतिहासिक फिल्में भी बनाईं जो यथार्थपरक सामाजिक फिल्में थीं जिनमें ग्रामीण भारत के जीवन को चित्रित किया गया था।

मुजावर (1963:18) मूक सिनेमा के दौर में मिथकीय कहानियों पर फिल्में बनाने का प्रमुख कारण बताते हुए लिखते हैं—

> मिथकीय कहानियों पर फिल्में बनाने का कारण था जनता का इन चरित्रों की परिचित और लोकप्रियता का होना, जिसे वे आसानी से समझ सकते थे। ब्रिटिश सरकार के सख्त सेंसरशिप के कारण भी मिथकीय चरित्रों पर केन्द्रित फिल्में बनाई गईं। ब्रिटिश शासन की आलोचना करने वाली फिल्में बैन कर दी जाती थीं क्योंकि वे सिनेमा की ताकत को समझते थे। सन् 1926 में ब्रिटिश शासकों ने 'वन्दे मातरम आश्रम' फिल्म को प्रतिबन्धित कर दिया था।

अच्छी स्क्रिप्ट और नई कहानियों के अभाव में पौराणिक और मिथकीय कहानियों पर फिल्में बनाना आसान था इसलिए मूक सिनेमा के दौर में इस तरह के विषयों पर बड़े पैमाने पर फिल्मों का निर्माण हुआ।

टॉकीज (1930-मध्य-1940 के दशक) फिल्में और विविध विषय

आर्देशिर ईरानी ने पहली भारतीय बोलती फिल्म 'आलम आरा' 14 मार्च, 1931 को रिलीज की। इसके बाद कई अन्य भारतीय भाषाओं में फिल्मों का निर्माण आरम्भ हो गया। ईरानी 7 महीने बाद 31 अक्टूबर, 1931, को रिलीज हुई पहली दक्षिण भारतीय बोलती तमिल फिल्म 'कालिदास' के निर्माता भी थे जिसका निर्देशन एच. एम. रेड्डी ने किया था। 'जुमई शास्ति' पहली बंगाली बोलती फिल्म थी। 'टॉकीज' के भारत आगमन के बाद कई फिल्म स्टारों की माँग बहुत बढ़ गई और वह अभिनय के माध्यम से अच्छी कमाई करने लगे। बोलती हुई टॉकी फिल्मों के दौर के आने के बाद फिल्म निर्माण में नए-नए प्रयोग होने लगे। 'वाडिया मूवी टोन' ने एंग्लो इंडियन महिला नाडिया (मेरी इवन्स) को लेकर स्टंट एवं एक्शन फिल्मों की एक सीरीज निर्मित की। नाडिया ने अपने एक्शन से फिल्मी दुनिया में सनसनी मचा दी और सन् 1930 एवं चालीस के दशक की बड़ी फिल्म स्टार बन गईं।

सन् 1936 में रिलीज हुई फिल्म 'अछूत कन्या' में देविका रानी ने एक दुखी नायिका की भूमिका निभाई। एक ग्रामीण अछूत लड़की के अपराध-ग्रस्त रोमांस की कहानी को पहली बार उन्होंने परदे पर प्रभावी ढंग से प्रस्तुत किया। बॉलीवुड के इतिहासकार मिहिर बोस लिखते हैं—

> In 1936, Devika Rani starring 'Achhut Kanya' displayed the story of a tragic heroine. She played the role of an untouchable village belle trapped in a doomed romance. Possibly this was the first ever Hindi film which raised the issue of untouchability and was seen as a social comment on caste inequalities. (Bose 2006:35)

अर्थात उस समय सामाजिक समस्याओं को उठाने वाली फिल्में भी बॉलीवुड में बनने लगीं। बेमेल विवाह की समस्या को उठाती हुई वी. शान्ताराम की फिल्म 'दुनिया ना माने' (1937) और पी. के. अत्रे की 'ब्रह्मचारी' (1938) ने कम उम्र की लड़कियों की शादी ज्यादा उम्र के पुरुषों से किए जाने का विरोध किया। सन् 1930 के दशक में फिल्मों की विषय-वस्तु में आ रही विविधता के बारे में थॉमस (1987:304) लिखती हैं—

> By 1930s a number of distinctly Indian genres were well established. These included socials, mythological, devotionals, historical and stunt, costume and fantasy films. As song and dance are a central and integral part of films of all genres.

सन् 1941 में जब आजादी का आन्दोलन अपने चरम पर था और हिन्दू-मुस्लिम साम्प्रदायिकता के कारण दोनों समुदायों के बीच शत्रुता और वैमनस्यता भी बहुत बढ़ गई थी तो वी.शान्ताराम जैसे कुछ जागरूक फिल्मकारों ने अपनी जिम्मेदारी को निभाते हुए हिन्दू-मुस्लिम एकता पर 'पड़ोसी' (हिन्दी) एवं 'शेजारी' (मराठी) जैसी फिल्में बनाईं। द्वितीय विश्व युद्ध को ध्यान में रखते हुए 'धरती के लाल', 'नीचा नगर', और 'डॉ. कोटनिस की अमर कहानी' फिल्में बनी जिन्होंने युद्ध और उससे होने वाले नुकसान के बारे में लोगों को सचेत करने का काम किया। चालीस के दशक के सिनेमा की विषय-वस्तु को देखते हुए यह कहा जा सकता है कि भारतीय सिनेमा ने अपने समय से कदमताल करना सीख लिया था अर्थात सामाजिक वास्तविकताएँ सिनेमा के परदे पर जगह पाने लगी थीं।

बंगाल का फिल्म उद्योग टालीगंज में स्थित था जिसका, हॉलीवुड का अनुकरण करते हुए सन् 1932 में, 'टॉलीवुड' का नाम रखा गया। यह स्थान उस समय भारतीय फिल्म उद्योग का केन्द्र था। बाद में बॉम्बे फिल्म निर्माण के प्रमुख केन्द्र के रूप में उभरा और 'बॉलीवुड' के नाम से प्रसिद्ध हुआ। सन् 1937 में ईस्ट इंडिया कम्पनी ने कलकत्ता में शूट हुई अपनी पहली भारतीय फिल्म 'सावित्री' रिलीज की। यह फिल्म बहुत सफल रही जिसे वेनिस फिल्म समारोह में पुरस्कृत किया गया। 10 मार्च, 1935 को एक और अग्रणी फिल्म निर्माता ज्योति प्रसाद अग्रवाल ने असमिया में अपनी पहली फिल्म 'जॉयमोती' बनाई। फिल्मों के बारे में और जानने के लिए ज्योति प्रसाद बर्लिन गए। 'इन्द्रमालती' एक और फिल्म है जिसे उन्होंने खुद जॉयमोती के बाद निर्मित और निर्देशित किया था। पहला तेलुगु फिल्म स्टूडियो दुर्गा सिनेटोन 1936 में निदामरथी सुरैय्या द्वारा राजाहमुन्द्री, आन्ध्र प्रदेश में स्थापित किया गया। सन् 1930 के दशक में भारतीय सिनेमा में ध्वनि तकनीक की प्रगति के साथ संगीत और संगीतमय फिल्में जैसे 'इन्द्र सभा' और 'देवी देवयानी' के माध्यम से फिल्मों में नाच और गाने का प्रारभ हुआ। 'देवदास' जैसी फिल्मों की देशव्यापी सफलता के बाद और फिल्म निर्माण के एक शिल्प के रूप में उदय के साथ कई मुख्य शहरों चेन्नई, कोलकाता और मुम्बई में फिल्म स्टूडियो उभरे। 1940 की फिल्म 'विश्वमोहिनी' भारतीय फिल्म जगत को दर्शाने वाली पहली फिल्म है। इस फिल्म को बलिजेपल्ली लक्ष्मीकांता कवि ने लिखा और वाई.वी. राव ने निर्देशित किया।

सन् 1934 में हिमांशु राय, देविका रानी और राजनारायण दुबे ने उद्योगपति एफ ई दीनशॉ, सर फिरोज सेठना के साथ मिलकर बॉम्बे टॉकीज स्टूडियो शुरू किया। पुणे के 'प्रभात स्टूडियो' ने मराठी दर्शकों के लिए फिल्मों का निर्माण शुरू किया। फिल्म निर्माता आर.एस.डी. चौधरी की फिल्म 'व्राथ' (1930) पर ब्रिटिश सरकार द्वारा भारत में प्रतिबन्ध लगाया गया क्योंकि इसमें भारतीयों को नेताओं के

रूप में दिखाया गया था। भारतीय स्वतंत्रता संग्राम के दौरान इस तरह के चित्रण पर रोक थी। तुकाराम (1608-50), वरकरी सन्त और आध्यात्मिक कवि के जीवन पर आधारित 1936 की फिल्म 'सन्त तुकाराम' सन् 1937 'वेनिस फिल्म समारोह' के दौरान प्रदर्शित हुई और किसी अन्तर्राष्ट्रीय फिल्म समारोह में दिखाई गई पहली फिल्म बन गई। सन् 1938 में गुडावल्ली रामाब्रह्मम द्वारा सह निर्मित और निर्देशित सामाजिक समस्या फिल्म 'रायथू बिड्डा' ब्रिटिश प्रशासन द्वारा प्रतिबन्धित की गई क्योंकि इसमें किसानों द्वारा जमींदार के विरुद्ध बगावत दिखाई गई थी।

भारतीय मसाला फिल्म रोमांस, नाच, गाने वाली व्यावसायिक फिल्म के लिए कठबोली शब्द का उद्भव दूसरे विश्व युद्ध के बाद हुआ। दक्षिण भारतीय सिनेमा ने एस एस वासन की फिल्म 'चन्द्रलेखा' के साथ पूरे भारत में शोहरत हासिल की। 1940 के दशक के दौरान पूरे भारत के सिनेमा हालों में से आधे से ज्यादा दक्षिण भारत में थे और सिनेमा को सांस्कृतिक पुनर्निर्माण के साधन के रूप में देखा जाने लगा। स्वतंत्रता के बाद भारत विभाजन की वजह से भारत की सिनेमा परिसम्पत्तियाँ भी विभाजित हुईं और कई स्टूडियो नवनिर्मित पाकिस्तान के पास चले गए। बँटवारे का विवाद और दंगे अगले कई दशकों तक फिल्म निर्माण के लिए चिरस्थायी विषय बने रहे। भारत की स्वतंत्रता के बाद, एस. के. पाटिल समिति ने भारतीय सिनेमा की तहकीकात व समीक्षा की। एस. के. पाटिल, समिति प्रमुख ने भारत में सिनेमा को 'कला, उद्यम और मनोरंजन' का मिश्रण कहा और इसके व्यावसायिक महत्त्व पर भी ध्यान दिया। पाटिल ने वित्त मंत्रालय के अन्तर्गत फिल्म फाइनेंस कॉरपोरेशन की स्थापना की सिफारिश भी की। इस परामर्श को मानते हुए 1960 में पूरे भारत के प्रतिभाशाली फिल्मकारों की आर्थिक मदद के लिए इसकी स्थापना की गई। भारत सरकार ने 1948 में 'फिल्म डिवीजन' स्थापित किया जो आगे चलकर सालाना 200 लघु वृत्तचित्र (18 भाषाओं में 9000 प्रिंट सम्पूर्ण भारत में स्थायी सिनेमाघरों के लिए) का निर्माण करके विश्व का सबसे बड़ा वृत्त-चित्र निर्माता बन गया।

इंडियन पीपल्स थिएटर एसोसिएशन (इप्टा), कम्युनिस्ट झुकाव वाले एक कला आन्दोलन ने 1940 और 1950 के दशक में स्वरूप लिया। इप्टा के कई यथार्थवादी नाटकों, जैसे 1944 में विजन भट्टाचार्य का नबन्ना (1943 की बंगाल के अकाल त्रासदी पर आधारित) ने भारतीय सिनेमा में यथार्थवाद की जड़ें मजबूत की। इसका उदहारण ख्वाजा अहमद अब्बास की 'धरती के लाल' (1946) है। इप्टा प्रेरित आन्दोलन लगातार सच्चाई और वास्तविकता पर जोर देता रहा जिसके फलस्वरूप 'मदर इंडिया' और 'प्यासा' सरीखी भारत की सबसे अधिक पहचानी जाने वाली फिल्मों का निर्माण हुआ।

भारतीय स्वतंत्रता संग्राम के बाद, 1944 से 1960 की काल अवधि फिल्म

इतिहासकारों द्वारा भारतीय सिनेमा का स्वर्ण युग माना जाता है। पूरे भारतीय सिनेमा इतिहास की समीक्षकों द्वारा सर्वाधिक प्रशंसित फिल्में इस समय निर्मित हुई थी। इस अवधि में बंगाली सिनेमा के नेतृत्व में एक नया समानान्तर सिनेमा आन्दोलन उभरा। इस आन्दोलन के कुछ पहले की फिल्मों चेतन आनन्द की 'नीचा नगर' (1946), ऋत्विक घटक की 'नागरिक' (1952), और बिमल रॉय की 'दो बीघा जमीन' (1953), ने नव यथार्थवाद और 'नई भारतीय लहर' की नींव रखी। 'पाथेर पांचाली' (1955) जो कि सत्यजित राय की अपु त्रयी (1955-1959) का पहला भाग था, राय के भारतीय सिनेमा में प्रवेश की घोषणा थी। अपु त्रयी ने विश्व भर के प्रधान फिल्म समारोहों में प्रमुख पुरस्कार जीते और भारतीय सिनेमा में 'समानान्तर सिनेमा' आन्दोलन की सुदृढ़ता से स्थापना की। विश्व सिनेमा पर इसका प्रभाव उन युवा 'कमिंग ऑफ एज' नाटक फिल्मों के रूप में देखा जा सकता है जो 1950 से कला घरों में खूब दिखाईं गई जो 'अपु त्रयी की कर्जदार' हैं।

सत्यजित राय का अनुरसरण, उनके पद चिह्नों पर चलते हुए अन्य प्रशंसित स्वतंत्र भारतीय फिल्मकारों मृणाल सेन, मणि कौल, अडुर गोपालकृष्णन, जी अरविन्दन और बुद्धदेवदास गुप्ता ने किया। सन् 1960 के दशक में जब इन्दिरा गांधी सूचना और प्रसारण मंत्री थीं तो उनके हस्तक्षेप से फिल्म फाइनेंस कॉरपोरेशन के सहयोग से विविधतापूर्ण सिनेमाई अभिव्यक्ति वाली फिल्मों का निर्माण हुआ। पचास और साठ के दशक में हिन्दी व्यावसायिक सिनेमा धीरे-धीरे समृद्ध हो रहा था। इस दौर की नामचीन और सफल फिल्मों में गुरुदत्त की 'प्यासा' (1957) और 'कागज के फूल' (1959), राज कपूर की 'आवारा' (1951) और 'श्री 420' (1955) प्रमुख रहीं। ये फिल्में उस दौर के शहरी कामकाजी वर्ग की ज़िन्दगी को दर्शाती थीं। 'आवारा' में शहर को भयावह और खूबसूरत सपने की तरह दिखाया गया; जबकि 'प्यासा' ने शहरी जीवन के मायाजाल की आलोचना की। इसी दौर में महबूब खान की 'मदर इंडिया' (1957) बनाई गई जिसे विदेशी भाषा की सर्वश्रेष्ठ फिल्म के अकादमी पुरस्कार का नामांकन भी मिला। के. आसिफ की 'मुगल-ए-आजम' (1960), वी.शान्ताराम की 'दो आँखें बारह हाथ' (1957) को जो हॉलीवुड फिल्म 'द डर्टी डोजेन' (1967) से प्रेरित थी, काफी सराहना मिली। बिमल रॉय द्वारा निर्देशित और ऋत्विक घटक द्वारा लिखित 'मधुमती' (1958) ने पुनर्जन्म के लोकप्रिय विषय को प्रस्तुत किया। सत्यजित राय और गुरुदत्त की फिल्मों में ध्वनि और प्रकाश संयोजन के नवीन प्रयोगों को दुनिया भर में सराहना मिली, उनका अनुकरण किया गया और आज भी दोनों की गणना अग्रणी एवं प्रयोगधर्मी फिल्मकारों में की जाती है। 'अपु त्रयी', 'जलसाघर', 'चारुलता', 'अरण्येर दिन रात्रि' (सत्यजित राय), 'प्यासा' और 'कागज के फूल' (गुरुदत्त), 'मेघे ढाका तारा' एवं 'कोमल गांधार' (ऋत्विक घटक), 'आवारा' (राजकपूर),

'बैजू बावरा' (विजय भट्ट), 'मदर इंडिया' (महबूब खान), 'मुगल-ए-आजम' (के. आसिफ) आदि अन्तर्राष्ट्रीय स्तर पर अपना प्रभाव छोड़ने वाली इस दौर की प्रमुख फिल्में हैं।

सन् 1970 के दशक में श्याम बेनेगल जैसे कई फिल्मकार यथार्थवादी समानान्तर सिनेमा का निर्माण करते रहे। इसी कालखंड में हिन्दी सिनेमा से इतर बंगाली, में सत्यजित राय, ऋत्विक घटक, मृणाल सेन, बुद्धदेव दस गुप्ता, गौतम घोष, तमिल सिनेमा में के. बालाचन्दर, बालू महेन्द्र और भारथी राजा और मणिरत्नम, मलयालम सिनेमा में अदूर गोपालकृष्णन एवं शाजि एन. करून प्रमख नाम हैं। समानान्तर सिनेमा के साथ ही सत्तर के दशक में व्यावसायिक सिनेमा ने भी कुछ चिरस्थायी फिल्में जैसे 'आनन्द' (1971), 'अमर प्रेम' (1971) और 'कटी पतंग' (1972) दीं जिन्होंने राजेश खन्ना को भारतीय सिनेमा का पहला महानायक बनाया। सन् सत्तर के दशक में अमिताभ बच्चन ने 'जंजीर' (1974) और भारतीय सिनेमा की सफलतम फिल्मों में से एक 'शोले' (1975) जैसी एक्शन फिल्मों के साथ अपनी एंग्री यंगमैन की छवि बनाई और भारत के दूसरे महानायक का दर्जा प्राप्त किया। धार्मिक फिल्म 'जय संतोषी माँ' (1975) ने भारतीय समाज को एक नई देवी का अवतार देकर भारी सफलता अर्जित की। सलीम-जावेद की सफल लेखक जोड़ी द्वारा लिखित एवं यश चोपड़ा द्वारा निर्देशित फिल्म 'दीवार' ने अमिताभ के एंग्री यंगमैन की छवि को और मजबूती से स्थापित कर दिया। डैनी बायल ने इस फिल्म को भारतीय सिनेमा की असली पहचान बताया है। सन् अस्सी का दशक हिंसा और बलात्कार के विषयों पर फूहड़ फिल्में बनाने वाला दशक रहा इस दशक की कुछ उल्लेखनीय फिल्में 'एक दूजे के लिए' (1981), 'मिस्टर इंडिया' (1987), 'कयामत से कयामत तक' (1988), 'तेजाब' (1988), 'चाँदनी' (1989), 'मैंने प्यार किया' (1989) हैं। इसी तरह सन् नब्बे का दशक 'आशिकी' (1990), 'साजन' (1991), 'बाजीगर' (1994), 'दिलवाले दुल्हनिया ले जाएँगे'(1995) और 'कुछ कुछ होता है' (1998) जैसी फिल्मों की रिलीज के साथ आगे बढ़ा। इस दशक में प्रवासी भारतीयों के जीवन के ऊपर कई फिल्में बनाई गईं और सफल भी हुईं। शाहरुख खान और ऐश्वर्या राय एनआरआई युवा के रूप में पूरी दुनिया में अपनी पहचान बनाने और दर्शकों को भारतीय सिनेमा से जोड़ने में सफल हुए। यह दशक खान तिकड़ी शाहरुख, आमिर और सलमान खान की फिल्मों और उनके व्यापक प्रभावों के लिए भी जाना जाता है। इस बीच शेखर कपूर ने फूलन देवी की बायोपिक कल्ट फिल्म 'बैंडिट क्वीन' (1994) निर्देशित की, जिसे अन्तर्राष्ट्रीय स्तर पर सराहना और पहचान मिली।

मुम्बई को मैक्सीमम सिटी (सुकेतु मेहता), कॉस्मोपॉलिटन सिटी और ग्रेट मेलटिंग पॉट भी कहा जाता है। इस शहर में एक छोटा भारत बसता है। देश के कोने-कोने

से लोग अपनी प्रतिभा और सपने लिए मायानगरी पहुँचते हैं, संघर्ष करते हैं और सफल भी होते हैं। पहचान स्थापित होने और धन, प्रतिष्ठा अर्जित कर सिनेमा उद्योग को समृद्ध करने में अपना योगदान भी देते हैं। मुम्बई शहर सबको अपनाता है। सन् 1990 के दशक के अन्त में मुम्बई केन्द्रित समुदायों और समस्याओं के ऊपर फिल्में बनाने वाले फिल्मकारों—रामगोपाल वर्मा ने 'सत्या' (1998), 'कम्पनी' (2002), और 'डी' (2005) एवं मधुर भंडारकर ने 'चाँदनी बार' (2001), 'पेज 3', 'ट्राफिक सिग्नल' (2007) और अनुराग कश्यप ने 'ब्लैक फ्राइडे' (2004) बनाई। विशाल भारद्वाज ने शेक्सपियर के नाटकों का भारतीयकरण करके 'मकबूल' (मैकबेथ 2003), 'ओमकारा' (ओथेलो 2006) और 'हैदर' (हैमलेट 2014) जैसी फिल्में बनाईं। कला फिल्मों और समानान्तर सिनेमा आन्दोलन का दौर समाप्त होने के बाद भी गौतम घोष, बुद्धदेव दासगुप्ता, अपर्णा सेन, सन्तोष सिवन, मणिरत्नम, अदूर गोपालकृष्णन, मणि कौल, कुमार सहानी, केतन मेहता, गोविन्द निहलानी, मीरा नायर, नागेश कुकनूर, सुधीर मिश्रा, दीपा मेहता और अनन्त बालानी सहित और भी विभिन्न भारतीय भाषाओं के निर्देशक अपनी-अपनी भाषाओं में कला फिल्मों के नजदीक जाने वाली फिल्में बनाते रहते हैं।

आजादी के बाद का सिनेमा

अंग्रेजों के जाने के बाद देश बाहरी दबावों और सेंसरशिप से मुक्त हो चुका था। नए स्वतंत्र वातावरण में फिल्मकारों ने नए विषयों पर फिल्में बनानी आरम्भ की। "देश के आजाद होने के बाद जनता ने एक नए माहौल में साँस लेना शुरू किया। सूट-बूट पहने स्मार्ट हीरो ब्रांडेड इंपोर्टेड नई कारों के साथ परदे पर दिखने लगे लेकिन महिला पात्र अभी भी परम्परागत पितृसत्तात्मक मूल्यों के साथ ही नजर आ रही थीं। विवाह उनके लिए एक अनिवार्य संस्था थी और परिवार के भीतर अपने दायित्वों का निर्वहन उनका सबसे बड़ा सौभाग्य था। भारतीय बुर्जुवा क्लास के पुरुष भारतीय माहौल में पश्चिमी मूल्यों के संवाहक बन रहे थे।" (देशपांडे 2007)

आजादी के बाद के सिनेमा पर इसी तरह की टिप्पणी करते हुए माधव प्रसाद (1998:55) ने लिखा—

> Post independence Hindi narrative cinema has been dominated, by a form that can be described as the feudal family romance. The dominant status of this form in popular cinema is a symptom of the nature of power in a ruling alliance in which bourgeoisie is only one of several constituents.

माधव प्रसाद आजादी के बाद के सिनेमा को सामन्तवादी पारिवारिक रोमांस कहते हैं क्योंकि भारतीय जनजीवन की वास्तविकता के साथ सिनेमा के परदे पर सामन्तों और बुर्जुवा का प्रभुत्व बना रहा जिसके कारण संविधान की अपेक्षा के अनुसार नागरिकों का निर्माण नहीं हुआ। पचास और साठ के दशक का सिनेमा केवल सामन्ती ही नहीं था बल्कि लैंगिक भेद-भावपरक भी था। इस सिनेमा के केन्द्र में हीरो जवान, खूबसूरत, रोमांटिक, उच्च जाति-वर्ग का सदस्य, उत्तर भारतीय होता था। कई फिल्मों में वह सवर्ण नौजवान गरीबी से जीवन आरम्भ करता था लेकिन अन्तमें अमीर बनकर सुखान्त करता था। इन फिल्मों में कभी भी कोई दलित या अन्य अल्पसंख्यक कमजोर समुदाय का व्यक्ति नायक की भूमिका में अमूमन नहीं होता था जो भेदभाव और असमानता पर आधारित सामाजिक संरचना को चुनौती दे सके। देशपांडे ने पचास और साठ के दशक के सिनेमा की प्रवृत्तियों के बारे में ठीक ही लिखा है—

> in most films the protagonist could be poor but generally not Dalits, Christian, Sikh or Muslim surnames and the hierarchy of characters clearly established this. (Deshpande2007:97)

अपवाद के रूप में कुछ फिल्में 'दो बीघा जमीन' (1953), 'बूट पोलिश' (1954), 'पाथेर पांचाली' (1955), 'मदर इंडिया' (1957), 'सुजाता' (1959), 'नया दौर' (1960) और 'साहिब बीवी और गुलाम' (1962) आदि गरीबों और ग्रामीणों के जीवन को केन्द्र में रखकर बनाई गईं। ऐसी फिल्मों की संख्या बहुत ही कम थी।

हिन्दी सिनेमा में महिलाओं का चित्रण

मूक सिनेमा के दौर में फिल्में मिथकीय और ऐतिहासिक विषयों और चरित्रों पर केन्द्रित थीं इसलिए महिलाओं का प्रस्तुतीकरण भी उसी के अनुरूप था। उन्हें देवी, रानी और उनके सहयोगियों के रूप में चित्रित किया गया। लेकिन आजादी के बाद की परिस्थितियों में उसमें परिवर्तन आया। सिनेमा में महिलाओं के चित्रण में यह भी ध्यान रखा गया कि उन्हें इस तरह प्रस्तुत किया गया कि वे भारतीयता को पश्चिमी संस्कृति से बेहतर साबित कर सकें। गांगुली (2005:148) भारतीय सिनेमा में महिलाओं के चित्रण पर सन् 1970 से लेकर अब तक के प्रस्तुतीकरण को कुल तीन श्रेणियों में बाँटते हैं : (1) खलनायिकाएँ एंग्लो-एशियन के रूप में, (2) सीमान्त भारतीय परन्तु पश्चिमीकृत, (3) हीरोइन की बॉडी में खलनायिका का रूपक (the

Vamp as metaphor represented in the body of the heroine)। जब हम 1950 और 1960 के दशक की हिन्दी फिल्में देखते हैं या उनके बारे में पढ़ते हैं तो यह स्पष्ट हो जाता है कि एंग्लो-इंडियन महिलाएँ फिल्मी दुनिया में न केवल हिस्सेदारी रखती थीं बल्कि उन तक पहुँचना ज्यादा आसान था। इसके पीछे निहित कारणों की तरफ इशारा करते हुए नसरीन मुन्नी कबीर लिखती हैं—

> Respectable Indian women were deemed the industry as unrespectable. So Anglo-Asian women have been a part of the Indian film industry since the very beginning of film features around the 1920s. (Kabir 2001)

सेन ने एंग्लो-इंडियन महिलाओं के फिल्मों में प्रस्तुतीकरण के बारे में लिखा है कि उन्हें धूर्त, सस्ती, सेक्सुअली सक्रिय दिखाया जाता रहा—

> They were projected as promiscuous, sexually active, disrupting the colonial agenda or as pathetic victims of displacement and boredom. (Sen2002:12-32)

पश्चिमी जीवन-शैली वाली महिलाओं को भारतीय संस्कारों वाली पारिवारिक महिला में बदलने का काम भारतीय फिल्मकारों द्वारा किया जाता रहा। खलनायिका जैसे गुणों वाली महिला को नायिका के गुणों से सुसज्जित कर आदर्श परिवार की अवधारणा को फिल्मी परदे पर चित्रित करने का काम फिल्मों के माध्यम से किया जाता रहा। गांगुली इस सम्बन्ध में लिखते हैं—

> The ideal family is created by replacing the vamp with the heroine with vampish attributes who gets tamed into an 'ideal' Indian women, either through sexually aggressive behaviour called 'eve-teasing' in India by the hero; or more subtly through love. (Ganguli2005:149)

फिल्मकारों के ऐसा करने के पीछे भारतीय दर्शकों की सोच को समर्थन देते हुए ज्यादा दर्शकों को सिनेमा की तरफ आकर्षित करना भी था। कासबेकर का मत है कि सिनेमा प्रछन्न दर्शन रति (scopophilia-the pleasure of looking) की अवधारणा पर काम करता है। एंग्लो-इंडियन महिलाओं को उत्तेजक ढंग से फिल्मों में प्रदर्शन के पीछे आकर्षण, लोकप्रियता और सांस्कृतिक विभिन्नता को भी दिखाना होता है। कासबेकर लिखते हैं—

> Cinema is based on 'scopophilia' (the pleasure of looking)

> and examines the cultural negotiations with regimes of power that must take place to successfully present the women as an erotic spectacle. (Kasbekar 2001: 286)

सिनेमा ने भारतीय समाज के मूल्यों के चित्रण से आगे बढ़कर भी बहुत कुछ किया। सिनेमा ने भारतीयता की पहचान को सृजित करने, उसे मजबूत बनाने और वैध स्वरूप प्रदान करने में महत्त्वपूर्ण भूमिका निभाई। गांगुली ने भी भारतीय बनाम पश्चिमी के डिबेट को लेकर अपना मत व्यक्त किया है। 'हम' भारतीय और 'वे' अंग्रेज, हम 'पूरब के अच्छे नैतिक हिन्दू' वे 'पश्चिमीकृत अनैतिक एंग्लो-इंडियन' इस तरह की पहचान और भेदभाव को भी सिनेमा ने स्थापित करने का काम किया—

> However cinema does more than reflect existing values in society. It also plays a vital role in creating, legitimising and entrenching identities. By constructing the Anglo-Indian, the westernized as the 'other', the Indian film makers make the boundary between 'us' (the moral east good Hindus) and 'them' (the immoral west/the Anglo-Indians) is more sharply etched out. (Ganguli2005:149)

जब हम सिनेमा में महिलाओं के चित्रण की बात करते हैं तो एक आदर्श हिन्दू महिला की बात करते हैं। इस तरह की भूमिकाओं में प्राय: नायिका को, नायक की माँ और बहन को चित्रित किया जाता था जो भारतीय समाज और परिवार के पितृसत्तावादी मूल्यों को स्वीकार कर उनके अनुरूप व्यवहार करती थीं; जबकि दूसरी तरफ खलनायिका को एंग्लो-इंडियन या पश्चिमीकृत दिखाया जाता था। पश्चिमी मूल्यों वाली एंग्लो-इंडियन महिला को उसके पहनावे, नाम, उसके चरित्र, व्यवहार और व्यक्तित्व से पहचाना जाता है। सन् 1950 और 1960 के दशक में हेलेन को ऐसी महिला के चरित्र में हिन्दी फिल्मों में खूब देखा गया और पसन्द किया गया। खलनायिका भारतीय मूल्यों, परम्पराओं के प्रति अनजान याबाहरी होती थी। खलनायिका को लैंगिक दुर्व्यवहार (sexual misdemeanours), चारित्रिक पतन और भारतीय मूल्यों से दूरी के कारण दंड का शिकार होना पड़ता है जिसमें नायक द्वारा उसके बहिष्कार से लेकर उसकी मृत्यु तक को दिखाया जाता है। शम्मी कपूर, आशा पारिख और हेलेन अभिनीत फिल्म तीसरी मंजिल (1966) इस तरह की फिल्म का उपयुक्त उदाहरण है। भारतीय फिल्मों में एंग्लो-इंडियन महिलाओं को इतना अधिक स्पेस देने के कारणों की तरफ संकेत करते हुए बॉलहटचेट (Ballhatchet 1980) लिखते हैं—

> During the colonial India, Anglo-Indian sex workers were

not accessible to Indian men. It is so because either they were the untouchable wives or daughters of the rulers, meant only for the sexual consumption for white men. (Ballhatchet 1980)

सिनेमा के इस अध्येता ने इस मत को स्थापित किया है कि भारतीय/हिन्दी सिनेमा में एंग्लो-इंडियन और पश्चिमी महिलाओं को चित्रित करने के पीछे मुख्य उद्देश्य पश्चिमी समाज और संस्कृति की तुलना में भारतीय संस्कृति की श्रेष्ठता को साबित करना भी था। रश्दी (Rusdie) ने भी इस तर्क का समर्थन करते हुए लिखा है—

It was euphoria of freedom from colonialism, which was experienced by Indian middle class, a belief in the intrinsic supremacy of Indianness. (Rusdie 1994: 47-52)

इस सम्बन्ध में दो फिल्मों 'जूली' और 'पूरब और पश्चिम' की विषय-वस्तु को उदाहरण के रूप में प्रस्तुत किया जा सकता है।

सन् 1970 के दशक में महिलाओं के फिल्मों में प्रस्तुतीकरण में व्यापक परिवर्तन आए। अब ऐसी नायिकाएँ परदे पर आईं जिनमें नायिका और खलनायिका दोनों के गुण संश्लिष्ट रूप में शामिल थे। वे अच्छाई और बुराई का मिश्रण थीं। उनके व्यक्तित्व में भारतीय परम्परागत मूल्य और पश्चिमी मूल्य एक साथ विद्यमान थे और भारतीय दर्शक अब उन्हें इस रूप में स्वीकार करने को तैयार थे। पारिवारिक ड्रामा फिल्मों का स्थान एक्शन और मसाला फिल्मों ने ले लिया। इसी कालखंड में सिनेमा के परदे पर एंग्री यंगमैन (अमिताभ बच्चन) का उदय हुआ जिसका साथ देने के लिए स्वतंत्र, पश्चिमी तौर-तरीकों वाली रोमांटिक नायिका का भी आगमन हुआ। 'दीवार' (1975) और 'मुकद्दर का सिकन्दर' (1978) इस दौर की महत्त्वपूर्ण फिल्में हैं जिनमें जीनत अमान, परवीन बॉबी और रेखा जैसी नायिकाएँ नए जमाने की महिला का प्रतिनिधित्व करने लगीं। 'दीवार' फिल्म की विषय-वस्तु को देखते हुए मजूमदार की महत्त्वपूर्ण टिप्पणी है—

An important film of this era is 'Deewar' which represents the cinematic representation of the acknowledgement of the crisis of post-colonial nationalism. (Majumdar2000:244)

'दीवार' दो भाइयों रवि (शशि कपूर) और विजय (अमिताभ) और उनकी संघर्षरत माँ (निरूपा रॉय) की कहानी है। विजय की महिला मित्र अनीता एक वेश्या है जो पश्चिमी कपड़े पहनती है तथा शराब और सिगरेट का सेवन करती है। वह

एक ईसाई या एंग्लो-इंडियन महिला है जो साड़ी जैसे भारतीय परिधान नहीं पहनती। केवल अन्तिम दृश्य को छोड़कर, जब वह मृत्यु के करीब होती है। वह भारतीय और हिन्दू परम्पराओं को अपनाते हुए एक सामान्य पत्नी की तरह रहने को तैयार होते हुए दिखती है। गांगुली इस सम्बन्ध में लिखते हैं—

> Anita's lack of aggression can be seen as the effort to integrate the vamp into the heroine to tell the audience that the sexually transgressive westernized women can be gentle, nurturing and wife-like. (Ganguli 2005:155)

सन् सत्तर के दशक में अमिताभ के एंग्री यंगमैन इमेज वाली फिल्मों 'दोस्ताना' और 'लावारिस' में हीरोइन के माध्यम से पश्चिमी बनाम भारतीय की डिबेट को प्रस्तुत किया गया। इसके साथ ही संघर्षशील भारतीय माँ का भी चित्रण हुआ है और माँ को प्रेमिका और पत्नी से ज्यादा महत्त्व दिया गया है। सन् 1990 के दशक तक फिल्में इसी प्लॉट के साथ बनती रहीं।

सन् 1989में आई फिल्म 'मैंने प्यार किया' की बड़ी सफलता ने फेमिली ड्रामा फिल्मों की माँग बढ़ा दी। आगे 'हम आपके हैं कौन' (1994), 'दिलवाले दुल्हनिया ले जाएँगे' (1995), 'कुछ कुछ होता है' (1998) बनाई गईं जिनके बारे में पैट्रीसिया ओबेराय लिखती हैं—

> Films of 1990s like 'Hum Aap Ke Hain Koun' (1994), 'Dilwale Dulhania Le Jayenge' (1995), and 'Kuch Kuch Hota Hai' (1998) are stories of man and women to whom being Indian is to be a part of an idealised Indian family. (Uberoi 2001: 310-312)

ये फिल्में इंटरनेशनल अपील के साथ बनाई गईं जिनमें जाति, वर्ग, धर्म और राष्ट्रीय सीमाएँ अप्रासंगिक हो गईं और भारतीय संस्कृति और पहचान का वैश्वीकरण प्रमुख हो गया। यह वही समय था जब उदारीकरण, निजीकरण और भूमंडलीकरण की प्रक्रियाएँ दुनिया के साथ भारत में भी लागू की गईं थी। सिनेमा ने इसके साथ चलना आरम्भ कर दिया। प्रवासी भारतीय पूरी दुनिया में फैले हैं और भारतीय फिल्मकारों ने उन दर्शकों को लक्षित करते हुए अपने फिल्मों की विषय-वस्तु तय करने आरम्भ किए। इन फिल्मों की नायिकाएँ भारतीय और पश्चिमी संस्कृति दोनों को एक साथ साधते हुए दिखने लगीं। विदेशी धरती पर रहते हुए भारतीयता को अपनाए रखना महत्त्वपूर्ण बात थी। चक्रवर्ती लिखती हैं—

> There was a disparate effort to celebrate the Indianness within the western in this type of representation. Therefore 'due to impact of liberalization the projection of the Indian women in the 1990s and the early twenty first century changed yet she is ideally modern. (Chakravarti, 2000: wS, 1217)

फिल्म 'कुछ कुछ होता है' की टीना (रानी मुकर्जी) ब्रिटेन के विश्वविद्यालय से पढ़कर भारत लौटती है वह पूरी तरह पश्चिमी कपड़ों और विचारों की प्रतीक के तौर पर सामने आती है। राहुल (शाहरुख खान) उसे पसन्द करता है लेकिन वह भारतीय संस्कारों वाली लड़की नहीं है इसलिए उससे शादी नहीं की जा सकती है। जब वह 'ओम जय जगदीश' आरती गाकर, साड़ी और सलवार सूट पहनकर वह खुद को भारतीय लड़की सिद्ध करती है तब राहुल उसे पसन्द करने लगता है। भारतीय फिल्मकार दर्शकों की चिन्ता को दूर करने का काम फिल्मों के माध्यम से करते हैं कि भारतीय लोग दुनिया में कहीं भी बसें, अपनी भारतीय संस्कृति को नहीं छोड़ते हैं।

भारतीय सिनेमा और सामाजिक मुद्दे

सन् 1947-60 के दौर में ढेर सारी फिल्में सामाजिक मुद्दों पर बनीं। आजादी के बाद खुली हवा में साँस लेते हुए देश के सिनेमा उद्योग ने समकालीन मुद्दों पर फिल्में बनानी आरम्भ की। नए सामाजिक परिवर्तनों के साथ सामाजिक चेतना और भावनात्मक रूप से समृद्ध फिल्में दर्शकों को पसन्द आने लगीं। राजकपूर जैसे चेतना सम्पन्न और समर्थ फिल्मकार ने समकालीन मुद्दों पर 'आग' (1948), 'आवारा' (1951), 'बूट पोलिश' (1954), 'जिस देश में गंगा बहती है' और 'जागते रहो' फिल्में बनाई। प्रख्यात फिल्मकार बी.आर. चोपड़ा ने 'एक ही रास्ता', 'नया दौर', 'साधना' (1960) और 'धूल का फूल' (1960), बिमल रॉय ने 'देवदास' (1955), 'दो बीघा जमीन' (1953), बिराज बहु (1954), 'सुजाता' (1959), 'बन्दिनी' (1963), वी. शान्ता राम ने 'दो आँखें बारह हाथ' (1957), 'नवरंग' (1959), अमिय चक्रवर्ती ने 'पतिता' (1953), महबूब खान ने 'मदर इंडिया' (1957), सत्यजित रॉय ने 'पाथेर पांचाली' (1955), गुरुदत्त ने 'कागज के फूल' (1959), नितिन बोस ने 'गंगा जमुना' (1961) जैसी फिल्में बनाईं जो सामाजिक फिल्मों के सुन्दर उदाहरण हैं, जो भारतीय समाज और संस्कृति के यथार्थ को चित्रित करती हैं। इन फिल्मों में संश्लिष्ट पहचान, प्रेम, मानवीय सम्बन्ध, परिवार, अन्तर्जातीय विवाह, अस्पृश्यता, बेरोजगारी, गरीबों का शोषण, विचलित लोगों के सुधार, अवैध

सम्बन्ध, बिन ब्याही माँ की समस्या और ग्रामीण भारत की समस्याओं को विषय बनाकर प्रस्तुत किया गया है। इन फिल्मों में महिलाओं की कमतर स्थिति और पुरुषों द्वारा निरन्तर शोषण पर भी ध्यान केन्द्रित किया गया जिनके बारे में टिप्पणी करते हुए एडवर्ड जानसन (Edward Johnson) लिखते हैं—

> The emotional reaction of the audiences to the film is based very much in reality and the knowledge of the real experiences and the dilemmas explored in these films. (Johnson1987: 3)

भारतीय सिनेमा में मुसलमान

भारतीय सिनेमा में आरम्भ से ही यहाँ रह रहे सभी धार्मिक समुदायों के जीवन से जुड़े हुए विषयों पर फिल्में बनती रही हैं। आबादी की दृष्टि से देखें तो हिन्दुओं के बाद सबसे बड़ी जनसंख्या मुस्लिम धर्मावलम्बियों की है। आजादी के पहले से राजनीतिक कारणों से साम्प्रदायिक विद्वेष के कारण हिन्दुओं और मुसलमानों के बीच दूरी बढ़ी जो विभाजन के रूप में सामने आई। मुस्लिम समुदाय के कलाकार गीत-संगीत और अभिनय में फिल्म निर्माण के पूर्व से ही बहुत सक्रिय रहे हैं। भारतीय सिनेमा निर्माण के विभिन्न क्षेत्रों में उनका महत्त्वपूर्ण योगदान रहा है। परन्तु भारतीय सिनेमा की एक धारा जिसमें मुस्लिम समुदाय के जीवन पर केन्द्रित होकर फिल्में बनाई गईं, उसे मुस्लिम सोशल फिल्में कहा गया। ऐसी फिल्में साठ और सत्तर के दशक में बहुत लोकप्रिय हुईं। इन फिल्मों में 'आलमआरा', 'रजिया सुल्तान', 'लैला मजनू' (1941), 'अनारकली' (1953), 'मिर्जा ग़ालिब' (1955), 'चंगेज खान' (1957), 'मुगल-ए-आजम' (1960), 'चौदहवीं का चाँद' (1960), 'मेरे महबूब' (1963), 'गजल' (1964), 'कश्मीर की कली' (1964), 'शतरंज के खिलाड़ी' (1977), 'उमराव जान' (1978), 'पाकीजा' (1971) 'महबूब की मेहँदी', 'निकाह' और 'तवायफ' आदि कुछ उल्लेखनीय फिल्में हैं। बॉलीवुड और मुम्बई का चरित्र कॉस्मोपोलिटन रहा है। यह एक ऐसा मेल्टिंग पॉट रहा है जहाँ देश के कोने-कोने से भिन्न पृष्ठभूमि के लोगों ने आकर काम किया और अपना योगदान देकर इसे समृद्ध किया। कलाकारों ने बिना किसी जातीय-धार्मिक पूर्वाग्रह के अपने चरित्र निभाए। रजिन्दर दुदराह ने अपनी किताब में बॉलीवुड के इस चरित्र पर प्रशंसात्मक ढंग से लिखा है—

> In the film 'Ram Rajya' a Muslim played Ram, while the Hindu played the Ravana. (Bose2006:190-91)... For its

> cosmopolitan nature film community is popularly known as one of the most progressive, 'multicultural' force in the sub-continent promoting inter-religious and inter-ethnic harmony. (Dudrah 2006: 177)

मुस्लिम सोशल फिल्मों की लोकप्रियता का कारण अच्छा गीत-संगीत, शायरी, गजल, तवायफों के कोठे, गीत-संगीत-नृत्य और उनकी तहजीब, नवाबों और तवायफों की मोहब्बत, वफाई और बेवफाई, बातचीत में उर्दू भाषा की नजाकत और नफासत, पहनावा, पहली नजर का प्यार, प्रेम त्रिकोण और ऊँच-नीच के भेदभाव को दूर करने वाले कथानक जैसे बहुत सारे विषय रहे। 'उमराव जान' (1980) मुस्लिम सोशल फिल्मों का एक बेहतरीन उदाहरण है जहाँ एक तवायफ की जिन्दगी उसके पेशे और एक नवाब की मोहब्बत की उम्मीद के बीच कशमकश में गुजरती है। यह फिल्म बड़े और इज्जतदार लोगों की जिन्दगी के दोगलेपन और औरतों के प्रति समाज के भेदभावपूर्ण नजरिए को भी सामने लाने का काम करती है। सन् 1990 के दशक के बाद फिल्मों में मुस्लिम चरित्रों की भूमिकाएँ बदलने लगीं। कश्मीर घाटी में उपजे असन्तोष, विद्रोह और अयोध्या के विवादित ढाँचे के गिराए जाने की घटनाओं ने साम्प्रदायिक अविश्वास और हिंसा को बढ़ावा देने का काम किया। इस तरह समाज में जो बदलाव घटित हुए उससे फिल्मों की विषय-वस्तुमें भी परिवर्तन हुए। उस दौर में रिलीज हुई फिल्मों के बारे में देशपांडे लिखते हैं—

> Now Muslim characters are portrayed as villain who become substitute of traditional villain (Khalnayak). The Muslim terrorist has increasingly appeared as a threat to India in keeping with changing political climate and the discourses of the country. Films like 'Roja' (1994), and 'Sarfarosh' (1999) and such other films helped demonised Muslim as anti-national. (Deshpande 2007)

वैश्वीकरण और पश्चिमीकरण के प्रभाव में संवाद और गीतों की भाषा बदली। कैफी आजमी, मजरूह सुल्तानपुरी, साहिर और उस जमाने के संगीतकारों नौशाद, मदन मोहन और खैय्याम का का दौर बीत गया। मुशायरा और कव्वाली अब फिल्मों के जरूरी अंग नहीं रहे। भारत ही नहीं दुनिया भर में 'इस्लामिक आतंकवाद' की अवधारणा लोगों के मन मस्तिष्क में घर कर गई जिसमें अलकायदा जैसे संगठनों ने प्रमुख भूमिका निभाई। अमेरिका के वर्ल्ड ट्रेड सेंटर पर हमले के बाद 26/11 एक प्रघटना बन गया। आत्मघाती हमलावरों ने सूइसाइड बॉम्बर के रूप में दुनिया को एक असुरक्षित स्थान में तब्दील कर दिया जिसके कारण साम्प्रदायिक सोच का दायरा

और समुदायों के बीच खाई बढ़ती गई। हिन्दी फिल्मों ने मुस्लिम आतंकवादियों को सलवार कमीज, दाढ़ी, ए.के.47 जैसे हथियारों से लैस और अरबी स्कार्फ पहनाकर परदे पर प्रस्तुत किया जिसके कारण दर्शकों के मन में एक समुदाय विशेष के लोगों की एक छवि का निर्माण हुआ। इस सम्बन्ध में देशपांडे लिखती हैं—

> Bollywood wants to make sure that religious identity of the terrorist is not doubted at all by the audience. (Deshpande2007: 98)

'फना' (2006) फिल्म ने मुस्लिम आतंकवादी के चेहरे को फिर से बदलने का काम किया। अब वह शहरी 'नेक्स्ट डोर प्लेबॉय' की तरह दिखने लगा जो डिजायनर जींस और शर्ट पहनता है लेकिन जिसके मंसूबे खतरनाक हैं। डेढ़ दशक तक फिल्मों में यह मुद्दा छाया रहा और मुस्लिम सोशल फिल्में चलन से बाहर हो गईं।

भारतीय सिनेमा में गाँव

भारत गाँवों का देश है और सिनेमा के आरम्भ से ही बॉलीवुड ने ग्रामीण जीवन को केन्द्र में रखकर बहुत सारी फिल्में बनाईं। 'अछूत कन्या' (1936), 'औरत' (1940), 'दो बीघा जमीन' (1953), 'पाथेर पांचाली' (1955), 'मदर इंडिया' (1957), 'नया दौर' (1957), 'गंगा जमना' (1961), 'उपकार' (1967), 'तीसरी कसम' (1967), 'रेशमा और शेरा' (1971), 'चितचोर' (1976), 'भूमिका' (1977), 'नदिया के पार' (1982), 'दामुल'(1985), 'गुलामी' (1985), 'मिर्च मसाला' (1987), 'वारिस' (1988), 'आज का अर्जुन' (1990), 'रुदाली' (1993), 'बैंडिट क्वीन' (1994), 'मृत्यु दंड' (1997), 'विरासत' (1997), 'बवंडर' (2001), 'लगान' (2001), 'स्वदेस' (2005), 'मालामॉल वीकली' (2006), 'वेल डन अब्बा', 'बिल्लू बार्बर', 'पिपली लाइव' (2010), 'पंचायत' (2021-22) और 'कागज' (2022) सहित और भी न जाने कितनी फिल्में गिनाई जा सकती हैं।

सन् पचास के दशक में 'मदर इंडिया' और 'नया दौर' ने ग्रामीण भारत की वास्तविकताओं का चित्रण किया। उस समय के गाँव अपने सामन्ती अतीत से मुक्त होने के प्रयास के साथ भारतीय ग्रामीण जीवन मूल्यों को सहेजने की कोशिश भी कर रहे थे। 'मदर इंडिया' का नायक (सुनील दत्त) लाला की लाल पोथियों में दर्ज धूर्त विद्या को समझने में असफल रहता है और उन्हें जलाकर अन्तहीन कर्ज से पूरे गाँव को मुक्ति दिलाता है लेकिन लाला की बेटी को उठाकर ले जाने की कोशिश पर स्वयं उसकी माँ उसे गोली मार देती है। सन्देश साफ है शैतान को खत्म करने

के लिए शैतान बनना जरूरी नहीं है। साहूकार और जमींदार के शोषण से किसानों मजदूरों को बचाना है लेकिन गाँव की बेटी की इज्जत नहीं खराब करनी है। फिल्म 'नया दौर' मशीन और मानव के बीच के संघर्ष, पलायन और रोजगार के सवाल को उठाती है और 'मिलकर बोझ उठाना' वाले सामूहिक दर्शन से पूँजीपतियों के शोषण का जवाब देने का उपाय सुझाती है।

भारतीय फिल्मों ने इस देश को सामान्यतया हिन्दू, पितृसत्तात्मक समाज की तरह प्रस्तुत किया जिसमें उच्च जातीय लोगों का प्रभुत्व था। जो फिल्में ग्रामीण राष्ट्रवाद पर केन्द्रित थीं उनमें प्रायः दलित और अल्पसंख्यकों को उचित स्थान नहीं दिया जाता था या उन्हें परम्परागत जातिगत भूमिकाओं में ही सीमित रखकर प्रस्तुत किया जाता था। मनोज कुमार की फिल्म 'उपकार' (1967) इसका प्रमुख उदाहरण है जो तत्कालीन प्रधानमंत्री लाल बहादुर शास्त्री के नारे 'जय जवान जय किसान' से प्रेरित थी। मनोज कुमार की फिल्मों में परम्परागत ग्रामीण और पितृसत्तात्मक मूल्यों को नगरीय और पश्चिमी मूल्यों से बेहतर दिखाने का प्रयास किया जाता था। ग्रामीण भारत के भेदभावपरक जातीय सामाजिक संरचना, पितृसत्तात्मक और शोषक मूल्यों के विरुद्ध आवाज उठाने वाली मजबूत महिलाओं पर केन्द्रित कई फिल्में सत्तर और अस्सी के दशक में बनीं जिनमें श्याम बेनेगल निर्देशित 'भूमिका' (1977), केतन मेहता निर्देशित 'मिर्च मसाला' (1987), प्रकाश झा निर्देशित 'दामुल' (1985) और 'मृत्युदंड' (1997), कल्पना लाजिमी निर्देशित 'रुदाली' (1993), शेखर कपूर निर्देशित 'बैंडिट क्वीन' (1994) प्रमुख हैं। कई फिल्म समीक्षकों और समाजशास्त्रियों ने इस बात को विशेष रूप से दर्ज किया कि भारतीय सिनेमा के इतिहास में पहली बार सन् 1997 में आई कमल हसन की फिल्म 'चाची 420' में मुख्य नायक के नाम का टाइटल पासवान रखा गया जो कि एक दलित (एक्स अनटचबल) के लिए प्रयोग की जाती है। इसी कारण भारतीय सिनेमा को जातिवादी और सामन्तवादी प्रवृत्ति का पोषक भी माना जाता है। सन् नब्बे के दशक में भारतीय समाज और राजनीति व्यवस्था में कई महत्त्वपूर्ण घटनाएँ घटित हुईं जिनके दूरगामी प्रभाव हुए। भूमंडलीकरण और उदारीकरण की वैश्विक प्रक्रियाओं ने फिल्मी परदे से गाँवों और ग्रामीण जीवन की कहानियों को बाहर करने का काम किया। नगरीय अमीर मध्यम वर्ग की कहानियाँ फिल्मों की प्रमुखता से विषय-वस्तु बनीं और दर्शक भी शहरी मध्यम वर्ग ही हो गया। मल्टीप्लेक्स के उदय और दो घंटे से कम अवधि की महँगे टिकट वाली फिल्मों ने सिंगल स्क्रीन सिनेमा और हाशिए के दर्शकों को सिनेमाघर से बाहर धकेल दिया। इक्कीसवीं सदी के दो दशकों तक यही युग चलता रहा। ओटीटी के उदय और देश के दूर-दराज से लिए गए अरिजनल कंटेंट ने एक बार फिर गाँव देहात की स्थानीय कहानियों को परदे पर जगह दिलाने का काम किया है। सन् 2020 से इस दिशा में क्रान्तिकारी परिवर्तन हुए हैं।

मध्य वर्ग और भारतीय सिनेमा

भारतीय सिनेमा में ख्वाजा अहमद अब्बास ने 'धरती के लाल' (1946) और बिमल रॉय ने 'दो बीघा जमीन' (1953 बनाकर मध्यवर्गीय सिनेमा की प्रस्तावना रखी। मध्य एवं निम्न मध्य वर्ग की गरीबी और शोषण को केन्द्र में रखकर ऐसी फिल्मों का निर्माण कई फिल्मकारों ने किया। इस विषय पर लिखते हुए बहादुर (Bahadur 1982:13) कहते हैं—

> Satyajit Ray's work represented the great strand of realism. His 'Pather Panchali' is a film which reflected the Indian reality as no other film had done before.

इन फिल्मों को राष्ट्र निर्माण के प्रोजेक्ट के तौर पर देखा गया। सन् 1969 में आई दो फिल्मों 'भुवन सोम' और 'सारा आकाश' में प्रयुक्त वास्तविक लोकेशन नए चेहरों और स्वाभाविक सेटिंग्स पर होने वाली शूटिंग को बढ़ावा दिया। सत्तर के दशक के इस सिनेमा को 'नए दौर का सिनेमा' कहा गया। 'अंकुर' (1974) और 'रजनीगंधा' (1974) इस दौर की महत्त्वपूर्ण फिल्में थीं। मृणाल सेन और श्याम बेनेगल ने ग्रामीण जीवन की वास्तविक कहानियों को सिनेमा के परदे पर प्रस्तुत करने का काम किया। बासु चटर्जी की फिल्मों 'रजनीगंधा', 'छोटी सी बात', 'चितचोर', 'पिया का घर', 'बातों बातों में' और 'खट्टा मीठा' ने शहरी मध्य वर्ग के जीवन को फिल्मी परदे पर बड़े रोचक एवं सहज अन्दाज में प्रस्तुत किया।

अवतार कौल की फिल्म '27 डाउन' यूनिवर्सिटी स्टूडेंट की कहानी कहती है जिसकी शादी एक शिक्षित महिला से हो जाती है जो पारिवारिक परम्पराओं में ऐसे उलझ जाते हैं जो उनकी जिन्दगी तय करती हैं। शर्मीले स्वभाव और अपरिपक्वता के कारण इस शहरी युगल की शादी असफल हो जाती है। संयुक्त परिवार से जुड़े सदस्यों का नेटवर्क और स्वजातीय विवाह उच्च जातीय परिवारों की समस्याएँ हैं जो मध्यवर्गीय सिनेमा का प्रमुख आधार हैं। माधव प्रसाद (1998) लिखते हैं—

> in urban set up caste identity generally concealed behind the term 'middle class' for instance 'class endogamy' emerge as a narrative in the films like 'Guddi' and 'Rajnigandha' etc. (Prasad1998:163)

भारतीय सिनेमा के अध्येताओं का मानना है कि मध्यवर्ग भारतीय पहचान को लेकर बहुत सतर्क दिखता है और कभी-कभी सुधारवादी भूमिकाओं में दिखता है जिसमें पारिवारिक के साथ धार्मिक और सांस्कृतिक पहलू भी दिखाई देते हैं। ऐसी

फिल्मों में 'सुजाता', 'बन्दिनी' (बिमल रॉय) तथा 'आशीर्वाद' और 'सत्यकाम' (ऋषिकेश मुखर्जी) प्रमुख हैं। इसी के साथ ऋषिकेश मुखर्जी की 'नमकहराम' और गुलजार की 'मेरे अपने' मध्यवर्गीय सिनेमा की उल्लेखनीय फिल्में हैं जिनमें राजनीतिक अस्थिरता के दौर में राष्ट्रीय और वर्गीय अन्तरालों के बीच संवाद और सुलह की सम्भावनाओं की तलाश की गई है।

'अभिमान', 'कोरा कागज' और 'आँधी' जैसी फिल्मों में पति-पत्नी के बीच व्यक्तिवादी इच्छाओं को लेकर विवाहोत्तर तनावों के कारण मुश्किल में पड़े निजी सम्बन्धों जैसी समस्याओं को प्रमुखता से चित्रित किया गया जो उस दौर के मध्यवर्गीय परिवारों की उभरती हुई समस्या थी। मध्यवर्गीय परिवारों में निजता की समस्या को लेकर 'पिया का घर' और 'अनुभव' जैसी फिल्में भी बनी। शक्ति सामन्त जैसे बंगाली पृष्ठभूमि के निर्देशकों ने साहित्य पर आधारित फिल्में बनाईं जिनमें मध्यवर्गीय जीवन का चित्रण था। इन फिल्मों में 'अमर प्रेम', 'बालिका बधू', 'उपहार', 'छोटी बहू' और 'स्वामी' प्रमुख हैं जिनमें बंगाली मध्य वर्ग के लोगों के नाम और ड्रेस वाले चरित्र दिखाई पड़ते हैं।

राष्ट्रीय एकीकरण और मध्य वर्ग का सिनेमा

'मेरे अपने', 'आनन्द' और 'नमकहराम' जैसी महत्त्वपूर्ण फिल्मों ने राष्ट्रीय एकीकरण के मुद्दे को सिनेमा के परदे पर प्रमुखता से उठाने का काम किया। धार्मिक और साम्प्रदायिक अलगाव को दूर कर मानवता के आधार पर सभी धर्मावलम्बियों को एक साथ लाने, गरीबों और मजदूरों के मुद्दों को प्राथमिकता देने का सन्देश देने के कारण ये फिल्में एक सम्मानित स्थान रखती हैं। इन फिल्मों के नायक और नायिकाएँ शहीद होकर भी लोगों को एक साथ जुड़ने का सन्देश देती हैं। 'आनन्द' फिल्म के हँसमुख राजेश खन्ना को याद कीजिए, उसकी बीमारी को ठीक करने के लिए क्रिश्चियन नर्स, मुस्लिम दोस्त, हिन्दू डॉक्टर सभी अपने पूजा घरों में एक साथ प्रार्थना करते दिखते हैं। इस फिल्म के बारे में माधव प्रसाद लिखते हैं—

> He reunites the doctor with his girlfriend (Sumita Sanyal). He adopts doctor Prakash's wife as his sister, the matron in the hospital, sister D' Souza (Lalita Pawar) as his mother and a theatre owner, Isha Bhai (Johny walker) as a friend. Hindu, Christian and Muslim pray to their respective god for the health of Anand. (Prasad. 1998 : 165)

फिल्मकार इस फिल्म के माध्यम से सन्देश देना चाहते हैं कि तमाम विभिन्नताओं

के बावजूद हम सब भारतीय हैं और मुश्किलों के समय हम एकजुट होकर उनका सामना करते हैं। यही मध्यवर्गीय सिनेमा का महत्त्वपूर्ण हासिल है।

परिवार विवाह और नातेदारी भारतीय सामाजिक संरचना के आधार हैं। मध्यवर्गीय सिनेमा में परिवार को अन्तर्विवाही समूह के रूप में दिखाया गया है जहाँ शादीशुदा जोड़े अपनी समस्याओ को आपसी समझ से निपटाने की कोशिश करते दिखते हैं। जीवन की वास्तविकताएँ पति-पत्नी के बीच के भ्रम और अवरोधों को दूर करते हैं जिसके बाद वे परिवार और समाज के प्रति जिम्मेदार नागरिक की तरह अपनी भूमिकाओं को सँभाल लेते हैं। ऋषिकेश मुखर्जी की फिल्म 'गुड्डी' (1971) की नायिका गुड्डी एक स्कूल जाने वाली लड़की है जो फिल्म स्टार धर्मेन्द्र की दीवानी है लेकिन उससे मिलने का अवसर मिलने पर उसका प्रेम मीरा का कृष्ण के प्रति प्रेम की तरह आदर्श प्रेम में परिणत होते दिखता है। फिल्मी कलाकारों से मिलकर उसे पता चलता है कि वे लोग पैसे के बदले काम करने वाले वर्कर हैं और वास्तविक जीवन में खलनायक भी अच्छे दिल के लोग होते हैं। इस वास्तविकता के पता चलने पर गुड्डी अपने परिवार के मूल्यों को अपनाकर अपने पति को प्रेम के साथ अपना लेती है और एक जिम्मेदार महिला बन जाती है।

एक आम आदमी की जिन्दगी में नौकरी, वेतन और पदोन्नति, महत्त्वाकांक्षा, पति और पत्नी के बीच तीसरे की उपस्थिति जैसे मुद्दों को समेटकर 'रजनीगंधा' (1974) जैसी फिल्में बनती हैं जो आज भी फिल्मकारों का पसन्दीदा विषय होते हैं। 'अभिमान' और 'कोरा कागज' फिल्में शादीशुदा लोगों के दाम्पत्य जीवन में आने वाले तनावों और संघर्षों को परदे पर चित्रित करती हैं। गुलजार बहुचर्चित फिल्म 'आँधी' (1975) में एक पत्नी का सत्ता-प्रेम और महत्त्वाकांक्षा को उनके दाम्पत्य जीवन की तबाही का कारण बताते हैं जिनका एहसास होने पर पत्नी दुबारा अपनी घरेलू जिन्दगी आरम्भ करना चाहती है। 'पिया का घर' (बासु चटर्जी 1972), 'दस्तक' (रजिन्दर सिंह बेदी 1970), ने भी शहरी मध्य वर्ग की समस्याओं को उठाने का काम किया। ये परिवार घर में पर्याप्त स्थान और अपनी मूलभूत आवश्यकताओं को पूरा करने लायक आय के लिए संघर्ष करते दिखाई देते हैं। मध्यवर्गीय सिनेमा ने रोजमर्रा की समस्याओं के साथ ही इस वर्ग की सेक्सुएलिटी को भी परदे पर प्रस्तुत करने का काम किया।

एंग्री यंगमैन का उद्भव, कारण और प्रभाव

सन् 1973 में 'जंजीर' के रिलीज के साथ सिनेमा के परदे पर एंग्री यंगमैन का उदय हुआ। अमिताभ की लोकप्रियता और उनके द्वारा निभाए गए चरित्रों की विविधता पर दिए गए एक इंटरव्यू में श्याम बेनेगल ने जो कुछ कहा उसे मिहिर बोस ने

अपनी किताब में इस तरह उद्धृत किया है—

> There is not a figure remotely comparable, not just in Bollywood, but in no theatre or cinema business have an equivalent figure anywhere in the world. Amitabh broke a barrier in the way no other actor has done. He filled a kind of vacuum. He was not a romantic hero. He represented in many ways the oppressed. He came at a time when the early hope of independence had gone. People were threatening a lot of things and the ability of the Government to deal with issues was in doubt. 'Zanjeer' gave him a profile that became his public persona.

अर्थात आजादी के बाद एक लम्बा वक्त गुजर चुका था। जनता का भरोसा सिस्टम से खत्म हो रहा था, उनकी शिक्षा, नौकरी, स्वास्थ्य के मूलभूत जरूरतें पूरी नहीं हो रही थीं। इन्दिरा गांधी प्रधानमंत्री थीं, बैंकों, कोयला खदानों और अन्य क्षेत्रों का राष्ट्रीयकरण करके गरीबों की आवश्यकताओं को पूरा करने का प्रयास कर रहीं थीं। सन् 1966 में बिहार और महाराष्ट्र में अकाल पड़ा, भारत और चीन के बीच सन् 1962 और पाकिस्तान से सन् 1965 में दो युद्ध हो चुके थे जिनके कारण मुश्किलें बढ़ गई थीं। गरीबी हटाओ का नारा दिया जा चुका था लेकिन नौजवानों में आक्रोश, असन्तोष और गुस्सा था और अमिताभ के गुस्सैल नौजवान के फिल्मी अवतार ने उसे एड्रैस करने और भावनात्मक रूप से कनेक्ट करने का काम किया।

इसी बीच इन्दिरा गांधी ने सन् 1975 में एमर्जेंसी लगाकर भारतीय लोकतंत्र के इतिहास में एक निन्दनीय अध्याय जोड़ने का काम किया। सरकार में परमिट और लाइसेंस राज का कब्जा हो गया, नौकरशाही और लालफीताशाही बढ़ने के कारण भ्रष्टाचार में वृद्धि हुई और जनता का शोषण भी बढ़ गया। कुछ पूँजीपतियों का देश की अर्थव्यवस्था पर एकाधिकार हो गया। देश में मात्र बिरला की एम्बेसडर तथा इटली की फिएट कारें ही उपलब्ध थीं जिससे सब स्पष्ट हो जाता है। इन परिस्थितियों के बीच मीडिया के ऊपर भी कड़े प्रतिबन्ध लगे जिसका जिक्र करते हुए मिहिर बोस लिखते हैं—

> Only one experimental television station in Delhi. While private media was free and raucous, radio was tightly control by the government. The government also required

> all cinema houses to show government propaganda films before a movie could be screened. These propaganda films often had exhortations on Indian not to waste food. It was against this background of shortages and growing disillusionment that Bachchan and the new style of movies, began to emerge in the 1990s. (Bose2006: 267)

रेडियो, टेलीविजन पर तो कंट्रोल था ही, फिल्मों के प्रदर्शन के पूर्व सरकार के पक्ष में प्रोपेगंडा फिल्में भी चलाईं जाती थी। ऊपर वर्णित सामाजिक-राजनीतिक परिस्थितियों ने एंग्री यंगमैन को उभरने और लोकप्रिय होने का आधार प्रदान किया।

अमिताभ एवं उनकी फिल्मों ने सन् 1970 के दशक को इसी नाराज नौजवान के दशक के रूप में स्थापित कर दिया। सिस्टम के अन्दर से लेकर बाहर तक आम आदमी के हक के लिए लड़ता हुआ नायक कम से कम फिल्मी परदे पर लोगों को न्याय सुलभ कराते हुए दिखने लगा। मिहिर बोस (2006) से एक इंटरव्यू में बात करते हुए प्रख्यात निर्देशक गोविन्द निहलानी ने अमिताभ और उनकी फिल्मों के बारे में कहा था—

> Amitabh's acting summed up the mood of the nation as, in an earlier generation, Raj Kapoor's movies had done; he further says any kind of image attributed to an actor, like the angry young man, concerns not only the actor, but also the environment that prevails in that period of history in which people are functioning. If there is a certain anger in the minds of the people, against certain kinds of system or against some kind of government policies or social norms, or taboos, and if somebody expresses it... If actor is able to convey that anger effectively, then he is actually expressing the anger of the pent-up emotions of his own generations. (Bose 2006:268)

इसका मतलब यह निकलता है कि अमिताभ अपने समय के वातावरण, आम आदमी की अपेक्षाओं, निराशा और गुस्से को आवाज देने एवं भावनात्मक रूप से जोड़ने में सफल रहे।

उनकी फिल्मों 'जंजीर', 'शोले', 'लावारिस', 'परवरिश, 'दोस्ताना', 'याराना', 'दीवार', 'अमर अकबर एंथनी', 'कुली', 'मुकद्दर का सिकन्दर', 'नसीब', 'मर्द' और अन्य ने भारतीय सिनेमा के इतिहास में एक अलग मुकाम हासिल किया। इन

फिल्मों में वर्ग विभेद और वर्ग-घृणा को हिंसा और नायक के संघर्षशील व्यक्तित्व के माध्यम से समाधान करते हुए चित्रित किया गया। वह भ्रष्ट और असमानता के पोषक सिस्टम से लड़ते हुए सामने आता रहा।

सिनेमा संचार और मनोरंजन का एक प्रभावपूर्ण माध्यम है। यह जनशिक्षण और लोगों की प्रवृत्तियों को परिवर्तित करने का भी एक सशक्त माध्यम है। लगभग एक सौ दस वर्ष के हो चुके भारतीय सिनेमा ने देश के कोने-कोने से मुद्दों को उठाकर चित्रपट पर प्रस्तुत किया और आगे बढ़कर विदेशों में बसे भारतीयों के जीवन से जुड़े मुद्दों पर भी फिल्में बनाकर उन्हें खुद से जोड़ने का काम किया। दुनिया भर में फैला हुआ प्रवासी भारतीय समुदाय हमारे सिनेमा का बहुत बड़ा दर्शक वर्ग है और फिल्मों की सफलता में उनका बहुत बड़ा योगदान भी है। भारतीय फिल्में राजकपूर के जमाने से मिस्र, रूस और चीन में लोकप्रिय रही हैं। उदारीकरण वाले वर्तमान विश्व में अमेरिका, कनाडा, आस्ट्रेलिया और यूरोप के देशों में अब भारतीय फिल्में पूरी ठसक के साथ मौजूद हैं और हमारे प्रवासी भारतीय समुदाय का उनके प्रचार-प्रसार में महत्त्वपूर्ण योगदान है।

आज का बॉलीवुड

जब हम आज के बॉलीवुड की बात करते हैं तो कहीं न कहीं यह बात जेहन में आती है कि इस सिनेमा उद्योग ने एक लम्बा सफर तय किया है। फिल्म निर्माण से जुड़े लोगों की चौथी पीढ़ी आज काम कर रही है। धार्मिक-सामाजिक फिल्मों के मूक दौर से आगे बढ़कर बोलता हुआ सिनेमा श्वेत-श्याम परदा रंगीन होते हुए, मसाला फिल्मों के बाद न्यू वेव सिनेमा आन्दोलन के अन्तर्गत समानान्तर कला फिल्मों, हिंसक और फूहड़ फिल्मों, रोमांटिक और पारिवारिक मनोरंजन वाली फिल्मों, प्रवासी भारतीयों के सिनेमा से होते हुए आज ओटीटी तक पहुँच चुका है। सिनेमा हॉल, टेलीविजन और एंड्रॉयड मोबाइल फोन के बीच का भेद मिट चुका है। घर की छत पर टँगे एंटेना, छतरी अब घर के अन्दर की दीवार पर वाई-फाई बनकर टँग गए हैं। ढेर सारे ओटीटी प्लेटफार्म हैं और बहुत सारा कंटेंट, लोग कन्फ्यूज हो रहे हैं क्या देखें और क्या छोड़ें। इससे जेब पर बोझ भी बढ़ा है लेकिन मनमाफिक कंटेंट सलेक्ट करने और देख पाने की सन्तुष्टि चरम आनन्ददायक साबित हो रही है।

सिनेमा के कंटेंट पर फोकस करें तो महिलाओं की परिस्थिति में और परदे पर उनके प्रस्तुतीकरण में क्रान्तिकारी परिवर्तन आ चुका है। वे नई परिस्थितियों में अपनी एकदम अलहदा परिभाषा रच रही हैं। स्मिता पाटिल, रेखा, शबाना आज़मी और दीप्ति नवल जैसी अभिनेत्रियों ने न्यू वेव सिनेमा के दौर में मजबूत महिला के रूप में पहचान बनाई। बीसवीं सदी में काजोल, ऐश्वर्या राय, तब्बू, करिश्मा

कपूर, करीना कपूर, मल्लिका शेरावत, बिपाशा बसु, विद्या बालन, आलिया भट्ट, दीपिका पादुकोण जैसी अभिनेत्रियों ने महिलाओं की सिनेमा में भूमिका को नए तरह से परिभाषित किया जिसमें आत्मविश्वास, स्वाभिमान, मेरी मर्जी, फेमिनिज्म और बोल्डनेस सब कुछ मिक्स है। फिल्मों की विषय-वस्तु के साथ-साथ महिलाओं के किरदारों में भी विविधता आई है। उत्तर भारत के साथ दक्षिण भारत के कलाकारों को साथ लेकर सम्पूर्ण भारतीय (pan Indian) टच देकर सफलता और लोकप्रियता का नया फॉर्मूला ढूँढ़ लिया गया है। 'पठान' (2022) और 'एनिमल' (2023) इसके बेहतरीन उदाहरण हैं। कावेरी बामजाई ने अपनी किताब बॉलीवुड (Bamzai 2007) में सन् 1995 के बाद के भारतीय सिनेमा को तीन प्रमुख जेनर में बाँटा है :

1. आदित्य चोपड़ा की 'दिलवाले दुल्हनिया ले जाएँगे' (1995)
2. राम गोपाल वर्मा की आईरानिक कामेडी (Ironic comedy) 'रंगीला' (1995)
3. मणिरत्नम की विवादास्पद राजनीतिक (Contentiously political) फिल्म 'बॉम्बे' (1995)

इन फिल्मों के साथ ही हम अन्य नई श्रेणी की फिल्मों को भी जोड़ सकते हैं जैसे—

1. राम गोपाल वर्मा की माफिया डॉन और अंडरवर्ल्ड को केन्द्र में रखकर बनी फिल्में 'सत्या' (1998), 'कम्पनी' (2002) और 'डी' (2005)
2. प्रियदर्शन की 'हेरा फेरी', 'फिर हेरा फेरी' और 'हलचल'
3. डेविड धवन की अडल्ट कामेडी फिल्म 'मुझसे शादी करोगी'
4. मधुर भंडारकर का अति यथार्थवादी सिनेमा 'चाँदनी बार', 'पेज 3', 'कॉर्पोरेट', 'ट्राफिक सिग्नल' इत्यादि जिनमें उन्होंने लिव इन रिलेशनशिप, समलैंगिकता, गे कल्चर तथा कथित उच्चवर्गीय लोगों के गन्दे काम-धन्धों में संलिप्तता को उजागर करने का काम किया। इनकी फिल्मों को दर्शकों और फिल्म समीक्षकों ने सराहा।

भारतीय सिनेमा में एक दौर बीमारियों पर केन्द्रित फिल्मों का आया जिसने दर्शकों में इन बीमारियों के प्रति जागरूक और संवेदनशील बनाने का काम किया। आमिर खान की 'तारे जमीन पर', आर. बाल्की निर्देशित 'पा', संजय लीला भंसाली की 'ब्लैक' और 'गुजारिश' ऐसी ही फिल्में थीं। भारत देश में नवजात बच्चों में आटिज्म की बीमारी तेजी से फैल रही है। माता-पिता के अरमानों का बोझ भी बच्चों को बीमार कर रहा है। आमिर खान की 'तारे जमीन पर' फिल्म ने देश में एक बहस और विमर्श को जन्म दिया था लेकिन 'कोटा फैक्ट्री' (2022), 'अस्पाइरंट' और '12वीं फेल' जैसी फिल्मों ने प्रतियोगी छात्रों के ऊपर कैरियर के दबाव और संघर्ष और सफलता को सामने लाने का काम किया है। कोटा शहर में आए दिन

छात्रों द्वारा आत्महत्या की खबरें बताती हैं कि कैरियर के दबाव ने युवा नाजुक मन को किस हालत में लाकर छोड़ दिया है। प्रवासी भारतीयों का सिनेमा नब्बे के दशक और आगे बीसवीं सदी के पहले दशक में बहुत लोकप्रिय रहा लेकिन अब ओटीटी के जमाने में स्थानीय ओरिजिनल कंटेंट पर फोकस बढ़ गया है और डायस्पोरा सिनेमा अब बॉलीवुड फिल्मकारों के लिए महत्त्वपूर्ण नहीं रहा। कावेरी बामजाई (Kaveree Bamzai) अपनी किताब 'Bollywood today' (2007) में लिखती हैं—

> That is new Bollywood, a mixed of old and new, convention and audacity, feudalism and fearless risk taking, nepotism and new corporatisation...in what the late American movie critique Pauline Kael would have called its trashy shameless heart lie a thousand stars and many more stories. (Bamzai2007)

भारतीय सिनेमा का इतिहास : एक निष्कर्ष

भारतीय सिनेमा के इतिहास को देखें तो मूक फिल्मों के दौर में (1913-1931) फिल्मकारों ने मुख्यतया मिथकीय और ऐतिहासिक कहानियों एवं पात्रों को केन्द्र में रखकर फिल्में बनाईं जो दर्शकों को आसानी से समझ आ सकें। तब से लेकर सिनेमा में तमाम उतार चढ़ावों को देखते हुए और परिवर्तनों से तालमेल बिठाते हुए एक लम्बा सफर तय किया है। अपने देश ही नहीं दुनिया भर में बसे प्रवासी भारतीयों के मुद्दों पर भी बॉलीवुड ने फिल्में बनाकर उन दर्शकों को खुद से जोड़ने का काम किया। भारतीय सिनेमा ने भारत देश की बदलती हुई सामाजिक-राजनीतिक, आर्थिक एवं सांस्कृतिक परिस्थितियों से भी सामंजस्य बिठाते हुए फिल्म निर्माण किया अर्थात हमारे फिल्मकार सामाजिक वास्तविकताओं को चित्रित करने की जिम्मेदारी निभाते रहे। सिनेमा और समाज के आपसी सम्बन्धों पर टिप्पणी करते हुए मिल्स (Mills 1959) ने लिखा है—

> Films involve the socio-economic, moral and cultural fabrics of a society, and overlap of these fabrics from vivid structure of socio-historical life of a society.

अर्थात फिल्में एक समाज या राष्ट्र की सामाजिक-आर्थिक, नैतिक और सांस्कृतिक बनावट और बुनावट को प्रस्तुत करती हैं। फिल्मों के महत्त्व पर प्रकाश डालते हुए निकोलस (Nicholas, 1946) ने लिखा है कि फिल्में एक राष्ट्र के जीवन

का जीवित आईना होती हैं जिनसे कुछ घंटों में हम उस देश के बारे में एक समझ विकसित कर पाते हैं—

> The films are a living mirror of a nation's life. This mirror offers us a few hours of study to understand about a particular nation.

मुस्लिम सोशल फिल्में सिनेमा के आरम्भ से लेकर 1970 के दशक तक बनती रहीं और दर्शकों ने पसन्द भी किया। एक लम्बा वक्त गुजर गया, मुस्लिम समाज पर केन्द्रित फिल्में नहीं बनतीं। सन् 1990 के दशक से लेकर बीसवीं सदी के पहले दशक तक मुस्लिम आतंकवाद को केन्द्र में रखकर अनेक फिल्में बनी जिनमें भारत-पाकिस्तान विभाजन को आधार बनाया गया। कश्मीर में आतंकवाद का राजनैतिक हथियार के रूप में इस्तेमाल, अयोध्या में विवादित ढाँचे का गिरना, मुम्बई में बम ब्लास्ट, गोधरा कांड और गुजरात दंगे, ताज होटल मुम्बई पर आतंकवादी हमला, वर्ल्ड ट्रेड सेंटर पर हमलों ने भारत और अमेरिका ही नहीं पूरी दुनिया को हिलाकर रख दिया। बिन लादेन के अन्त, पाकिस्तान के कमजोर पड़ते जाने तथा दुनिया भर में सख्ती की वजह से आतंकवादी घटनाओं में पर्याप्त कमी आई है।

प्रवासी भारतीयों तक सिनेमा की पहुँच सुनिश्चित करने के लिए सूचना और संचार प्रौद्योगिकी में हो रहे निरन्तर परिवर्तन ने बहुत ही महत्त्वपूर्ण भूमिका निभाई। सन् 1990 के दशक में प्रवासी भारतीयों के सिनेमा का एक जेनर के रूप में आरम्भ हुआ जिसमें शाहरुख खान और ऐश्वर्या राय प्रवासी आइकान के रूप में उभरे जिनकी एक अन्तर्राष्ट्रीय पहचान भी बनी। दुनिया भर में फैले प्रवासी भारतीयों को लक्षित करते हुए बॉलीवुड के बड़े निर्माताओं ने डायस्पोरा आधारित सिनेमा बनाया लेकिन सन् 2010 के बाद इस विषय पर फिल्में बननी कम हो गईं।

ओटीटी का उदय और बॉलीवुड सिनेमा

सन् 2020 के आते-आते भारतीय सिनेमा में एक नया युग आरम्भ हुआ। घर या घर से दूर किसी भी स्थान से इंटरनेट कनेक्शन की मदद से हम अपने पसन्दीदा कार्यक्रम और फिल्में ओटीटी प्लेटफार्म पर देख सकते हैं। कोविड 19 से जुड़े प्रतिबन्धों के दौर में मनोरंजन उपलब्ध कराने के लिए इस माध्यम का प्रयोग तेजी से बढ़ा। वैसे भारत में पहली बार सन् 2008 में रिलायंस एंटरटेनमेंट ने बिगफ्लिक्स के नाम से पहला ओटीटी प्लेटफार्म लांच किया। सन् 2010 में नेक्सजीटीवी ने पहला मोबाइल एप लांच किया जिस पर आईपीएल के मैच प्रसारित होने आरम्भ हुए। बाद में डिज्नी हॉटस्टार, डिटो टीवी और सोनी लाइव जैसे प्लेटफार्म 2013

में लांच हुए। आज इनकी संख्या बहुत बढ़ चुकी है। ओवर द टॉप 'ओटीटी' के नाम से दुनिया के नामचीन पूँजीपतियों ने नेटफ्लिक्स, अमजॉन प्राइम वीडिओ, डिज्नी हॉटस्टार के माध्यम से भारत के विशाल दर्शक वर्ग को मनोरंजन परोसने और अपार धनार्जन के लिए ओरिजिनल कंटेंट को प्रोमोट करना आरम्भ किया। आज भारत देश के कोने-कोने से स्थानीय लेकिन महत्त्वपूर्ण घटनाओं को लेकर फिल्में बन रही हैं और खूब चर्चित और प्रशंसित हो रहीं और खूब पैसा भी कमा रही हैं। ओटीटी के नाम पर इन फिल्मों और वेब सीरीज़ ने हिंसा, गालियों और सेक्स कंटेंट को खुलकर परोसा है। मजे की बात यह है कि सेंसर बोर्ड ऐसे कंटेंट पर कोई कैंची नहीं चला रहा।

इरा भौमिक लिखती हैं—

> Traditional movie distribution patterns have been upended by OTT platforms, bringing spectators a new era of accessibility and ease. Unavoidably, this trend is changing as more and more Indians, both in urban and rural regions, rely on their smartphones, tablets and smart TVs for entertainment. The days of having to wait for the atrical releases or follow strict television schedules are long gone. OTT platforms have merged the worlds of television and film. The distinction between film and television has become fuzzier because of OTT platforms, which give viewers the opportunity to watch anything they want, whenever they want.

ओटीटी ने फिल्मों के निर्माण और उपभोग के तरीकों को क्रान्तिकारी तरीके से बदल दिया है। ओटीटी ने एक नए युग का सूत्रपात किया है। फिल्म निर्माण स्टूडियो से मुक्त हुआ है और स्वतंत्र फिल्मकारों को मौका मिला है जिसके फलस्वरूप फिल्म निर्माण की प्रक्रिया का लोकतंत्रीकरण हुआ है। हिन्दी ही नहीं सभी भारतीय भाषाओं की फिल्मों को पूरे विश्व के दर्शकों तक पहुँचने का अवसर मिला है। एक तरफ जहाँ नए और प्रतिभाशाली कलाकारों को मौका मिला है तो दूसरी तरफ स्थापित अभिनेताओं/अभिनेत्रियों, निर्माता और निर्देशकों ने अन्तर्राष्ट्रीय ओटीटी प्लेटफार्म के मालिकों से हाथ मिलाकर (जॉइंट वेंचर्स) भारतीय ओरिजनल कंटेंट को दुनिया के कोने-कोने तक पहुँचाया है। अब आजमगढ़ का 'कागज' (2021) और बलिया की 'पंचायत' (2020-22), सीवान का 'रंगबाज' (2022), नालन्दा का 'खाकी : द बिहार चैप्टर' (2022), राजस्थान के कोटा शहर के कोचिंग संस्थानों पर केन्द्रित

वेब सीरीज 'कोटा फैक्ट्री' (2019) जैसी लोकल कहानियों पर बनी फिल्में और सीरीज एक क्लिक पर ग्लोबल स्तर पर उपलब्ध हैं। ओटीटी ने मनोरंजन उद्योग में उत्साहजनक एवं रचनात्मक अवसरों को उपलब्ध कराने का काम किया है।

ओटीटी ने परम्परागत फिल्म इंडस्ट्री को झटका दिया और साउथ की फिल्में हिन्दी फिल्मों से न केवल ज्यादा सफल होने लगीं बल्कि ऑस्कर पुरस्कार तक जीतने लगीं तो एक रणनीति के तहत शाहरुख खान, दीपिका पादुकोण अभिनीत 'पठान' (2022) बनी और उसके आसपास दूसरी कोई भी फिल्म रिलीज नहीं की गई। यह फिल्म बड़ी हिट रही। सन् 2023 में 'जवान' और 'एनिमल' फिल्मों की सफलता ने नए कीर्तिमान स्थापित किए हैं। इन सभी फिल्मों में मुम्बई के अभिनेता और दक्षिण सिनेमा की सफल और आकर्षक अभिनेत्रियों दीपिका पादुकोण, नयनतारा एवं रश्मिका मंदाना को लेकर नॉर्थ-साउथ सहयोग की भावना से काम करके और अधिकतम दर्शकों तक पहुँचकर, अधिकतम कमाई के लक्ष्य पर केन्द्रित होकर काम कर रहे हैं। मल्टीप्लेक्स की बहुविधिक लूट अब ज्यादा दिन नहीं चलने वाली है। हर हाथ में एंड्रायड मोबाइल है मतलब चलता-फिरता सिनेमाघर मुट्ठी में है। सिंगल सिनेमा स्क्रीन को पुनः सक्रिय करने की कोशिशें आरम्भ हो गई हैं। पॉपकॉर्न, कोल्डड्रिंक, बर्गर की खुली लूट और महँगे टिकट को अब सस्ता होना होगा। मूँगफली खाने और सीटी बजाकर सिनेमा देखने वाले फ्रंट बेंचर्स फिर से मोर्चा सँभालेंगे। उन्हें धकियाकर सिनेमाघरों से बाहर ठेलने वाले लोगों को समझ जाना चाहिए कि यह देश अमीर गरीब सभी का है और सिनेमा देखने का मजा समूह में ही आता है और सब लोग मिलकर देखेंगे तभी फिल्में सफल होंगे। मॉल और मल्टीप्लेक्स चलेंगे तो सिंगल स्क्रीन हॉल को भी चलना होगा। बड़े-बड़े सुपर स्टार लोगों को भी समझना होगा कि छोटे-छोटे कस्बों से आए प्रतिभाशाली कलाकारों को स्पेस देना पड़ेगा, उनके योगदानों को स्वीकारना पड़ेगा। करन जौहर और उनकी संकीर्ण सोच वाली मंडली जो केवल स्टार पुत्र-पुत्रियों को आगे बढ़ाने का काम करती है उसे समय के साथ सुधर जाना होगा। भारी विविधता वाले भारत देश के सिनेमा को भी विविधतापूर्ण होना होगा अन्यथा बात नहीं बनेगी। इस तरह भारत का सिनेमा उद्योग समय के साथ कदमताल करते हुए आगे बढ़ता रहेगा और अपना इतिहास दर्ज करता चलेगा।

सिनेमा एवं महिलाएँ

बॉलीवुड में महिला केन्द्रित सिनेमा और समाज

बॉलीवुड सिनेमा का इतिहास सौ साल से ज्यादा पुराना है और महिलाओं के मुद्दों को लेकर समय-समय पर महत्त्वपूर्ण फिल्में भी बनी हैं। एक ऑडियो-विजुअल कला माध्यम के रूप में फिल्मों के विषय-वस्तु से महिलाओं के बारे में समाज की भेदभावपूर्ण दृष्टि व सोच तथा पूर्वाग्रह भी चित्रित होते हैं। निःसन्देह सामाजिक-सांस्कृतिक और राजनीतिक प्रयासों से महिलाओं की परिस्थिति में लगातार सुधार हुए हैं और इनका प्रस्तुतीकरण भी बॉलीवुड की फिल्मों में हुआ है। वर्ष 2018 में प्रदर्शित हुई फिल्म 'स्त्री' ने महिलाओं के सम्मान के मुद्दे को हास्य और रहस्य के आवरण में समेटकर संवेदनशील तरीके से प्रस्तुत किया जो दर्शकों का मनोरंजन करने के साथ-साथ समाज में स्त्रियों के दोयम दर्जे और उन्हें भोग मात्र की वस्तु समझने और उसके दुष्परिणामों के बारे में भी आगाह करती है।

'स्त्री' एक रहस्यमयी और भुतहा फिल्म जरूर है लेकिन इसके केन्द्र में एक मैसेज है कि 'यदि पुरुष महिलाओं का सम्मान नहीं करेंगे तो वे अपने अपमान का बदला लेकर रहेंगी'। फिल्म का कथानक मध्य प्रदेश के एक छोटे से शहर चन्देरी पर केन्द्रित है। प्रत्येक साल सालाना मेले के समय चन्देरी शहर के लोग डरे-सहमे जीते हैं और दहशत के मारे पुरुष घर से बाहर निकलना बन्द कर देते हैं कि कहीं मेले के समय सक्रिय होने वाली अदृश्य 'स्त्री' उन्हें नंगा करके गायब न कर दे। टोटके के तौर पर सभी लोग अपने घर के बाहर 'ओ स्त्री कल आना' पेंट करवा देते हैं ताकि स्त्री उनके घर के पुरुष को उठा न ले जाए। लोगों का ये मानना है कि स्त्री पुरुषों के कपड़े उतारकर फेंक देती है और उन्हें गायब कर देती है क्योंकि वो एक अतृप्त आत्मा है जो अपनी देह की भूख मिटाना चाहती है और इसीलिए पुरुषों को गायब करके पुरानी हवेली में डाल देती है। स्त्री की आत्मा को तृप्त करने के लिए शहर की वीरान हवेली में सुहागरात का दृश्य रचा जाता है लेकिन स्त्री ये सब देखकर और ज्यादा नाराज और आक्रामक हो जाती है। दूल्हे के रोल में नायक को आभास होता है कि स्त्री सेक्स नहीं सम्मान की भूखी है। फिल्म का सारा कथानक महिलाओं के बारे में पुरुषों की जमी-जमाई धारणाओं को एक-एक कर एक्सपोज करता है। असल में भारतीय पुरुष समाज

बहुत हिप्पोक्रेटिक है और दोहरा जीवन जीता है वो परदे के पीछे सब कुछ भोगना चाहता है लेकिन सार्वजनिक तौर पर नैतिकता का झंडाबरदार हो जाता है। वेश्या और तवायफ के प्रति समाज का नजरिया कुछ इस तरह का है कि 'दिन में कोढ़ कहते हो, रात में बेजोड़ कहते हो'।

स्त्री फिल्म में एक पात्र हैं 'शास्त्री जी', जो महिलाओं के प्रति समाज की दोषपूर्ण सोच और भेदभावपूर्ण तौर तरीकों से इतने आहत हैं कि सबसे दूर एकाकी जीवन जी रहे हैं जिसके कारण फिल्म के पात्र 'वे इमरजेंसी में रहते हैं' कहकर उनका परिचय कराते हैं। शास्त्री जी इमरजेंसी में जीवन को हाइबरनेट पर डालकर 'मुक्तिबोध के ब्रह्मराक्षस' की तरह विद्वान होकर भी निर्वासित और अप्रासंगिक जीवन जी रहे होते हैं। शास्त्री जी के पास समाधान है 'स्त्री' के प्रकोप से शहर को बचाने का और वे इस विषय पर एक किताब भी लिख चुके हैं लेकिन वे किसी को समाधान बताना नहीं चाहते। इसके पीछे पुरुषों और समस्त समाज का महिलाओ के प्रति पूर्वाग्रह भरा अपमानजनक रवैया है। उनकी झुँझलाहट भरी बातें और महिलाओं के प्रति उसकी सोच को सतही और घटिया बताकर जब समाधान पाने गई टीम वापस आ रही होती है तो शास्त्री टोकते हैं, 'मेरी सोच घटिया नहीं है, सोच घटिया है इस समाज की, सारे चन्देरी शहर की, जिसने स्त्री को अपमानित किया और उसे मार डाला। अब स्त्री इस शहर से बदला लेने पर उतारू है और शहर को इस आफत से केवल एक आदमी बचा सकता है और वो कौन है: समाज से बहिष्कृत, निन्दनीय समझी जाने वाली एक तवायफ का बेटा, जो कि फिल्म का नायक है—

गोरा रंग नाक है लम्बी, समझे खुद को वो शहजादा,
बरगद की कोख में जन्मा, है वो एक तवायफजादा

यह फिल्म अपने कथानक में फेमिनिस्ट दृष्टिकोण से प्रभावित दिखती है। चुड़ैल के रूप में स्त्री पुरुषों से अपने अपमान का बदला लेती है लेकिन श्रद्धा कपूर ने जिस लड़की का रोल किया है उसका कोई नाम नहीं है। वह हर साल मेले के समय कहीं बाहर से आती है और स्त्री की आत्मा को शान्त कर उसे मुक्त कर उसकी सकारात्मक शक्ति को अर्जित करना चाहती है। अपने इस कार्य में वह समाधान चाहने वाले पुरुषों को रिजेक्ट नहीं करती बल्कि उनका सहयोग लेकर स्त्री के राज का पर्दाफाश करती है। चोटी के रूप में काटी गई उसकी शक्ति को क्लाइमेक्स सीन में खुद की चोटी में जोड़कर अपनी शक्ति को बढ़ाते हुई दिखती है। एक स्त्री का दूसरी स्त्री के सम्मान की रक्षा के लिए आगे आना, अपने 'कॉमन इंटरेस्ट' के लिए एकजुट होना ही तो 'वीमेन पॉवर कनेक्ट' है और 'दुनिया की महिलाओं एक हो' जैसे नारीवादी स्लोगन को सार्थक करता है। यह सच है कि घर की चारदीवारी में कैद करने से लेकर पति की चिता में जलकर सती हो जाने को

बाध्य करने वाले पितृसत्तात्मक भारतीय समाज ने लम्बे समय तक महिलाओं पर बहुत जुल्म किए हैं और उसे धार्मिक-सांस्कृतिक जरूरत बताकर सही भी ठहराया है। आज भी ये जुल्म और भेदभाव कम नहीं हुए हैं। लगातार दो-तीन लड़कियाँ पैदा करने पर एक महिला को घर से खदेड़ दिया जाता है, रोज ही ऐसी सताई हुई महिलाओं को हम खुद अपने दफ्तर में देखते रहते हैं। ऐसे तमाम तरह के जुल्म का बदला लेने के लिए हर स्त्री 'बैंडिट क्वीन' तो नहीं बन सकती इसलिए लोक-प्रचलित मुहावरों के आवरण में भूत-चुड़ैल की प्रतीकात्मक सर्वसुलभ समझ के सहारे 'स्त्री' जैसी फिल्मों के माध्यम से महिलाओं के प्रति एक सम्मान भरी समझ बनाने का आसान रास्ता बॉलीवुड की फिल्में अक्सर अपनाती हैं।

वास्तविक मुद्दों का फिल्मी प्रक्षेपण

फिल्में साहित्य की ही तरह अपने 'समय का दस्तावेज' (आंशिक या पूर्णत:) हैं। यदि हम महिलाओं से जुड़े मुद्दों और फिल्मों में उनके चित्रण की बात करें तो भारी गैप दिखता है। संवैधानिक संस्थाएँ जहाँ महिलाओं के हितों की रक्षक और बराबरी की बात करती हैं, उनके पक्ष में फैसले देती हैं वहीं दूसरी तरफ परम्परा के नाम पर लोग महिलाओं को बराबरी का हक देने को तैयार नहीं हैं। आज देश में एक तरफ सबरीमाला का मुद्दा है जहाँ के मन्दिर में महिलाओं को उच्चतम न्यायालय के निर्णय के बावजूद घुसने नहीं दिया जाता है। मजे की बात यह है कि विरोध करने वालों में महिलाएँ स्वयं सबसे आगे हैं। दूसरी तरफ तीन तलाक के मुद्दे को लेकर भी बहस गर्म है; जबकि माननीय सुप्रीम कोर्ट ने इस मामले में भी महिलाओं के पक्ष में ही फैसला दिया है। दोनों ही मामलों में पितृसत्तात्मक विचारधारा के पक्षधर महिलाओं को समानता के अधिकार का प्रबल विरोध करते देखे जा सकते हैं। सत्ताधारी पुरुष वर्ग अपने सदियों पुराने वर्चस्व को कम नहीं होने नहीं देना चाहता इसलिए कोर्ट आदेश के बाद भी महिलाओं के हक में हुए फैसलों का विरोध करता और करवाता है। टेलीविजन के धारावाहिकों ने आजकल भूत-प्रेत-चुड़ैल का ऐसा अन्धविश्वास भरा माहौल रोज रात में तैयार कर रखा है कि किसी महिला को चुड़ैल या जादूगरनी बताकर सरेआम नंगा कर बाजार में घुमाया जाता है और पीट-पीटकर हत्या भी कर दी जाती है। ऐसी नीच और निन्दनीय हरकत करने वाला समाज हमारे बीच फल-फूल रहा है। भीड़ इकट्ठा कर प्रेमियों को पेड़ से बाँधकर पीटना, अपमानित करना, इज्जत और परम्परा बचाने लिए जरूरी काम समझा जाना, एक स्वस्थ समाज के लिए बहुत ही हानिप्रद और शर्मनाक है। बॉलीवुड की कुछ गिनी-चुनी फिल्में भारतीय महिलाओं के इन मुद्दों को जरूर उठाती रहती हैं परन्तु उनकी संख्या नगण्य है। आमिर खान की 'सीक्रेट

सुपरस्टार' की नाबालिग लड़की 'इन्सिया मलिक' अपनी माँ को 'घटिया सोच और हिंसक व्यवहार वाले पिता' से मुक्त कराने के लिए मानसिक रूप से तलाक के लिए तैयार करती है और फिल्म के क्लाइमेक्स पर तलाक कराने में सफल भी होती है। माँ और बेटी अपनी इस जीत को पितृसत्ता के विरुद्ध जीते गए युद्ध के रूप में सेलिब्रेट करती हैं। इस फिल्म को देखना एक सुखद एहसास देता है। 'भारतीय मुस्लिम महिला आन्दोलन' ने मुस्लिम महिलाओं को तीन तलाक के दुष्प्रभाव से बचाने के लिए लम्बी लड़ाई लड़ी और कोर्ट से जीता भी लेकिन ये फिल्म किसी घुटन भरे रिश्ते से मुक्त होने के लिए तलाक को जरूरी बताती है। महिलाओं को मस्जिद जाने का अधिकार, काजी-मौलवी होने का आधिकार भी विभिन्न आन्दोलनों और असर्शन से मिला है लेकिन लव जिहाद के सिद्धान्त का इतना प्रोपेगंडा किया गया हैं कि फिल्म के चरित्र भी इनसे डरते नजर आते हैं। 'जोधा अकबर' और 'पद्म‍ावत' जैसी फिल्मों का हिंसक विरोध बताता है कि लोग ऐतिहासिक और मिथकीय चरित्रों के फिल्मांकन से भी आहत होने लगे हैं। आइडेंटिटी को लेकर इस कदर सतर्क होना समाज की बीमार होती मानसिकता का परिचायक है। अभी 'केदारनाथ' त्रासदी पर इसी शीर्षक से बनी फिल्म में मुस्लिम नायक और हिन्दू नायिका को लेकर लव जिहाद का समर्थक बताकर विरोध किया गया। 'बॉम्बे' (1995) फिल्म के समय भी इसी तरह का विरोध मुस्लिम नायिका और हिन्दू नायक के कारण देखा गया था। हमारा समाज महिलाओं को मानसिक रूप से इतना कमजोर समझता है या उन्हें अपने प्रेमी, पति या दोस्त का चयन करने का भी अधिकार नहीं देना चाहता और उन्हें अपराधी मानकर इज्जत के नाम पर जिन्दा जला देने में भी परहेज नहीं करता। प्रत्येक दस वर्षीय जनगणना के आँकड़ों का विश्लेषण करने पर हम पाते हैं कि महिलाओं और बच्चियों की संख्या में लगातार कमी हो रही है। बेटियों को या तो जन्म ही नहीं लेने दिया जाता है और पैदा होने के बाद उन्हें लगातार भेदभाव और अत्याचार सहने होते हैं जिसके कारण उनकी संख्या और लिंग अनुपात दोनों में गिरावट हो रही है। अपहरण और सामूहिक रेप की बढ़ती घटनाएँ इस मातृपूजक किन्तु पुरुषवादी समाज के हिपोक्रेटिक और घिनौने चेहरे को सामने रखती हैं। 'मातृभूमि : ए नेशन विदाउट वुमन' फिल्म में भारत भूमि को ऐसे देश के रूप में दिखाया गया था जहाँ महिलाओं की संख्या इस कदर कम हो चुकी है कि घर के सारे पुरुष एक नवविवाहिता की देह को भोग लेना चाहते हैं, उसको जानवरों के साथ बाँधकर रखा जाता है जहाँ गाँव के सारे पुरुष उसका बलात्कार करते हैं और लड़की विरोध भी नहीं कर पाती। इस फिल्म को देखते हुए मंटो की भयानक कहानी 'खोल दो' का कथानक सामने आ जाता है। फिल्में पूर्णत: सच तो नहीं लेकिन आईना जरूर हैं। डॉ. आम्बेडकर ने बहुत महत्त्वपूर्ण बात कही है—"किसी देश की प्रगति को आँकना हो तो वहाँ की महिलाओं की

परिस्थिति में आए बदलाव से मापा जा सकता है।" एक समाज, एक राष्ट्र के रूप में अपना आकलन करते ही रहना चाहिए।

महिला मुद्दों को उठाती प्रमुख बॉलीवुड फिल्में

सौ साल से ज्यादा समयान्तराल में महिलाओं के जीवन के विभिन्न मुद्दों पर बनी फिल्मों में से कुछ फिल्मों की सूची यहाँ दी जा रही है जिनके सहारे हम बॉलीवुड में महिलाओं के चित्रण में हुए बदलावों और उनके प्रति बढ़ती समझदारी और जिम्मेदारी को भी समझ सकते हैं :

'अछूत कन्या' (1936), 'बन्दिनी' (1963), 'सुजाता' (1979), 'मदर इंडिया' (1957), 'सीता और गीता' (1972), 'भूमिका' (1977), 'अर्थ' (1982), 'निकाह' (1982), 'उमराव जान' (1981), 'सारांश' (1984), 'मिर्च मसाला' (1987), 'दामिनी' (1993), 'बैंडिट क्वीन' (1994), 'मृत्युदंड' (1997), 'गॉडमदर' (1999), 'क्या कहना' (2000), 'अस्तित्व' (2000), 'बवंडर' (2000), 'फिजा' (2000), 'जुबेदा' (2001), 'चाँदनी बार' (2001), 'लज्जा' (2001), 'फिलहाल' (2002), 'लीला' (2002), 'मातृभूमि : ए नेशन विदाउट वुमन' (2003), 'पिंजर' (2003), 'चमेली' (2003), 'फिर मिलेंगे' (2004), 'ऐतराज' (2004), 'स्वदेस' (2004), 'वाटर' (2005), 'ब्लैक' (2005), 'परिणीता' (2005), 'पेज 3' (2005), 'डोर' (2006), 'आजा नच ले' (2007), 'चक दे इंडिया' (2007), 'फैशन' (2008), 'आयशा' (2010), 'बोल' (2011), 'द डर्टी पिक्चर' (2011), 'सात खून माफ' (2011), 'नो वन किल्ड जेसिका' (2011), 'कॉकटेल' (2012), 'हीरोइन' (2012), 'कहानी' (2012), 'इंग्लिश विंग्लिश' (2012), 'गोलियों की रासलीला- रामलीला' (2013), 'क्वीन' (2013), 'मार्गरिटा विद ए स्ट्रॉ' (2014), 'फाइंडिंग फैनी' (2014), 'गुलाब गैंग' (2014), 'बॉबी जासूस' (2014), 'हाईवे' (2014), 'मर्दानी' (2014), 'मैरी कॉम' (2014), 'खूबसूरत' (1980, 2014), 'एन एच 10' (2015), 'पीकू' (2015), 'तनु वेड्स मनु रिटर्न्स' (2015), 'एंग्री इंडियन गाडसेज' (2015), 'निल बटे सन्नाटा' (2015), 'पिंक' (2016), 'पार्च्ड' (2016), 'दंगल' (2016), 'नीरजा' (2016), 'बाजीराव मस्तानी' (2016), 'नाम शबाना' (2017), 'सीक्रेट सुपरस्टार' (2017), 'मॉम' (2017), 'लिपस्टिक अंडर माय बुरका' (2017), 'पूर्णा' (2017), 'बद्रीनाथ की दुल्हनिया' (2017), 'अनारकली ऑफ आरा' (2017), 'बेगम जान' (2017), 'शादी में जरूर आना' (2018), 'नूर' (2018), 'स्त्री' (2018), 'हेलिकोपटर इला' (2018), 'हिचकी' (2018), 'वीरे दी वेडिंग' (2018), 'तुम्हारी सुलू' (2018), 'राजी' (2018), 'मणिकर्णिका' (2019), 'एक लड़की को देखा तो ऐसा लगा' (2019), 'जनहित

में जारी' (2022), 'कटहल' (2022), 'छतरीवाली' (2023), 'दहाड़' (2023), 'आर्या' (2023) इत्यादि।

'म्हारी छोरियाँ छोरों से कम हैं क्या' जैसा शानदार मुहावरा देने वाली फिल्म 'दंगल' जिसका जुनूनी पहलवान बाप दुनिया के ताने, बुराई सुनकर भी अपनी बेटियों को अन्तर्राष्ट्रीय स्तर का पहलवान बनाकर मानता है, एक प्रेरणा देने वाली फिल्म है। यह फिल्म पुरुष और महिलाओं के बीच की सदियों पुरानी गहरी खाईं को पाटने का काम करती है और भारत ही नहीं चीन सहित दुनिया भर को एक सकारात्मक सन्देश देने का काम करती है। आमिर खान ने अपनी दूसरी फिल्म 'सीक्रेट सुपरस्टार' में भी एक टीनएज मुस्लिम लड़की जो कि एक प्रतिभावान सिंगर है, के पितृसत्ता के खिलाफ संघर्ष को दिखाया है। 'बद्रीनाथ की दुल्हनिया' और 'शादी में जरूर आना' फिल्मों की नायिकाएँ अपने कैरियर और पसन्द के काम को प्रेम और शादी से ज्यादा महत्त्वपूर्ण मानते हुए स्वतंत्र निर्णय लेती हैं। समाज के स्थान पर वे अपने 'सेल्फ' को ज्यादा तरजीह देने वाली महिलाएँ हैं जो अपने पब्लिक स्पेस को सुरक्षित रखने, हक और हुकूक की खातिर रिस्क लेने में भी नहीं हिचकतीं। बहुत पहले 'गाइड' फिल्म की नायिका ने अपने पति को छोड़कर टूरिस्ट गाइड के साथ भागकर प्रेम के लिए विद्रोह कर विवाह की परम्परागत संस्था को खुला चैलेंज दिया था। आज 2019 की फिल्म 'एक लड़की को देखा तो ऐसा लगा' फिल्म में सोनम कपूर ने एक लेस्बियन लड़की का किरदार निभाया है जिसमें उनके पिता अनिल कपूर ने भी काम किया है। 'वीरे दी वेडिंग' में चार दोस्त लड़कियाँ बिन्दास अन्दाज में जीवन को एन्जॉय करती हैं और किसी पुरुष का साथ होना उनके लिए जरूरी नहीं। 'तुम्हारी सुलू' अपने विषय-वस्तु में नई होने के बावजूद महिलाओं की सेक्सुएलिटी को रेडियो जॉकी के आवाज के माध्यम से परोसने का चित्रण करती है। मुम्बई महानगर की एक सामान्य गृहिणी जिसे गँवार और अनफिट समझा जाता है अपनी अलग शैली के प्रस्तुतीकरण के कारण रात की रेडियो जॉकी के रूप में पहचान मिलती है जो फ्रस्टेटेड पुरुषों का मनोरंजन करती है। 'अनारकली ऑफ आरा' की नाचने गाने वाली महिला और 'पिंक' की शहरी कामकाजी लड़कियाँ जिन्हें लेट नाइट घर से बाहर रहने, पार्टियों में जाने, पुरुषों से हँसकर बात करने के कारण उन्हें बदचलन समझ लिया जाता है और रसूख वाले मर्द उन्हें सरेआम भोग लेना चाहते हैं। ये फिल्में एक महत्त्वपूर्ण मुद्दा उठाती हैं, वह है महिलाओं की असहमति का, 'ना' कहने का अधिकार जिसे इस देश के संविधान और कानून का समर्थन प्राप्त है। कहीं खुद के हौसले से तो कहीं कोर्ट और कानून से महिलाएँ जीतने तक जद्दोजहद करती हैं। बवंडर की भँवरी देवी की तरह वे शोषण का शिकार होकर भी कानून से हारती नहीं, इक्कीसवीं सदी के भारत में जीतकर दोषियों को सजा भी दिलाती हैं।

यदि ऊपर दी गई फिल्मों की विषय-वस्तु का हम विश्लेषण करें तो पाएँगे कि महिलाओं को कुछ 'स्टीरियोटाइप्ड परम्परागत छवि' में ही दिखाया जाता रहा है। प्रियंका श्रीवास्तव (*इंडिया टुडे*, 11 अक्टूबर, 2014) ने अपने एक लेख में बॉलीवुड फिल्मों की महिलाओं को निम्न प्रकार वर्गीकृत किया है :

अबला नारी—सन् सत्तर के दशक में ऐसी नायिकाओं का दौर था जब वे खलनायक के शोषण से बचने के लिए गुहार लगाती थीं—"भगवान के लिए मुझे छोड़ दो।" नायक की बहन को अक्सर ऐसी भूमिकाओं में दिखाया गया जैसे 'आखिरी रास्ता' फिल्म में अमिताभ और 'आगाज' फिल्म में सुनील शेट्टी की बहन की भूमिकाएँ।

संस्कारी लड़की—राजश्री प्रोडक्शन की 'हम आपके हैं कौन' और 'विवाह' जैसी फिल्मों में ऐसी नायिकाएँ अनिवार्य रूप से मिल जाएँगी जो सुबह जल्दी उठकर भजन गाती हैं, खाना बनाती हैं और माँ-बाप सभी की बात मानती हैं और हीरो उनसे शादी के लिए फट से राजी हो जाता है। ससुराल में भी वे सबकी चहेती होती हैं। 'कालिया' फिल्म में परवीन बॉबी के रोल को याद कीजिए जो एक जेब काटने वाली लड़की है लेकिन शादी करने के लिए साड़ी में संस्कारी लड़की बनकर परदे पर आती है। आज भी हमारे समाज में संस्कारी लड़की/बहू की चाहत में कोई कमी नहीं आई है। वास्तव में फिल्मकारों ने भारतीय संस्कृति की सुप्रीमेसी को दिखाने के लिए ऐसी बहुत सी फिल्में बनाईं कि वेस्टर्न कपड़ों और रहन-सहन में एक लड़की स्वीकार्य नहीं है, उसे साड़ी पहनकर आदर्श बहन और बहू के रूप में बदलना होगा, 'पूरब और पच्छिम' में सायरा बानो, 'दीवार' और 'जूली' जैसी फिल्मों की नायिकाएँ भी संस्कारी लड़की बनकर ही स्वीकार्य हो पाती हैं।

माँ—निरूपा रॉय, सुषमा सेठ, राखी, फरीदा जलाल, रीमा लागू और अरुणा इरानी फिल्मी परदे की सम्मनित माँ हैं जिन्हें प्रत्येक हिन्दुस्तानी पहचानता है।

बुरी लड़की—दीपिका पादुकोण—'कॉकटेल', कंगना रानौत—'तनु वेड्स मनु'।

वैम्प/आइटम गर्ल—हेलेन, बिन्दु, प्रियंका चोपड़ा ('ऐतराज')।

अपमानित और बदले की भावना से प्रेरित—1980 के दशक के महिला प्रधान फिल्मों में अपने प्रेमी या पति की हत्या, खुद या परिवार की महिला की इज्जत से खिलवाड़ करने वालों के विरुद्ध हथियार उठाने वाली महिलाओं ने बदले की आग में दोषियों को फिल्मी परदे पर सबक सिखाया और मजबूत होते महिला किरदारों के साथ समाज में आ रहे सामयिक बदलावों को भी रजत पट पर प्रस्तुत किया। श्रीदेवी ('शेरनी', 'नगीना'), रेखा ('भ्रष्टाचार', 'खून भरी माँग') और डिंपल कपाडिया ('जख्मी औरत', 'गुनाहों का फैसला', 'आज की औरत', 'काली गंगा') आदि ने ऐसी कई फिल्मों में ऐसे किरदार निभाए। फूलन देवी की बायोपिक 'बैंडिट

क्वीन' सच्ची घटना पर आधारित इस श्रेणी की बेहतरीन फिल्म है जिसकी नायिका अपने अपमान का बदला लेने के लिए डकैत बन जाती है।

सन् 1935 में आई हिन्दी फिल्म 'हंटरवाली' जिसमें फियरलेस नाडिया (मैरी एवांस) ने एक स्टंट करने वाली एंग्लो-एशियाई नायिका का रोल किया था। महिला प्रधान यह फिल्म जबरदस्त सफल हुई थी। इसके सीक्वल के रूप में 'हंटरवाली की बेटी' सन् 1943 में बनी। सुपर कैबरे डांसर 'हेलेन' की भूमिकाओं ने आजाद भारत में एंग्लो-एशियाई महिलाओं तक भारतीय मर्दों की पहुँच को परदे पर दिखाकर उनके वर्षों पुराने फ्रस्टेशन को दूर करने का कार्य किया। उस दौर से निकलकर और लम्बी दूरी तय करके बॉलीवुड में महिला मुद्दों का सिनेमा आज 'पेज थ्री', 'मैरी कॉम', 'पिंक', 'शादी में जरूर आना', 'दंगल', 'सीक्रेट सुपरस्टार', 'टॉयलेट', 'पैडमैन', 'राजी' और 'मुल्क' तक पहुँच चुका है जिनके नारी चरित्र अपने जीवन के महत्त्वपूर्ण निर्णय स्वयं लेते हैं। शिक्षा, स्वास्थ्य, रोजगार, शादी, दोस्ती के बारे में अपने मानक खुद तय करते हैं। पत्रकार, वकील, खिलाड़ी, देशभक्त, जासूस, समाज सुधारक एक्टिविस्ट और गायक सब कुछ उन्हें बनना है और अपने प्रोफेशन में अव्वल भी रहना है। वे अपनी सेक्सुएलिटी को लेकर सजग हैं। अपने कानूनी अधिकारों को वे जानती हैं और आसानी से किसी के सामने सरेंडर नहीं करतीं। इतना ही नहीं सिंगल वीमेन, लिव-इन-रिलेशनशिप से आगे बढ़कर आज की लड़कियाँ होमो-सेक्सुएलिटी को भी लेकर शर्मिन्दा नहीं हैं जिसे कोर्ट ने भी डी-क्रिमिनालाइज कर दिया है। परन्तु महिलाओं के मुद्दों को प्रमुखता से उठाने वाला सिनेमा अभी बहुत कम मात्रा में ही बॉलीवुड में दिखता है। प्यार-मोहब्बत, नाच-गाना, जाति-धर्म, स्कूल-कॉलेज, गिटार लिए खानदानी हीरो-हीरोइन बिना किसी मुद्दे और संघर्ष के चमक-दमक और विजुअल इफेक्ट के सहारे अरबपति बनने में लगे हैं। जल-जंगल-जमीन और रोज-रोज के जीवन के लिए संघर्ष करने वाली दलित-आदिवासी और शहरी निम्न मध्यवर्गीय कामकाजी महिलाएँ सिनेमा के परदे से गायब हैं। तमाम परिवर्तनों के बावजूद भारतीय समाज अभी भी जाति-धर्म के दायरों से बाहर निकलने को तैयार नहीं है और लव-जिहाद के नफरती सिद्धान्त के प्रभाव में महिलाओं के 'राइट ऑफ चॉइस' के अधिकार को रिजेक्ट कर अपनी तथाकथित इज्जत बचाने के लिए लड़कियों को निर्मम सजाएँ देने में लगा हुआ है।

प्रमुख महिला निर्देशक

भारतीय फिल्म उद्योग में अपर्णा सेन, दीपा मेहता, मीरा नायर, कल्पना लाजिमी, तनूजा चन्द्रा, फराह खान, जोया अख्तर, मेघना गुलजार, रीमा कागती, गौरी शिंदे, कोंकना सेन शर्मा, अश्विनी अय्यर तिवारी, नन्दिता दास, लीना यादव, शैली चोपड़ा

धर जैसी सफल और नामचीन महिला निर्देशक हैं जिन्होंने न केवल महिला जीवन से जुड़े मुद्दों पर गम्भीर विमर्शों वाली फिल्में बल्कि सामान्य विषयों पर भी बड़े कैनवास पर बेहतरीन और व्यावसायिक रूप से सफल फिल्में बनाई हैं।

निष्कर्ष

सोशल मीडिया और शॉर्ट फिल्मों के दौर ने संवेदनशील विषयों पर महत्त्वपूर्ण कंटेंट उपलब्ध कराया है। आप ध्यान से एक बार दीपिका पादुकोण पर फिल्माए गए 'माय चॉइस' की शॉर्ट फिल्मों को देखिए और सुनिए। एक महिला अपने देह, कैरियर, घर, प्रेम, शादी, ड्रेस, माँ बनना—न बनना जैसे जीवन के तमाम विषयों पर अपनी पसन्द, निर्णय और चुनाव पर कितना एम्फेसिस देती है। पुरुष वर्चस्व के मूल्यों के प्रभाव में महिलाएँ चेतन या अचेतन रूप में जीवन भर दूसरों का अनुसरण करती हैं। इस फिल्म ने रातों-रात देश भर में सनसनी फैला दी थी। 'मी टू कैम्पेन' भी अमेरिका से चलकर भारत तक पहुँचा और बॉलीवुड में तनुश्री दत्ता और कंगना रानावत जैसी महिलाओं ने बड़े साहस से फिल्म इंडस्ट्री के मठाधीशों को बेनकाब किया। क्षेत्रवाद, खानदानवाद या परिवारवाद और रंगभेद जैसे मुद्दों पर अब महिलाएँ मुखर हैं। इन सबके बावजूद 'ओब्जिक्टफिकेशन ऑफ फीमेल बॉडी' बॉलीवुड की कड़वी हकीकत है।

बॉलीवुड फिल्मों के इतिहास का अध्ययन करने पर हम पाते हैं कि आरम्भिक दौर में पुरुष ही नायिका का भी रोल किया करते थे क्योंकि अभिनय को अच्छा कार्य नहीं माना जाता था। बाद में तवायफों ने फिल्मों में गाने और अभिनय का काम किया। धीरे-धीरे इस स्थिति में कुछ सुधार हुआ और आज ये हालात हैं कि उच्च शिक्षित और उच्च आय वाले परिवारों की लड़कियाँ फिल्म उद्योग में भरी पड़ी हैं। मिस इंडिया, मिस वर्ल्ड और अन्य ब्यूटी कांटेस्ट में भाग लेने व जीतने वाली लड़कियाँ अनिवार्य रूप से फिल्मों में काम कर करोड़ों रुपये कमाने का लक्ष्य रखती हैं। हीरोइन वैम्प, पॉजिटिव, ग्रे और नेगेटिव भूमिकाएँ, डांस नंबर्स और कैबरे का रोल आज की लड़कियाँ करने लगी हैं इसके लिए हेलेन, अरुणा इरानी और बिन्दु के अलग कैडर की अब जरूरत नहीं रही।

बीते समय में समाज में हुए विभिन्न तरह के परिवर्तनों के क्रम में महिलाओं और उनके मुद्दों के चित्रण में भी बदलाव हुआ है। ये बदलाव न केवल महिला केन्द्रित फिल्मों की संख्या के बढ़ने में हुआ है बल्कि विषयों की विविधता में भी साफ तौर पर देखा जा सकता है। घर से बाहर निकलकर शिक्षा और रोजगार की तलाश में दुनियावी जद्दोजहद में शामिल होने के साथ ही महिलाओं से जुड़े मुद्दों में भी विविधता आई है। आज वो पत्रकार (पेज 3) हैं, टीचर हैं, वर्किंग

मदर हैं थोड़ी 'रोल कनफ्लिक्ट' जरूर है लेकिन 'घर-बाहर' और 'परम्परागत-आधुनिक' भूमिकाओं में सामंजस्य बिठाकर जीवन जी पा रही हैं। बॉलीवुड में ये देखना फिलहाल सन्तोषजनक है कि महिलाओं के जीवन से जुड़े विभिन्न मुद्दों पर फिल्में बनने लगी हैं।

मातृशक्ति के पूजन का विशाल आयोजन करने वाला भारतीय समाज महिलाओं के 'अलौकिक शक्ति वाले' और 'रहस्यमयी नकारात्मक शक्ति' वाले चुड़ैल रूपों से ही डरता है सामान्य स्त्री से नहीं। एकतरफा प्यार और प्यार में नाकाम रहने वाले पुरुष एसिड अटैक, मर्डर, और गैंग रेप कर महिलाओं को अपमानित करने का काम करते हैं। महिलाओं के खिलाफ होने वाले विभिन्न तरह के अपराधों के आँकड़े भयावह हैं। महिलाओं के हक और हुकूक की बात रखने और सम्मान और बराबरी लाने में बॉलीवुड बहुत अहम रोल अदा कर सकता है। 'भगवान हर जगह नहीं पहुँच सकता इसीलिए उसने माँ को बनाया है' (फिल्म 'मॉम' 2017) जैसा संवाद देने वाला बॉलीवुड निश्चित रूप से स्त्री अधिकारों के प्रति प्रगतिशील दृष्टिकोण अपनाने लगा है। उम्मीद है कुछ और बेहतरीन फिल्में महिला मुद्दों और उनके संघर्षों पर केन्द्रित करके बनेंगी और नया विमर्श रचने में भी कामयाब होंगी।

परम्परा और पाखंड से दबी सिनेमा की बहुएँ

कार्य-विभाजन का सिद्धान्त इमाइल दरखाईम और कार्ल मार्क्स ने उन्नीसवीं और बीसवीं सदी में विकसित किया जो औद्योगीकरण के बाद की परिस्थितियों के सन्दर्भ में था। यद्यपि कार्य विभाजन तो दुनिया के सभी समाजों में बहुत पहले से विद्यमान था। कुछ एक समाजों में महिला सत्ता (matriarchy) थी तो ज्यादातर समूहों और समाजों में पुरुष वर्चस्व विद्यमान रहा। भारतीय दर्शन में तो इसे निम्न प्रकार परिभाषित किया गया, जो वस्तुतः जेंडर आधारित कार्य विभाजन की तरफ इंगित करता है :

बाहर हल चलता रहे,
घर में चूल्हा जलता रहे।

हल की मूठ परम्परागत रूप से पुरुषों ने थाम रखा है और औरतें चूल्हा जलाकर भोजन पकाने और घर सँभालने के नाम पर गृहस्वामिनी बनी हुई हैं। यह बात भारतीय दर्शन की है और एक बड़े दार्शनिक ने गोरखपुर विश्वविद्यालय में कही थी। हालाँकि सच्चाई यह है कि कृषि श्रमिक से लेकर दिहाड़ी और औद्योगिक मजदूर तक का कार्य महिलाएँ पुरुषों की तरह करती हैं और अपने कमाए हुए धन का शराब इत्यादि व्यसन में दुरुपयोग भी कम करती हैं। जातीय कार्य विभाजन को देखें तो जो वर्ग ज्यादा श्रम करता था उसकी इज्जत कम थी और उसे नीच समझा गया। उसी तरह परिवार में महिलाओं ने घर की जिम्मेदारी सँभाली, माहवारी के दर्द सहे, गर्भवती हुई, बच्चे पाले तो उन्हें कमजोर समझकर घर की चारदीवारी तक सीमित करने के प्रयास निरन्तर हुए, अब भी हो रहे है। सत्य तो यह है कि आदिवासी समाज और कृषक समाजों में और अब अत्याधुनिक विकसित समाजों में जहाँ वे उच्च पदस्थ हो, सार्वजनिक पदों पर जिम्मेदारियों पर बैठ कार्य कर रही हैं वहाँ भी वे पुरुषों की तुलना में ज्यादा काम करती हैं। उनमें कार्य क्षमता और सहन क्षमता पुरुषों से ज्यादा है, हाँ, प्रकृति ने उन्हें कोमल और संवेदनशील बनाया है। वे सृजनकर्ता हैं लेकिन पुरुषों ने उन्हें कमजोर कहकर उन पर बनावटी निर्योग्यताएँ थोप दीं और बेईमानी से सत्ता हथियाते रहे।

सन् 2021 में रिलीज हुई मलयालम फिल्म 'द ग्रेट इंडियन किचन' भारतीय समाज में व्याप्त पितृसत्तात्मक सोच और महिलाओं की परिवार व्यवस्था में दोयम दर्जे की स्थिति को दर्शाती एक महत्त्वपूर्ण फिल्म है। लेकिन यह फिल्म यथास्थितिवादी नहीं है। फिल्म की मुख्य महिला चरित्र अपने खिलाफ पुरुषों द्वारा किए जाने वाले शोषण और दुर्व्यवहार के खिलाफ दृढ़ संकल्प हो उठ खड़ी होती है और यह सन्देश देने में कामयाब होती है कि महिलाएँ पुरुषों के ऊपर आर्थिक रूप से निर्भर होने के कारण उनके सारे दबाव अपमान को सहने के लिए विवश नहीं है। उनके पास अपनी योग्यताएँ और क्षमताएँ हैं जो कहीं से भी पुरुषों से कम नहीं है और जिस दिन यह ठान करके महिला अपने घर की चौखट से बाहर निकलकर समाज के भीतर प्रवेश करती है और अपने दम पर अपना स्थान बनाने को सोच लेती है उसका रास्ता कोई रोक नहीं सकता। हालाँकि भारतीय समाज में शिक्षा और तमाम कानूनों और मूलत: संविधान में दिए गए अधिकारों के फलस्वरूप महिलाओं की स्थिति में निरन्तर सुधार हुआ है और प्राइवेट स्फियर के साथ-साथ पब्लिक स्फियर में भी उन्हें बराबरी का हक और सम्मान दिया जाने लगा है। परन्तु समाज का एक बहुत बड़ा तबका अभी भी परम्परागत, रूढ़िवादी, पुरुष वर्चस्ववादी सोच और पूर्वाग्रह से ग्रसित है और महिलाओं के ऊपर ढेर सारी पाबन्दियाँ लगाता है। महिलाएँ भेदभावपरक सामाजिक संरचना में पिछली कई सदियों से लगातार एडजस्ट करके रहती चली आई हैं इसलिए उन्हें अपने खिलाफ हो रहे दुर्व्यवहार, पुरुष वर्चस्व का बोध और उनका विरोध करने का विचार प्राय: कम ही आता है। ऐसे विचार व्यक्तिगत या संगठनात्मक रूप से जागरूक समूहों द्वारा किए जा रहे आन्दोलनों के फलस्वरूप ऐसी महिलाओं को प्रभावित करता है जो प्रताड़ना से पीड़ित होती हैं। इस फिल्म के शीर्षक को ध्यान से देखें तो यह व्यंग्यात्मक और विरोधाभासी अर्थ लिए हुए है। एक महिला या महिलाओं की दुनिया को रसोईघर तक सीमित कर दिया जाता है और वह भोजन बनाने की तैयारी से लेकर बर्तन साफ करने, कचरे इकट्ठा करने और उसको बाहर डस्टबिन में डालने, सिंक की सफाई करने, घर में झाड़ू पोंछा लगाने, पुरुषों के अंडरवियर और बनियान से लेकर गन्दे कपड़े साफ करने के काम महिलाओं को करने हैं वह भी बिना किसी गलती के। शर्म आती है जब नायिका का ससुर उससे अपना अंडरवियर साफ करने को कहता है और वह बड़ों के सम्मान का ख्याल रखते हुए न चाहते हुए भी उसके गन्दे कपड़े धोती है। अगर वह मर्जी के खिलाफ वाले काम करने से मना कर दे तो परम्परागत सत्ता हथियाए अहंकारी पुरुष की नजर में अक्षम्य गलती हो जाती है। अगर पुरुष की नजर में गलती हो जाए तो बिना माफी माँगे, सॉरी बोले बिना माफी भी नहीं मिलती। नायिका का पति फिल्म के एक दृश्य में कहता भी है, "अगर मुझसे कोई गलती की माफी न माँगे तो मैं बहुत बुरा मानता हूँ, और गुस्से से पागल हो जाता

हूँ।" उससे जबरदस्ती माफी मँगवाई जाती है क्योंकि पत्नी ने पेशे से अध्यापक पति को टेबल मैनर्स अपनाने की सलाह कैसे दे दी।

फिल्म का कैमरा दिखाता है कि घर के पुरुष सुबह योग करते हैं, बैठकर मोबाइल देखते हैं लेकिन एकमात्र नवविवाहिता बहू सुबह से लेकर शाम तक किचन में स्वादिष्ट भोजन पकाती रहती है और खुद भी आग, बदबू, पसीने में डूबकर पकती रहती है। इस मोनोटोनस और नीरस रूटीन में लिपटी बहू के हिस्से में कोई लीजर टाइम नहीं आता है। वह प्रशिक्षित नृत्यांगना है और अपनी दोस्त के डांस प्रोग्राम में रविवार को पति के साथ जाना चाहती है लेकिन उस दिन पुरुष (पति) को आराम करना है। अब फिल्म इस विमर्श को भी चुपके से उठाती है कि एक सम्भ्रान्त परिवार (affluent family) का जीवन ठीक है या एक नौकरानी का या दूध पहुँचाने वाली छोटी बच्ची का। हमारे बन्द गेट वाले शहरी घरों की चारदीवारी में बन्द गृहिणियों की सबसे अच्छी दोस्त होती हैं इन घरों में काम करने वाली दाइयाँ या मेड जिनसे वे बातें कर लेती हैं, अपने सुख-दुख बाँट लेती हैं। इस घर की दाई और बहु की बातचीत से पता चलता है कि पीरियड्स के दिनों में किस तरह बिना किसी को बताए वह सबके घरों में काम करती रहती है और उससे कोई न पूछता है और न रोक-टोक करता है। जबकि एक पारम्परिक उच्च वर्गीय-उच्च जातीय (तथाकथित) घर की रजस्वला महिला को बहिष्करण और अपमान झेलना पड़ता है। अब हमें तय करना होता है कि बहू का जीवन बेहतर है या नौकरानी का। फिल्म की दो अन्य महिलाएँ हैं नायिका की सास और उसके ससुर की बहन जो पिछली पीढ़ी की हैं, पुरुष वर्चस्व को इस तरह ओढ़ चुकी हैं, जी रही हैं कि उन्हें देखकर कोफ्त होती है। नायिका के पीरियड के दिनों में जब उसकी सास बाहर है, बुआ अपने भाई और भतीजे की सेवा करने आती है और बहू को अछूत मानकर दूर से खाना देती है, जमीन पर बैठने लेटने को विवश कर देती है। पितृसत्ता अपने परिवार और समाज की महिलाओं की इस तरह कंडीशनिंग कर देती है कि वे उस सत्ता की सबसे आज्ञाकारी प्रैक्टिसनर बनकर न केवल खुद फॉलो करती हैं बल्कि जुर्म की हद तक अन्य औरतें से कराने में जी-जान लगा देती हैं जिसे इस फिल्म की बहू तोड़ते और चुनौती देते हुए दिखती है।

अनुभव सिन्हा निर्देशित 'थप्पड़' (2020) फिल्म की नायिका (तापसी पन्नू-अमृता) अपने पति से सिर्फ सम्मान और खुशी चाहती है। एक फैमिली पार्टी में उसका पति गुस्से में उसे एक थप्पड़ मारता है लेकिन बाद में उसके लिए न गलती महसूस करता है और न ही माफी माँगता है। अमृता के पति विक्रम को उसके माँ बाप और घर वाले भी कुछ नहीं कहते, उलटे रिश्ता बचाने के नाम पर इस घटना को नॉर्मल बताकर शान्त रहने की सलाह देते हैं। एक पत्नी की भूमिका में अमृता की शिकायत है कि वह अपने पति और घर वालों को खुश रखने के लिए अपनी

पहचान तक खो चुकी है। उसकी सास अपनी बहू की बात को समझते हुए उससे अपने परिवार की तरफ से माफी माँगती है। विक्रम जब भी अमृता से मिलता है अपनी नौकरी, कैरियर और प्रमोशन की बात करता है कि सब ठीक हो जाएगा। वह चाहती है कि उसका मेल पार्टनर अपनी गलती मानकर माफी माँग ले और कभी यह बात भी पूछे कि उसकी पत्नी क्या सोचती है। लेकिन पति नामक जीव के व्यवहार में कोई परिवर्तन न आते देख वह रिश्ता तोड़ अलग हो जाती है। 'द ग्रेट इंडियन किचन' फिल्म की बेनाम नायिका (निमिषा सजायन) भी यही करती है। वह पति को ही नहीं अपने भाई को भी अपने हाथ से पीने का पानी न लेने पर डाँटकर भगा देती है। वह सारी दुनिया की उन स्त्रियों की प्रतिनिधि के रूप में सामने आती है जो किचन और घर की चारदीवारी में घुट-घुटकर जी रही हैं। अज्ञेय की कहानी रोज (गैंग्रीन) की नायिका भी इसी तरह के बोरिंग रूटीन में जीने को मजबूर थी। घर की चारदीवारी के भीतर के कामों में खोकर अपना स्व भूलने को विवश गृहिणियाँ एक अखबार की कतरन पढ़ने के लिए भी तरस सी जाती हैं।

मार्च 2023 में रिलीज फिल्म 'मिसेज चटर्जी वर्सेज नार्वे' की मुख्य महिला पात्र विदेश जाकर भी, उच्च शिक्षित होकर भी घरेलू हिंसा की शिकार है। वह पुरुषों के बारे में टिप्पणी करती है कि 'पुरुषों को सब कुछ करने के लिए पैसा है बस पत्नी फ्री का चाहिए।' अर्थशास्त्री भी कहते आए हैं कि भारतीय महिलाओं के श्रम का कोई मूल्य नहीं है; जबकि वे कितने सारे काम करती हैं। जहाँ उनके श्रम का मूल्य है वहाँ भी पुरुषों से कम मजदूरी उन्हें मिलती है। शायद भारतीय समाज में महिला और श्रम का अपमान करने की लम्बी परम्परा रही है।

फिल्म 'द ग्रेट इंडियन किचन' दिखाती है कि एक हाउस वाइफ किस तरह किचेन से डाइनिंग टेबल तक दिन भर खटती है और पुरुषों की लम्बी जीभ के स्वाद के जुगाड़ में लगी रहती है। औरत माँ हो या नई बहू उसकी सुबह झाड़ू से होती है और रात भी झाड़ू करने के बाद होती है और उस बीच में उसे कई बार गीला कूड़ा बाहर नगरपालिका के डस्टबिन में डालना होता है। पुरुष देवता को पहले भोजन कराने के बाद उन्हें गन्दी टेबल मिलती है जहाँ खाना नहीं खाया जाता, उलटी आती है। फिल्म में घर के दोनों पुरुष साँभर में पड़े भिंडी और सहजन को चूसकर डाइनिंग टेबल पर घिनौने तरीके से फेंक देते हैं जिन्हें कैमरामैन और नायिका की आँखें घूरकर देखती हैं। टेबल मैनर पर फिल्म बहुत बारीकी से बात रखती है। बाहर डिनर पर जाने पर नायिका का पति जब नानवेज से निकली हड्डियाँ एक अलग प्लेट में सलीके से रखता है तो हिम्मत करके वह घर पर भी टेबल मैनर फॉलो करने की बात करती है तो अहंकारी पुरुष/पति का ईगो हर्ट हो जाता है जैसे आजकल बात-बात में लोगों की भावनाएँ आहत हो जाती हैं या मानहानि हो जाया करती है। फिल्म के फोटोग्राफर ने कैमरे से कमाल का काम किया है और

कैमरे की ही यह ताकत है कि एक शब्द बोले बिना भी सब कुछ कह दे। फिल्म के ज्यादातर हिस्से में हम नई बहू को किचन से डाइनिंग टेबल से भागते खाना पकाते और परोसते देखते हैं। घर के लोग साधन सम्पन्न हैं जैसा कि नायिका की माँ कई बार कहती है और घर के पुरुष लोग ताजा और गर्म खाना खाते हैं जो कि अच्छाई और समृद्धि का प्रतीक है, ऐसा माना जाता है। महिलाएँ तो सदा से पुरुषों के बाद अन्त में ठंडा खाना खाती हैं और सन्तोषी माँ कहलाती हैं और पुरुष इस बारे में शायद ही कभी सोचता है।

नवविवाहिता के ससुर जी तो उज्ज्वला गैस के जमाने में भी लकड़ी की आँच पर पकी दाल और साँभर खाते हैं नहीं तो उनका टेस्ट खराब हो जाता है। फ्रिज में रखा कोई खाने का आइटम अगर साल में एक दिन भी गलती से गर्म करके दे दिया जाए तो बाप और बेटे नाराज होकर टेबल से उठ जाते हैं। बचा हुआ भोजन दूसरे पहर खाने से उनका धर्म भ्रष्ट हो जाता है। माहवारी के दिनों में अस्पृश्यता और अमानवीयता की हद तक नई बहू का अपमान पति और ससुर करते हैं क्योंकि वे संस्कारी नैयर ब्राह्मण हैं। उनके देवता सबरीमाला के देव अयप्पा हैं जिनके मन्दिर में रजस्वला लड़कियाँ और महिलाएँ प्रवेश नहीं कर सकतीं। माननीय सुप्रीम कोर्ट के आदेश के बाद भी आन्दोलन करने वाले महिलाओं के साथ अपमानजनक मारपीट होती है।

इस फिल्म का लोकेशन केरल है जो देश का सर्वाधिक शिक्षित राज्य है लेकिन एक परम्परागत हिन्दू परिवार में महिला की स्थिति कितनी दयनीय है यह फिल्म का मुख्य कथ्य है। बाहर वे मन्दिरमें प्रवेश नहीं कर सकतीं, घर के अन्दर भी अस्थायी अस्पृश्यता और बहिष्कार और अपमान झेलने को विवश हैं। बिन्दु अममिनी और कनक दुर्गा जैसी महिलाओं के सबरीमाला मन्दिर में प्रवेश के मामले में माननीय सुप्रीम कोर्ट ने सितम्बर 2018 में अपना फैसला दिया था। नायिका उस फैसले और आन्दोलनरत महिलाओं के बयान को न्यूज चैनल पर देखती है। यहीं से उसके मन में दबी विरोध की भावना बाहर आती है। बहू डाइनिंग टेबल पर बैठी सिंक के टूटे हुए पाइप से टपकते गन्दे पानी को जो एक बाल्टी में एकत्र होता रहता है, गुस्से से देख रही है। बाहर पुजारी और पुरुष सामूहिक पूजा कर रहे हैं जिससे उसे दूर रखा जाता है। चाय की माँग पर गुस्सा दिखाने आए पति पर वह बाल्टी के गन्दे पानी को उसके मुँह पर फेंककर बाप बेटे दोनों को कमरे में बन्द कर वह खुद को आजाद कर घर से बाहर निकाल जाती है। वह डांस टीचर है, स्कूल में उसे नौकरी मिली है जहाँ वह डांस सिखाने चली जाती है। फिल्म के क्लाइमेक्स में जो गीत परदे पर दिखता है वह पूरी दुनिया की शोषित महिलाओं का रिबेलियन गीत बन जाता है। उस गीत के कंटेंट के अंग्रेजी अनुवाद को देखिए जो दीपिका पादुकोण के गीत 'माइ चॉइस' (होमी अदाजनिया के निर्देशन में बनी

इस शॉर्ट फिल्म की पंक्तियाँ केरसी खंबट्टा ने लिखीं जिसमें विभिन्न क्षेत्रों से जुड़ी 99 महिलाओं ने काम किया है। महिला सशक्तिकरण को नई दृष्टि से देखने और नई ऊँचाइयाँ देने के लिए ये गीत वोग पत्रिका ने तैयार कराया था) से मेल खाती है। इस गीत का मुख्य विचार है कि एक महिला खुद को सदियों से चली आ रही भेदभावपरक रूढ़ियों परम्पराओं मान्यताओं से, पुरुष वर्चस्व से मुक्ति का आह्वान करती है। उस गाने के बोल में शब्द चयन को देखिए :

मैं खुद को आजाद करती हूँ
ओ मेरे दिल
मैं तुम्हारे चिह्न को सामने करूँगी
जो एक नन्हें खुदा की तरह है
वह कौन था जिसने मुझे कैद किया था
मेरे सिर पर बलिदान का ताज पहनाकर
किसने मुझे मारा था।
मैंने खुद को बन्द दरवाजों के पीछे का चाँद समझा था
लेकिन मैंने महसूस किया
मैं तो बन्दिशों से मुक्त आसमान हूँ
मैं कायरों को चकनाचूर कर दूँगी
जिसने मुझे दबाया
और उन्हें मैं गली के कोने में फेंक दूँगी
मैं घमंडी शिकारियों के छत की
एक मधुमक्खी का छत्ता बनूँगी
मैं चार-दीवारों के भीतर
दूध की तरह उबल रही थी
जब मैं अपनी पंखों से उड़ी
और बाहर निकली
मैं अनन्त बन गई
अब चारों तरफ उड़ूँगी
क्या मैं अँधेरा हूँ जिसे रोशन करना है?
क्या मैं रोशनी की बेटी हूँ ?
मुझे दिखाने दो मैं क्या हूँ
मेरा गीत लहर बनेगा
मेरे सपने मुझसे बाहर निकल रहे
एक भेड़ के मिमियाने का

कोई अर्थ नहीं होता
जब जंगलीपन बोलता है
तब शब्दों में अपराधबोध नहीं होता।

हर औरत विद्रोही नहीं हो सकती, हर औरत मुकदमे लड़ने और अकेले रहने का जोखिम नहीं उठा सकती। औरत के लिए पुरुष वर्चस्ववादी समाज में अपने हक के लिए आवाज उठाना और लड़ना आसान नहीं होता लेकिन असम्भव कुछ भी नहीं है और सिनेमा ने महिलाओं को अपने अधिकारों के लिए लड़ने का रास्ता सुझाने का काम किया है।

सिनेमा में औरतों का संघर्षमय जीवन

गैर बराबरी के समर्थक समाज में महिलाओं को आजीवन अपने मानवाधिकारों के लिए संघर्ष करना पड़ता है। दुनिया भर में धार्मिक, जातीय, क्षेत्रीय विविधताओं की नैसर्गिक मौजूदगी को अस्वीकार करने वाले तानाशाही प्रवृत्ति के पुरुष गैंग ने महिलाओं के विरुद्ध अनेक अपराध किए हैं। वास्तविक घटनाओं को केन्द्र में रखकर कुछ संजीदा फिल्मकारों ने शोषण के विरुद्ध औरतों के संघर्षों पर फिल्मों का निर्माण किया है। दिनांक 3 अगस्त, 2014 को इराक के सिंजर प्रान्त के कोचो गाँव में रहने वाले यज़ीदी धर्म के अल्पसंख्यक लोगों को इस्लामिक स्टेट के लोगों द्वारा बन्धक बना लिया गया। आतंकवादियों के द्वारा सभी को इस्लाम धर्म अपनाने के लिए कहा गया। मना करने पर सारे पुरुषों की गोली मार कर हत्या कर दी गई। महिलाओं, बच्चियों और लड़कियों को बसों, ट्रकों में भरकर सोहलाग नामक स्थान पर ले जाया गया। लड़कियों और युवा महिलाओं को उनके माँओं से अलग करके अधिक उम्र की महिलाओं की हत्या कर दी गई क्योंकि वे इस्लाम अपनाने को तैयार नहीं थीं। युवा महिलाओं को इराक के मोसुल प्रान्त और सीरिया ले जाकर सेक्स स्लेव (यौन दासी) बनाकर भयानक यौन शोषण किया गया। उनसे जबरदस्ती धर्म परिवर्तन भी कराया गया। दुनिया भर में धार्मिक अतिवादियों की यही सोच होती है कि जो उनके धर्म और ईश्वर को नहीं मानता उसे जीने का अधिकार नहीं है। जब तक वह अपना धर्म और जीवन जीने के तरीके बदल न दे। यही नृजाति-केन्द्रीयता ही इंटर-एथनिक, इंटर-रिलीजियस घृणा और हिंसा का मूल कारण है। अल्पसंख्यक समूह इस तरह के अतिवाद के दुनिया भर में शिकार हैं। यज़ीदी लोग भी इराक में अल्पसंख्यक हैं। तौसी मेलेक नामक एक एंजेल को वे पूजते हैं जिसे पीकाक एंजेल भी कहा जाता है। लालिश के खूबसूरत पर्वतों और घाटियों में इस धर्म के प्रवर्तक बाबा शेख का स्थापित किया मन्दिर है जिसमें यज़ीदी लोग धार्मिक यात्रा के लिए जाते हैं। मन्दिर की चौखट को चूमते हैं, अपनी मन्नतों के लिए रंग-बिरंगे कपड़े बाँधते हैं। यज़ीदी लोग मरने के बाद मृत शरीर को नहला-धुलाकर अन्तिम संस्कार करते हैं। इन्हीं भिन्नताओं के कारण मुस्लिम अतिवादी यज़ीदी धर्म को डेविल रिलिजन मानते हैं और उनका नरसंहार करते रहते हैं।

नादिया मुराद कोचो गाँव की एक यज़ीदी लड़की है जिसे इस्लामिक स्टेट के अत्याचारों के खिलाफ लड़ने और हिंसा और बलात्कार से पीड़ित विस्थापित लोगों की मदद करने के लिए वर्ष 2018 में शान्ति का नोबेल पुरस्कार मिला। जर्मनी में हिटलर ने 'मास्टर रेस थ्योरी' के पागलपन में लाखों यहूदियों को होलोकास्ट में प्रताड़ित कर मार डाला था। वर्तमान जर्मनी ने धार्मिक हिंसा से पीड़ित नादिया को अपने देश में पनाह दी। सन् 2018 में नादिया के जीवन पर अलेक्जेंड्रिया बोम्बैक ने 'ऑन हर शोल्डर्स' शीर्षक से डाक्यूमेंट्री फिल्म बनाई जो उनके संघर्ष को दिखाती है। कुल 306 पन्नों की अपनी आत्मकथा 'द लास्ट गर्ल' की अन्तिम पंक्ति में वे लिखती हैं—'आई वांट टू बी द लास्ट गर्ल इन द वर्ल्ड विद ए स्टोरी लाइक माइन।'

महिलाओं के प्रति न्याय के एजेंडे पर बना सिनेमा

इस प्रकार हम देखते हैं कि दुनिया की हर सभ्यता महिलाओं पर अत्याचार करते हुए परवान चढ़ी है। हर धर्म की पृष्ठभूमि में महिलाओं की चीखें हैं। ये अत्याचार और चीखें दुनिया की हर कला विधा में अभिव्यक्त हुई हैं। भारतीय सिनेमा में भी महिलाओं के प्रति भेदभाव शोषण और हिंसा पर अनेकों फिल्में बनी हैं। बलात्कार पीड़ित महिलाओं के मुद्दों को उठाती हुई कुछ महत्त्वपूर्ण फिल्में हैं जिनमें 'दामिनी' (1993), 'बैंडिट क्वीन' (1994), 'प्रेमग्रन्थ' (1996), 'हमारा दिल आपके पास है' (2000), 'आगाज' (2000), 'बवंडर' (2000), 'पिता' (2002), 'पिंक' (2016), 'भूमि' (2017), 'काबिल' (2017), 'मॉम' (2017) और 'मातृ' (2017) आदि प्रमुख हैं।

'दामिनी' फिल्म की नायिका अपने सगे देवर द्वारा अपने घर में काम करने वाली नौकरानी का बलात्कार किए जाने पर उसके खिलाफ परिवार वालों की नाराजगी झेलकर भी आवाज उठाती है। उसे कोर्ट में पागल साबित करके पागलखाने तक भेज दिया जाता है लेकिन वह एक महिला के साथ हुई हिंसा और अन्याय के विरुद्ध न्याय मिलने तक लड़ाई लड़ती है। फूलन देवी ('बैंडिट क्वीन') के शोषण और बदले की कहानी पूरी दुनिया जानती है। राजस्थान की भँवरी देवी ('बवंडर') की कहानी भी कुछ कम पीड़ादायक नहीं है। 'प्रेमग्रन्थ' फिल्म की नायिका एक गरीब ग्रामीण की बेटी है उसका भी बलात्कार होता है और नायक-नायिका मिलकर दोषियों को उनके अंजाम तक पहुँचाते हैं। अनिल कपूर और ऐश्वर्या राय अभिनीत फिल्म 'हमारा दिल आपके पास है' भारतीय समाज की उस निकृष्ट सोच को उजागर करती है जहाँ बलात्कारी नहीं बलात्कार की शिकार लड़की को ही बोझ समझा जाने लगता है। इज्जत के डर से समाधान यह निकाला जाता है कि यदि बलात्कारी पुरुष स्वयं पीड़ित लड़की से शादी कर ले तो लड़की और उसके

माँ-बाप समाज में रहने लायक हो जाएँगे। नायक धिक्कारता है ऐसी सोच को 'यदि ऐसा हुआ तो सभी बलात्कारी अपनी जेब चार-पाँच मंगलसूत्र लेकर घूमेंगे और रेप के बाद लड़की के घर शादी का प्रस्ताव लेकर पहुँच जाएँगे। जिस आदमी ने किसी लड़की के स्वाभिमान को भंग किया हो, उसे अपमानित किया हो उसके साथ कोई अपनी बेटी की शादी कैसे कर सकता है!' हालाँकि इस दिशा में भी 'राजा की आएगी बरात' जैसी फिल्म बनी है।

आगाज फिल्म का नायक गोविन्द और उसकी बहन गाँव से शहर में रहने आते हैं। वह अपने मोहल्ले वालों के सुख-दुःख में शामिल होता है उन्हें बचाता भी है और इसी कारण उसकी दुश्मनी गुंडे-माफिया से हो जाती है। एक दिन माफिया के लोग गोविन्द और मोहल्ले वालों के सामने ही उसकी बहन का बलात्कार करते हैं लेकिन सब चुपचाप तमाशा देखते हैं। मदद की गुहार लगाने पर भी कोई बचाने नहीं आता। समस्या यही कि जब तक पड़ोस में आग लगी होती है हम शहर वाले अनजान बने घूमते हैं। जब अपनी बारी आती है तो कोई मदद करने वाला नहीं मिलता। इस संवेदनहीन चुप्पी और डरपोक स्वकेन्द्रिता के कारण ही चन्द लोग दादा-माफिया बने बेहिचक अपराध करते हैं और बच भी जाते हैं। फिल्म 'काबिल' दृष्टिबाधित (ब्लाइंड) लड़के-लड़की की प्रेम कहानी है जिसमें लड़की की दिव्यांगता का फायदा उठाकर उसका बलात्कार होता है जिसको न्याय दिलाने के लिए नायक संघर्ष करता है। मानसिक रूप से कमजोर, रेलवे और बस स्टेशनों पर रहने को मजबूर लड़कियाँ और महिलाएँ भी यौन हिंसा और रेप की शिकार होकर माँ बनती हैं। 'मॉम' और 'मातृ' फिल्मों की माताएँ अपनी बलात्कार की शिकार बेटियों को न्याय दिलाने के लिए संघर्ष करती दिखती हैं।

महिलाओं की त्रासदियों के अनेक रूप

'मातृभूमि' 2003 में बनी हिन्दी फिल्म है जो महिला शिशु हत्या व घटती महिलाओं की संख्या के मुद्दे पर प्रकाश डालती है। महिलाओं की गिरती संख्या व भारत के कुछ भागों में पत्नी खरीदने की प्रथा परेशान करने वाली सच्चाई है। इस फिल्म में एक ऐसे भविष्य के भारतीय गाँव को दर्शाया गया है जिसमें वर्षों से महिला शिशु हत्या के चलते एक भी लड़की या महिला जीवित नहीं बची है। फिल्म की शुरुआत बिहार के एक पिछड़े गाँव में होती है जहाँ नवजात कन्या को उसके पिता सार्वजनिक समारोह में दूध में डुबोकर मार देते है। सबको बेटा चाहिए, परिणामत: वर्ष 2050 में फिल्म में चित्रित गाँव में केवल पुरुष ही बच गए हैं। महिलाओं की अनुपस्थिति के चलते अब परेशान पुरुष अश्लील फिल्में, लड़कियों की पोशाक पहनकर नृत्य करना व अन्य कार्यों से अपना गुजारा करते है। गाँव के पुरुष पत्नी

पाने के लिए मानव तस्करी की किसी भी हद तक जाने के लिए तैयार होते हैं। उसी गाँव का एक रईस पिता रामचरण अपने पाँच बेटों के लिए कल्कि नाम की एक जवान लड़की ढूँढ़ निकालता है और उसे उसके पिता से खरीद लेता है। उसकी शादी पाँच बेटों से करवा दी जाती है। सप्ताह की हर रात उसे एक बेटे के साथ गुजारनी पड़ती है और यहाँ तक कि उसका ससुर भी उसके साथ हर हफ्ते एक रात बिताता है। सभी बेटों में केवल सबसे छोटा बेटा ही उसे सम्मान व प्यार से सँभालता है जिसके कारण कल्कि उसे ज्यादा चाहने लगती है। इसी कारण चार बड़े भाई मिलकर सबसे छोटे भाई को मार देते हैं। कल्कि अन्तर-जातीय झगड़ों व बदले का एक मोहरा बन जाती है। उसे गाय के तबेले में खूँटे से बाँधकर रात पर रात सामूहिक बलात्कार किया जाता है। कल्कि अपने साथ होने वाले बलात्कार की इतनी आदी हो जाती है कि वह विरोध करना छोड़ देती है और यह उसके लिए एक सामान्य घटना बन जाती है। हम देखते हैं कि जब तबेले में कोई पुरुष उसके पास आता है तो उसके शरीर की हरकत ऐसी हो जाती है जैसे उसने बलात्कार को सहज ही स्वीकार कर लिया हो।

'मातृभूमि' फिल्म को देखकर सआदत हसन मंटो की कहानी 'खोल दो' की याद हो आती है। भारत-पाकिस्तान विभाजन और साम्प्रदायिक दंगों की पृष्ठभूमि पर लिखी गई इस मार्मिक कहानी में सिराजुद्दीन और उसकी बेटी सकीना दो पात्र हैं जो भागकर ट्रेन पकड़ने जा रहे हैं लेकिन बेटी कहीं गायब हो जाती है। कहानी के अन्तिम दृश्य में जब सिराजुद्दीन अपनी बेटी को खोजते हुए मुर्दाघर में पहुँचता है तो उसे अपनी बेटी की लाश मिलती है। कहानी के उस हिस्से को पढ़िए, 'डॉक्टर ने स्ट्रेचर पर पड़ी हुई लाश की नब्ज टटोली और सिराजुद्दीन से कहा, खिड़की खोल दो। सकीना के मुर्दा जिस्म में जुम्बिश हुई। बेजान हाथों से उसने इजारबन्द खोला और सलवार नीचे सरका दी। बूढ़ा सिराजुद्दीन खुशी से चिल्लाया, जिन्दा है-मेरी बेटी जिन्दा है?' मंटो ने बहुत कुछ न खोलकर मनुष्य की संवेदना को झकझोर देने वाली बात लिखी है। फिरकापरस्ती के नशे में रहने वाले दंगाइयों ने कितनी दफा बलात्कार किया होगा उस मासूम लड़की का कि उसकी लाश तक को आदत हो गई कि 'खोल दो' बोलते ही उसके शरीर में हरकत हो जाती है। नादिया मुराद के साथ इस्लामिक स्टेट के कई आतंकी इतनी बार रेप करते हैं कि उनके मन से रेप का डर खत्म हो जाता है और यह 19 साल की लड़की के लिए सामान्य घटना बन जाती है। वे अपनी आत्मकथा में हताश निराश होकर लिखती हैं, 'आफ्टर व्हाट हैप्पेंड विद गार्ड्स एट हाजी सलमान'स, आई लास्ट आल फियर ऑफ आइएसआईएस एंड ऑफ रेप। आई वाज जस्ट नम्ब। आई डीड नॉट आस्क दिस न्यू मैन व्हाट ही वाज डूइंग, आई डिड नॉट ट्राई टू कन्विंस हिम नॉट टू टच मी, आई डिड नॉट टॉक टू हिम एट आल। एट सम पॉइंट देयर वाज रेप

एंड नथिंग एल्स.' (मुराद 2017:186)। बेबसी बेचारगी और भयावह त्रासदी ही किसी महिला को इस स्थिति तक ले जाती है कि वह अपने खिलाफ किए जा रहे बर्बर अत्याचार और अपमान के प्रति बेपरवाह हो जाए।

अन्ततः मनुष्यता को हर कहीं बचाना होगा

सामाजिक मानवशास्त्री कहते हैं कि दुनिया की कोई भी संस्कृति अपने आप में सम्पूर्ण होती है। कोई भी संस्कृति दूसरी किसी संस्कृति से कमतर या बेहतर नहीं होती। इसमें आवश्यकता पूर्ति का गुण होता है और मनुष्य ने अपनी सुविधानुसार संस्कृति का निर्माण किया है। धर्म भी संस्कृति का ही एक भाग है। कोई व्यक्ति या समूह अपने से भिन्न धर्म और संस्कृति को मानने वाला है तो उसको 'अन्य' कहकर उसके खिलाफ घृणा और हिंसा फैलाना, नरसंहार करना, महिलाओं को अपमानित करना घोर आमानवीय कृत्य है। नादिया, कल्कि और सकीना ये तीनों नाम लड़कियों के हैं जो पुरुषों के अहम और उनकी भोगवादी घटिया सोच की शिकार हुई हैं। नादिया यज़ीदी (इराकी) हैं, कल्कि हिन्दू है, और सकीना मुसलमान (भारत-पाकिस्तान) है। नादिया मुराद एक वास्तविक पात्र हैं, जबकि शेष दो काल्पनिक पात्र हैं लेकिन उनकी पृष्ठभूमि बेहद वास्तविक है। तीनों महिला पात्र धार्मिक चरमपन्थ के प्रभाव में पुरुषों के शोषण की शिकार हैं। लोगों के बसे-बसाए गाँवों को उजाड़कर रिफ्यूज़ी कैम्प और औरत की देह को संवेदनारहित उत्पाद समझने वाली पुरुष वर्चस्व की मानसिकता से मुक्ति ही एक स्वस्थ, स्वतंत्र एवं समानता आधारित समाज और राष्ट्र की स्थापना को सम्भव बना सकती है जिससे यह विश्व फिलहाल मीलों दूर है।

किराए की कोख और सिनेमा

भारतीय समाज के पिछले सौ साल के समय को ध्यान से देखें तो सन्तान पैदा न होने पर दो या तीन शादियाँ करने का प्रचलन रहा है। पौराणिक कथाओं में तो नियोग प्रथा से भी सन्तान प्राप्ति के वर्णन मिलते हैं। पुरुष या महिला कोई भी शारीरिक रूप से सन्तान उत्पन्न करने में अक्षम हो सकता है लेकिन मेडिकल तकनीकी के अभाव में महिलाओं को ही अक्षम घोषित किया जाता रहा है। पुरुषों द्वारा दूसरी शादियाँ की जाती रही हैं। महिलाओं को बिना गलती के भी बाँझ होने जैसे ताने सुनाकर कलंकित किया गया। हमने अपने गाँव में ही पाँच लोगों की दो शादियाँ देखी हैं। दो मामलों में तो ऐसा भी हुआ कि पुरुष की दूसरी शादी होने के बाद पहली पत्नी के भी एक दो बच्चे हुए। अब दूसरी शादी किसे और क्यों करनी होती है? एक आदमी की पहली पत्नी से 6 बेटियाँ होने के बाद दूसरी शादी की गई क्योंकि 30 साल पहले तक बेटियों वाले माता-पिता को समाज नि:सन्तानी कहकर कलंकित करता रहा है। एक लोहार जाति के दम्पती की चार बेटियाँ होने के बाद भी जब भी गाँव में पड़ोसियों से झगड़ा होता तो महिलाएँ उन्हें निपूती कहकर अपमानित करने का प्रयास करतीं। जिन परिवारों के पास दो एकड़ से ज्यादा जमीन है उन्हें अपना खानदान आगे बढ़ाने के लिए पुत्र चाहिए था। हिन्दू धर्म में कई संस्कार, विशेषतया व्यक्ति की मृत्यु के बाद किए जाने वाले संस्कार पुत्र द्वारा ही किया जाना अनिवार्य सा रहा है इसलिए भी पुत्र की चाहत में लोग चिन्तित रहते हैं।

एक औरत के सम्मान का झूठा दम्भ और एक औरत की गरीबी का सौदा

सन्तान प्राप्त करने के लिए जो पुरुष लोग कानून के डर, पत्नी के प्रबल विरोध या नैतिक रूप से पत्नी का सम्मान करने के नाते दूसरी शादी नहीं कर सकते वे लोग कुछ नए तरीके ढूँढ़ते हैं। बीसवीं सदी के अन्त तक फिल्मों ने रास्ता दिखाया कि किसी प्रोफेशनल औरत (वेश्या) की तलाश करो और उससे बच्चा पैदा करके, तय राशि देकर उसे हमेशा के लिए दूर भेज दो। इक्कीसवीं सदी में धीरे-धीरे पश्चिम से चलकर एक और तरीका प्रचलित होने लगा और वह था सरोगेसी। गुजरात राज्य

के आनन्द जिले में डॉ. नयना पटेल ने अपने फर्टिलिटी क्लिनिक के माध्यम से किराए की कोख यानी सरोगेसी को एक व्यावसायिक रूप दे दिया और वह क्षेत्र सरोगेसी का हब बन गया। रिश्तेदारी के किसी बच्चे को या अनाथ बच्चों को गोद (अडाप्ट)लेकर भी बहुत से दम्पतियों ने अपनी इच्छाएँ पूरी की। सरोगेसी में माँ-बाप को एक फीलिंग यह होती है कि वह उनके स्पर्म या कोख से पैदा हुआ बच्चा है। गोद लिए गए बच्चे के साथ हमेशा यह भावना जुड़ी रहती है कि वह दूसरे का बच्चा है। इसी कारण सरोगेसी का प्रचलन बढ़ने लगा। जो पुरुष सन्तान पैदा करने में अक्षम (इम्पोटेंट) थे वे डॉक्टर की मदद से एक अनजान स्पर्म डोनर से सेवा लेकर अपनी पत्नियों की कोख से बच्चा पैदा करने लगे तो जहाँ पत्नियाँ अक्षम थीं वहाँ पति का स्पर्म लेकर आर्टिफीशियल सेमिनेशन (कृत्रिम गर्भाधान) करके किराए की कोख (सरोगेट मदर) में स्थापित कर बच्चा प्राप्त किया जाने लगा। पुरुष और महिला की शारीरिक संरचना यहाँ भी मौजूद रहती है लेकिन बच्चा पैदा करने के लिए शारीरिक सम्पर्क जरूरी नहीं रहा। पैसा, बारगेनिंग और लेन-देन ज्यादा महत्त्वपूर्ण हो गया। यहाँ भी महिलाओं का शारीरिक, मानसिक और भावनात्मक शोषण कम होने की जगह बढ़ गया।

डॉक्टर, हॉस्पिटल, सरोगेसी और दलाल

सरोगेसी ने परम्परागत परिवार की अवधारणा को चुनौती देने का काम किया है। सरोगेसी ने मातृत्व को किराए पर उपलब्ध एक व्यावसायिक सेवा बना दिया है जिसमें माँ की कोख किराए पर उपलब्ध है। सोनाली कुसुम लिखती हैं, "किराए पर कोख उपलब्ध कराए जाने के कारण सरोगेसी को वेश्यावृत्ति के समान मानकर ऐसी माँओं को सामाजिक कलंक का सामना करना पड़ता है।"...भारत में स्थित हॉस्पिटल डॉक्टर्स, होटल और दलाल सरोगेट मदर सहित हर चीज की व्यवस्था करते हैं। सूचना क्रान्ति के युग में सरोगेसी से जुड़ी सारी सूचनाएँ ऑनलाइन पूरी दुनिया में एक क्लिक पर उपलब्ध हैं। सन् 1990 के दशक में लागू की गई एलपीजी व्यवस्था ने भारत में सभी तरह के कामों के लिए पूँजी-बाजार को खोल दिया। सन् 1999 में स्थापित डॉ. नयना पटेल की आकांक्षा फर्टिलिटी क्लिनिक ने गुजरात के आनन्द जनपद को सरोगेसी का हब बना दिया। वे किराए पर कोख उपलब्ध कराने को 'कामर्सियल सरोगेसी' के स्थान पर 'काम्पेंसेटेड सरोगेसी' शब्द का प्रयोग उचित मानती हैं क्योंकि आईवीएफ तकनीक के माध्यम से नि:सन्तान दम्पतियों को बच्चे उपलब्ध कराने को डॉ. नयना अंगदान जैसा नेक काम मानती हैं। उनके हॉस्पिटल में वर्ष 2015 तक एक हजार से अधिक बच्चे जन्म ले चुके हैं।

जब विदेशी नि:सन्तान दम्पती अपने बच्चे की चाह में भारत का रुख करते हैं तो उनके सोच में 'पोस्ट कोलोनियल' या 'नव-कोलोनियल' भावना रहती है कि भारत गरीबों, भिखारियों और गायों और पूजा स्थलों का देश है। गरीब लोग कम पैसे में विदेशियों के बच्चे अपनी कोख में पाल देंगे और बड़े लोगों का फिगर और करियर दोनों खराब नहीं होगा। जर्मनी जैसे देशों में सरोगेसी पर कानूनी रोक है इसलिए भी वहाँ के पैसे वाले लोग और नि:सन्तान दम्पती भारत आते हैं। सरोगेट मदर उपलब्ध कराने के लिए कई सारे दलाल सर्विस सेंटर खोलकर बैठे हैं। पैसे के बदले में लोग एक गोरी-चिट्टी और स्वस्थ महिला खोजते हैं ताकि उनका एक सुन्दर और स्वस्थ बच्चा पैदा हो। इसलिए सबको उनकी पसन्द की सरोगेट मदर मिलना मुश्किल होता है। फिल्म 'मिमी' में अंग्रेज दम्पती को मेडिकल रिपोर्ट से जब यह पता चलता है कि सरोगेट मदर के पेट में पल रहा बच्चा एबनॉर्मल पैदा होगा तो वे दलाल द्वारा ये मैसेज भेजकर, कि मिमी से बोल दो कि वह बच्चे का एबॉर्शन करा दे, खुद चुपके से अपने देश भाग जाते हैं। दो बच्चे पैदा हो जाने पर एक आस्ट्रेलियन दम्पती ने एक बच्चा सरोगेट के पास ही छोड़ने को लेकर विवाद किया था जिसको लेकर भारतीय संसद में इस विषय पर गम्भीरता से कानून बनाने को लेकर चर्चाएँ हुईं। मातृत्व जैसी प्राकृतिक व्यवस्था पर पूरी तरह इनसान और तकनीक नियंत्रण स्थापित नहीं कर सकते लेकिन पैसे देकर कोख किराए पर लेने वाले लोग बेहद स्वार्थी ढंग से व्यवहार करते हैं जिसके कारण गरीब महिलाओं का शोषण बढ़ जाता है।

योगेश मैत्रेय (2020) 'विकी डोनर' फिल्म के बारे में अपने लेख में भारतीय समाज में व्याप्त जाति और अन्य भेदभावों के आधार पर स्पर्म डोनर के चयन के बारे में सारांश रूप में लिखते हैं—

> 'विकी डोनर' फिल्म आने के बाद समाज में एक नई बहस शुरू हुई। इंटरनेट पर इस सम्बन्ध में सवालों और जानकारियों की बाढ़ आ गई। तीस साल से कम उम्र के स्टूडेंट और नौजवान पुरुष स्पर्म डोनेट कर पैसा कमाने के लिए ऐसी क्लिनिक को काल करके जानकारी करने लगे। ऐसा कई डॉक्टर्स ने बताया। परन्तु रूढ़िवादी भारतीय समाज में लोगों ने स्पर्म लेने से पहले डोनर का जाति और धर्म पूछना भी आरम्भ किया।

पुस्तकें और कानून

सरोगेट मदर्स और उनके जीवन और समस्याओं से जुड़े विषयों पर मीरा स्याल ने अपनी पुस्तक 'मानसून बेबी : द हाउस ऑफ हिडन मदर्स' (2015) लिखी। अमूल्य मल्लादी का उपन्यास 'ए हाउस फॉर हैप्पी मदर्स' (2016), पत्रकार और

लेखिका गीता अर्वामुदन द्वारा सरोगेट मदर्स के आत्मकथात्मक लेखों का संग्रह 'ए स्टोरी ऑफ इंडियन सरोगेसी' (2014) एवं अमृता पांडे द्वारा 'विमेंस इन लेबर' (2014) किताबें लिखी गईं। भारत सरकार ने सन् 2002 में व्यावसायिक सरोगेसी को लीगल बनाया। लेकिन सन् 2015 में इंडियन कौंसिल ऑफ मेडिकल रिसर्च ने विदेशी दम्पतियों के लिए भारतीय सरोगेट प्राप्त करने पर प्रतिबन्ध लगा दिया। गुजरात के आनन्द जिले के लगभग पाँच हजार परिवार सरोगेसी पर निर्भर हैं। इस आदेश से आनन्द जिले की अर्थव्यवस्था पर बुरा असर पड़ने की सम्भावना से वहाँ के निवासी चिन्तित हो गए। सन् 2008 में एक और कानून बनाकर सरोगेसी को कानूनी संरक्षण देने की कोशिश की गई है। सन् 2021 के सरोगेसी विनियमितिकरण अधिनियम ने व्यावसायिक सरोगेसी पर प्रतिबन्ध लगाया था। स्नेहा बनर्जी इंडियन एक्स्प्रेस में 29 फरवरी, 2024 को लिखती हैं—

> The Surrogacy (Regulation) Act, 2021 prohibits commercial surrogacy. Only altruistic arrangements where women acting as surrogates do not receive any monetary remuneration or compensation are allowed. Further, it allows only gestational surrogacy where Assisted Reproductive Technologies (ARTs) such as In-Vitro Fertilisation (IVF) are used to induce the surrogate pregnancy. It also laid down age and other criteria for both the people intending to be parents through surrogacy and those who could act as surrogates. Only married couples and ever-married single women (widowed or divorced) can seek a surrogacy. The intending parents additionally have to produce a 'certificate of essentiality' that attests to medical indications that justify use of gestational surrogacy. The Rules necessitated the use of their own gametes by intending parents.

स्पर्म डोनर तो किसी भी देश में बहुतेरे मिल जाते हैं लेकिन सरोगेट मदर का मिलना सामाजिक, कानूनी और स्वास्थ्य की दृष्टियों से उपलब्ध होना आसान नहीं होता। भारतीय संसद ने सरोगेसी को नियंत्रित करने के लिए विधेयक का जो मसौदा पेश किया है उसमें विदेशी लोग भारत में सरोगेट मदर की सर्विस नहीं ले सकेंगे। एक महिला केवल एक बार सरोगेट मदर बन सकती है। जर्मनी, आस्ट्रिया स्विट्ज़रलैंड जैसे दुनिया के तमाम देशों में सरोगेसी पर कानूनी रोक है। भारत में

यह कानून पास होने पर तमाम विदेशी नि:सन्तान दम्पतियों के लिए अपना बच्चा पाने की इच्छा अधूरी रह जाएगी। हालाँकि इस कानून में प्रावधान किया जा रहा है कि भारतीय मूल के लोगों को सहूलियत मिल सके।

'विकी डोनर' से 'मिमी' तक : नैतिकता, मर्यादा और बच्चों की जरूरत

भारतीय दम्पती सन्तान प्राप्ति के लिए कई उपाय अपनाते रहे हैं। इन तरीकों के ऊपर बॉलीवुड में कई फिल्में समय-समय पर बनी हैं जिनमें प्रमुख हैं : 'दूसरी दुल्हन' (1983), 'चोरी चोरी चुपके चुपके' (2001), 'फिलहाल' (2002), 'जननी' (2006), 'गूगल बेबी' (2009), 'विकी डोनर' (2012), 'आई एम आफिया' (2011), 'मानसून बेबी' (2014) और 'मिमी' (2021)।

'दूसरी दुल्हन' फिल्म में अनिल और रेणु (विक्टर बनर्जी और शर्मीला टैगोर) एक नि:सन्तान दम्पती हैं। वे बच्चा प्राप्त करने के लिए एक वेश्या चन्दा (शबाना आजमी) की मदद लेते हैं। यह फिल्म बंगाली में 'उत्तरायण' (2006) नाम से बनी। सन् 2001 में बनी फिल्म 'चोरी चोरी चुपके चुपके' राज और प्रिया (सलमान खान और रानी) एक बड़े व्यावसायिक परिवार के अमीर दम्पती हैं। प्रिया एक बार गर्भवती होती है लेकिन उसका मिसकेरिज होने के बाद डॉक्टर्स बताते हैं कि वह फिर से माँ नहीं बन सकती है। यह दम्पती अपने रूढ़िवादी परिवार के लोगों को बिना बताए एक वेश्या युवती मधुबाला (प्रीटी जिंटा) को सरोगेट मदर बनाने के लिए तैयार कर लेते हैं। इस फिल्म में आर्टिफीशियल इन्सेमिनेशन कराने को राज और मधुबाला के बीच सेक्सुअल सम्बन्धों से बच्चा प्राप्त करने की बात पर केन्द्रित किया गया है। इसके लिए पति-पत्नी और सरोगेट मदर तीनों स्विटज़रलैंड चले जाते हैं और वहीं से फिल्म का हीरो अपनी पत्नी यानी नायिका के प्रेग्नेंट होने की झूठी खबर देता है। लेकिन अचानक जब परिवार के लोग राज और प्रिया के पास स्विटज़रलैंड पहुँचते हैं तो वहाँ प्रेग्नेंट मधुबाला को वे दोनों अपने दोस्त की पत्नी बताकर सच को छुपाते हैं। आगे सभी लोग इंडिया लौटते हैं। अपने पेट में बच्चे को पालने वाली माँ को उससे प्यार होना स्वाभाविक है। मधुबाला चुपचाप भागने का प्रयास करती है और रेलवे स्टेशन पर उसे किसी तरह रोक लिया जाता है। वह राज और प्रिया के बच्चे को जन्म देकर हमेशा के लिए इस वादे के साथ चली जाती है कि वह भविष्य में अब वेश्यावृति का काम नहीं करेगी। पैसे वाले लोग किस तरह एक महिला का मानसिक और भावनात्मक शोषण करते हैं, बॉलीवुड की यह नाच-गाने वाली मसाला फिल्म अच्छे से प्रस्तुत करती है।

'फिलहाल' मेघना गुलजार निर्देशित पहली फिल्म थी जो दो महिला दोस्तों के बीच सरोगेट मदर से जुड़ी कहानी कहती है। रेवा सिंह (तब्बू) और सिया सेठ

(सुष्मिता सेन) अच्छी दोस्त हैं लेकिन शादी, बच्चे और घर परिवार को लेकर दोनों के विचार बहुत भिन्न हैं। रेवा सिंह शादी करके घर बसाने और सामान्य जीवन जीने की आग्रही है और ध्रुव (संजय सूरी) से शादी कर लेती है। परन्तु उन दोनों के बच्चे न होने से रेवा डिप्रेशन में चली जाती है। सिया अपनी दोस्त को परेशान देख उसके बच्चे के लिए सरोगेट मदर बनने के लिए तैयार हो जाती है। सिया सेठ अपने दोस्त साहिल (पलाश सेन) के शादी के प्रस्ताव को कई बार मना कर देती है क्योंकि वह स्वतंत्र और बिन्दास जीवन जीना चाहती है। लेकिन जब वह सरोगेट मदर बनने के लिए तैयार हो जाती है तो उसका दोस्त साहिल नाराज होकर उससे रिश्ता तोड़ लेता है। सिया की प्रेग्नेंसी के दौरान जब ध्रुव उसके ज्यादा करीब आता है तो बचपन की दोस्त रेवा और सिया की दोस्ती में भी शक के कारण दरार पड़ जाती है। बाद में हैपी एंडिंग होती है। सिया और साहिल शादी करके नई जिन्दगी शुरू करते हैं और उनके दोस्त रेवा और ध्रुव अपना बच्चा लेकर बहुत दूर रहने चले जाते हैं।

योगेश मैत्रेय (2020) की भाँति ज्योति चौधरी (2019) अपने लेख में सरोगेट मदर्स पर पड़ने वाले सामाजिक आर्थिक प्रभावों पर लिखती हैं—

> सरोगेट मदर/स्पर्म डोनर की तलाश में निकला व्यक्ति/दम्पती अपने बजट के बदले महिला/पुरुष की जाति, धर्म, स्वास्थ्य, फिजिकल संरचना, काला या गोरा रंग सब कुछ अपनी पसन्द का पाना चाहता है। इस काम से जुड़े सामाजिक कलंक और ताने सहकर दूसरे का बच्चा अपने पेट में पालना दुरूह जिम्मेदारी है जिसने महिलाओं की आय बढ़ाने के साथ उनकी मुश्किलें भी बढ़ा दी हैं। इन सारे पहलुओं का समाजशास्त्रीय अध्ययन किया जा रहा है। सरोगेसी के सामाजिक-सांस्कृतिक और आर्थिक पहलुओं एवं प्रभाव का और गहराई से अध्ययन होना चाहिए।

'विकी डोनर' (2012) सुजीत सरकार द्वारा नए विषय पर बनाई गई फिल्म थी। इस फिल्म का विषय शुक्राणु-दान (स्पर्म डोनेशन) तथा बाँझपन था। यह फिल्म कनेडियन-फ्रेंच फिल्म 'स्टारबक' पर आधारित थी। दरियागंज दिल्ली में डॉक्टर बलदेव चड्डा (अन्नू कपूर) का एक स्पर्म डोनेशन और बाँझपन निवारण की क्लीनिक है। बलदेव अपने ग्राहकों को अपने इलाज की पूरी गारंटी देता है। यामी गौतम और आयुष्मान खुराना लीड रोल में हैं। बॉलीवुड की फिल्मों ने धीरे-धीरे ही सही गे रिलेशनशिप, सेक्स सिम्बल्स और जाति आधारित आरक्षण, ऑनर किलिंग्स और यौन शोषण और हिंसा पर फिल्में बनाकर दर्शकों की सोच को बदलने का काम किया है। 'आई एम आफिया' (2010) ओनिर द्वारा निर्देशित फिल्म है। इसमें नन्दिता दास ने एक सिंगल महिला का लीड रोल किया है। वह स्पर्म डोनर के

माध्यम से माँ बनना चाहती है। वह अपने पति से बच्चे के लिए कहती है लेकिन वह किसी और लड़की से प्रेम करता है और एक दिन आफिया को छोड़कर चला जाता है। आफिया को टेस्ट ट्यूब बेबी तकनीक के सहयोग से माँ बनने का निर्णय लेना पड़ता है। आफिया डॉक्टर बासु के क्लिनिक पर पहुँचकर डोनर के बारे में पता करती है। वह सूरज (पूरब कोहली) नाम के एक आदमी से मिलती है और ढेर सारे मुश्किल सवाल करती है। सूरज उसे अपना फोन नम्बर नोट करके दे देता है। आफिया स्पर्म डोनेशन और आईवीएफ तकनीक के माध्यम से बच्चा प्राप्त करती है। फिल्म के अन्तिम दृश्य में बच्चे के पैदा होने पर आफिया की आँखों में खुशी के आँसू हैं और उसके आँसू फोन नम्बर लिखे कागज को भिगो रहे हैं। यह फिल्म का क्लाइमेक्स है। यह फिल्म पुरुषवादी समाज को चुनौती देती है कि औरत को अपना बच्चा पाने के लिए पति का होना जरूरी नहीं है। बच्चे ईश्वर, गॉड या खुदा नहीं, डॉक्टर की मदद से आईवीएफ तकनीक भी दे सकती है।

'मिमी' (2021) जुलाई में रिलीज हुई हिन्दी फिल्म है जो एक दशक पहले बनी मराठी फिल्म 'मला आई व्हायचय' की रिमेक कही जा सकती है। के. डी. सत्यम की फिल्म 'बॉलीवुड डायरीज' में हमने देखा था कि कैसे एक छोटे शहर की लड़की मुम्बई जाकर हीरोइन बनने के लिए ठगी का शिकार हो जाती है जिसे डॉ. सागर अपने गीत में कुछ इस तरह बयान करते हैं कि 'सपनों को सच करने के लिए तितली ने सारे रंग बेच दिए'। मिमी फिल्म की नायिका जो राजस्थान के एक शहर में टूरिस्ट पॉइंट पर डांस प्रस्तुति देकर पैसे कमाती है और पर्यटकों का मनोरंजन करती है। उसे लगता है कि वह बहुत बड़ी कलाकार है और वह मुम्बई जाकर हीरोइन बनने का ख्वाब पालती है। उसने अपने कमरे में 'गोलियों की रासलीला : रामलीला' के हीरो रणवीर सिंह का टॉपलेस फोटो लगा रखा है। राजस्थान की पृष्ठभूमि पर बनी इस फिल्म का राजस्थानी दिखने वाला हीरो मिमी (कृति सैनन) का प्रेरणास्रोत है। 'बरेली की बर्फी' फिल्म में नायिका (कृति) के पिता की भूमिका वाले पंकज त्रिपाठी यहाँ भानु ड्राइवर की भूमिका में हैं जिनकी सोच है कि ड्राइवर को चाहे जितनी मुश्किल आए सवारी को उसकी मंजिल तक छोड़कर आना उसकी जिम्मेदारी है। अगर भारतीय समाज में चलती-फिरती सूचनाओं का भंडार खोजना हो तो गूगल नहीं, नाई की दुकान और 'ड्राइवर पहलवान' के पास जाना होता है। नाई की दूकान पर पूरे मुहल्ले की सूचनाएँ दिन भर चूरन की तरह जुटती और बँटती रहती हैं। यह एक स्थायी सूचना केन्द्र होता है। फिल्मी हीरो और हीरोइन के पोस्टर और फिल्मी पत्रिकाएँ भी यहाँ हमेशा उपलब्ध रहती हैं। राहुल सांस्कृत्यायन के 'घुमक्कड़शास्त्र' के हवाले से कहें तो ड्राइवर साहब लोग एक बड़े रेंज में सूचनाओं के चलते-फिरते भंडार होते हैं। जिन टूरिस्ट केन्द्रों पर विदेशी लोग आते हैं वहाँ के ड्राइवर साहबान अंग्रेजी भी बोल समझ लेते हैं।

'मिमी' फिल्म के ड्राइवर भानु (पंकज त्रिपाठी) एक आदर्श ड्राइवर के सारे गुणों से भरपूर हैं जो केवल गाड़ी ही नहीं चलाते बल्कि पीछे की सीट पर बैठी सवारियों की सारी बातें भी ध्यान से सुनते हैं। इतना ही नहीं, बिना माँगी सलाह भी देते रहते हैं। इन्ही ड्राइवर साहब की गाड़ी से जॉन और उसकी पत्नी समर, जो अमेरिका से एक सरोगेट मदर की तलाश में राजस्थान आए हैं, यात्रा कर रहे हैं। समर माँ नहीं बन सकती है और इंडिया में आसानी से सरोगेट मदर मिल सकती हैं इसलिए वे इधर आए हैं। भानु सरोगेसी का काम करने वाली कई महिलाओं से अमेरिकी दम्पती को मिलाता है लेकिन वे उन्हें पसन्द नहीं आते। रात को हेरिटेज होटल के ग्राउंड पर नाचती हुई 'परम सुन्दरी' (मिमी) को देखकर अंग्रेज नि:सन्तान दम्पती उसे अपने बच्चे की सरोगेट मदर बनाना चाहते हैं। यह काम भी ड्राइवर भानु को सौंपा जाता है। दो-तीन मुलाकातों और मान-मनौवल और बीस लाख रुपये मिलने के लालच में मिमी तैयार हो जाती है।

सरोगेसी में पैसे के लिए यदि कोई गरीब महिला अपनी मर्जी से भी तैयार होती है तब भी उसके शारीरिक, मानसिक और भावनात्मक स्वास्थ्य पर नकारात्मक असर पड़ता है। कभी-कभी तो विकलांग बच्चे पैदा होने या सरोगेट मदर को प्रेग्नेंसी के दौरान कोई गम्भीर बीमारी होने पर जान जाने का भी खतरा रहता है। डिलीवरी के दौरान भी मुश्किलें आती है। 'मिमी' फिल्म में तो अमेरिकन दम्पती को डॉक्टर द्वारा मेडिकल रिपोर्ट के आधार पर जब यह पता चलता है कि बच्चा एब्नॉर्मल पैदा होगा तो वे बिना बताए वापस अपने देश भाग जाते हैं। मिमी अपने माँ-बाप से छुपाकर अपने दोस्त के घर में रहकर उस बच्चे की प्रेग्नेंसी पीरियड पूरा कर रही होती है। उसको बच्चे का एबॉर्शन करने की सलाह दी जाती है जो कि सम्भव नहीं होता। मिमी अपने घर लौटती है तो यह सवाल खड़ा होता है कि उसके पेट में बिना शादी के बच्चा किसका है तो वह अपने को बचाने के लिए ड्राइवर भानु को लपेट लेती है क्योंकि वही इस जाल में उसे फँसाता है। अब खुद शादीशुदा ड्राइवर इस झमेले में फँस जाता है। दिल्ली में उसकी पत्नी और माँ इन्तजार और फोन करते हैं लेकिन वह वापस नहीं जाता। एक दिन उसकी पत्नी ही भानु की फोटो लेकर उसको खोजने पहुँच जाती है। जब वह एक दुकानदार से भानु के बारे में फोटो दिखाकर पूछती है तो वह बताता है, 'यह तो मिमी का पति है'। हंगामा खड़ा होने पर सच सामने आता है। ब्राउन मदर का सफेद बच्चा पैदा होने पर वह माँ-बाप दोनों से मेल नहीं खाता तो शक के दायरे और बढ़ते हैं।

फेसबुक पर माँ-बच्चे का एक वीडियो देखकर अमेरिकन दम्पती अपने बच्चे को पाने के लिए फिर मिमी के घर पहुँचता है। गुस्से से पागल मिमी, भानु और उसका परिवार उन्हें भला बुरा और धोखेबाज कहता है। मिमी ने हँसी-खेल में इस सौदे को स्वीकार किया था लेकिन अब वह एक समझदार माँ और इनसान

है। बहुत सोच-समझ के बाद और कोर्ट-कचहरी से बचने के लिए जब वह अपने बेटे को विदेशी दम्पती को सौंपने को तैयार हो जाती है तो पता चलता है कि उन दोनों ने एक अनाथालय से एक अनाथ बच्ची को गोद ले लिया है। हीरोइन बनने का सपना सँजोए छोटे कस्बे की एक सुन्दर लड़की गलतफहमी में गम्भीर समस्या में फँस जाती है। भानु ड्राइवर भी मसखरे चरित्र से एक जिम्मेदार इनसान में बदलते हुए दिखता है। जमाना क्या कहेगा के भय में जीने वाले रूढ़िवादी माँ-बाप (मनोज पाहवा-सुप्रिया पाठक) भी साहस के साथ अपनी अपनी बेटी और नाती के साथ रहना स्वीकार करते हैं। सागर सरहदी की फिल्म 'बाजार' की नायिका रह चुकी सुप्रिया पाठक 'रामप्रसाद की तेरहवीं' के चार बेटों की विधवा माँ के रोल के बाद एक बार फिर बिन ब्याही सरोगेट माँ 'मिमी' की भावप्रवण माँ की भूमिका में इतनी सहज लगती हैं कि ओटीटी प्लेटफार्म के फिल्मों की जरूरत बनती जा रही हैं।

कल्चरल लैग बनाम समाज और तकनीक

अब परिवार की परिभाषा में माता-पिता और उनके बच्चों का शामिल होना जरूरी नहीं रह गया है। सरोगेसी ने सिंगल महिला, गे और लेस्बियन कपल्स के लिए बच्चे उपलब्ध कराकर परिवार की अवधारणा को विस्तार दे दिया है। विवाह परिवार और नातेदारी जैसी व्यवस्थाओं में भारी परिवर्तन होने लगे हैं। आज से सात साल पहले मैंने एक सच्ची घटना पर आधारित 'सरोगेट मौसी' शीर्षक से कहानी लिखी थी। सरोगेसी के सामाजिक पहलू को देखें तो इसने स्त्री देह का 'वस्तुकरण' (कमोडिफिकेशन, ओब्जेक्टीफिकेशन) किया है। भारतीय समाज पुरुष-स्त्री के बीच सम्पन्न वैध विवाह के माध्यम से सन्तान उत्पत्ति को स्वीकार करता है। अपने किसी रिश्तेदार के बच्चे को मौखिक या कानूनी रूप से गोद लेना या अनाथालय से किसी बच्चे को कानूनी तौर पर गोद लेने तक की परम्परा तो प्रचलित रही ही लेकिन किराए पर किसी स्त्री की कोख लेकर सन्तान प्राप्त करना नई अवधारणा या प्रघटना है। आइवीएफ तकनीक के माध्यम से जब अक्षम स्त्री के अन्दर भ्रूण प्रत्यारोपण करना विज्ञान ने सम्भव बना दिया तो नि:सन्तान दम्पतियों को आशा की एक नई किरन दिखी। धनाढ्य और हॉलीवुड आदि की सेलिब्रिटीज ने सरोगेसी के माध्यम से अपना फिगर और कैरियर बिना प्रभावित किए बच्चे पाना शुरू कर दिया। परन्तु परम्परागत समाजों और रूढ़िवादी परिवारों द्वारा सदियों से चली आ रही परम्पराओं को एकदम छोड़ देना आसान नहीं था। इसलिए तकनीक और सामाजिक मान्यताओं में टकराहट होना स्वाभाविक है। स्पर्म डोनेशन और सरोगेसी जैसे विषयों पर आधारित सभी फिल्मों ने इन मुश्किलों और चुनौतियों को प्रमुखता

से उठाया भी है। पारिवारिक सम्बन्ध, जैसे पति-पत्नी, माँ-बाप, सरोगेट मदर और उसके होने वाले बच्चे के प्रति मोह यह सब कुछ तनाव और संघर्ष पैदा करता है। परिवार टूट जाते हैं। बिन ब्याही माँ बनकर समाज का सामना करना भयानक अनुभव होता है। पैसे के लिए किसी अनजान पुरुष के वीर्य से निषेचित भ्रूण को अपने पेट में किसी भी स्त्री के लिए असहज कर देने वाला कार्य है। पैदा होने के बाद एक बच्चे को दूसरे को दे देने का डर केवल 'मिमी' जैसी एक माँ ही समझ सकती है।

बॉलीवुड में महिला जासूस और 'राजी'

धार्मिक आधार पर उपजी द्विराष्ट्र सिद्धान्त के सनकीपन ने खूबसूरत मुल्क भारत देश के बाशिन्दों को चन्द सियासतदानों की इच्छा पूर्ति के लिए दो हिस्सों में बाँट दिया। विभाजन के दौरान लाखों इनसान बेमौत मारे गए, करोड़ों लोग अपने पुरखों के घर, जमीन और सामाजिक-सांस्कृतिक विरासत छोड़कर अनजान जगहों पर जाने को मजबूर हुए। इतिहास, भूगोल और आबादी के इतने बड़े पलायन का अभिशाप लेकर आने वाला यह दुनिया के इतिहास का अनोखा बँटवारा था जिसका दंश आज तक हम झेल रहे हैं। नफरत और अविश्वास के जो बीज सन् 1947 में बोए गए उनकी फसल आज तीसरी पीढ़ी तक चली आ रही है। जब अविश्वास और दूरी होगी तो आईएसआई और अन्य गुप्तचर एजेंसियाँ एक दूसरे मुल्कों की नीतियों और कार्यों की जासूसी करती रहेंगी।

पाकिस्तान भारत के साथ ही आजाद हुआ लेकिन वहाँ के हुक्मरानों का मुस्तकबिल बन चुका है कि उनका अन्त बहुत बुरा होगा या तो वे जेल में मरेंगे या बाहर किसी भीड़, जनसभा में मार दिए जाएँगे। जो थोड़े भाग्यशाली होंगे वे जनरल परवेज मुशर्रफ की तरह निर्वासन में मरेंगे। बात का लब्बोलुआब यह है कि पाकिस्तान में आर्मी के इशारे पर नाचने वाला या खुद सेना का मुखिया ही निजाम बनेगा अन्यथा उसका तख्तापलट होना तय है। वर्तमान में (2023) पूर्व क्रिकेटर और प्रधानमंत्री इमरान खान के गिरफ्तार और रिहा होने का कार्यक्रम चल रहा है। इमरान खान पूर्वी पाकिस्तान/बांग्लादेश के अलग होने के लिए अपने देश के पूर्व हुक्मरानों को दोषी ठहराते हैं। कभी वे भारत की तारीफ करते हैं तो कभी अमेरिका की निन्दा। उनके प्रशंसकों की संख्या भी बड़ी है जो अपने नेता के लिए सड़कों पर उतरकर प्रदर्शन, आगजनी करके सेना और पुलिस से मोर्चा ले लेते हैं। विदेश मंत्री के तौर पर बिलावल भुट्टो शंघाई सहयोग संगठन की मीटिंग में भाग लेने 4 मई, 2023 को भारत आते हैं लेकिन पाकिस्तानी सेना परम्परागत ढंग से उसी समय कश्मीर के पुंछ और रजौरी सेक्टर में गोली-बारी करती है।

भारत-पाकिस्तान के द्विपक्षीय सम्बन्धों को देखें तो वह कभी भी सामान्य नहीं

रहे हैं। सम्बन्धों में तनाव और अविश्वास के कारण गुप्तचर संस्थाओं की अहमियत रणनीतिक रूप से महत्त्वपूर्ण हो जाती है। बॉलीवुड ने दोनों देशों के बीच रणनीतिक मुद्दों को ध्यान में रखते हुए कई जासूसी फिल्में बनाई हैं। यद्यपि फिल्में मनोरंजन, समाजीकरण और सांस्कृतिक तत्त्वों के प्रसार का सबसे सरल परन्तु अत्यन्त प्रभावी माध्यम हैं। सिनेमा साहित्य की एक विधा है जो सामाजिक वास्तविकताओं का चित्रण करती है। एक कला माध्यम के रूप में इसमें कल्पना और नई व्याख्याओं का भी सहारा लिया जाता है। फिल्में प्रोपेगंडा और छवि निर्माण में भी महत्त्वपूर्ण भूमिका निभाती हैं और एक साथ बहुत बड़े दर्शक वर्ग को प्रभावित कर धारणा निर्माण में मदद करती हैं। भारत पाकिस्तान सम्बन्धों पर बनी फिल्मों को दर्शक पसन्द भी बहुत करते हैं। इसी परिप्रेक्ष्य में हम सन् 2018 में रिलीज हुई फिल्म 'राजी' के बारे में आगे चर्चा करेंगे।

बॉलीवुड में जासूसी फिल्में

भारतीय सिनेमा में समय-समय पर कुछ अच्छी जासूसी फिल्में बनी हैं, उनमें से कुछ के नाम हैं : 'सीआईडी' (1956), 'फर्ज' (1967), 'ज्वेल थीफ' (1967), 'प्रेम पुजारी' (1970), 'सुरक्षा' (1979), 'जानी मेरा नाम' (1970), 'द ग्रेट गैम्बलर' (1979), 'बादशाह' (1999), '16 दिसम्बर' (2000), 'हीरो : लव स्टोरी ऑफ ए स्पाई' (2003), 'गैंगस्टर' (2006), 'मुखबिर' (2008), 'कहानी' (2012), 'एजेंट विनोद' (2012), 'एक था टाइगर' (2012), 'विश्वरूपम' (2013) 'डी डे' (2013), 'मद्रास कैफे' (2013), 'फैंटम' (2015), 'बेबी' (2015), 'टाइगर जिन्दा है' (2017), 'राजी' (2018), 'शेरशाह' 2022 और 'मिशन मजनू' (2023)।

महिला केन्द्रित जासूसी फिल्में

यहाँ इस श्रेणी में उन फिल्मों के नाम शामिल किए जा रहे हैं जिनमें महिलाओं ने जासूस की भूमिका में काम किया है : 'खिलाड़ी' (1968), 'आँखें' (1968), 'डॉन' (प्रियंका चोपड़ा, 2006), 'गुंडे' (प्रियंका चोपड़ा, 2014), 'कहानी' (विद्या बालन, 2012), 'बॉबी जासूस' (विद्या बालन, 2014), 'एक था टाइगर' (कैटरीना कैफ, 2012), 'टाइगर जिन्दा है' (कैटरीना कैफ, 2017), 'द हीरो : लव स्टोरी ऑफ ए स्पाई' (प्रीति जिंटा, 2003), 'एजेंट विनोद' (करीना कपूर, 2011), 'कुर्बान' (करीना कपूर, 2009), 'दस' (ईशा देओल, 2005), 'फोर्स 2' (सोनाक्षी सिन्हा, 2012), 'बेबी' (तापसी पन्नू, 2015), 'नाम शबाना' (तापसी पन्नू, 2017), 'राजी' (आलिया भट्ट, 2018), 'मिसेज अंडरकवर' (राधिका आप्टे, 2023)।

'खिलाड़ी' (1968) फिल्म में 'फियरलेस नाडिया' ने मैडम X1 नाम से एक बहादुर महिला जासूस की भूमिका की थी जो एक चीनी गैंग के अपहरण से भारतीय वैज्ञानिक को छुड़ाने का काम करती है। इसी तरह रामनन्द सागर निर्देशित 'आँखें' (1968) में माला सिन्हा धर्मेन्द्र के साथ महिला जासूस की भूमिका में थीं जो बेरूत में एक मिशन पर चीनी जासूसों से मुकाबला करते हैं। चेतन आनन्द निर्देशित 'हिन्दुस्तान की कसम' (1973) फिल्म में प्रिया राजवंश ने राजकुमार के साथ महिला जासूस की भूमिका की भूमिका की थी। वे पाकिस्तानी रडार सिस्टम को सन् 1971 के भारत-पाकिस्तान युद्ध के दौरान खोजने का काम करते हैं। 'राजी' फिल्म की नायिका भी सन् 1971 के भारत-पाक युद्ध के दौरान अपने देश के युद्धपोत को बचाने के लिए बेहद महत्त्वपूर्ण सूचनाएँ भारतीय सेना को भेजकर तथा अपने पति और परिवार का त्याग करके देश सेवा की मिसाल पेश करती है।

भारत-पाकिस्तान सम्बन्ध और फिल्म 'राजी'

भारतीय इंटेलिजन्स एजेंसी रॉ प्रमुख अमरजीत सिंह दौलत और पाकिस्तानी एजेंसी आईएसआई के प्रमुख असद दुर्रानी ने मिलकर एक किताब लिखी 'द स्पाई क्रानिकल्स : रॉ, आईएसआई एंड द इलुजन ऑफ पीस' जो 24 मई, 2018 को पूर्व प्रधानमंत्री डॉ. मनमोहन सिंह और पूर्व उपराष्ट्रपति हामिद अंसारी द्वारा नई दिल्ली में रिलीज हुई। इस किताब और इसके विमोचन पर भारत में तीखी आलोचनाएँ हुईं। पाकिस्तानी नागरिकों ने भी अपने आईएसआई चीफ के इस कदम की आलोचना की। यह संयोग ही है कि इसी समय 11 मई, 2018 को एक महिला रॉ एजेंट के जीवन पर आधारित मेघना गुलजार निर्देशित फिल्म 'राजी' सिनेमाघरों में प्रदर्शित हुई। यह फिल्म नेवी के रिटायर्ड लेफ्टिनेंट कमांडर हरिन्दर सिंह सिक्का के उपन्यास 'कालिंग सहमत' (2008) के कथानक पर आधारित थी। इसी समय भारतीय नागरिक कुलभूषण जाधव के पाकिस्तानी जेल में बन्द होने की सूचना मिली थी जिन्हें जासूस कहकर पाकिस्तान ने निरुद्ध किया था।

भारत की आजादी और भारत-पाकिस्तान बँटवारे के समय में जम्मू और कश्मीर राज्य के एक देशभक्त मुस्लिम परिवार के बलिदान की कहानी को 'राजी' फिल्म के माध्यम से दिखाया गया है। यह एक सच्ची कहानी पर आधारित फिल्म है। राजी के पूर्वज अंग्रेजों के खिलाफ लड़े थे और उनके पिता हिदायत भी भारत के पक्ष में पाकिस्तान में अपने सम्बन्धियों से जरूरी सूचनाएँ जुटाकर भारतीय जासूसी एजेंसियों की मदद करते थे। इस तरह हम कह सकते हैं कि 'राजी' एक कश्मीरी देशभक्त मुस्लिम महिला जासूस की कहानी का फिल्मी रूपान्तरण है।

आज के समय में यह फिल्म इसलिए भी बेहद महत्त्वपूर्ण हो जाती है क्योंकि कुछ लोग बेवजह कुछ समुदायों की निष्ठा और देशभक्ति के सामने सवाल खड़े करते रहते हैं। देश की जनता के सामने तथ्यपरक इतिहास और घटनाएँ सामने आनी चाहिए ताकि लोगों को किसी समुदाय विशेष के प्रति गलतफहमी न हो। कश्मीर लम्बे समय तक आतंकवाद की जद में रहा है, वहाँ के नौजवानों के आदर्श एवं पोस्टर बॉय विद्रोही और आतंकी लड़के बन गए थे, ऐसे समय में 'राजी' फिल्म उनके सामने यह चुनौती पेश करती है कि उन्हें राजी जैसा देशभक्त बनना है या आतंकी क्योंकि फिल्म की नायिका का बेटा समर सयद भी भारतीय सेना में शामिल होकर पीढ़ियों से चली आ रही देशभक्ति की परम्परा को आगे बढ़ाता है। भारत और पाकिस्तान पड़ोसी देश हैं लेकिन दुर्भाग्य की बात है कि दोनों के बीच जब भी हालात बेहतर करने की कोशिश होती है तो पाकिस्तानी सेना और आईएसआई इसको होने नहीं देते। दोनों देशों के बीच बॉर्डर लाइन को कोई नागरिक गलती से भी पार कर जाए तो उसके साथ जासूसों और आतंकियों की तरह बुरा व्यवहार किया जाता है। सरबजीत और कुलभूषण जाधव जैसे नाम इसी बात के उदाहरण हैं।

बँटवारे के बाद कुछ मुस्लिम परिवार पाकिस्तान चले गए; जबकि उनके रिश्तेदार इधर भी रहते हैं उनके बीच शादी-ब्याह के रिश्ते अभी भी विद्यमान हैं। रीना रॉय और सानिया मिर्जा जैसे नामचीन लोगों के नाम छोड़ भी दे जिन्होंने पाकिस्तानी पुरुषों से शादियाँ की, तो सामान्य तौर पर ऐसे रिश्ते दोनों देशों के नागरिकों के बीच हैं। भारत में होने वाली आतंकवादी घटनाओं के लिए आईएसआई के ऊपर आरोप लगते रहे हैं तो पाकिस्तान के हुक्मरान बलूचिस्तान प्रान्त में होने वाले विद्रोहों के लिए रॉ को जिम्मेदार ठहराते रहते हैं। अलीगढ़ मुस्लिम यूनिवर्सिटी में जिन्ना के पोर्टेट लगे होने को लेकर भी 2 मई, 2018 को विवाद हुआ था। जिन्ना को इस देश के बँटवारे के लिए जिम्मेदार माना जाता है इसलिए उनके नाम पर अक्सर विवाद सामने आते रहते हैं। पाकिस्तानी मूल के ब्रिटिश नागरिक और आतंकवादी अहमद उमर सईद शेख की गतिविधियों के ऊपर हंसल मेहता ने 'उमरेटा' (2018) नाम से एक जीवनीपरक फिल्म बनाई थी। 'राजी' और 'उमरेटा' फिल्मों ने दर्शकों के सामने जो कंटेंट उपलब्ध कराया उससे उनकी दोनों देशों के बीच सियासी सम्बन्धों को समझने में मदद मिली। कश्मीरी नागरिक शाह फैजल ने 27 मई, 2018 को 'राजी' फिल्म के बारे में *टाइम्स ऑफ इंडिया* (*संडे टाइम्स*) में एक लेख लिखा जिसका शीर्षक 'what a spy thriller teaches us about patriotism and empathy' था, वे लिखते हैं—

> 'Raazi' takes us through the full horror of a spy's life and the scale of sacrifice required for the job. It is about an

India-Pakistan narrative where everything is being said in to few words, where the slogans are missing and silences have been allowed to speak. 'Raazi' takes a different road to patriotism and patriotic cinema, deftly negotiating a minefield of emotions rather than getting caught up in the blood-pool of violence and jingoism.

एक जासूस को अपने जीवन में बहुत कुछ बलिदान करना होता है।'राजी' भावनात्मक रूप से देशभक्ति के पक्ष को बिना किसी हिंसा और खून खराबे के हमारे सामने प्रस्तुत करती है।

सन् 1971 के युद्ध में भारतीय सेना ने नेवी के युद्धपोत आइएनएस विराट को पाकिस्तानी हमले से बचाया था। फिल्म 'राजी' का पहला दृश्य इसी युद्धपोत का है जहाँ सेना के वरिष्ठ अफसर जनरल बक्शी सेना की एक टुकड़ी को सम्बोधित कर रहे हैं। यह फिल्म बांग्लादेश के आजाद होने के समय उत्पन्न हुई परिस्थितियों को प्रस्तुत करती है। उस समय राजी एक कॉलेज स्टूडेंट थी और अपने परिवार की देशभक्ति परम्परा पर गर्व करने वाली लड़की थी। उसके पिता मिस्टर हिदायत के कई दोस्त पाकिस्तान की सेना में उच्च पदों पर थे और इन सम्बन्धों के माध्यम से वह भारतीय सेना को महत्त्वपूर्ण रणनीतिक सूचनाएँ उपलब्ध कराने में मदद करते थे। जब हिदायत को कैंसर बीमारी होने का पता चलता है तो वे अपने परिवार की परम्परा के अनुसार देश सेवा करने के लिए अपनी बेटी राजी को पाकिस्तानी आर्मी में बिग्रेडियर के बेटे से उसकी शादी कराने को राजी कर लेते हैं। शादी के पहले वह रॉ के अफ़सरों से अपने काम के लिए जरूरी स्किल सीखने की ट्रेनिंग लेती है। शादी के बाद पाकिस्तान जाकर वह अपने परिवार में खुद को अच्छे से स्थापित करके सबका भरोसा जीतने का काम करती है। वह अपने शौहर इकबाल से प्यार करती है और घर के अन्य सदस्यों को भी सम्मान देती है, साथ ही जरूरी सूचनाएँ भी भारत में रॉ अफसरों को भेजती है। जब उसे पता चलता है कि पाकिस्तानी आर्मी बंगाल की खाड़ी में भेजे गए आइएनएस विराट युद्धपोत पर हमला करने की योजना बना रही है तो कई मुश्किलों का सामना करते हुए वह सारी जरूरी सूचनाएँ इकट्ठा करती है। फिल्म के क्लाइमेक्स पर हम देखते हैं कि राजी की पहचान जाहिर हो जाती है कि वह एक भारतीय जासूस है लेकिन वह रॉ अफसर की मदद से भागने में कामयाब हो जाती है। इस घटनाक्रम के दौरान उसका पति मारा जाता है जिसे वह प्यार करती थी। पाकिस्तान से वापस भागते समय राजी गर्भवती थी। वह एक लड़के को जन्म देती है जिसका नाम समर सैयद है। समर बड़ा होकर भारतीय सेना में शामिल हो जाता है। वह अपने कश्मीरी मुस्लिम परिवार की चौथी पीढ़ी का सदस्य है जो सेना में शामिल होकर भारत की सेवा कर रहा है।

देशभक्ति गीत और प्रतीकात्मकता

गीत और संगीत भारतीय फिल्मों की आत्मा हैं। भारतीय जनजीवन में जन्म से लेकर मृत्यु तक प्रत्येक घटना और अवसर के लिए अनेक भाषाओं में विविधतापूर्ण गीत संगीत और नृत्य विद्यमान हैं। इसी तरह भारतीय सिनेमा में प्रत्येक अवसर और मानवीय भावनाओं को अभिव्यक्त करने वाले गीत हमारे महान गीतकारों ने रचे हैं। बॉलीवुड की देशभक्ति फिल्मों में अनेक जोशीले और भावनात्मक गीत शामिल किए गए हैं। 'राजी' फिल्म की बात करें तो इसकी एक पंक्ति है जिसे ट्रेनिंग में एक जासूस को सिखाया जाता है 'वतन के आगे कुछ नहीं, खुद भी नहीं' और राजी एक देशभक्त जासूस की तरह पाकिस्तान में रहकर किस तरह भारत देश पर होने वाले हमलों की गोपनीय जानकारी जुटाकर रॉ को भेजती है और अपने देश को नुकसान से बचाती है वह अतुलनीय है। राजी एक आर्मी अफसर की पत्नी है। वह अपने इस स्टेटस का फायदा उठायाकर महत्त्वपूर्ण निर्णय लेने वाले पाकिस्तानी सेना के बड़े अफसरों के घरों में बच्चों को म्यूजिक सिखाने के बहाने पैठ सुनिश्चित करती है। स्कूल के वार्षिक प्रोग्राम में बच्चे स्टेज से सामूहिक गीत प्रस्तुत करते हैं जिसका राजी के लिए अलग मतलब है क्योंकि उसका देश भारत है और पाकिस्तानी नागरिकों के लिए अलग मतलब है, दोनों इस गीत के माध्यम से अपने वतन से मुहब्बत को प्रदर्शित करते हैं, यह गीत कुछ इस तरह से है :

ए वतन-मेरे वतन
ए वतन आबाद रहे तू
मै जहाँ रहूँ, जहाँ में याद रहे तू
तू ही मेरी मंजिल है पहचान तुझी से
पहुँचूँ मैं जहाँ भी मेरी बुनियाद रहे तू
ए वतन...
तुझपे कोई गम की आँच आने नहीं दूँ
कुर्बान मेरी जान तुझपे शाद रहे तू
ए वतन...
ए मेरे वतन-मेरे वतन
आबाद रहे तू

इस गीत के अन्त में प्रसिद्ध कवि इकबाल की लिखी पंक्तियाँ 'लब पे आती है दुआ बनके तमन्ना मेरी' भी दुहराई जाती हैं। 'सारे जहाँ से अच्छा हिन्दोस्ताँ हमारा' गीत भी इकबाल ने लिखा था। ये दोनों गीत भारत में बेहद लोकप्रिय हैं और स्कूलों में और राष्ट्रीय पर्वों पर बड़े प्रेम से गाए जाते हैं। इन दोनों गीतों को सायास

फिल्म में एक साथ शामिल किया गया है। अपना देश, अपनी मातृभूमि सबको प्यारी लगती है, सभी उसके लिए अपना स्वार्थ कुर्बान करने को तैयार रहते हैं। यह फिल्म और इसका गीत सन् 1971 में पूर्वी और पश्चिमी पाकिस्तान के बँटवारे के समय होने वाले भारत-पाक युद्ध की पृष्ठभूमि में दिखाया गया है। इन्दिरा गांधी उस समय देश की प्रधानमंत्री थीं जिन्होंने खुलकर बांग्लादेश के आजादी आन्दोलन का समर्थन किया था और सहमत उर्फ राजी ने भारतीय सेना को गोपनीय सूचनाएँ देकर बड़े नुकसान से बचाने का काम किया था। सहमत अपने देश के लिए खुद की जिन्दगी, अपना पति, परिवार सब कुछ दाँव पर लगा देती है, देश के लिए ऐसे महान बलिदान बहुत कम देखने को मिलते हैं इसलिए यह फिल्म, इसकी निर्देशक मेघना गुलज़ार और उपन्यास लेखक हरिन्दर सिक्का प्रशंसा के पात्र हैं।

अन्य का निर्माण

समाज विज्ञानों की एक महत्त्वपूर्ण अवधारणा है 'हम' और 'वे' की सोच का निर्माण करना। समाजशास्त्री डब्लू. जी. समनर ने इन अवधारणाओं को इस अर्थ में दिया था कि हम अपने से अलग समूहों की किस तरह शारीरिक-सांस्कृतिक भिन्नताओं के आधार पर पहचान करते हैं, उनके बारे में एक नकारात्मक छवि का निर्माण करते हैं और उसके अनुसार हमारा व्यवहार निर्धारित होता है। धर्म के आधार पर दूसरे समूहों की पहचान करना दुनिया भर में सर्वाधिक प्रचलित तरीका है। भारत तो जातीय और धार्मिक आधार पर अत्यन्त विविधताओं से भरा हुआ देश है। हिन्दू यहाँ बहुसंख्यक तो मुस्लिम, जैन, सिख, ईसाई और पारसी अल्पसंख्यक हैं। इस्लाम एक बाहर से आया धर्म है और उसके अनुयायी मुसलमान ऐतिहासिक कारणों से अक्सर विवादों में घिरते रहते हैं जो कि इस देश के सबसे बड़े अल्पसंख्यक समुदाय हैं। परन्तु यह भी उतना ही सच है कि मुस्लिमों की ज्यादातर जनसंख्या मूल रूप से इसी देश की निवासी है और धर्म परिवर्तन करके वे मुसलमान बने हैं। एक समुदाय के पहचान निर्माण की प्रक्रिया के बारे में यूरोपीय सन्दर्भ में क्लिप लिखते हैं—

> Religion as belief has significantly declined in substance and scope from the European cultural consciousness and social belief systems, religion as 'identity' has significantly persisted in Europe. (Klip 2011:212)

भारत देश में भी ऐसा ही हुआ है कि धर्म अब सामाजिक और सांस्कृतिक विश्वास व्यवस्था से आगे एक पहचान और राजनीतिक इस्तेमाल का विषय बन चुका है। सन् 1992 में अयोध्या में विवादित ढाँचे के ध्वंस और कश्मीर में आतंकवाद

के उदय ने धार्मिक आधार पर पहचान और उसकी राजनीति को महत्त्वपूर्ण बना दिया। इन सारी घटनाओं पर बॉलीवुड के फिल्मकारों ने फिल्में भी बनाईं। बॉम्बे और रोजा इस विषय पर जानने-समझने के लिए बेहतरीन फिल्में हैं। बॉलीवुड की ऐसी फिल्मों के बारे में लिखते हुए पाकिस्तानी लेखक शहजाद अली और अन्य (2012) ने लिखा है—

> In Bollywood movies controversial issues such as the religious conflict between Muslims and Hindus and the International conflict between India and Pakistan are also the subject of Bollywood movies. Indian movies portray Muslims and Pakistani as terrorists and negative minded people. Such stereotyped images in Indian cinema communicate strong political messages to its audiences and tends to exacerbate the existing conflicts.

इसी तरह बॉलीवुड फिल्मों में मुसलमानों के चित्रण पर लिखते हुए हिलाल अहमद (2017) में अपने एक लेख में लिखते हैं कि—

> The multi-layered story of Muslims' imaginations of the Indian republic should go beyond stereotypical portrayals as anti-national separatists or as victims and second class citizen.

इन दोनों विद्वानों का मानना है कि भारतीय सिनेमा में पाकिस्तान और मुसलमानों का नकारात्मक चित्रण हुआ है लेकिन मेघना गुलजार निर्देशित फिल्म 'राजी' उनके इस कथन को नकारते हुए तसवीर से दूसरे पहलू को सामने लाने की सार्थक कोशिश करती है जहाँ एक कश्मीरी मुस्लिम देशभक्त परिवार की चार पीढ़ियाँ देश सेवा और बलिदान का उदाहरण प्रस्तुत करती हैं।

उपसंहार

दक्षिण एशिया क्षेत्र में भारत और पाकिस्तान के सम्बन्धों को समझना बहुत ही मुश्किल भरा हैं, यह अत्यन्त पेचीदा है। 'राजी' फिल्म के रिलीज होने के साल में ही दिनांक 30 मई, 2018 को दोनों देशों के सेना के बड़े अफसरों के बीच हॉटलाइन पर वार्ता कर शान्तिपूर्ण द्विपक्षीय सम्बन्धों के प्रति प्रतिबद्धता व्यक्त की थी—

> The hotline conversation between the Director Generals of Military Operations of India and Pakistan and their agreement 'to undertake sincere measures to improve the existing situation ensuring peace and avoidance of hardships to the citizens', and to 'fully implement the ceasefire understanding of 2003 in letter and spirit forthwith' is long awaited development. The wording of the near-identical statements issued by India and Pakistan is the most promising heard from the bilateral front in the last two years, especially the recommitment to the 2003 ceasefire. (Indian Express, 31 May 2018)

युद्ध विराम की घोषणा मात्र पर्याप्त नहीं है क्योंकि एक छद्म युद्ध निरंतर चलते रहने के कारण लगातार सेना और पुलिस के जवान और अधिकारी अपनी जान गवाँ रहे हैं।

'राजी' की बात करें तो यह सच्ची घटनाओं पर आधारित है जो देश के लिए बलिदान हो जाने की अनोखी मिसाल पेश करती है। राजी अपने बेटे के नाम में उसके पाकिस्तानी मूल के पिता का टाइटल सैयद लगाती है क्योंकि उसे अपने पति और परिवार से प्यार था। यह बहुत स्वाभाविक है। अच्छे लोग, प्यार करने वाले लोग, दुनिया के हर हिस्से में रहते हैं। हमें नफरत की जगह प्यार करना सीखना होता है। अविश्वास और युद्ध हमारे दुश्मन हैं न कि किसी देश के आम नागरिक। जब हम किसी पूर्वाग्रह या पहचान के कारण स्वजातिकेन्द्रित होकर दूसरों से घृणा करने लगते हैं तो तनाव, अविश्वास, हिंसा और युद्ध जन्म लेते हैं। 'राजी' यहीं हस्तक्षेप कर नई दृष्टि से सोचने और धारणा बनाने को प्रेरित करती है। सन् 1968 में 'फियरलेस नाडिया' और 1971 में 'हिन्दुस्तान की कसम' से लेकर 'राजी' (2018) तथा 'मिसेज अंडरकवर' (2023) तक भारतीय सिनेमा में महिला जासूसों ने एक लम्बा वक्त तय किया है। 'राजी' सच, साहित्य सिनेमा और सीख जैसे कई आयाम अपने में समेटने के कारण इस श्रेणी की फिल्मों में अलग मुकाम रखती है।

बॉलीवुड सिनेमा में तलाक : आजादी या वंचना

तलाक एक व्यक्तिगत मुद्दा है लेकिन इसका समाज पर दूरगामी प्रभाव पड़ता है। दुनिया के विकसित पश्चिमी देशों की तुलना में भारत में अभी भी तलाक की दर बहुत कम है परन्तु चिन्ता की बात यह है कि पिछले दो दशकों में इसकी दर दुगुनी-तिगुनी हो गई है। भारत जैसे विशाल विविधता वाले देश में तलाक की संख्या एक प्रदेश से दूसरे प्रदेश, एक जातीय या जनजातीय समूह से दूसरे समूह में भिन्न होती है। इस विभिन्नता के कई कारक हैं जैसे वर्ग, जाति, धर्म, शिक्षा, प्रेम विवाह, अरेंज विवाह, ग्रामीण या शहरी क्षेत्र, प्रवास इत्यादि। सात्विक सम्भव (2022) अपने शोध विश्लेषण 'डिवोर्स रेट इन इंडिया' में बताते हैं—

> भारत में वर्ष दर वर्ष तलाक की दर धीरे-धीरे बढ़ती जा रही है। पिछले दो दशक में तलाक के मामलों की संख्या दुगुने से ज्यादा हो गई है। भारत विशाल सांस्कृतिक विविधता वाला देश है और इसका प्रत्येक प्रदेश अनोखी विशेषताएँ समेटे है। जब हम तलाक की दर की बात करते हैं तो इसके आँकड़ों में भी व्यापक विविधता पाई जाती है। भारतीय महानगरों दिल्ली, मुम्बई और बेंगलुरू जैसे शहरों में तलाक की दर 30 प्रतिशत से ज्यादा है और यह संख्या लगातार बढ़ रही है। उत्तर भारत के पितृसत्ता प्रधान प्रदेशों, जैसे कि बिहार, उत्तर प्रदेश, और राजस्थान में तलाक की दर बहुत कम है। पूर्वोत्तर भारत के राज्यों मेघालय, मिजोरम और त्रिपुरा आदि में जहाँ मातृसत्तात्मक समाज व्यवस्था है और महिलाओं को ज्यादा आजादी और निर्णय लेने के अधिकार प्राप्त हैं, तलाक की संख्या अधिक है। छोटे शहरों में भी अब तलाक के मामले लगातार बढ़ रहे हैं।

सौतिक बिस्वास (2016) ने अपने लेख में तलाक पर लिखते हुए इकनॉमिक वीकली जर्नल में रोमा मेहता को उद्धृत किया है, जिन्होंने सन् 1949 में महिलाओं की बदलती प्रस्थिति और तलाक पर विचार करते हुए लिखा था—

> There can be no objection to the right of divorce. But conferring this right on women, by itself, would be

unmeaning and probably more productive of harm than of good. Women in India were more protected and much better cared for than in the west that they found more happiness more often than not in her home; and her troubles and heartaches were solved in family where she lived. The incompatibility may sometimes be very great indeed; but in spite of it all, the family is maintained. ...Divorce did not 'concern the very vast majority of people' in a country where the economy is fundamentally rural, people are uneducated with no contact with the outside world, and the 'clamour for better living is absent'.

रोमा मेहता आगे कहती हैं कि परिवार और समुदाय के भीतर प्रेम-घृणा, विवाह-पुनर्विवाह से जुड़ी समस्याएँ आसानी से निपटा ली जातीं थीं और तलाक की नौबत नहीं आती थी। निश्चित रूप से प्राथमिक समुदायों और प्राथमिक समुदायों के विघटन ने परिवार को संयुक्त से एकाकी बनाया और सात जन्मों के सम्बन्ध को तलाक का विकल्प दे दिया लेकिन इस मुद्दे से जुड़ा यह केवल एक पहलू है। जब महिलाओं के हक, आजादी और निर्णयों में हिस्सेदारी की बात आती है और उसके लिए हिन्दू कोड बिल एवं विवाह विच्छेद जैसे कानून बनते हैं तो उनकी घुटन, दोयम दर्जे की जिन्दगी के दुख-दर्द सामने आते हैं। सौतिक बिस्वास ने महिलाओं के अधिकारों में हुई बढ़ोतरी एवं कानूनों के प्रभाव का क्रमिक विवरण दिया है। सन् 1950 के दशक के मध्य में संसद ने हिन्दू कोड बिल को पास करके महिलाओं को सम्पत्ति के अधिकार दिए, बहुविवाह को प्रतिबन्धित किया और पति-पत्नी को तलाक लेने का अधिकार दिया। आगे सन् 1976 में इसमें संशोधन करके आपसी सहमति से तलाक लेने का अधिकार दिया गया। समय बीतने के साथ बड़े शहरों और कस्बों में परम्परागत संयुक्त परिवार टूटकर एकाकी परिवार बनते गए और महिलाएँ भी सरकारी नौकरियाँ और कई तरह के निजी व्यापार, कार्य आदि करने लगीं। कुछ महिलाएँ आर्थिक रूप से इतनी सक्षम हो गईं कि पति पर आर्थिक निर्भरता समाप्त हो गई। पुरुष घरेलू कार्यों में मदद करने लगे और इस तरह लैंगिक समीकरण बदलने लगे। भारतीय जनगणना के आँकड़ों का विश्लेषण करते हुए अर्थशास्त्री सूरज जैकब और मानवशास्त्री श्रीपर्णा चट्टोपध्याय ने तलाक के सम्बन्ध में कई महत्त्वपूर्ण निष्कर्ष दिए हैं। जब हम दुनिया के अन्य देशों में तलाक के आँकड़ों से तुलनात्मक अध्ययन करते हैं तो पाते हैं भारत में विवाह विच्छेद की दर अभी बहुत कम है। सौतिक बिस्वास रोमा मेहता के हवाले से उद्धृत करते हुए लिखते हैं—

> Although there is a lot of anecdotal evidence about 'skyrocketing' divorce rates in aggregate terms, we are not particularly high globally in terms of the rates of divorce.

दाम्पत्य सम्बन्धों में विवाद, मीडिया और सिनेमा

मीम-रील्स बनाकर और समाचार चैनलों पर जिस तरह उत्तर प्रदेश की एक महिला अधिकारी और उनके पति के बीच के झगड़ों और टूटते सम्बन्धों को प्रस्तुत किया गया वह बहुत ही निन्दनीय रहा। एक पुरुष द्वारा अपनी पत्नी को पढ़ाई-तैयारी कराकर अधिकारी बना देने को गलत साबित करने की कोशिश की गई। लेकिन यह सब करने में मीडिया और अन्य लोग यह भूल गए कि सन् सत्तर और अस्सी के दशक में उत्तर प्रदेश के सैकड़ों अफसरों ने अपनी ग्रामीण पृष्ठभूमि की अनपढ़ और कम पढ़ी-लिखी पत्नियों को छोड़कर दूसरी शादियाँ कर ली और उन्हें गरीबी और बदहाली में उनके हाल पर छोड़ दिया। मई 2023 में जब तमिल अभिनेत्री शालिनी ने अपने तलाक की तसवीरें सोशल मीडिया पर वायरल कीं तो परम्परागत भारतीय समाज में एक बहस छिड़ गई। हिन्दू विवाह एक संस्कार है और पति-पत्नी के बीच सात जन्मों का सम्बन्ध है। अब इस संस्कार और सात जन्म के सम्बन्धों का टूटना और एक महिला द्वारा इसको डिजाइनर लाल रंग का शूट पहनकर फोटोशूट कराना और अपनी शादी की फोटो को फाड़कर अपने पति की तसवीर को अलग करना बर्दाश्त के बाहर था। पुरुषों की भावनाएँ आहत हुई। इस लेख की पहली पंक्ति में ही लिखा है कि तलाक व्यक्तिगत मामला है लेकिन इसका समाज पर व्यापक और दूरगामी प्रभाव पड़ता है। यदि आमिर खान टाइप मशहूर और सफल व्यक्ति दो-दो बार तलाक ले तो इसके चर्चे और प्रभाव कुछ ज्यादा ही होते हैं। अब निजी सम्बन्धों में आए विवाद और अलगाव में किसी एक को सही या गलत बता पाना मुश्किल होता है। समाजशास्त्र के माइक्रो और अन्त:क्रियात्मक सिद्धान्तों के आलोक में बात करें तो व्यक्ति-व्यक्ति के बीच आपसी अन्त:क्रिया और 'सब्जेक्टिव मीनिंग' को समाज या समुदाय की सोच के ऊपर या ज्यादा महत्त्वपूर्ण माना जाता है। किसी महिला ने तलाक का निर्णय लिया होगा तो इतना आसान तो रहा नहीं होगा या जिन मशहूर महिलाओं (श्वेता तिवारी) ने अपने पतियों से तलाक लिए और पब्लिकली सेलिब्रेट नहीं किया लेकिन कई इंटरव्यू में उन्होंने तलाक लेने के पीछे के कारणों पर खुलकर बोला है, उनकी बात को सुनना चाहिए। माधवन और सुरवीन चावला अभिनीत फिल्म 'डिकपल्ड' (2021) में पति-पत्नी दोनों एक पढ़े-लिखे आर्थिक रूप से सक्षम युवा हैं लेकिन आपसी खींचतान और झगड़ों से तंग आकर तलाक लेने का निर्णय लेते हैं और उसे सेलिब्रेट करने के लिए डिकपल्ड नाम से पार्टी

देते हैं। अब तलाक लेने पर दोनों खुश हैं या एक खुश है, दोनों सेलिब्रैट करेंगे या कोई एक यह उस सम्बन्ध से जुड़े लोग ही तय कर सकते हैं या बता सकते हैं। लगभग इसी समय अभिनेता आशीष विद्यार्थी ने 57 साल की उम्र में पचास साल की उद्यमी महिला रुपाली बरुआ से कोलकाता में शादी कर ली। आशीष ने उनकी पहली पत्नी 'पीलू विद्यार्थी' से तलाक लेकर दूसरी शादी की। इस कारण आशीष को सोशल मीडिया पर आलोचना और नकारात्मक टिप्पणियाँ झेलनी पड़ीं जिसका उन्होंने जवाब भी दिया कि "यह निजी चॉइस से जुड़ा मामला है और एक साथी ढूँढ़कर उसके साथ खुश रहने से भी जुड़ा है, पहली पत्नी से तलाक लेकर कानूनी तरीके से शादी का मामला है। सबको खुश रहने का हक है।"

आर्थिक रूप से आत्मनिर्भर न होने के कारण और भावनात्मक पीड़ा एवं समाज के असहयोगात्मक रवैये के कारण प्रायः महिलाएँ तलाक लेने के लिए पहल नहीं करती हैं। आजादी के बाद महिलाओं की साक्षरता दर में लगातार वृद्धि हुई है। इक्कीसवीं सदी के तीसरे दशक में महिलाएँ नौकरी या अन्य पेशों से आर्थिक एवं वैचारिक रूप से आत्मनिर्भर एवं सशक्त हुई हैं इसलिए वे घुटन भरे नाममात्र के विवाह सम्बन्धों से अलग होकर नई शुरुआत करने से हिचक नहीं रहीं हैं। वे सिंगल मदर या विवाह सम्बन्ध असफल होने पर अकेले जीवन यापन का रास्ता चुनकर भी आगे बढ़ रहीं हैं। संयुक्त परिवार और विवाह से जुड़े ये सभी पक्ष भारतीय परम्परागत समाज कि सोच को आहत करने वाले हैं। बॉलीवुड फिल्मों में तलाक के मुद्दे पर समय-समय पर कई उल्लेखनीय फिल्में बनी हैं जिनमें से कुछ निम्न हैं।

बॉलीवुड में तलाक का सिनेमा

'तलाक' (1958), 'गाइड' (1965), 'अनुभव' (1971), 'तेरे मेरे सपने' (1971), 'अभिमान'(1973), 'सौदागर' (1973), 'आविष्कार' (1975), 'आँधी' (1975), 'दो अनजाने' (1976), 'गृह प्रवेश' (1979), 'दूरियाँ' (1979), 'एक बार फिर' (1979), 'सिलसिला' (1981), 'मासूम' (1982), 'सुबह' (1982), 'साथ साथ' (1982), 'वो सात दिन' (1983), 'डायवोर्स' (1984), 'निकाह' (1982), 'तवायफ' (1985), 'समय की धारा' (1985), 'इजाजत' (1987), 'रिहाई' (1988), 'दृष्टि' (1990), 'कसक' (1992), 'अकेले हम अकेले तुम' (1996), 'अस्तित्व' (2000), 'केकवाक' (2000), 'नीरजा' (2016), 'सीक्रेट सुपर स्टार' (2016), 'दे दे प्यार दे' (2019), 'थप्पड़' (2020), 'वी आर फेमिली' (2010), 'डिकपल्ड' (202), 'जलसा' (2022), 'मिसेज चटर्जी वर्सेज नार्वे' (2023)।

बॉलीवुड ने तलाक, घरेलू हिंसा, बेवफाई जैसे संवेदनशील मुद्दों पर कुछ

अच्छी फिल्में बनाईं हैं। शोमा चटर्जी (2019) अपने एक लेख में कहती हैं कि महिलाओं के लिए तलाक एक चयन का मुद्दा होना चाहिए और हिन्दी सिनेमा में इसे सही परिप्रेक्ष्य में प्रस्तुत किया जाना चाहिए। वे महान लेखक बरतोल्त ब्रेख्त को उद्धृत करते हुए लिखती हैं—

> Divorce should be a choice for a woman who is unhappy despite appearances; her word about this should be equally valid. Something that Hindi cinema seems to have just realized.
>
> He may be lame, he may be mad
> He may beat her as he will,
> All that worries Hanna Cash, my lad
> Is—does she love him still?
>
> —Bertolt Brecht

पुरुष लूला-लँगड़ा हो, पागल हो, अपनी पत्नी को पीटता हो, फिर भी पुरुष वर्चस्ववादी समाज यह उम्मीद करता है कि सब कुछ सहकर भी पत्नी अपने पति से प्यार करेगी। यदि विपरीत परिस्थितियों से तंग आकर महिला तलाक की पहल करती है तो उसके ऊपर सामाजिक कलंक लगाया जाता है। 'तलाक' (1938), फिल्म में एक हिन्दू महिला के तलाक के मुद्दे को दिखाया गया था जिसमें तत्कालीन नायिका नसीम बानू ने काम किया था। इसमें पत्नी ने एक कुत्ते को लेकर पति से विवाद और तलाक लिया था। उस समय तक तलाक का कानून नहीं बना था लेकिन फिल्म में कानून बनाने का चित्रण कर आगे का रास्ता सुझाया गया था। परन्तु इतने छोटे से मुद्दे को लेकर तलाक लेने को विवाह जैसी सम्मानित संस्था को कमजोर करने का कारण बताया गया था। सन् 1955 में हिन्दू विवाह अधिनियम बना था जिससे प्रेरित होकर गुरुदत्त ने मधुबाला और ललिता पंवार के साथ 'मिस्टर एंड मिस्टर 55' फिल्म बनाई थी जिसमें तलाक के मुद्दे को हास्य व्यंग्य के साथ प्रस्तुत किया गया था।

महेश कौल की फिल्म 'तलाक'(1958) में पति-पत्नी के विवाह विच्छेद से बच्चों के जीवन और सोच पर पड़ने वाले प्रभाव को चित्रित किया है। माँ-बाप के झगड़े के बीच नन्हा सा बच्चा बुरी तरह परेशान हो जाता है। यह फिल्म पति-पत्नी दोनों को सम्बन्ध खराब होने के लिए जिम्मेदार मानती है। इस फिल्म और इसके गानों से महिलाओं को घर परिवार में बड़ी जिम्मेदारी निभाने की सलाह दी गई है :

नन्ही उम्र की कलियों तुमको देख रही दुनिया सारी
तुम पे बड़ी जिम्मेदारी
घर घर को तुम स्वर्ग बनाना
हर आँगन को फुलवारी।

शबाना आजमी, शत्रुघ्न सिन्हा और विनोद मेहरा अभिनीत फिल्म 'समय की धारा' (1985) में भी पति-पत्नी के अलगाव और पुनर्विवाह के बाद उनके बेटे की उपेक्षा होती है और क्लाइमेक्स पर उसे जान गँवानी पड़ती है। 'समय की धारा' फिल्म मन्नू भंडारी के बहुचर्चित उपन्यास 'आपका बंटी' पर आधारित थी। टूटे हुए परिवारों के बच्चों का व्यक्तित्व सही ढंग से विकसित नहीं हो पाते। उपर्युक्त दोनों फिल्में इस विषय पर सोचने को मजबूर करती हैं।

बी.आर. चोपड़ा ने सामाजिक मुद्दों पर अच्छी सन्देशपरक एवं प्रगतिशील फिल्में बनाईं। तीन तलाक के मुद्दे पर उनकी 'निकाह' (1982) और 'तवायफ' (1985) फिल्में अपने समय से आगे और बेहतरीन फिल्में थीं। इन फिल्मों को मुस्लिम सोशल फिल्में भी कहा जाता हैं। इन दोनों फिल्मों के संवाद डॉ. राही मासूम रजा साहब ने लिखे हैं। विचारों से प्रगतिशील रजा साहब ने मुस्लिम समाज को तीन तलाक के मुद्दे पर राह दिखाने का काम किया है और समाधान सुझाया है। यूनिवर्सिटी कैम्पस, प्रगतिशील सोच, पठन-पाठन, शेरो-शायरी का माहौल, अलीगढ़ी शेरवानी, पायजामा और टोपी यह सब कुछ राही साहब के जीवन का हिस्सा रहे हैं क्योंकि वे अलीगढ़ मुस्लिम यूनिवर्सिटी के छात्र रहे हैं। उन्होंने अपनी फिल्मों की कहानियों और संवादों में अपनी सोच को स्पेस देने का हमेशा प्रयास किया है। 'निकाह' में राजबब्बर, दीपक पाराशर और पाकिस्तान की प्रतिभाशाली अभिनेत्री-गायिका सलमा आगा ने मुख्य भूमिकाएँ निभाईं हैं। उस्मानिया यूनिवर्सिटी कैम्पस में हैदर (राजबब्बर) और नीलोफर (सलमा आगा) दोनों पढ़ाई करते हैं। हैदर शायर बनना चाहता है और नीलोफर से प्यार और दोस्ती करना चाहता है लेकिन नीलोफर की शादी वसीम के साथ हो जाती है। हैदर एक मशहूर शायर और एक मैगज़ीन का सम्पादक बन जाता है। दोनों की जिन्दगी आगे बढ़ जाती है।

शादी के बाद नीलोफर को पता चलता है कि वसीम को बस अपने काम से ही प्यार है, पति-पत्नी के रिश्ते को समय और सम्मान न देने के कारण दोनों के बीच दूरियाँ बढ़ती जाती हैं। शादी के एक साल बाद उनकी पहली सालगिरह की पार्टी का आयोजन करने के बाद वसीम खुद पार्टी में समय से नहीं आता। सभी मेहमान नाराज होकर वापस चले जाते हैं। वसीम के देर रात घर लौटने के बाद उन दोनों में जमकर बहस होती है और गुस्से में वसीम उसे तीन बार तलाक देकर घर से निकाल देता है। अकेलेपन और बेरोजगारी से परेशान नीलोफर की मुलाकत पुराने

दोस्त हैदर से होती है जो उसकी हकीकत जानकर अपने मैगज़ीन में काम पर रख लेता है। दोनों करीब आते हैं और शादी भी कर लेते हैं। वहीं, वसीम अपनी गलती का एहसास करके दुबारा नीलोफर से निकाह करना चाहता है जिसके लिए वो इमाम से मिलता है और इस मामले में सलाह माँगता है। इमाम बताते हैं कि शरीया क़ानून के अनुसार नीलोफर को इसके लिए किसी और से शादी (हलाला) करनी पड़ेगी, फिर तलाक लेने के बाद ही वो उससे फिर शादी कर सकता है लेकिन वसीम हलाला से इनकार कर देता है।

वसीम नीलोफर को लगातार पत्र लिखता है जिनमें वह हैदर को तलाक देकर उससे फिर शादी करने की गुजारिश करता है। एक दिन वे पत्र हैदर पढ़ लेता है। नीलोफर डायरी भी लिखती है जिसमें वह वसीम के साथ अपने पहले प्यार और निकाह की यादें दर्ज करती है। डायरी और पत्र पढ़ने के बाद हैदर को लगता है कि वसीम और नीलोफर एक दूसरे से अब भी प्यार करते हैं। वो वसीम को नीलोफर के पास लाता है और कहता है कि वो तलाक देने को तैयार है ताकि दो पूर्व प्रेमी और बीवी और शौहर फिर से एक हो सकें लेकिन नीलोफर इससे इनकार कर देती है और सवाल करती है कि क्यों वे दोनों उसके साथ एक महिला की तरह नहीं, बल्कि एक जायदाद की तरह बर्ताव कर रहे हैं? नीलोफर तलाक के मुद्दे पर पितृसत्तात्मक सोच के सामने यह वाजिब सवाल रखती है कि "इन्होंने तलाक गाली की तरह दी और आपने तारीफ की तरह।" वह अपने जीवन के निर्णय खुद लेने को तैयार होती है। वह अपने वर्तमान पति हैदर के साथ ही जिन्दगी गुजारने का निर्णय करती है। वसीम उन दोनों को शुभकामनाएँ देते हुए चला जाता है। यह फिल्म तलाक के मुद्दे पर केन्द्रित है लेकिन इसका शीर्षक है निकाह। दो पुरुष अतीत और वर्तमान लिए कई फिल्मों में आमने सामने आए हैं जिनमें 'निकाह', 'वो सात दिन', 'हम दिल दे चुके सनम' एवं 'धड़कन' जैसी फिल्में उल्लेखनीय हैं और इन फिल्मों की नायिकाओं ने वर्तमान यानी विवाह और पति के साथ को, माजी की जगह वर्तमान को तरजीह देकर भारतीय समाज और संस्कृति को जिताने का काम किया है।

गुलजार निर्मित फिल्म 'इजाजत' 1987 में रिलीज हुई थी। यह फिल्म सुबोध घोष की कहानी पर आधारित थी जिसमें रेखा, नसीरुद्दीन शाह और अनुराधा पटेल ने प्रमुख भूमिकाएँ निभाई थीं। भारतीय फिल्मों में रेलवे स्टेशन पर कई मार्मिक दृश्य फिल्माए गए हैं जिनमें 'तीसरी कसम' और 'दिलवाले दुल्हनिया ले जाएँगे' और 'किताब' जैसी कई नामचीन फिल्में हैं। गुलजार की ही फिल्म 'किताब' में ट्रेन और रेलवे स्टेशनों के इर्द-गिर्द रहने वाले लोगों, भिखारियों और यात्रियों की दुनिया और उनकी मानसिकता को चित्रित किया गया है। फिल्म के आरम्भिक दृश्य में ही पहले के पतिपत्नी संयोगवश एक रेलवे स्टेशन के प्रतीक्षालय में मिलते

हैं और एक-दूसरे के बिना बिताए जीवन की सच्चाइयों के बारे में जानते हैं और अपनी गलतियों पर पछताते हैं लेकिन आगे बढ़ी हुई जिन्दगी दुबारा साथ आने का मौका कहाँ देती है। 'इजाजत' देखते हुए मोहन राकेश के नाटक 'आषाढ़ का एक दिन' के कथानक की याद आती है।

'इजाजत' फ्लैश बैक शैली में बनी उत्कृष्ट फिल्म है। 'वो सात दिन' और 'कसक' जैसी तलाक के विषय वाली फिल्मों में भी नायक या नायिका के विवाह पूर्व जिन्दगी को दिखाने के लिए फ्लैश बैक का उपयोग किया गया है। ऐसे दृश्यों को दिखाने के लिए पूर्वदीप्त या फ्लैश बैक शैली अत्यधिक प्रभावी होती है। यह फिल्म महेन्द्र (नसीरुद्दीन शाह) के साथ रेलवे स्टेशन पर उतरने और वेटिंग रूम में जाने के साथ शुरू होती है जहाँ कुछ लोग पहले से मौजूद हैं। वहाँ एक महिला सुधा (रेखा) भी है। महेन्द्र को देखकर सुधा अपने हाथ की किताब से अपना चेहरा छुपाने की कोशिश करती है। लेकिन बाद में वे एक-दूसरे से बातचीत करते हैं जिससे पता चलता है कि वे पहले पति-पत्नी रह चुके हैं। शादी से पहले महेन्द्र अपनी दोस्त माया (अनुराधा पटेल) नाम की महिला से प्रेम करता है और उससे शादी करना चाहता है लेकिन माया बहुत ही अप्रत्याशित (unpredictable) व्यवहार वाली लड़की है जो बिना बताए गायब हो जाती है। अन्ततः महेन्द्र और सुधा की शादी हो जाती है और वे दोनों एक अच्छी तालमेल और खुशी के साथ वैवाहिक जीवन बिताने लगते हैं। माया की अचानक वापसी से उनके विवाहित जीवन में तनाव शुरू हो जाता है।

माया एक ब्रोकन फेमिली से आती है जहाँ माँ-बाप के बीच अच्छे सम्बन्ध नहीं हैं इसलिए उसके अप्रत्याशित व्यवहार में उत्तेजना, मनमौजीपन, अनिरन्तरता और आवेगशीलता दिखती है। जब माया आत्महत्या का प्रयास करती है तो शादीशुदा महेन्द्र अपनी पूर्व प्रेमिका के साथ ज्यादा समय बिताने लगता है। सुधा, माया के आत्महत्या के प्रयास के बारे में नहीं जानती और इसलिए मानती है कि महेन्द्र उसके साथ विश्वासघात कर रहा है। उसे ऐसा लगता है कि उनकी शादी एक गलती थी और महेन्द्र से उसके इरादे के बारे में सवाल करती है। महेन्द्र अपनी प्रेमिका माया को अपनी पत्नी सुधा से मिलवाने के लिए घर लाने की बात कहता है जिससे बात बिगड़ जाती है। सुधा एक परिपक्व महिला है, स्कूल में अध्यापक है वह अपने पति की पूर्व प्रेमिका से मिलने से इनकार कर देती है लेकिन महेन्द्र दोनों को मिलवाने की जिद लिए माया से मिलने चला जाता है। माया फोन पर सुधा के क्रोध को सुनती है और जब तक महेन्द्र उसे लेने के लिए पहुँचता है, वह चली गई होती है। जब वह माया के बिना घर लौटता है, तो उसे पता चलता है कि सुधा भी चली गई है। दो नावों की सवारी बहुत मुश्किल होती है। एक पत्नी कभी यह बर्दाश्त नहीं कर सकती कि उसका पति किसी दूसरी महिला से भी सम्बन्ध

रखे और उसे मिलवाना भी चाहे लेकिन पुरुष मानसिकता इस बात को समझने को तैयार नहीं होती। न माया मिली न राम वाली कहावत की तरह महेन्द्र को न माया मिलती है न सुधा। सुधा एक सुलझी हुई अच्छी पत्नी है उसके चले जाने के सदमे को महेन्द्र बर्दाश्त नहीं कर पाता और उसे दिल का दौरा पड़ता है। बीमार महेन्द्र की देखभाल माया करती है। सुधा पंचगनी में एक स्कूल में शिक्षक बन जाती है। फिल्म में ये सारी बातें महेन्द्र द्वारा सुधा को बताई जाती हैं। महेन्द्र को एक उम्मीद सी जगती है कि शायद सुधा अब तक अकेली है और दुबारा वे दोनों साथ आ सकेंगे। वह जब कहता है कि "सारी रात तो मैं ही कहता रहा, तुमने कुछ भी नहीं कहा, क्या तुम अभी अकेली हो," इसका जवाब देने के पहले एक दूसरा आदमी (शशि कपूर) जवाब की तरह दरवाजा खोलता है जिसकी बातचीत से पता चलता है कि वह सुधा का दूसरा पति है। यह एक रात दोनों इस तरह जीते हैं जैसे उनका दाम्पत्य दुबारा लौट आया हो जिसमें यह बात निकलकर आती है कि एक-दूसरे के साथ की आदतें तो भूल जाती हैं लेकिन अधिकार नहीं जाते। माजी (अतीत) को भूलना चाहो लेकिन वह माया के रूप में आकर आपकी वर्तमान जिन्दगी को तबाह कर सकता है लेकिन वह अतीत इतना निर्दोष और प्यारा हो सकता है कि आप मानवता के नाते चाहकर भी उसे खुद से दूर नहीं कर पाते।

बीमारी से ठीक होने के बाद महेन्द्र सुधा को घर वापस लाने की सोचता है तभी उसे सुधा का पत्र मिलता है जिसमें वह विवाह से मुक्त करने और माया से शादी करने की सलाह देती है। महेन्द्र इस बात से परेशान हो जाता है। सुधा के लिए उसकी चाहत देख और खुद को दोनों के विवाह टूटने का कारण मानकर माया असहज महसूस करती है और तुरन्त मोटरबाइक लेकर सड़क पर निकल जाती है। महेन्द्र उसे रोकने के लिए अपनी कार से उसके पीछे जाता है। माया का स्कार्फ उसकी बाइक के पिछले पहिए में उलझ जाता है, जिससे उसका गला घुटने से मृत्यु हो जाती है। हमारे सामने अक्सर अधूरा सच होता है इसलिए दूसरे पक्ष को सुनना जरूरी होता है ताकि सच मुकम्मल हो सके। महेन्द्र से माया के दर्दनाक अन्त के बारे में सुनकर सुधा बहुत दुखी होती है माया के लिए भी और अपने पूर्व पति महेन्द्र के लिए भी। सुबह होने पर सुधा की ट्रेन आती है। स्टेशन की एक रात में महेन्द्र और सुधा दोनों एक-दूसरे की बीती हुई और वर्तमान जिन्दगी के ढेर सारे वाकयों से वाकिफ होते हैं लेकिन सुबह उन्हें फिर जुदा होना होता है। सुधा का पति (दूसरा पति) उसे लेने के लिए स्टेशन पर आता है और महेन्द्र को सुधा के पुनर्विवाह के बारे में जानकर झटका सा लगता है। जब सुधा का पति अपना सामान लेकर वेटिंग रूम छोड़ता है तो सुधा थोड़ी देर रुककर अपने पहले पति महेन्द्र के पैर छूकर जाने की इजाजत माँगती है जो पिछली बार बिना माँगे चली गई थी। महेन्द्र उसे एक खुशहाल जीवन के लिए आशीर्वाद देता है। सुधा का पति यह देखने के लिए

लौटता है कि वह कहाँ रुकी हुई है और फिर सुधा के थके हुए चेहरे को देखते हुए यह महसूस करता है कि यह आदमी उसका पूर्व पति होगा। सुधा और उसका पति आगे बढ़ते हैं लेकिन सुधा पछतावे के साथ थोड़ा सा रुकती है। शायद महेन्द्र और सुधा वक्त को पीछे ले जाना चाहते हैं, रोक लेना चाहते हैं लेकिन समय किसी के लिए रुकता कहाँ है। महेन्द्र वेटिंग रूम के बाहर लाचार खड़े होकर अपनी पहली पत्नी को किसी दूसरे पुरुष के साथ दूर जाते हुए देखता है।

गुलजार की फिल्म 'आँधी' (1975) कमलेश्वर की कहानी पर आधारित थी जिसमें पत्नी की राजनीतिक महत्त्वाकांक्षा के कारण पति-पत्नी के बीच खराब होते सम्बन्धों को प्रस्तुत किया गया था। अपने राजनीतिज्ञ पिता की इच्छा को पूरा करने के लिए पत्नी अपने पति को छोड़कर चली जाती है और राजनीतिक सफलता भी प्राप्त करती है। फिल्म 'हु तू तू' (1997) में भी ऐसी ही एक महत्त्वाकांक्षी महिला राजनीतिज्ञ और उसकी बेटी (तब्बू) के सम्बन्धों और फ्रस्टेटेड युवाओं की कहानी को गुलजार साहब ने प्रस्तुत किया। जीवन में ऊँचाई का ख्वाब रखने वाले कुछ लोग सम्बन्धों को पीछे छोड़ जाते हैं जिसे गुलजार जैसे संवेदनशील फिल्मकार ने कई मौके पर बड़ी जिम्मेदारी से सिनेमा के परदे पर प्रस्तुत किया है। पुरुष प्राय: मोहन राकेश के नाटक 'आषाढ़ का एक दिन' के नायक कालिदास की तरह जमाने से थक हारकर पुन: अपनी पूर्व प्रेमिका या पत्नी के पास लौटना चाहता है। पुरुष ये क्यों सोचता है कि परिवर्तन उसके ही जीवन में होता है, औरतों के जीवन में नहीं। विवाह पूर्व सम्बन्ध या विवाहेतर सम्बन्ध किसी व्यक्ति के वैवाहिक जीवन को बर्बाद कर सकते हैं, 'अर्थ' (1982) और 'इजाजत' (1987—बंगाली फिल्म 'जातु गृह' 1964 से प्रेरित) जैसी फिल्में हमें सचेत करती हैं।

प्रज्ञान मोहंती (2022) अपने लेख में 'जुग जुग जियो' फिल्म के बारे में चर्चा करते हुए लिखते हैं इस फिल्म में दो अलग-अलग उम्र के शादीशुदा दम्पतियों को तलाक से दो-चार होते हुए दिखया गया है। वे लिखते हैं—

> In Hindi cinema, divorce has been caused because of dogs, career ambitions, meddlesome parivaar or more predictably, an extra marital affair. The subject, of course, has been treated with diverse perspectives judgmental, progressive, empathetic or cautionary but is still a long way from being normalized.

'वी आर फेमिली' (2010) में एक तलाकशुदा परिवार के तीन बच्चों, उनके पिता और उसकी गर्लफ्रेंड के बीच सम्बन्धों को चित्रित किया गया है। अगर महिला कैरियर को लेकर आग्रही है, घर से बाहर निकलकर अपनी शिक्षा और

योग्यता के अनुसार नौकरी करना चाहती है तो समाज और सिनेमा दोनों जगह उसे अलगाव, उपेक्षा और अपमान सहने को बाध्य होना पड़ता है। हालाँकि पिछले दो-तीन दशकों में लोगों की सोच में पर्याप्त परिवर्तन आया है। अब तो शादी के पहले नौंकरी करने वाली लड़की की डिमांड बढ़ने लगी है इसके दो प्रमुख कारण हैं—पैसा और प्रतिष्ठा की तरफ आकर्षण। परन्तु जब भी पति और पत्नी के रिश्तों में संघर्ष होता है परिवार और बच्चों के नाम पर त्याग की अपेक्षा पत्नी से ही की जाती है।

'काश' (1987) में शराबी और बेरोजगार पति अपनी पत्नी पर नौकरी छोड़ने का दबाव बनाता है। वह पत्नी से मारपीट करता है और माफी भी नहीं माँगता। जब वह नौकरी छोड़ने से मना कर देती है तो उसे घर छोड़ने को कहा जाता है। इस तरह शादी टूट जाती है और उनके बेटे के लिए कानूनी लड़ाई आरम्भ हो जाती है। 'दास्तान' (1972) और 'अचानक' की नायिकाएँ जब शादी से बाहर सम्बन्ध बनाती हैं तो उन्हें मरना पड़ता है। 'मर्डर' और 'हवस' में एक्स्ट्रा मैरिटल सम्बन्ध शादी टूटने के कारण बनते हैं लेकिन शादी और पत्नियाँ दोनों को माफी मिलती है। यहाँ लड़कियाँ गलती करती हैं। इसके पहले पुरुष ही शादी से बाहर अफेयर करते रहे और जिन्हें समाज और सिनेमा माफी देते आए थे। 'मासूम', 'पति, पत्नी और वो' (1978), 'ये नजदीकियाँ' (1982), 'बीवी नम्बर 1' (1999) और 'मस्ती' (2004) में शादीशुदा पुरुष अन्य महिलाओं के साथ मौज मस्ती कर अपनी पत्नियों को धोखा देते रहे और पकड़े जाने पर माफी माँगते रहे।

'गाइड' (1965), 'रिहाई' (1988) और 'अस्तित्व' (2000) जैसी कुछ महत्त्वपूर्ण फिल्में हैं जिनकी नायिकाओं ने भारतीय समाज में व्याप्त पुरुष वर्चस्ववाद और उनकी दोहरी नैतिकता को खुलकर चुनौती दी है जो एकतरफा तरीके से सोचता है और महिलाओं की गलतियों को कभी माफ नहीं करना चाहता है। 'अर्थ' (1982) भी ऐसी फिल्म थी जिसकी नायिका अपने पूर्व बेवफा पति से सवाल करती है, "जो कुछ तुनने मेरे साथ किया अगर मैं वही तुम्हारे साथ करती और इसी तरह लौट के आती तो क्या तुम मुझे वापस ले लेते?" ये सवाल प्रत्येक भारतीय पुरुष के सामने अनुत्तरित खड़ा है और वह जवाब देने की स्थिति में नहीं है। 'केकवाक' (2019) की मुख्य महिला पात्र अपने सफल लेकिन लगातार निर्देश देने वाले पति से तंग आकर अपनी खुशी और सम्मान के लिए तलाक के अधिकार का प्रयोग करती है। भारतीय समाज में पितृसत्तात्मक सोच ने औरतों को दोयम दर्जे का नागरिक समझा। अभी इक्कीसवीं सदी में सन् 2020 में आई फिल्म 'थप्पड़' में पुरुष द्वारा पत्नी के सार्वजनिक अपमान को एक सामान्य घटना की तरह लिया जाता है लेकिन नायिका अपने आत्मसम्मान के लिए एक थप्पड़ के बदले तलाक लेने के निर्णय पर पहुँचती है। बासु चटर्जी की फिल्म 'प्रियतमा' (1977) दिखाती है कि कभी-कभी वैवाहिक

जीवन में केवल सामान्य प्रेम से काम नहीं चलता, दम्पती के बीच सामंजस्य न बनने पर शादी के बाद के विवादों से तलाक की नौबत आती है।

तलाक के कानूनी पहलू

भारत में सर्वप्रथम 1869 में ईसाइयों के लिए भारतीय तलाक अधिनियम पारित हुआ और सन् 1920 में कोल्हापुर राज्य में हिन्दुओं के लिए विवाह विच्छेद का कानून बना। अंग्रेजी राज में अलग-अलग समयों में विभिन्न राज्यों ने तलाक सम्बन्धी कानून बनाए। सन् 1954 में समस्त भारत के लिए विशेष विवाह अधिनियम तथा 1955 में हिन्दू विवाह अधिनियम पारित हुआ जिसमें हिन्दू सिख बौद्ध जैन लोगों को विवाह विच्छेद की अनुमति मिली। अनुसूचित जनजातियों पर यह अधिनियम लागू नहीं होता। कानूनों के लागू होने के बाद भी भारतीय समाज में तलाक को हतोत्साहित किया जाता है। सन् 1955 के अधिनियम में 1976 व 1981 में व्यापक संशोधन किए गए जिसके द्वारा न्यायिक पृथक्करण, विवाह-विच्छेद, विवाह-निरस्त आदि के प्रावधान किए गए। विवाह सम्पन्न होने के दो वर्ष बाद ही विवाह-विच्छेद के लिए प्रार्थना-पत्र न्यायालय में दिया जा सकता है क्योंकि इन दो वर्षों में केवल न्यायिक पृथक्करण ही स्वीकृत किया जा सकता है ताकि इस अवधि में पति-पत्नी में सुलह-समझौते की सम्भावना बन सके। इन दो वर्षों में बात न बनने पर विवाह विच्छेद की डिक्री प्रदान कर दी जातो है। फिल्म 'कसक'में इस पहलू को दिखाया गया है। विवाह विच्छेद के आधार-स्त्री या पुरुष द्वारा व्यभिचारी जीवन बिताना, धर्म परिवर्तन, स्त्री या पुरुष का तीन साल तक पागल रहना, कोढ़ से पीड़ित रहना, गुप्त रोग से पीड़ित रहना, सात वर्ष तक लापता रहना, द्विविवाह आदि। के.एम. कपाड़िया, कुप्पस्वामी, माबेल फोनसेका, जे.एन. चौधरी ने विवाह और तलाक पर किए गए अध्ययनों से निष्कर्ष निकाले हैं, वे इस प्रकार हैं—एकाकी परिवार में रहने वाले दम्पतियों में संयुक्त परिवार की तुलना में तलाक की ज्यादा सम्भावना होती है क्योंकि संयुक्त परिवार अनुकूलन के अवसर प्रदान करते हैं। शहरी क्षेत्रों में तलाक ग्रामीण क्षेत्रों की अपेक्षा अधिक होते हैं। उच्च जातियों में तलाक, निम्न और मध्य जातियों से ज्यादा होते हैं। निम्न स्तर तथा मध्यम स्तर के व्यवसायों में व्यस्त व्यक्ति तलाक के लिए अधिक संवेदनशील होते हैं। जिन दम्पतियों में शैक्षिक स्तर में अत्यधिक अन्तर होता है उनमें भी वैवाहिक असफलताएँ व तलाक की दर अधिक होती है। अठारह वर्ष से कम आयु में विवाहित व्यक्तियों में विलम्ब से विवाहित व्यक्तियों की अपेक्षा विवाह विच्छेद कम होता है। सन्तानहीन व्यक्ति, सन्तान वाले व्यक्तियों की अपेक्षा अधिक तलाक लेते हैं। बॉलीवुड की फिल्मों में इन पहलुओं को चित्रित किया गया है जिनका जिक्र इस लेख में सम्मिलित है।

उपसंहार

अंग्रेजी शासन के पूर्व भारत में तलाक की अवधारणा नहीं थी। इस बात को 'बरसात' (2005—प्रियंका चोपड़ा, बिपाशा बसु, बॉबी देओल) फिल्म में प्रियंका चोपड़ा (काजल कपूर) को दर्शक यह कहते हुए सुनते हैं कि भारतीय समाज और हमारी भाषा में तलाक जैसा कोई शब्द नहीं है क्योंकि यह हमारी परम्परा का हिस्सा नहीं है। बॉलीवुड सिनेमा में जब हम तलाक पर बनी फिल्मों की बात करते हैं तो उनमें 'तलाक', 'इजाजत', 'वे सात दिन', 'कसक', 'निकाह' और 'हम दिल दे चुके सनम' जैसी फिल्में क्रमिक रूप से भारतीय समाज में विवाह और तलाक के प्रति बदलते दृष्टिकोण और भारतीय समाज द्वारा अपनाए गए प्रत्युत्तरों को प्रदर्शित करती है। जहाँ नब्बे के दशक के पहले का सिनेमा महिलाओं को मंगलसूत्र, सिन्दूर, परम्परा और भारतीय संस्कारों के नाम पर विवाह को बचाए रखने और परिवार को सँभालकर रखने की सीख देता हुआ आगे बढ़ता है वहीं 21वीं सदी के पहले दशक से लेकर अब तक इस दृष्टिकोण में व्यापक परिवर्तन आ चुके हैं। महिलाएँ आर्थिक, शैक्षिक रूप से समर्थ-सशक्त होकर अपने जीवन के महत्त्वपूर्ण निर्णय लेने लगी हैं। उन्होंने अपनी प्रतिभा के दम पर नए मुकाम हासिल किए हैं। जब हम ऊपर दी गई फिल्मों की कथावस्तु की चर्चा करते हैं तो पाते हैं कि सन् 1983 में बनी फिल्म 'वो सात दिन' विवाह तलाक और विवाह पूर्व प्रेम सम्बन्धों के बारे में बदली हुई नई दृष्टि प्रस्तुत करती है। एक डॉक्टर जब अपनी पहली पत्नी के मौत के बाद अपनी छोटी बेटी के लिए और खुद की लाइफ को अच्छे ढंग से चलाने के लिए दूसरी शादी करके दूसरी दुल्हन को घर में लाता है तो शादी की पहली रात में ही वह जहर खा लेती है। डॉक्टर भरोसे में लेकर उससे हकीकत जानने की कोशिश करता है। शादी से पूर्व उसका एक लड़के से प्रेम है और इस बात का पता चलने पर वह अपनी ब्याहता पत्नी के प्रेमी को वापस बुलाकर और उसे समझा बुझाकर उसकी प्रेमिका अर्थात अपनी वर्तमान पत्नी को उसे वापस लौटाना चाहता है ताकि वह दोनों खुशी-खुशी अपना जीवन साथ-साथ व्यतीत कर सकें। यह फिल्म अपने कथानक से भारतीय पितृसत्तात्मक एवं रूढ़िवादी समाज में एक नए तरह का प्रगतिशील विमर्श पैदा करती हुई दिखती है। सिनेमा जैसे प्रभावी माध्यम के सहारे इस विचार की स्वीकारोक्ति बढ़ाने की एक कोशिश भी जान पड़ती है।

'वो सात दिन' की कहानी को थोड़े बहुत बदलाव के साथ आगे हम 'हम दिल दे चुके सनम' (1999) में देखते हैं जहाँ पर फिल्म का नायक अपनी पत्नी को विवाह पूर्व प्रेमी से मिलाने के लिए उसे स्वयं जर्मनी लेकर जाता है। लेकिन दोनों फिल्मों की कहानियों में बहुत हद तक समानता है जिनमें भारतीय संस्कृति की विशिष्ट यानी विवाह के बाद पत्नी के गले में मंगलसूत्र, माँग में सिन्दूर और

अग्नि के सामने सात फेरे लेकर के बनाए गए पवित्र सम्बन्ध को तोड़ना भारतीय स्त्री स्वीकार नहीं करती है। चाहे वह 1980 का दशक हो या 1990 का दशक। लड़की अपने पति के गुणों से प्रभावित होकर अपने विवाह को बचाने में ही अपना भविष्य देखती है। इस निर्णय से लड़की के दोनों परिवारों के साथ-साथ भारतीय संस्कृति का भी बचाव हो जाता है। सन् 2000 में आई फिल्म 'धड़कन' भी इसी परम्परा को आगे बढ़ाती है। यह वृहत्तर जिम्मेदारी भारतीय समाज और भारतीय सिनेमा में आरम्भ से लेकर 21वीं सदी तक एक जैसी निभाई गई है। बीसवीं सदी के पहले और दूसरे दशक में कानूनी और शैक्षिक जागरूकता आने के फलस्वरूप ऐसे विवाह सम्बन्ध जो जबरदस्ती बहुत आगे तक नहीं खींचे जा सकते थे और जहाँ पर महिलाएँ आर्थिक रूप से आत्मनिर्भर थीं और शैक्षिक रूप से इतनी सामर्थ्यवान थीं कि वे तलाक की पहल भी कर सकती थीं, उन्होंने पहल करना शुरू किया और सिनेमा ने भी उसको अपने परदे पर लॉजिकल तरीके से स्पेस देना भी शुरू किया। 'थप्पड़' (2020) इसका बेहतरीन उदाहरण है।

सिनेमा में तलाक के मुद्दे पर बनी फिल्मों की बात करते हैं तो उसमें अमिताभ बच्चन, नूतन और पदमा खन्ना अभिनीत फिल्म 'सौदागर' (1973) भी एक महत्त्वपूर्ण स्थान रखती है जिसमें नायक की भूमिका में अमिताभ (मोती) को हम एक बेहद स्वार्थी और मतलबी इनसान के रूप में देख सकते हैं जो एक विधवा महिला से शादी का प्रस्ताव इसलिए रखता है क्योंकि वह गुड़ बहुत अच्छा बनाती है जिसको बाजार में बेचकर क़माए गए पैसे से वह अपनी पसन्द की दूसरी लड़की से शादी कर सके, जिसका बाप मेहर में ₹500 लेना चाहता है। मोती इस उद्देश्य से विधवा नूतन (माजूबी) को झाँसे में लेकर उससे शादी करके पत्नी की तरह साथ रखने और मेहर के पैसे जुट जाने के बाद वह उसे बड़ी आसानी से तीन तलाक कहकर अपने घर से निकालकर अपनी पसन्द की दूसरी लड़की फूलबानो (पद्मा खन्ना) से शादी कर लेता है। फूलबानो को गुड़ बनाना नहीं आता और मोती को गुड़ के व्यापार में घाटा होने पर उसे नूतन की याद आती है तो रस लेकर गुड़ बनवाने माजूबी के ससुराल पहुँच जाता है। यह फिल्म दर्शकों के सामने यह मुद्दा रखती है कि क्या पुरुषों को समाज में एकाधिकार मिले हुए हैं कि वह जब चाहे अपनी जरूरत के हिसाब से महिलाओं का उपयोग, उपभोग और शोषण करें और जब जरूरत ना हो उन्हें अपनी जिन्दगी से बाहर कर दें। फिल्मकार और इस फिल्म के कहानीकार (नरेन्द्रनाथ मित्र) ने दर्शकों के सामने एक वैचारिक प्रश्न छोड़ा है जो हमें तीन तलाक की बुराइयों के बारे में सोचने को मजबूर करते हैं। इसी तरह से बी.आर. चोपड़ा की फिल्म 'निकाह' भी जल्दबाजी और गुस्से में तीन तलाक लेने और महिलाओं को दोयम दर्जे का नागरिक समझने के प्रति सावधान करती है। महिलाओं की भावनाओं का सम्मान करना सीखना पुरुष के लिए निहायत जरूरी

है। विवाह-विच्छेद या तलाक एक सामाजिक समस्या है और एक आवश्यक बुराई भी है। त्रिकट परिस्थितियों में जब विवाह सम्बन्ध जबरदस्ती चलाना पड़े और अलग होना स्वस्थ व्यक्ति और समाज के लिए अपरिहार्य हो जाए तो तलाक लेने में कोई बुराई नहीं है। समाजशास्त्रियों की राय है कि तलाक की राह में आने वाले आर्थिक, नैतिक तथा सामाजिक अवरोधों को दूर करने से तथा अवांछित जीवन साथी से विवाह सम्बन्ध तोड़ने के सरल अवसर प्रदान करके ही हमारे देश के स्त्री-पुरुषों को बेहतर और सुखी जीवन व्यतीत करने का अवसर मिल सकता है।

महिलाओं की संवेदना एवं जैव-विविधता : सिनेमा के सन्दर्भ में

प्रकृति और मनुष्य का पारस्परिक निर्भरता का सम्बन्ध है। यदि मनुष्य प्रकृति की अनदेखी करते हुए प्राकृतिक संसाधनों का अन्धाधुन्ध शोषण करेगा तो यह धरती रहने लायक नहीं बचेगी। हमें 'शेरनी' फिल्म के जीव वैज्ञानिक की यह बात याद रखनी होगी जो वह एक ग्रामीण युवक को सिखाता है "जंगल में शेर रहते हैं तभी यह जंगल बचे हैं, जंगल हैं तो बारिश होती है, बारिश होती है तो फसलें होती हैं और हमारा जीवन बचा रहता है। शिकारी के लिए भालू और शेर को गोली मार देने में ही आनन्द मिलता है।" प्रकृति के हर उपादान को बेचकर पैसा कमाने की प्रबल इच्छा रखने वाली बाजारवादी ताकतें दुनिया भर में एक जैसी सोच रखती हैं "लूटो, बेचो और पैसा कमाओ।" इस चरम उपभोक्तावाद की कोई सीमा नहीं है कि यह कहाँ जाकर रुकेगा। जब वर्ष 2020 में ऑस्ट्रेलिया के जंगलों में भयानक आग लगी और वहाँ के निरीह जानवर भागकर अपनी जान बचाने को सड़कों और मानवीय बस्तियों की तरफ जाने लगे तो हृदयविदारक दृश्यों को देखकर संवेदनशील लोगों की आँखे भर आईं। परन्तु वहाँ का मेनस्ट्रीम कॉरपोरेट मीडिया इस घटना को पहले दबाने में लगा रहा ताकि दुनिया उनकी करतूतें जान न जाए। पर्यावरणविद मेधा पाटकर और ग्रेटा थनवर्ग के साथ अन्य वैज्ञानिक और पर्यारणविद लगातार आगाह करते रहे लेकिन प्रकृति विरुद्ध हरकतें चलती रहीं। दुनिया का फेफड़ा कहे जाने वाले ब्राजील के अमजोन वर्षा वन को भी लगातार वहाँ के शासकों द्वारा कार्पोरेट और बाजारी शक्तियों के दबाव में नष्ट किया जा रहा है जिसका असर विश्व की जलवायु पर विपरीत रूप से पड़ना शुरू भी हो गया है। कनाडा और उत्तर-पश्चिम अमेरिका के कुछ हिस्सों में जुलाई 2021 के प्रथम सप्ताह में 50^0 सेल्सियस के आसपास जाने से लगभग 500 लोगों की मृत्यु हो गई। संयुक्त राष्ट्र संघ ने पिछले साल अंटार्कटिका का तापमान 18^0 सेल्सियस से ज्यादा दर्ज किया था। वर्ष 2024 में भी गर्मी का यही हाल रहा। ध्रुवों की बर्फ तेजी से पिघल रही है। ये सब प्रतिकूलता हमारे अन्धाधुन्ध विकास और उपभोक्तावादी मूल्यों का परिणाम है।

जून 2021 में दो फिल्में देखने को मिलीं। पहली 'ओक्जा' और दूसरी 'शेरनी'।

'ओक्जा' हॉलीवुड मूवी है तो 'शेरनी' बॉलीवुड की। जंगल, उनमें रहने वाले जीव और जंगलों पर निर्भर आदिवासियों के जीवन को ये फिल्में प्रभावी ढंग से दिखाती हैं। 'ओक्जा' (2017) बताती है कि हम सभी अपने घरों में कोई न कोई पालतू पशु रखते हैं। साथ रहते-रहते हमें उनसे प्रेम भी हो जाता है। हम उनके गुणों की चर्चा भी करने लगते हैं। प्यार से उनका नाम भी रखते हैं। कुत्ते और बिल्ली पालना तो बड़े लोगों के शौक में शुमार है। गाय, बैल, भैंस और बकरी तो किसान और गरीब लोग पालते हैं। भारत देश में सूअर पालन को अच्छी दृष्टि से तब तक नहीं देखा गया जब तक परम्परागत रूप से बहिष्कृत जातियाँ अकेले उन्हें पालती रहीं। जब से बड़े-बड़े सूअरबाड़ों में अमीर और बिजनेसमैन लोगों ने सूअर पालन शुरू किया, यह लाभ का धन्धा बन चुका है। 'ओक्जा' बताती है कि किस तरह जीव विज्ञानी प्रयोगशाला में जेनेटिक परिवर्तन करके विशालकाय प्रजाति का सूअर विकसित करते हैं ताकि अमेरिका और विश्व के बाजार में सूअर के मांस की माँग को पूरा करके बाजार पर मोनोपोली स्थापित की जाए। ऐसे 6 सूअर के बच्चों को दुनिया के अलग-अलग देशों में पालने के लिए स्थानीय लोगों को दे दिया जाता है। साउथ कोरिया के जंगली क्षेत्र में रहने वाले एक परिवार को सूअर के बच्चे 'ओक्जा' का पालन करने की जिम्मेदारी दी जाती है। उस परिवार में मीजा नाम की एक छोटी बच्ची रहती है। ओक्जा और मीजा एक दूसरे से भावनात्मक रूप से ऐसे जुड़ जाते हैं कि एक दूसरे के बिना रह नहीं सकते। कुछ सालों बाद जब अमेरिकन वैज्ञानिकों की टीम ओक्जा को देखने आती है तो पाती है कि वह 6 सूअरों में सबसे विशालकाय है। ओक्जा को अमेरिका ले जाने का उपक्रम होने लगता है जिसका मीजा भरपूर विरोध करती है लेकिन रोक नहीं पाती। मीजा को भी अमेरिका ले जाया जाता है इस वादे के साथ कि ओक्जा को कुछ नहीं होगा। परन्तु ओक्जा को विकसित करने वाला वैज्ञानिक अपने बाड़े में रखे एक मेल सूअर से ओक्जा का जबरदस्ती सम्भोग कराता है जिससे एक बच्चा भी पैदा होता है। जेनेटिक्स के प्रभाव से विकसित किए गए इन विशाल आकार के सूअरों के मांस को टेस्ट करने के लिए जीवित सूअरों के शरीर से कुछ मांस निकालने जैसा घोर अमानवीय कृत्य होता है। इस जिन्दा गोश्त को टेस्ट करने वाली एक समिति मांस के स्वाद को बेहद टेस्टी बताती है। कॉरपोरेशन की मालकिन एक महिला है जो इन सूअरों की प्रदर्शनी कराने के बाद मांस का बड़े पैमाने पर उत्पादन शुरू करना चाहती है। पशुप्रेमियों और निजी संगठनों के विरोध प्रदर्शनों को पुलिस के बल से दबा दिया जाता है और बूचड़खानों में नई प्रजाति के सूअर काटे जाने लगते हैं। मीजा किसी तरह स्लाटरहाउस पहुँचती है जहाँ ओक्जा का कटान होना था। जिस सोने के सूअर की मूर्ति देकर मीजा के ग्रैंडफादर से ओक्जा को खरीदा गया था उसे अमेरिकन कार्पोरेट की मालकिन को देकर वह अपनी दोस्त सूअर को बचा लेती

है। स्लाटर हाउस से बाहर निकलते वक्त बाहर फार्म में जमा ढेर सारे सूअरों के बीच सूअर का एक छोटा बच्चा भी मिल जाता है जो ओक्जा के साथ हो लेता है। मीजा, ओक्जा और उसका छोटा बच्चा वापस साउथ कोरिया के अपने जंगलों के बीच बसे प्राकृतिक सुन्दरता से भरपूर गाँव में पहुँचकर खुशी-खुशी जीने लगते हैं। कोरिया की एक आदिवासी लड़की मीजा अमेरिका से आई फीमेल सूअर ओक्जा को बचाने के लिए लम्बी और मुश्किल लड़ाई लड़ती है।

ये फिल्में यह सन्देश देती हैं कि केन्या में 'ग्रीन बेल्ट मूवमेंट' चलाने वाली नोबेल विजेता वांगरी मथाई से लेकर उत्तराखंड के चिपको आन्दोलन में पहाड़ों के पेड़ों से चिपक जाने वाले महिलाएँ जानती हैं कि प्रकृति अनमोल है। महिलाएँ जन्मदात्री हैं, प्रकृति के करीब भी, इसलिए संवेदनशील भी हैं। प्राकृतिक उपदानों को बचाने में उनकी अग्रणी भूमिका है।

फिल्म 'शेरनी' (2021) में वन विभाग की महिला अधिकारी की भूमिका में विद्या बालान ने शानदार काम किया है। जंगल के किनारे बसे गाँव के लोग अपने जानवरों को चराने और लकड़ियाँ बीनने के लिए जंगल में जाते हैं जिन्हें शेर या कोई और जानवर शिकार बना लेता है। लोगों के मरने पर इलाके के पूर्व विधायक और वर्तमान विधायक में जनता को प्रभावित करने की होड़ मचती है। समाधान क्या है कि शेर/शेरनी को पकड़ो जिन्दा या मुर्दा! जिन्दा पकड़ने का काम केवल सरकारी वन विभाग ही कर सकता है क्योंकि खुद को संरक्षणवादी कहने वाला पिंटू भाई तो जब भी जंगल में घुसता है अपनी बन्दूक से जानवरों का शिकार करता है। दबाव में वन विभाग के वरिष्ठ अधिकारी भी अपना पिंड छुड़ाने के लिए सकारात्मक उपाय सोचने की जगह शिकारी पिंटू भाई से शेरनी का शिकार कराने का ही शॉर्टकट रास्ता अपनाना चाहते हैं। विद्या जिस तरह इतने सारे लोगों के बीच विपरीत परिस्थितियों में कुछ आदिवासी महिलाओं और एक जीवविज्ञानी प्रोफेसर की मदद से शेरनी और उसके दो छोटे बच्चों को बचाने की कोशिश करती है वह काबिले तारीफ है। डीएफओ के पद पर तैनात विद्या इन मुश्किलों से नाराज होकर पहले तो नौकरी छोड़ना चाहती है लेकिन जब वह कैमरे में कैद शेरनी के दो शावकों को देखती है तो उन्हें बचाने की कोशिश करती है जिसके लिए वह वन संरक्षक और वन्य जीव प्रेमी होने का झूठा आवरण ओढ़े अपने सीनियर नांगिया सर को 'पैथेटिक' तक बोल देती है। उस महिला में खुद शेरनी सा साहस है। वह अपने मूल्यों से समझौता नहीं करती सामने चाहे कितना भी पावरफुल आदमी खड़ा हो वह अपना पक्ष रखती जरूर है। लैब में जेनेटिकली मॉडिफाइड प्रजाति के जानवर या बैंगन तैयार कर उनका पेटेंट कराकर उनका बाजारू उत्पादन करना और पैसा कमाना तथाकथित सभ्य दुनिया का चलन है। जंगल के जानवरों का शिकार करना और उनके चमड़े और शरीर के अंगों को बेचकर/स्मगलिंग करके पैसा कमाना भी उसी अन्तर्राष्ट्रीय

कॉरपोरेट का हिस्सा है। हमने तो अपने घरों में माँ और दादी को रोज रात खाने के बाद 'कौर' के रूप में गाय-बैलों-भैंसों को रोटी और चवाल खिलाते देखा है। जब तक उतना खाना पालतू जानवरों को मिल नहीं जाता वे हमारा इन्तजार करते थे। कभी भूल वश कौर न दें तो कष्ट होता था क्योंकि किसानों और आदिवासियों ने जानवरों को अपने परिवार का सदस्य माना है।

'किंग कोंग' (2005) फिल्म में एक लालची फिल्म निर्माता स्कल आइलैंड जाकर अपनी टीम के साथ नरभक्षियों पर एक फिल्म बनाना चाहता है। उनकी टीम में फिल्म की नायिका आन्न भी होती है। गोरिल्ला से मुठभेड़ में पता चलता है कि वह आन्न से प्रेम करने लगा है क्योंकि वह आन्न को नुकसान पहुँचाने की जगह मुश्किलों से बचाता है। उस द्वीप पर एक प्रागैतिहासिक विशालकाय गोरिल्ला से मुठभेड़ हो जाती है जिसे वे पकड़कर न्यूयॉर्क ले जाते हैं और आठवे अजूबे के तौर पर उसका प्रदर्शन करना चाहते हैं। फिल्म की नायिका आन्न इस प्रदर्शन के खिलाफ है। इस फिल्म के अन्तिम दृश्य को देखिए तो गोरिल्ला कोंग के ऊपर सेना, पुलिस और एयरफोर्स चारों तरफ से हमला कर रहे हैं और वह फिल्म की नायिका आन्न को बचाने में लगा है। आन्न जानती है कि गोरिल्ला उसकी बात मानता है। वह मनुष्य की तरह प्रेम भी करना जानता है लेकिन अमेरिका के सभ्य कहे जाने वाले लोग एक जीव का तमाशा बनाना चाहते हैं और पैसा कमाना चाहते हैं। फिल्म की नायिका गोरिल्ला कोंग को बचाना तो चाहती है पर बचा नहीं पाती। इसी तरह 'जुरासिक वर्ल्ड : फालेन किंगडम' (2018) फिल्म के महिला और पुरुष वैज्ञानिक अपने द्वारा तैयार किए गए डायनासोर को बाजार में शो करने और नीलामी करने का विरोध करते हैं। बाजार के पास भावनाओं की कद्र करने की फुर्सत नहीं होती। वह जानवरों को तमाशा बनाने, पकाने और खाने की वस्तु मात्र समझते हैं।

इस संसार को सुन्दर और अनुकूल बनाए रखना है तो हमें महिलाओं और प्रकृति के अनुकूल संवेदनशील जीवन जीना होगा। हॉलीवुड में 'उम्बेर्तो डी' और 'लाइफ ऑफ पाई' जैसी मनुष्य और जानवरों के आपसी सम्बन्धों पर बहुत सारी फिल्में बनी हैं। बॉलीवुड को भी 'हाथी मेरे साथी' (1971) और 'तेरी मेहरबानियाँ' (1985) और 'दोस्त' (1989) जैसी और अधिक फिल्में बनानी चाहिए। ओटीटी प्लेटफॉर्म ने यह मौका उपलब्ध कराया है तो आसानी से ऐसी महत्त्वपूर्ण फिल्में बनाई जा सकती हैं।

टूटती हुई जमींदारी की चारदीवारी में घुटती हुई महिलाएँ

गुरुदत्त भारतीय सिनेमा के महानतम फिल्मकारों में से एक हैं। गुरुदत्त की जीवनी लेखिका ने सिनेमा जगत में उनके योगदान को लेकर एक महत्त्वपूर्ण टिप्पणी की है—

> गुरुदत्त शानदार फिल्मों की एक विरासत छोड़कर 10 अक्टूबर, 1964 को इस संसार से विदा हो गए। सन् 1980 से विश्व भर में उनकी फिल्में प्रदर्शित हो रही हैं। जब भी दर्शक 'प्यासा' या 'साहब, बीवी और गुलाम' जैसी फिल्में देखता है तो उनकी फिल्म निर्माण कला और अनूठी शैली से अभिभूत हुए नहीं रह सकता...। (कबीर 2012:2)

राजकपूर और गुरुदत्त हिन्दी सिनेमा के ऐसे फिल्मकार हैं जिन्होंने भारतीय सिनेमा के किशोर काल में ही कसे हुए सम्पादन के साथ विविध विषयों पर मनोरंजक एवं सन्देशपरक फिल्में बनाईं जिनकी कद्र आज भी दुनिया भर के फिल्मकार करते हैं। गुरुदत्त की जीवनी लेखिका नसरीन मुन्नी कबीर ने किताब का शीर्षक दिया है 'गुरुदत्त : हिन्दी सिनेमा का एक कवि'। एक कवि मानवीय संवेदनाओं से परिपूर्ण और कल्पना शक्ति से सम्पन्न एक कलाकार होता है जिसकी कविता या गीतों से दर्शकों और श्रोताओं पर दीर्घकालिक प्रभाव पड़ता है। गुरुदत्त की लगभग सारी फिल्में हमने देखी हैं और उनको देखते हुए ये कहने में कोई हर्ज नहीं है कि वे रुपहले परदे के आदर्श कवि हैं। गुरुदत्त का वास्तविक नाम वसन्त कुमार शिवशंकर पादुकोण था। वे बहुमुखी प्रतिभा के धनी निर्देशक, निर्माता, अभिनेता, कोरियोग्राफर और लेखक थे।

अमेरिका से सीएनएन चैनल ने सन् 2012 की अपनी रैंकिंग में गुरुदत्त को टॉप-25 एशियाई कलाकारों में स्थान दिया था। फिल्म शूटिंग में प्रकाश व्यवस्था एवं क्लोजअप शॉट्स और भाव भंगिमाओं, खासकर दुख और डिप्रेशन के क्षणों को अत्यन्त कलात्मक ढंग से शूट करने में उन्हें महारत हासिल थी। गुरुदत्त को भारत का ऑरसेन वेलेस भी कहा जाता है। गुरुदत्त ऐसे पहले भारतीय फिल्मकार

हैं जिनका नाम ब्रिटिश जर्नल साइट एंड साउंड ने सिनेमा के रत्न के रूप में दर्ज किया और उनको विश्व के बेहतरीन फिल्मकार ऑरसन वेलेस के समान बताया। राजकपूर ने भी वेलेस के काम से खुद को प्रभावित बताया था। यह जर्नल गुरुदत्त की तारीफ में लिखता है—

> 'He was an actor director who brought stillness, self-criticism and unexpected pessimism to the whirl of Indian melodrama, making himself its Orson welles.' The magazine says in its feature on Guru Dutt in its latest issue, 'He could smile like (Amitabh) Bachchan and romance like (Shah Rukh) Khan but his career was more complex than either combining, in western terms, those of John Garfield and Orson welles.

गुरुदत्त वास्तव में भारतीय सिनेमा के महानतम कलाकार थे, जिन्होंने संख्या में कम लेकिन बेहतरीन फिल्में बनाई। गुरुदत्त की फिल्में हैं—'चाँद' (1944), 'लाखा रानी' (1945), 'हम एक हैं' (1946), 'बाजी' (1951), 'जाल' (1952), 'बाज' (1953), 'आर पार' (1954), 'मिस्टर एंड मिसेज 55' (1955), 'सीआईडी' (1956), 'सैलाब' (1956), 'गौरी' (1957), 'प्यासा' (1957), '12ओ क्लाक' (1958), 'कागज के फूल' (1959), 'चौदहवीं का चाँद' (1960), 'साहिब, बीबी और गुलाम' (1962), 'सौतेला भाई' (1962), 'भरोसा' (1963), 'बहारें फिर भी आएँगी' (1966), 'बहुरानी' (1963), 'साँझ और सवेरा' (1964), 'सुहागन' (1964)।

साहिब, बीबी और गुलाम

यह फिल्म विमल मित्र के उपन्यास 'साहब, बीवी और गुलाम' का फिल्मी रूपान्तरण है। यह फिल्म ब्रिटिश कालीन कलकत्ता के एक जमींदार परिवार की कहानी कहती है। फिल्म के पहले ही दृश्य में एक हवेली के तोड़े जाने का दृश्य है और उसके तोड़वाने वाले ओवर्सीयर हैं भूतनाथ, जो पहली बार गाँव से काम की तलाश में आने पर इसी हवेली में अपने रिश्ते के बहनोई के साथ शरण पाए थे। उस टूटती हवेली में उनको पुराने दिनों की याद आती है जैसे उजाड़ में भी छोटी बहू की मधुर आवाज उन्हें पास बुला रही हो—आओ भूतनाथ, आओ बैठो ना। यह फिल्म फ्लैश बैक शैली में बनाई गई है। 'साहिब, बीबी और गुलाम' ताश के पत्तों के तीन नाम हैं और इस फिल्म की हवेली और उसके बाशिन्दों की

दास्तान को जिस तरह परिवर्तित होते हुए चित्रित करती है उसके बारे में कहा जा सकता है कि सब कुछ ताश के पत्तों की तरह बिखर जाता है। केवल हवेली ही नहीं टूटती बिखरती, उसके असामी, हवेली की भव्यता, उसमें रहने वाले मालिकों और नौकरों, सबके सम्बन्ध और उनसे बनने वाली एक छोटी दुनिया सब कुछ बिखर जाता है। प्रेमचन्द का 'गोदान' हो या रेणु की 'परती परिकथा' सभी टूटती बिखरती जमींदारी और उभरती हुई महाजनी सभ्यता के माध्यम से सामाजिक परिवर्तन को चित्रित करते हैं।

जमींदारों के घर के मर्द चौधरी साहब रात को घर पर अपनी पत्नी के पल्लू से बँधकर नहीं रहते, घर में या बाहर मुजरा देखते हैं, ऐयाशी करते हैं। मर्दों की इस आदत को उनके घर की औरतें भी न केवल स्वीकार करती हैं बल्कि इस बात से वे इस हद तक एडजस्ट कर चुकी हैं कि वे ऐय्याशी और परस्त्री गमन को अपने पति और अन्य मर्दों का अधिकार समझती हैं। अपने चमचे और बात-बात में तारीफ करने वाले चमचों के साथ वे हर फालतू काम करते हैं, कबूतरबाजी करते हैं, रात भर मुजरा सुनते हैं—'साकिया आज मुझे नींद नहीं आएगी, सुना है तेरी महफिल में रतजगा है...' उस हवेली के मर्द कोई काम नहीं करते और जब जमींदारी लुट जाती है तो बीमार होकर शोक मनाते हैं। जमींदार साहब अपनी पत्नी में कोठेवाली बाई के गुण खोजते हैं, जो नाचती हो, शराब पीती हो। शराब पीने की शर्त पर ही वे घर में रात बिताते हैं।

राजकपूर की फिल्म 'जागते रहो' भी कलकत्ता में फिल्माई गई थी। उसका नायक भी गाँव से शहर आया था लेकिन वहाँ उसका कोई जान पहचान का रिश्तेदार नहीं था, हवेली की जगह फ्लैट ने ले ली थी। उसी फ्लैट के एक कोने में शराब पीकर घर लौटता हुआ अमीर रोज रात में, एक गाना गाता है—'जिन्दगी ख्वाब है, ख्वाब में झूठ क्या और भला सच है क्या...' और एक रात वह भी अपनी पत्नी को जबरदस्ती शराब पिलाकर बाई की तरह नचाना चाहता है लेकिन यहाँ नायक की वजह से उस घर की बहू की लाज बच जाती है। गाँव से शहर आए राजकपूर (अनाम नायक) को पूरी रात एक बूँद पानी नहीं मिलता है और उसे चोर समझ लिया जाता है, दूसरी तरफ अमीर लोग शराब में डूबकर लड़खड़ाते रहते हैं और सारे अवैध काम करते हैं।

परम्परागत मूल्यों का बोझ

'साहिब, बीबी और गुलाम' फिल्म में जमींदार पुरुष साहब हैं, मीना कुमारी छोटी बहू हैं और भूतनाथ (गुरुदत्त) गुलाम हैं। इस फिल्म में गुरुदत्त की नायिका वहीदा रहमान (जबा) उसी तरह मौजूद हैं जैसे राजकपूर की फिल्मों में नरगिस मौजूद

रहती थीं। जबा के पिता सुविनय बाबू ब्रह्म समाज के सदस्य हैं जिन्हें तात्कालिक बंगाल में म्लेच्छ कहा जाता था। ब्रह्म समाजी परिवार के बदले हुए मूल्यों के डर से सनातनी तरीके से जबा का विवाह एक साल की उम्र में उनकी दादी ने अमूल्य चक्रवर्ती नामक लड़के से कर दिया था जिसका पता उनके द्वारा लिखे गए एक पत्र से फिल्म के अन्त में चलता है कि भूतनाथ ही अमूल्य चक्रवर्ती है। सन् 1962 में जब यह फिल्म रिलीज हुई, रूढ़िवादी दर्शकों ने मीना कुमारी के शराबी बहू, दूसरे पुरुष के साथ घर से बाहर जाने और उसकी गोद में सिर रख देने को गलत माना जिसकी वजह से फिल्म के कई दृश्य बदलने पड़े।

'साहिब, बीबी और गुलाम' की ही तरह राजेश खन्ना और आशा पारिख की फिल्म 'कटी पतंग' में ऐसी ही कथा को विस्तार दिया गया था कि शादी बचपन में हो गई, लड़का लड़की को पता नहीं है। लड़की दकियानूसी में वैधव्य का जीवन जी रही है, दूसरी शादी नहीं करनी उसे क्योंकि पाप लगेगा। बॉलीवुडिया जुगाड़ों से जब कड़ी से कड़ी जुड़ती है तो पता चलता है कि गंगाधर ही शक्तिमान है फिर सब सुखान्त हो जाता है।

शहर की तरफ प्रवास

काम की तलाश में बिहार से कलकत्ता जैसे बड़े शहर की तरफ प्रवास का एक लम्बा इतिहास है। महान भोजपुरी नाटककार भिखारी ठाकुर ने तो विदेसिया नाटकों की एक नई परम्परा ही स्थापित कर दी। बंगाली खूबसूरत महिला जादूगरनियों द्वारा पुरुषों को फाँस लेने का मिथक बहुत ही प्रचलित है। 'साहिब, बीबी और गुलाम' का नायक भूतनाथ उर्फ अमूल्य चक्रवर्ती बिहार के फतेहपुर गाँव से कलकत्ता शहर आते हैं और अपने रिश्ते के बहनोई मास्टर साहब के साथ हवेली में रुकते हैं। उनकी भाषा में भोजपुरी का पुट है।

मोहिनी सिन्दूर का कारखाना और इश्तहार

सिन्दूर सुहाग का प्रतीक होता है और शादीशुदा महिलाएँ इसका प्रयोग करती हैं। इस कम्पनी का मालिक एक ब्रह्मसमाजी सुविनय बाबू हैं। उनकी कम्पनी अखबार में एक इश्तहार छापती है जिसमें यह दावा किया जाता है कि जो भी महिला इस सिन्दूर को लगाएगी उसका पति अपनी पत्नी का ज्यादा ख्याल रखेगा, अधिक परवाह करेगा। विदेश गया पति वापस आ जाएगा। जब छोटी बहू को यह पता चलता है कि भूतनाथ उसी कम्पनी में कारकुन है तो वह उससे मोहिनी सिन्दूर लाने को कहती हैं। कारखाने से सिन्दूर लाने के पहले भूतनाथ अपनी हमउम्र लड़की

और मालिक सुविनय बाबू की बेटी जबा से यह सवाल करके मुतमईन होना चाहता है कि मोहिनी सिन्दूर के बारे में जो इश्तहार छपते हैं वे सही होते हैं ना? भूतनाथ एक तरफ छोटी बहू का भला चाहता है और दूसरी तरफ जबा से भी प्यार करता है। वह अपने कारखाने से मोहिनी सिन्दूर के असर की खूब जाँच-पड़ताल और पूछताछ करके छोटी बहू के लिए लाता है। फिल्म में छोटी बहू के किरदार में मीना कुमारी ने पति के प्यार से वंचित महिला की भूमिका जबरदस्त तरीके से निभाई। सन् साठ के दशक में आई इस फिल्म की नायिका अपने पति का सानिध्य चाहती है लेकिन उसे इसकी बड़ी भारी कीमत चुकानी पड़ती है। वह हर जतन करती है। पति को खुश करने के लिए उसे शराब पीनी पड़ती है जिसकी ऐसी लत लगती है कि जान जाने के बाद ही छूटती है। मोहिनी सिन्दूर से वह अपनी माँग भरती है। माथे पर कुमकुम के टीके का आकार बढ़ता जाता है लेकिन मोहिनी सिन्दूर का कोई असर नहीं होता। पति और बच्चा पा लेने के लिए डेसपेरेट हुई एक हिन्दू जमींदार परिवार की छोटी बहू खूब सजती है और इस प्रयास को चित्रित करने वाले दो मधुर गीत इस फिल्म में हैं :

न जाओ सैंया छुड़ा के बइयाँ, कसम तुम्हारी मैं रो पड़ूँगी...

*

पिया अइसो जिया में समाय गयो रे, मैं तन मन की सुधि गँवा बैठी...

एक बार शराब की लत लग जाने पर छूटती नहीं, पीने वाली बहू गरीबी के दिनों में हाथ के कंगन बेचकर शराब लाने के लिए भूतनाथ को बोलती है। अपने निजी जीवन में भी असफल प्यार के कारण शायरी करने और शराब पीने वाली अभिनेत्री मीना कुमारी का जीवन बहुत हद तक इस फिल्म में निभाए गए छोटी बहू के किरदार से मिलता-जुलता है। शराब और डिप्रेशन में डूबकर उनकी असमय मृत्यु हो गई। यह भी अजीब संजोग है कि रुपहले परदे पर फिल्माई गई एक काल्पनिक कहानी के किरदार किसी कलाकार के निजी जीवन में भी घटित हो जाते हैं।

जीवन भर अपने पति के प्यार के लिए तड़पने वाली छोटी बहू फिल्म के अन्तिम दृश्य में अपने नौकर भूतनाथ के साथ एक बन्द घोड़ागाड़ी में बड़े शहर में किसी वैद्य के पास जाती है जिसे उसका जेठ मझले बाबू देख लेता है। रास्ते में घोड़ागाड़ी रोककर भूतनाथ की पिटाई होती है और छोटी बहू की चीख बताती है कि उनका बलात्कार होता है और हत्या करके हवेली में दफना दिया जाता है। हवेली के तोड़े जाने के समय एक कब्र मिलती है जिसे भूतनाथ छोटी बहू के रूप में पहचानता है क्योंकि उनके हाथों में कंगन वह पहचान लेता है। गुरुदत्त के इशारे

से पता चलता है कि यह कार्य मझले बाबू द्वारा किया जाता है क्योंकि उनके घर की एक महिला पराए मर्द और नौकर के साथ हवेली के बाहर जाने की हिमाकत कर पितृसत्ता को चुनौती दे देती है। उसको सबक देना जरूरी हो जाता है।

साहेब, बीवी और...अन्य फिल्में

फिल्म 'साहेब, बीवी और गैंगस्टर' (2011) तिग्मांशु धूलिया द्वारा निर्देशित एक थ्रिलर प्रेम कहानी है। इस फिल्म में जिम्मी शेरगिल, माही गिल और रणदीप हुड्डा प्रमुख भूमिकाओं में हैं। इस फिल्म को समीक्षकों से सराहना मिली। फिल्म उत्तर प्रदेश के एक रॉयल परिवार की कहानी सुनाती है लेकिन इसका फिल्मांकन गुजरात के देवगढ़ बारिया नामक स्थान पर हुआ। इस फिल्म की सीक्वल 'साहब, बीवी और गैंगस्टर रिटर्न्स' (2013) में रिलीज हुई। महान फिल्मकार गुरुदत्त की क्लासिक सुपरहिट फिल्म 'साहिब, बीबी और गुलाम' के शीर्षक से मिलती-जुलती निर्देशक तिग्मांशु धूलिया की फिल्म 'साहेब, बीवी और गैंगस्टर' इक्कीसवीं सदी में स्त्री-पुरुष सम्बन्धों की जटिलता और विशेष रूप से महिलाओं के रिएक्शन में आए परिवर्तन को मजबूती से उद्घाटित करती है। गुरुदत्त के 'साहिब, बीबी और गुलाम' की छोटी बहू कलकत्ता के जमींदार परिवार की बहू है। वह पति के स्नेह से वंचित और उपेक्षित महिला है। वह भूतनाथ को रात अँधेरे में अपने कमरे में बुलवाती है, उसे लालसाभरी नजरों से निहारती भी है। उससे अपना सुख-दुख बाँटती है लेकिन मर्यादा का उल्लंघन करके शारीरिक सम्बन्ध नहीं बनाती। परन्तु 21वीं सदी के तिग्मांशु के शाही परिवार की बहू जब पति से धोखा पाती है तो खुद अपने ड्राइवर से शारीरिक सम्बन्ध स्थापित कर अपनी इच्छाओं को विस्तार देती हुई नए जमाने की बोल्ड स्त्री के रूप में हमारे सामने आती है। एक पति का अपनी पत्नी से बेवफाई करना और फिर पति की गैर-मौजूदगी में पत्नी का अपने ड्राइवर के साथ शारीरिक सम्बन्ध बनाना आज के समाज का एक घिनौना चेहरा जरूर है लेकिन सच प्रतीत होता है। इस फिल्म में अश्लील दृश्यों की बहुलता है। यह फिल्म आज के सामाजिक परिवेश पर एक प्रहार के रूप में देखी जा सकती है जहाँ अब सिर्फ पुरुष ही नहीं महिलाएँ भी अपनी शारीरिक एवं जैविक इच्छाओं के लिए विवाहेत्तर सम्बन्ध बनाने में संकोच नहीं करतीं बल्कि अपने अधिकार के रूप में देखती हैं।

'शतरंज के खिलाड़ी' 1977 में बनी हिन्दी भाषा की फिल्म है जिसे मुंशी प्रेमचन्द द्वारा लिखी गई कहानी पर प्रसिद्ध बांग्ला फिल्मकार सत्यजित रे ने निर्मित किया था। इसकी कहानी 1856 के अवध के नवाब वाजिद अली शाह के दो अमीरों के इर्द-गिर्द घूमती है। ये दोनों खिलाड़ी शतरंज खेलने में इतने व्यस्त रहते

हैं कि उन्हें अपने शासन तथा परिवार की भी फिक्र नहीं रहती। इसी की पृष्ठभूमि में अंग्रेजों की सेना अवध पर चढ़ाई करती है। फिल्म का अन्त अंग्रेजों के अवध पर आधिपत्य के बाद के एक दृश्य से होता है जिसमें दोनों खिलाड़ी शतरंज अपने पुराने देशी अन्दाज की बजाय अंग्रेजी शैली में खेलने लगते हैं जिसमें राजा एक-दूसरे के आमने सामने नहीं होते। इस फिल्म को फिल्मकारों तथा इतिहासकारों दोनों की समालोचना मिली थी। फिल्म को तीन फिल्मफेयर अवार्ड मिले थे जिसमें सर्वश्रेष्ठ निर्देशक का पुरस्कार भी शामिल था।

उपसंहार

गुरुदत्त एक समर्थ फिल्मकार थे और 'साहिब, बीबी और गुलाम' एक सफल फिल्म। अंग्रेजी शासनकाल के कलकत्ता के जमींदार की हवेली, उसमें रहने वाले जमींदार, उनकी पत्नियाँ और नौकर-चाकर सब कुछ बाहर से देखने पर ठीक से चल रहा होता है लेकिन हवेली के भीतर बेबस-उपेक्षित महिलाएँ हैं, मुजरा है रतजगा, देश दुनिया और अंग्रेजों की गुलामी से बेखबर लोग रागदरबारी सुनने में व्यस्त हैं। सब कुछ खोखला हो रहा है। राजदार और पैरोकार समझे जाने वाले लोग हवेली और उसकी सम्पत्तियों को लूटने लगे हैं। झूठ-मूठ का दम्भ और आडम्बर है कर्मकांड और दकियानूसी परम्पराएँ हैं सब मिलकर हवेली के अन्दर और बाहर के वातावरण को सड़ाने में लगे हैं। कुछ क्रान्तिकारी भी हैं जो बम बन्दूक लेकर अंग्रेजों से मोर्चा खोले हुए हैं लेकिन लम्पट और भोगी जमींदारों को अय्याशी और कबूतरबाजी से फुरसत नहीं है। वे मुजरा सुनने और शराब पीने में व्यस्त हैं। सब कुछ बिक जाता है, हवेली की रौनक चली जाती है और एक दिन उसे तोड़ने की नौबत आती है। साहब मर चुके हैं, बीवी की हत्या हो चुकी है और गुलाम सुपरवाइजर बनकर हवेली तोड़ने का काम करा रहा है। प्रतीकात्मक रूप से देखें तो यह जमींदारी के खात्मे और महाजनी सभ्यता (प्रेमचन्द) के निष्प्रभावी होते जाने की दास्तान है। विमल मित्र के इसी नाम के उपन्यास पर बनी फिल्म के बारे में *टाइम्स ऑफ इंडिया* (24 जून, 1962) लिखता है, 'इस फिल्म की कथा बेहतर तरीके से लिखी गई है... इस उपन्यास का शब्द बाहुल्य तथा अप्रासंगिकता इसे अव्यवस्थित बना देती है लेकिन इस फिल्म में मूल पुस्तक का प्रभावी तरीके से रूपान्तर तो किया गया है लेकिन अनुकरण नहीं।' तात्पर्य यह है कि फिल्म की कहानी का प्रस्तुतीकरण उपन्यास से भी अच्छा और प्रभावशाली है।

राजकपूर और नरगिस का प्रेम जगजाहिर था। उनका पारिवारिक जीवन बहुत अस्त-व्यस्त हुआ लेकिन राजकपूर और कृष्णा अपने सम्बन्ध और परिवार बचाकर आगे निकल गए परन्तु गुरुदत्त, गीता दत्त और वहीदा रहमान के साथ सम्बन्धों में

ऐसे उलझे कि आत्महत्या कर अपनी जीवनलीला समाप्त कर ली। गुरुदत्त अन्तर्मुखी और संश्लिष्ट व्यक्ति थे और उनके जीवन का दुखद अन्त हुआ। भारत देश ने अपने एक प्रतिभावान और संवेदनशील फिल्मकार को असमय खो दिया। आज भी नई पीढ़ी के फिल्मकार गुरुदत्त जैसे लीजेंड के क्लासिक फिल्मों से सीखते हैं, अपनी फिल्में बनाते हैं।

प्रवास और भारतीय सिनेमा

प्रवास का सिनेमा और भारतीय महिलाएँ : अरुणा राजे पाटिल की 'रिहाई'

मनुष्यों का एक स्थान से दूसरे स्थान पर विभिन्न कारणों से पलायन करने का लम्बा इतिहास रहा है। हम इस लेख में भारत के गाँवों से शहरों की तरफ पुरुषों के पलायन और उसके प्रभावों के ऊपर चर्चा करेंगे। इस विषय पर बॉलीवुड में बहुत सी फिल्में भी बनी हैं। ऐसी ही एक हिन्दी फिल्म वर्ष 1988 में रिलीज हुई थी जिसका नाम था 'रिहाई'। इस फिल्म में विनोद खन्ना, हेमा मालिनी, नसीरुद्दीन शाह, नीना गुप्ता, रीमा लागू और मोहन अगाशे जैसे बड़े कलाकारों ने काम किया था। यह फिल्म गुजरात राज्य के एक दूरस्थ गाँव की कहानी कहती है जिसके युवक और पुरुष रोजगार की तलाश में शहरों में पलायन कर गए थे जिसके कारण गाँव महिलाओं, बच्चों और वृद्ध लोगों का एक समुदाय रह जाता है। पुरुषों के उत्प्रवास और उसके फलस्वरूप महिलाओं के जीवन पर पड़ने वाले प्रभावों को अत्यन्त मार्मिक ढंग से इस फिल्म में चित्रण किया गया था। 'रिहाई' फिल्म की निर्देशक अरुणा राजे नाम की एक महिला थीं। गाँवों से शहरों की तरफ होने वाला प्रवास एक बहुत महत्त्वपूर्ण प्रघटना है जिसने ग्रामीण जीवन के सामुदायिक चरित्र को गहरे प्रभावित किया है। अस्सी और नब्बे का दशक भारतीय समाज में बड़े बदलावों के लिए जाना जाता है। गुजरात समुद्र किनारे स्थित एक विकसित राज्य है जहाँ विविध प्रकार के व्यवसाय और उद्योग स्थापित हैं। अस्सी के दशक में गुजरात राज्य के गाँव पलायन की जिस व्यथा को जी रहे थे उसका आरम्भ उत्तर प्रदेश और बिहार जैसे पिछड़े राज्यों में नब्बे के दशक में हुआ। जजमानी व्यवस्था टूटी, जाति आधारित व्यवसायों की अनिवार्यता समाप्त हुई, शिक्षा और गतिशीलता बढ़ी, परिवार और स्थानीयता का मोह लोगों के मन से धीरे-धीरे कम होने लगा। समाज पुरुष प्रधान था और घर के बाहर काम करने और रोजी-रोटी कमाने की जिम्मेदारी पुरुषों के ऊपर ही थी इसलिए उत्प्रवास भी पुरुषों का ही हुआ।

लम्बी दूरी के प्रवास की यह घटना नई थी जिसके प्रभावों से निपटने का उपाय समाज को अभी खोजना बाकी था। महिलाओं का घर से बहुत दूर जाकर पति के साथ रहना परिवार और समाज ने स्वीकार नहीं किया था। पुरुष शहर में अकेले

था और पीछे गाँव में उसके माँ-बाप, बीवी-बच्चे और अन्य सगे सम्बन्धी थे। इस तरह चिट्ठियों से संवाद के जमाने में एक नए तरह के परिवार और समुदाय की संरचना का उद्भव हुआ जिसे मैं फ्रेक्चर्ड फेमिली स्ट्रक्चर (एफएफएस) और फ्रेक्चर्ड कम्युनिटी स्ट्रक्चर (एफसीएस) कहता हूँ। इस नई संरचना में घर-परिवार की जिम्मेदारियों को सँभालने का बोझ महिलाओं के कन्धे पर आ गया। इससे उनके अधिकारों में वृद्धि का आभास तो हुआ लेकिन वास्तविकता में दूर बैठे पुरुष मुखिया या पति का दखल महत्त्वपूर्ण निर्णयों में बना रहा। बच्चों की कल्पना में भी वह एक पिता की तरह बराबर मौजूद रहा कि एक दिन वह कमाकर लौटेगा या हर साल होली या दीवाली जैसे त्योहार पर तो अवश्य लौटेगा। परिवार से अनुपस्थित ऐसे प्रवासी पुरुष को अवधारणात्मक रूप से मैं एब्सेंटी फादर और एब्सेंटी हस्बैंड कहता हूँ। कभी-कभी तो बच्चों को अपने पिता का सिर्फ नाम और वह कहाँ रहता है इतना पता होता है जिसकी चर्चा वह अपनी माँ, दादा-दादी या गाँव वालों से सुनता है। ऐसे बच्चों के लिए वह इमैजिंड फादर होता है। प्रवास से उत्पन्न परिस्थितियों में वास्तविक जैविक पिता और सामाजिक पिता (समाज द्वारा स्वीकृत पिता) की दुविधाजनक स्थितियाँ भी उत्पन्न हुई हैं जिसके कारण अनेक तरह के संघर्ष और हाइब्रिड रिलेशंस का जन्म हुआ है। मानवशास्त्रीय शब्दावली में बात करें तो परिहार (रिलेशंस ऑफ अवाइडेंस) और मजाक (जोकिंग रिलेशंस) के सम्बन्धों में परिवर्तन आया है जिसके कारण प्रतिबन्धित सम्बन्धों वाले लोगों में भी अन्त:क्रिया बढी है इसमें महिलाओं का शारीरिक और मानसिक शोषण भी बढ़ा है। पति की अनुपस्थिति में पत्नियों का गर्भवती हो जाना और बच्चों को जन्म देना परम्परागत ग्रामीण परिवारों के लिए अपमानजनक परिस्थितियाँ उत्पन्न करता है। पड़ोस और गाँव में रहने वाले लोगों की आपसी बातचीत और प्राथमिक सूचनाओं से आप इस विषय में काफी जानकारी जुटा सकते हैं जो घरों की चारदीवारी के भीतर होने वाले झगड़ों और कलह से निकलकर बाहर आती रहती हैं। 'रिहाई' फिल्म की विषय-वस्तु पुरुषों के प्रवास से उत्पन्न परिस्थितियों में महिलाओं के जीवन में आने वाली समस्याओं को प्रमुखता से उठाती है।

प्रवास, सिनेमा और समाज

फिल्म 'रिहाई' में नसीरुद्दीन शाह ने मनसुख नाम के एक नौजवान की भूमिका निभाई थी। वह कई वर्ष का समय दुबई में बिताकर वापस अपने गाँव लौटता है। उसके गाँव लौटने से एकाकी जीवन जी रही शादीशुदा औरतें बहुत खुश और उत्साहित हैं। एक और औरत है टाकू (हेमा मालिनी) जो अमरजी (विनोद खन्ना) की पत्नी है और स्वाभिमानी प्रवृत्ति की महिला है। मनसुख उसे लुभाने-पटाने की कोशिश में

लग जाता है और बाद में सफल भी हो जाता है। कुछ दिनों बाद मनसुख गाँव से चला जाता है। उसके जाने के बाद पता चलता है कि सुखी और टाकू गर्भवती हैं। इन दोनों के पति गाँव से दूर शहरों में रहते हैं। एक पराए मर्द के संसर्ग से गर्भवती हो जाना परम्परागत भारतीय समाज के मूल्यों, मान्यताओं और प्रतिमानों के समक्ष चुनौती बनकर खड़ा हो जाता है। पुरुष वर्चस्ववादी समाज इस तरह की दुर्घटनाओं का प्रत्युत्तर महिलाओं को जिम्मेदार मानते हुए ही देता है क्योंकि घर-परिवार और समाज सबकी इज्जत बचाने की गुरुतर जिम्मेदारी स्त्रियों के कन्धे पर ही होती है। इसीलिए तो अखबारी भाषा में ऐसे अपराधों के दंड में लोगों द्वारा गैर-कानूनी तरीके से लड़कियों/महिलाओं को मार दिए जाने की घटनाओं को 'ऑनर किलिंग' लिखा और बोला जाता है।

कानूनी तौर पर देखें तो बालिग लड़कों की तरह लड़कियों के लिए भी जीवनसाथी चुनने का अधिकार भारतीय संविधान देता है। परन्तु वास्तविकता में भारतीय समाज अन्तर्जातीय-अन्तर्धार्मिक वैवाहिक सम्बन्धों की इजाजत प्रायः नहीं देता। माँ बनने का अधिकार भी एक महिला स्वयं तय नहीं कर सकती कि वह किस पुरुष के बच्चे की माँ बनेगी। परिस्थितिजन्य या शोषण/अपराध की शिकार होकर भी यदि एक अविवाहित लड़की या विवाहित महिला गैर पुरुष के बच्चे की माँ बन जाए तो भी सारी जिम्मेदारी/गलती उसी की मानी जाती है। यह फिल्म महिलाओं के हक की बात करती है। फिल्म के संवाद और दृश्यों से महिलाओं के बारे में पुरुषों की सोच, माँ बनने, गर्भवती होने के बारे में भी समाज के दृष्टिकोण का पता चलता है। फ्रायडियन फ्रेमवर्क में देखें तो मानव शरीर की जैविक जरूरतों को पूरा करना अनिवार्य है। यदि वह समाज द्वारा निर्धारित या थोपे गए प्रतिमानों में पूरा नहीं होता तो व्यक्ति उन बन्धनों को चाहे-अनचाहे तोड़ देता है जिसके लिए शास्तियाँ भी निर्धारित हैं। ये शास्तियाँ या दंड पुरुषों और महिलाओं के लिए बराबर या समान नहीं हैं। महिलाएँ इस भेदभाव की ज्यादा शिकार हैं जो समाज के 'डबल स्टैंडर्ड' या प्रेज्यूडिस को दिखाता है। विदेशिया, बटोहिया नाटक और गीतों में भोजपुरी के शेक्सपियर भिखारी ठाकुर ने अकेली महिलाओं के दुःख-दर्द को चित्रित किया। बॉलीवुड की फिल्में इस भेदभाव को प्रभावी ढंग से चित्रित करती हैं। 'रिहाई' के अतिरिक्त जो अन्य बॉलीवुड फिल्में इस मुद्दे को प्रस्तुत करती हैं और हमें सोचने को मजबूर करती हैं वे निम्न प्रकार हैं : 'कथा' (1982 सई परांजपे), 'तिरियाचरित्तर' (बासु चटर्जी 1994, लेखक शिवमूर्ति) 'अस्तित्व' (2000 महेश मांजरेकर), 'रुस्तम' (2016), 'मृत्युदंड' (प्रकाश झा 1997)।

सई परांजपे के निर्देशन में बनी फिल्म 'कथा' में दीप्ति नवल, फारुख शेख और नसीरुद्दीन शाह ने मुख्य भूमिकाएँ की थी। नसीर, दीप्ति से प्रेम करते हैं लेकिन फारुख एक आवारा टाइप आदमी है और वह अपनी मीठी बातों में उलझाकर

दीप्ति और अन्य महिलाओं से न केवल फ्लर्ट करता है बल्कि शारीरिक सम्बन्ध भी बनाता है और एक दिन चुपचाप गायब भी हो जाता है। उसके गायब होने के बाद ये महिलाएँ ठगा हुआ महसूस करती हैं।

'तिरियाचरित्तर' एक नकारात्मक शब्द है जिसका प्रयोग पुरुषों द्वारा महिलाओं के अस्थिर एवं संशयपूर्ण मानसिक स्थिति एवं व्यवहार वाली बताने के लिए किया जाता है। शिवमूर्ति जी अपनी 'तिरियाचरित्तर' शीर्षक कहानी में दिखाते हैं कि असल में महिलाएँ नहीं पुरुष का व्यवहार ज्यादा संकीर्ण और छल-कपट से भरा होता है और वह अपने इन दुर्गुणों से महिलाओं का शोषण करता है। 'रिहाई' फिल्म के शोषक युवक की तरह इस फिल्म में भी शोषक ससुर की भूमिका में नसीरुद्दीन शाह ही हैं। शिवमूर्ति की एक और कहानी 'कुच्ची का कानून' में कुच्ची नाम की एकल महिला माँ बनने का न केवल निर्णय लेती है बल्कि अपने फैसले को समाज के सामने जस्टीफाई भी करती है। महेश मांजरेकर निर्देशित और तब्बू, सचिन खेडेकर एवं मोहनीश बहल अभिनीत 'अस्तित्व' भी विवाह के बन्धन, शारीरिक जरूरतों, विवाहेतर सम्बन्धों, माँ बनने के अधिकार जैसे मुद्दों के प्रति मर्दवादी नजरिये की पोल खोलती है। प्रकाश झा निर्देशित 'मृत्युदंड' में शबाना आजमी की भूमिका में वह तय करती है कि उसके पेट में किसका बच्चा पलेगा। वास्तव में माँ ही जानती है कि वह किसके बच्चे की माँ है जिसका उसे पूरा हक भी है। अक्षय कुमार और इलियाना डीक्रूज अभिनीत 'रुस्तम' फिल्म में एक नौसेना के अधिकारी की विदेश में पोस्टिंग के दौरान उसकी पत्नी के अकेलेपन का लाभ उठाकर सेना का सामान सप्लाई करने वाला एक ठेकेदार शारीरिक सम्बन्ध बना लेता है। अधिकारी की पत्नी इसके लिए अपराधबोध में जीने को बाध्य होती है साथ ही अपने पति के प्यार से वंचित अभिशप्त जीवन जीती है। वैवाहिक सम्बन्धों से इतर जब पति या पत्नी परिस्थितिवश शारीरिक सम्बन्ध स्थापित कर लेते हैं तो कई तरह की जटिल स्थितियाँ उत्पन्न होती हैं। 'रुस्तम' में ऐसी मुश्किलों से मुकाबिल चरित्रों के कशमकश को यह फिल्म प्रभावी तरीके से प्रस्तुत करती है।

प्रवास एक सामान्य डेमोग्राफिक प्रक्रिया है। शिक्षा, रोजगार, युद्ध और महामारी की स्थितियों में लोग एक स्थान से दूसरे स्थान पर जाते हैं। प्रवास से जहाँ एक तरफ शिक्षित-कुशल लोगों की संख्या बढ़ती है वहीं समाज का आर्थिक स्तर भी ऊपर उठता है। गाँवों में अतिरिक्त जनसंख्या के बाहर चले जाने से शेष बचे लोगों की बारगेनिंग क्षमता में वृद्धि होती है इस तरह उनकी आय और सम्मान दोनों में वृद्धि होती है। बच्चों को अच्छा कपड़ा, भोजन और शिक्षा उपलब्ध हो पाती है। कृषि भूमि खरीदने के साथ ट्रेक्टर, हार्वेस्टर जैसे आधुनिक संसाधनों को खरीदने की क्षमता में भी वृद्धि होती है। जातिवादी व्यवसाय और सामाजिक संरचना की जकड़न से भी राहत मिलती है जिससे श्रम और श्रमिक दोनों का सम्मान बढ़ता है। प्रवासी लोग

अपनी बचत से गाँव में या आसपास के चौराहों और बाजारों में स्थायी प्रतिष्ठान खोलते हैं और आत्मनिर्भर होकर आगे प्रवास से बच जाते हैं। प्रवास से अर्जित सामाजिक्र-सांस्कृतिक और तकनीकी पूँजी से प्रवासी लोग पोल्ट्री, मशरूम डेयरी जैसे एग्रो-अलाइड बिजनेस भी आरम्भ करते हैं जिससे नए रोजगार पैदा होते हैं।

पलायन के बाद शहरी केन्द्रों में मजदूर गन्दी बस्तियों में रहने को मजबूर होते हैं जहाँ हवा, पानी, प्रकाश की समस्या होती है। गाँव में भी समर्थ लोगों द्वारा स्त्रियों का शोषण होता है। प्रवासी पुरुष तमाम गन्दी आदतों जैसे शराब, गुटखा, पर-स्त्री गमन के शिकार होकर एड्स जैसी बीमारियों के शिकार होते हैं। प्रवास से परिवारों में भावनात्मक वंचना व टूटन बढ़ती है। बच्चों और वृद्ध व्यक्तियों की देख-रेख ठीक तरह से नहीं हो पाती है। वयस्कों की शारीरिक आवश्यकताओं की पूर्ति न होने से कई तरह की समस्याएँ बढ़ती हैं। महिलाओं का परिवार के अन्दर और बाहर शोषण बढ़ जाता हैं। प्रवास के बहुआयामी सकारामक और नकारात्मक प्रभाव प्रवासी व्यक्तियों और परिवारों पर पड़ते हैं जिसे बॉलीवुड की फिल्में भी अपना विषय बनाती हैं।

सिनेमा में प्रवासी भारतीय

मनुष्यों का एक स्थान से दूसरे स्थान पर पलायन करने का लम्बा इतिहास रहा है। इसके पीछे अनेक वस्तुगत कारण होते हैं। समाज वैज्ञानिक एन. जयराम प्रवास के बारे में लिखते हैं—

> एक स्थान से दूसरे स्थान को प्रवास करना एक स्वाभाविक मानवीय प्रवृत्ति रही है। यह प्रवास अस्थायी-मौसमी, स्थायी, राष्ट्रीय या अन्तर्राष्ट्रीय भी हो सकता है। मनुष्यों के प्रवास में लोगों का केवल भौतिक शरीर मात्र गति नहीं करता है बल्कि वे अपने साथ अपनी सामाजिक-सांस्कृतिक तत्त्वों को भी साथ ले जाते हैं, जैसे कि (क) अपनी स्थापित पहचान (ख) धार्मिक विश्वास एवं व्यवहार (ग) परिवार, नातेदारी संगठनों और भोजन सम्बन्धी आदतों को नियमित करने वाले प्रतिमानों और मूल्यों का एक ढाँचा (घ) भाषा। (जयराम 2004:16)

इसी कारण भारतीय लोग दुनिया में जहाँ भी गए अपनी भाषा, वेश-भूषा, खानपान, त्योहार, धार्मिक पुस्तकें और फिल्में सब कुछ साथ ले गए। बौद्धमठ, गुरुद्वारे, मन्दिर और मस्जिद सभी तरह के धार्मिक संस्थान भी अपने नए स्थानों पर स्थापित किया। युद्ध और देशों के बँटवारे की स्थिति में बड़े जनसमूह को एक स्थान से दूसरे स्थानों को पलायन करना पड़ता है।

डायस्पोरा एक ग्रीक शब्द है जो यहूदियों के 587 ईसा पूर्व में जेरुसलम की पराजय के बाद बेबीलोन पलायन के सम्बन्ध में सर्वप्रथम प्रयुक्त हुआ। कोहन (1997) ने लिखा है कि 'यहूदी, अफ्रीकी, फलिस्तीनी, आर्मेनियन लोगों के पलायन से उपजे सामूहिक सदमे को व्यक्त करने वाला शब्द या अवधारणा है जो अपनी मातृभूमि/घरों से दूर रहते हुए पुनः वापस लौटने के सपने के साथ जीते हैं।' 'डायस्पोरा' जर्नल के सम्पादक टोलोलयान डायस्पोरा की अवधारणा को कुछ इस तरह परिभाषित करते हैं—

> The entire semantic domain that includes words like immigrant, expatriate, refugees, guest workers, exile

community, overseas community, ethnic community. (Tololyan 1991:4)

अर्थात डायस्पोरा या प्रवासी समुदायों के लिए अप्रवासी, प्रवासी, शरणार्थी, अतिथि कामगार, निर्वासन समुदाय, विदेशी समुदाय एवं नृजातीय समुदाय जैसे शब्दों का भी प्रयोग होता है। विलियम सैफरोन (1991:83) ने डायस्पोरा की एक आदर्श परिभाषा प्रस्तुत करने का प्रयास किया है—

> Expatriate minority communities, dispersed from an original 'centre' to at least two 'peripheral' places. They maintain a memory or myth about their original homeland; they believe they are not and perhaps cannot be fully accepted by their host country, and they see the ancestral home as a place of eventual return and a place to maintain or restore.

अर्थात डायस्पोरा ऐसे व्यक्तियों के समुदाय को कहते हैं जो अपने मूलनिवास से दूर दो या अधिक स्थानों पर बिखर गए हों। वे अपने मन में वास्तविक गृह देश की एक याद लिए जीवित रहते हैं क्योंकि उनका मानना होता है कि मेजबान देशों द्वारा उन्हें पूरी तरह स्वीकार नहीं किया जाएगा। इसीलिए वे अपने पूर्वजों की भूमि को वापसी के लिए देखते रहते हैं जहाँ से उन्हें अपनी पहचान और जुड़ाव महसूस होता है।

प्रवासी भारतीयों के जीवन को चित्रित करने वाली फिल्मों की संख्या में लगातार वृद्धि हो रही है जिसके दो कारण हैं—एक प्रवासी भारतीयों की संख्या का बढ़ना और दूसरा, दुनियाभर में फैले दर्शकों द्वारा बॉलीवुड सिनेमा को पसन्द किया जाना। दुनिया के विभिन्न देशों में प्रवासी भारतीयों की बढ़ती संख्या और उनके राजनीतिक-सांस्कृतिक एवं आर्थिक महत्त्व को देखते हुए भारतवर्ष की सरकारों ने भी उन्हें पर्याप्त महत्त्व देना शुरू कर दिया है।

जल, थल और वायु मार्गों से आवागमन के साधनों की सर्वसुलभता एवं सूचना तकनीक के आधुनिक संसाधनों ने पूरी दुनिया के मानवीय समुदायों को जोड़ने का काम किया है। औद्योगिक क्रान्ति के बाद कच्चे माल, सस्ते श्रम एवं उत्पादों के लिए नए बाजारों की खोज के क्रम में यूरोप के देशों ने उपनिवेशों की स्थापना की। इस कारण बड़ी संख्या में भारत से भी लोग ब्रिटिश उपनिवेशों में श्रमिकों के रूप में गए। आधुनिक शिक्षा प्राप्त करने के बाद तथा सन् 1947 में देश के आजाद होने के बाद बड़ी संख्या में उच्च एवं तकनीकी शिक्षा प्राप्त लोग दुनिया के विभिन्न देशों में गए। आज चीन और ब्रिटेन के बाद तीसरी सबसे बड़ी आबादी प्रवासी भारतीयों

की है। विश्व के लगभग 110 देशों में 2.5 करोड़ भारतीय रहते हैं और यह संख्या लगातार बढ़ भी रही है। प्रवासी भारतीयों ने अपने मेजबान देशों में एक विशिष्ट स्थिति प्राप्त की है और वे सामाजिक, राजनीतिक, सांस्कृतिक एवं आर्थिक क्षेत्रों में न केवल मेजबान देशों की मदद कर रहे हैं बल्कि भारत के साथ अन्तर्राष्ट्रीय सम्बन्धों को मजबूत करने में भी सराहनीय योगदान दे रहे हैं।

प्रवास की त्रासदी के विभिन्न रूप

प्रोफेसर आर.के. जैन (2005:71) भारतीय सिनेमा के वैश्विक विस्तार पर लिखते हैं—'भारतीय वाणिज्यिक सिनेमा एक ऐतिहासिक एवं अन्तर्राष्ट्रीय प्रघटना बन चुका है। विदेशी तत्त्व, टेक्नोलॉजी, कथानक को अपनाना हो या अफ्रीका, मध्य पूर्व, ग्रीक, टर्की, चीन, दक्षिणी-पूर्वी एशिया, रूस, और पूर्वी यूरोप में भारतीय फिल्मों का प्रदर्शन जो कि सन् 1940 और 1950 के दशक से हो रहा है।' भारतीयों के साथ विदेशियों द्वारा भी बॉलीवुड फिल्में बहुत पसन्द की जाती हैं। अब तो कई अन्तर्राष्ट्रीय फिल्म निर्माता भी भारतीय फिल्मकारों के साथ जॉइंट वेंचर में फिल्में बनाकर विश्वभर के सिनेमाघरों में रिलीज करते हैं। प्रवासी भारतीयों के जीवन पर बनने वाली फिल्मों में कुछ फिल्में बॉलीवुड में बनी हैं; जबकि कुछ फिल्में खुद विभिन्न देशों में रहने वाले प्रवासी भारतीय फिल्मकारों द्वारा बनाई गई हैं। शेखर कपूर, मनोज नाइट श्यामलन, मीरा नैयर, गुरिन्दर चड्ढा, दीपा मेहता, नागेश कुकुनूर, जगमोहन मूंदड़ा और कैजाद गुस्ताग जैसे तमाम प्रवासी भारतीय फिल्मकार हैं जो अपने होस्ट देशों में रहकर फिल्मों का निर्माण-निर्देशन कर रहे हैं। आगे दोनों तरह की फिल्मों की अन्तर्वस्तु के विश्लेषण से यह समझने का प्रयास किया गया है कि अपनी मातृभूमि भारत से बाहर जाकर बसने के बाद उनकी रोजमर्रा की जिन्दगी किस तरह व्यतीत होती है। दोनों तरह के फिल्म निर्माताओं की फिल्मों से यह पड़ताल करने की भी कोशिश की गई है कि कौन सा चित्रण अधिक प्रमाणिक और कौन सा आदर्शवाद पर आधारित है।

भौगोलिक दायरे को तोड़ता सिनेमा

वी.शान्ताराम ने सन् 1946 में एक कर्मनिष्ठ डॉ. कोटनीस के जीवन पर 'डॉ. कोटनीस की अमर कहानी' नाम से फिल्म बनाई थी। युद्ध में घायल लोगों का उपचार करने के लिए डॉ. कोटनीस चीन गए थे और वहीं जीवन का बलिदान दे दिया था। विदेशी धरती पर किसी भारतीय के जीवन पर बनी यह पहली फिल्म थी। उसके बाद सन् 1960 के दशक में विदेशी लोकेशंस पर 'संगम' (1964),

'लव इन टोक्यो' (1966), 'एन इवनिंग इन पेरिस' (1967), 'अराउंड द वर्ल्ड इन एट डालर' (1967), 'पूरब और पश्चिम' (1970), 'देस परदेस' (1978) और 'नाम' (1986) फिल्में बनीं जो प्रवासी भारतीयों और उनके जीवन का चित्रण करती हैं। नब्बे के दशक में प्रवासी भारतीयों के सिनेमा की नई लहर आई जिसमें 'दिलवाले दुल्हनिया ले जाएँगे' (1995), 'परदेस' (1997), 'जींस' (1997), 'आ अब लौट चलें' (1998), 'प्राउड टू बी इंडियन' (2001), 'ये है जलवा' (2001), 'कभी खुशी कभी गम' (2001), 'लीला' (2002), 'कल हो ना हो' (2003), 'लज्जा' (2003), 'सलाम नमस्ते' (2005), 'नमस्ते लन्दन' (2006), 'तारा रम पम' (2007), 'बॉम्बे टू बैंकाक' (2008) जैसी कई फिल्में बनीं।

प्रवासी भारतीयों के जीवन को चित्रित करने वाली फिल्मों की संख्या में लगातार वृद्धि हो रही है जिसके दो कारण हैं एक प्रवासी भारतीयों की संख्या का बढ़ना और दूसरा, दुनियाभर में फैले दर्शकों द्वारा बॉलीवुड सिनेमा को पसन्द किया जाना। दुनिया के विभिन्न देशों में प्रवासी भारतीयों की बढ़ती संख्या और उनके राजनीतिक-सांस्कृतिक एवं आर्थिक महत्त्व को देखते हुए भारतवर्ष की सरकारों ने भी उन्हें पर्याप्त महत्त्व देना शुरू कर दिया है। प्रत्येक वर्ष 9 जनवरी को महात्मा गांधी के स्वदेश वापसी के दिन को प्रवासी भारतीय दिवस के रूप में मनाया जाता है जिसका आरम्भ सन् 2003 में हुआ।

बॉलीवुड सिनेमा और भारतवादी दृष्टिकोण

प्रवासी भारतीयों के जीवन को चित्रित करने वाली फिल्मों की बात करें तो मनोज कुमार निर्मित 'पूरब और पश्चिम' (मनोज कुमार 1970) का नाम सबसे पहले आता है। भारत और यूरोप के देशों की भिन्न जीवन शैली का तुलनात्मक प्रस्तुतीकरण करते हुए भारतीय जीवन पद्धति, परम्पराओं और मूल्यों को बेहतर साबित करने का एक प्रयास इस फिल्म में दिखता है। कोई नौजवान आधुनिक शिक्षा ग्रहण करने भले ही लंदन जाए लेकिन उसे अपने देश के विकास में योगदान देने के लिए स्वदेस वापस लौटकर कार्य करना चाहिए इस फिल्म की विषय-वस्तु इसी थीम पर केन्द्रित है। 'भारत का रहने वाला हूँ, भारत की बात बताता हूँ...' गीत गाने वाले नायक भारत कुमार (मनोज कुमार) को यह बात नागवार गुजरती है कि विदेशों में रहने वाले भारतीय अपने देश और लोगों को कमतर समझते हुए बुराई करते हैं। इस गीत के माध्यम से नायक भारत अपने देश की गौरवशाली परम्परा और उपलब्धियों का बखान करता है, 'जीते हैं लोगों ने देश तो क्या, हमने दिलों को जीता है...'।

प्रधानमंत्री नरेन्द्र मोदी जी ने इस बात को कई देशों में दुहराया है कि 'भारत ने दुनिया को युद्ध नहीं बुद्ध दिया है जो शान्ति, अहिंसा और सहअस्तित्व का सन्देश

देते हैं।' 'पूरब और पश्चिम' फिल्म की नायिका प्रीति (सायरा बानो) जब वेस्टर्न कपड़े छोड़कर साड़ी पहनती हैं और सिगरेट शराब पीना छोड़ देती हैं तो एक आदर्श नारी के रूप में दर्शकों के सामने आती हैं। 'दिलवाले दुल्हनिया ले जाएँगे' (आदित्य चोपड़ा 1995) डायस्पोरा जेनर की मैग्नम ऑप्स फिल्म है। साठ-सत्तर के दशक से लेकर नब्बे के दशक तक कभी-कभार प्रवासी भारतीयों के जीवन पर फिल्में बनती रहीं लेकिन 'डीडीएलजे' ने इस दिशा में नई परम्परा की नींव रखी। ब्रोईस और याज्गी (2007:369) ने प्रवासी सिनेमा की इस यात्रा के बारे में टिप्पणी की है—

> The early 1990s films presented the need for renegotiating the modernity-tradition impasse. This juncture saw a spate of 'clean' family films in which the figure of the overseas Indian made a comeback, now presented as the successful wanderer between confidents and cultures, and between modernity and tradition.

नब्बे के दशक के सिनेमा में आधुनिकता बनाम परम्परा के डिबेट के स्थान पर आधुनिकता और परम्परा को साथ-साथ लेकर चलने की बात सुझाई गई जो ज्यादा व्यावहारिक और अपीलिंग रही। डीडीएलजे फिल्म ने बताया कि हम दुनिया में कहीं भी जाकर बस जाएँ, हमें अपने पारिवारिक मूल्यों का सम्मान करते हुए, माता-पिता की भावनाओं का सम्मान करते हुए शादी-ब्याह करना व जीवन जीना चाहिए। परिवार, विवाह और नातेदारी के विषयों पर साधिकार लिखने वाली समाजशास्त्री पैट्रीसिया ओबेराय लिखती हैं—

> 'DDLJ' is a love story portraying Indians settled abroad, which define Indianness with reference to specificities of family life, the institutions of courtship and marriage in particular.

फिल्म के निर्माता यश चोपड़ा अपने एक इंटरव्यू में कहते हैं कि वे इस धारणा को बदलना चाहते हैं कि 'भारत केवल सपेरों का देश है। मैं यह बताना चाहता हूँ कि हम भारतीय लोग कैसे सोचते हैं और अपने लोगों से प्यार करते हैं। 'डीडीएलजे' फिल्म के माध्यम से हम बताना चाहते थे कि यदि आपका प्यार सच्चा है तो आपके माता-पिता भी अन्ततः आपके सम्बन्धों को स्वीकार कर सम्मान देते हैं।' बहुत से परिवर्तनों के बाद भी परिवार में महिलाओं और लड़कियों को अपने जीवन के महत्त्वपूर्ण निर्णय लेने की आजादी आज भी नहीं

है। फिल्म की नायिका सिमरन की माँ अपने साथ हुए भेदभाव को अपनी बेटी को स्पष्ट शब्दों में बताते हुए हम फिल्म में देख सकते हैं। एक लड़की के लिए शादी के पहले शुचिता और कौमार्य अनिवार्य भारतीय मूल्य है यह भी इस फिल्म का मजबूत सन्देश है।

प्रवासी निगाह का सिनेमा

'स्वदेस' (आशुतोष गोवारिकर 2004) का नायक मोहन भार्गव नासा में काम करने वाला इंजीनियर है जो अपनी अध्यापक प्रेमिका की प्रेरणा से अपने वतन वापस लौटकर राष्ट्र निर्माण की प्रक्रिया में सहयोग करना चाहता है। गाँव में फैले जातीय भेदभाव-छुआछूत के खिलाफ भी नायक आवाज उठाता है और शिक्षा का प्रसार कर गाँव के लोगों को तार्किक और आधुनिक बनाने का प्रयास करता है। 'कल हो ना हो' (करन जौहर 2003) अमेरिका के न्यूयॉर्क शहर में बसे प्रवासी भारतीयों की कहानी है जिसमें नैना कैथरीन कपूर पटेल की हाइब्रिड आइडेंटिटी को हाईलाइट किया गया है। नैना और रोहित की प्रेम कहानी को अमन माथुर सेटल करते हैं। अमेरिका की बहुलतावादी संस्कृति में कई रंगों एवं कई क्षेत्रों के लोग रहते हैं लेकिन वे अमेरिकन फ्लैग के साथ नाचते-गाते दिखते हैं। इस फिल्म की भाषा हिंग्लिश है जिसमें हिन्दी, अंग्रेजी, पंजाबी, गुजराती सब शामिल हैं और इसमें किसी को कोई समस्या भी नहीं है। बॉलीवुड फिल्मकारों के अतिरिक्त कई प्रवासी भारतोय फिल्मकार बाला राजसेखुरानी, डॉ. निखिल कौशिक, कल्पना सिंह, करनशेर सिंह, अंगदपाल, आनन्द सिंह, सुरेश सेठ, बिपिन पटेल और तरलोक मलिक आदि हैं। इनके द्वारा बनाई गई फिल्में इस प्रकार हैं—'ए.बी.सी.डी.' (के. पटेल 2001), 'ब्राइड एंड प्रेज्यूडिस' (गुरिन्दर चड्ढा 2004), 'प्रोवोक्ड' (जगमोहन मूंदड़ा 2005), 'नेम सेक' (मीरा नैयर 2006), 'ग्रीन कार्ड फीवर', 'ब्लैक वाटर' (बाला), 'फ्यूचर' (डॉ. निखिल), 'गर्ल विद एन असेंट', 'डबल नेंटिवस', 'एनिमा', 'क्यूबन मिसाइल क्राइसिस', 'गॉड ब्लेस अमेरिका' (कल्पना सिंह)। कल्पना सिंह ने प्रेमचन्द की कहानी 'कफन' पर भी एक फिल्म बनाई है। इन फिल्मों में मुख्यत: एनआरआई हसबैंड, नस्लभेद और अन्य राजनीतिक समस्याओं को केन्द्र में रखकर प्रवासी भारतीय समुदायों के जनजीवन का प्रस्तुतीकरण किया गया है। (झा 2007, कौर 2005)

'प्रोवोक्ड' (जगमोहन मूंदड़ा 2005) किरनजीत अहलूवालिया की आत्मकथा सर्किल ऑफ लाइट पर आधारित है। एनआरआई लड़के से शादी करके अपनी बेटी को विदेश में बसने के लिए भेजने के लिए कुछ पंजाबी परिवार बहुत उत्सुक रहते हैं। किरनजीत भी एक ऐसे ही अनजान लड़के से शादी करके ब्रिटेन में बस

जाती हैं और दस सालों तक मारपीट शक और शोषण को बर्दाश्त करने के बाद एक दिन उनके हाथों से पति की हत्या हो जाती है। उन्हें जेल हो जाती है लेकिन जल्द ही रिहाई भी होती है। फिल्म के अन्त में उनका महत्त्वपूर्ण कथन है जिस पर हर माँ-बाप को गौर करना चाहिए—

> women should not bear any violence and oppression practiced against them. It is duty of each mother to implant good habits in their children so that they learn to respect and love the women, not violence and hate.

'महिलाओं को किसी भी तरह का अत्याचार और हिंसा बर्दाश्त नहीं करना चाहिए। साथ ही अपने बच्चों को महिलाओं को सम्मान करना सिखाना चाहिए।' भूमंडलीकृत विश्व में विभिन्न देशों के निवासी धार्मिक और एथनिक समुदायों के बीच वैवाहिक सम्बन्ध स्थापित हो रहे हैं। प्रवासी भारतीय समुदाय की प्रख्यात फिल्मकार गुरिन्दर चड्ढा की फिल्म 'ब्राइड एंड प्रेज्यूडिस' (2004) जेन आस्टिन के उपन्यास 'प्राइड एंड प्रिज्युडिस' पर आधारित है। यह बॉलीवुड स्टाइल की नाच-गाना, संगीत, इमोशन, प्यार और कामेडी वाली फिल्म है जिसमें 21वीं सदी की भारतीय लड़की एक विदेशी दूल्हे (ब्रिटिश, अमेरिकन) की तलाश में है। (दुदराह 2006:163)

गीत, संगीत और नृत्य बॉलीवुड फिल्मों का अनिवार्य हिस्सा है। प्रवासी भारतीयों के सिनेमा के गीत देशभक्ति, राष्ट्र गौरव, नोस्टेल्जिया और वतन वापसी पर केन्द्रित होते हैं : 'भारत का रहने वाला हूँ भारत की बात बताता हूँ...' ('पूरब और पश्चिम'), 'वतन से चिट्ठी आई है...' ('नाम'), 'घर आजा परदेशी तेरा देश बुलाये रे' ('डीडीएलजे'), 'दुल्हन सी सजी धरती...बुलाता है हमें फिर वो चाहत का जहाँ' ('आ अब लौट चलें'), 'भारत का राष्ट्रगान' ('कभी खुशी कभी गम' एवं अन्य फिल्मों में), 'मैं जहाँ भी रहूँ, मैं कहीं भी हूँ तेरी याद साथ है...' ('नमस्ते लन्दन'), 'आई लव माई इंडिया' ('परदेस') 'ये जो देश है तेरा, स्वदेश है तेरा, तुझे है पुकारा...' ('स्वदेश')।

प्रवासी भारतीयों पर सिनेमा बनाने की एक लम्बी परम्परा रही है। पिछले तीन दशकों में इस जेनर की फिल्मों की संख्या में वृद्धि हुई है। श्याम बेनेगल और गोविन्द निहलानी जैसे फिल्मकारों का मानना है कि दक्षिण एशियाई जनसंख्या के विदेशों में विस्तार के साथ ही मनोरंजक बॉलीवुड फिल्मों का भी विस्तार हुआ है। मई 1998 में बॉलीवुड को उद्योग का दर्जा मिलने के बाद बैंकों और कार्पोरेट सेक्टर से आसानी से फंडिंग मिलने लगी जिसने फिल्मी दुनिया का प्रचार-प्रसार और विस्तार करने में अहम भूमिका निभाई।

यहाँ यह भी बताना समीचीन होगा कि अमेरिका और लन्दन में बसे भारतीयों पर वहाँ रहने वाले तथा हिन्दी सिनेमा के फिल्मकारों ने फिल्में बनाई हैं, जिसमें राष्ट्रवाद, देशभक्ति, वतन वापसी और भारतीय संस्कृति की श्रेष्ठता जैसे मुद्दे प्रमुखता से चित्रित किए जाते रहे हैं। भारतीय लोग दुनिया के सैकड़ों देशों में बसे हैं लेकिन सभी के जीवन और उपलब्धियों पर फिल्में नहीं बनती हैं जो एक विचारणीय विषय है। प्रवासी भारतीय फिल्म निर्माता जब प्रवासी भारतीय समुदाय पर फिल्में बनाते हैं तो हाइब्रिड पहचान और स्टाइल, बहुसंस्कृतिवाद और ट्रांस राष्ट्रवाद जैसे मुद्दों पर केन्द्रित करते हैं। उनकी फिल्मों में विभिन्न प्रजातियों, धर्मों के मतावलम्बियों के बीच होने वाले वैवाहिक सम्बन्धों और हाइब्रिड पहचान में कोई समस्या नहीं दिखाई देती। वतन वापसी और भारतीय जीवन मूल्यों की श्रेष्ठता स्थापित करना भी उनका उद्देश्य नहीं होता। सिनेमा बॉलीवुड के फिल्मकारों द्वारा निर्मित हो या विदेशों में बसे भारतीय मूल के फिल्मकारों द्वारा वह एक मजबूत माध्यम के रूप में दुनिया भर में फैले भारतीयों को भावनात्मक रूप से जोड़कर एक समुदाय की अवधारणा में बाँधने का काम करता है। हिन्दी सिनेमा/ भारतीय सिनेमा विदेशों में बसे भारतीयों के लिए केवल मनोरंजन का साधन मात्र नहीं बल्कि सम्पूर्ण भारत की तरह है जो उनका असली घर है।

केरल से दुबई प्रवास और मलयालम सिनेमा

भारत दुनिया में सबसे ज्यादा रेमीटेन्स प्राप्त करने वाला देश है। वैसे तो बिहार और उत्तर प्रदेश के पूर्वांचल से बड़ी संख्या में प्रवासी खाड़ी देशों में रोजगार की तलाश में जाते हैं लेकिन दक्षिण भारतीय राज्य केरल में गल्फ प्लेस ऑफ डेस्टिनेशन के रूप में सर्वाधिक लोकप्रिय रहा है। 'सन् 1930 में पूर्वी अरब में विशालकाय तेल के भंडारों की खोज के बाद केरल से खाड़ी देशों की तरफ तेजी से प्रवास बढ़ा। केरल से मध्य-पूर्व के देशों को बड़ी संख्या में प्रवास सन् 1972 से 1983 के बीच बढ़ा जिसे केरल गल्फ बूम कहते हैं। केरल में बढ़ती बेरोजगारी और गल्फ देशों में बढ़ती रोजगार की सम्भावनाओं ने मलयाली लोगों को अपनी तरफ आकर्षित किया।' (रेफना थराईल 2021)

केरल से उस दौर में बड़ी संख्या में प्रवासी कामगारों ने दुबई और अन्य खाड़ी देशों (जीसीसी Gulf Co-Operation Council) के सदस्य देशों कुवैत, सऊदी अरब, ओमान, कतर, बहरीन, संयुक्त अरब अमीरात में नौकरी और बेहतर आय की तलाश में प्रवास किया। सन् 2018 के बाद से केरल से खाड़ी देशों के प्रवास में भारी गिरावट आई है। कोरोना महामारी के दौरान पिछले दो वर्षों में भी प्रवासियों की बड़ी संख्या केरल में वापस आई है। केरल की अर्थव्यवस्था में प्रवासियों द्वारा भेजे गए धन (Remittance Economy) का बहुत बड़ा योगदान है। बेरोजगारी और ज्यादा पैसा कमाने की इच्छा से केरल के लोग पुनः खाड़ी देशों को वापस जाना चाहते हैं। दुनिया भर में प्रवास के जितने भी अध्ययन हैं यह बताते हैं कि प्रवासी अपनी मातृभूमि को याद करते हैं वह उनकी Place of Memory होती है लेकिन सरक्युलर माइग्रेशन के कारण केरल के लोगों की चेतना में दुबई या गल्फ याद करने की जगह है जिसके फोटोग्राफ वे लोग अपने घरों में लगाकर रखते हैं। केरल के पब्लिक स्फियर में गल्फ शामिल रहता है।

केरल एक रेमिटेन्स आधारित अर्थव्यवस्था वाला प्रदेश है। दुबई और खाड़ी के देश वहाँ के पुरुष ही नहीं महिलाओं के लिए भी एक ड्रीमलैंड की तरह आकर्षक जगह है। चूँकि खाड़ी देश मलयालम लोगों के जीवन में एक यादगार जगह के रूप में स्थान रखते हैं और सिनेमा इस बात को दर्ज करता है इसलिए इसका अध्ययन

विश्लेषण किया जाना अतिआवश्यक अकादमिक कार्य है।

दुनिया के नक्शे पर केरल और दुबई को देखें तो दोनों पड़ोसी देश लगते हैं। केरल के लोगों को ऐसा प्रतीत होता है कि दोनों देशों के बीच में फैले अरब सागर को नाव से पार कर लो और पहुँच जाओ दुबई और वे पानी के जहाज से आते-जाते भी हैं। यह दोनों स्थान ऐसे लगते हैं जैसे मेरे गाँव के दो टोलों के बीच बहती छोटी नहर हो जिसके एक तरफ छोटा टोला और दूसरी तरफ तेली टोला है। नहर में जब पूरा पानी भरा हो तो या तो उसके अन्दर घुसकर पार करो, नहीं तो कूदकर या टेम्परेरी पुल (बाँस या लकड़ी का) बनाकर आओ-जाओ।

केरल के पुरुष और महिला कामगार खूब सारा पैसा कमाने और अपने सपने पूरे करने के लिए दुबई और अन्य खाड़ी देशों की तरफ जाते हैं। दुबई और केरल के बीच कुल 2726 किमी. की दूरी है। कभी पानी के जहाज तो कभी हवाई जहाज से मलयाली प्रवासी दोनों स्थानों के बीच आते-जाते रहते हैं।

सिनेमा और गल्फ का रिश्ता

रोजगार और बहुत सारा पैसा कमाने की चाह में बड़ी संख्या में केरल के नौजवानों ने खाड़ी देशों में प्रवास किया। सिनेमा और साहित्य में भी प्रवासियों के मुद्दों को पर्याप्त स्थान मिला। एम. मुकुंदन के साहित्य ने खाड़ी देशों में प्रवास के सामाजिक-आर्थिक प्रभावों पर विस्तार से लिखा है। इस विषय पर बनी प्रमुख फिल्में निम्न प्रकार हैं—'शरजा टू शरजा' (2001), 'पाथेमारी' (सलीम अहमद, 2015), 'विलक्कनूनडु' स्वपनांगल (VilkkanunduSwapnangal—Dreams for Sale—निर्देशक—आजाद 1980), 'दुबई' (Joshiy 2001), 'नाडोडीकट्टू' (Nadodikattu—Gypsy Breeze), 'अक्कारे निन्नोरू मारान' (Akkare Ninnoru Maran-A Groom from Elsewhere), 'अरबीकथा' (Arabikkatha 2007), 'गद्धामा' (Gaddhama 2011), 'डायमंड नेकलेस' (2012), 'ऑरीदम' (Oridam निर्देशक प्रदीप नैयर 2005)।

केरल एक समुद्रतटीय प्रदेश है। पुर्तगाली यात्री वास्को डि गामा नई दुनिया की खोज करते हुए 14 मई, 1498 को कालीकट पहुँचा था। उसने अटलांटिक महासागर से अरब सागर अर्थात पश्चिम से पूर्व को जोड़ने का काम किया जिससे दुनिया के जुदा हिस्सों के लोग करीब आ सके। केरल के लोग 'पाथेमारी' यानी पानी के बड़े जहाजों में सवार होकर कमाने के लिए दुबई पहुँचे थे। दुबई पहुँचने के लिए पहचान का जो लैंडमार्क स्थान था उसे खोर फक्कन चट्टान कहते हैं। बिना पासपोर्ट और कागज के पानी के जहाज से दुबई में घुसना और वहाँ काम करके पैसा कमाना और घर भेजना यह सब कुछ केरल के लोगों की चेतना में बसा हुआ

है।'पाथेमारी' फिल्म का नायक पालिककल नारायणन (मलयालम मेगास्टार ममूटी) है जो सन् 1960 के दशक में दुबई अवैध प्रवासी के तौर पर जाता है। ममूटी ने डॉ. जब्बार पटेल की फिल्म में डॉ. भीमराव अम्बेडकर की यादगार भूमिका निभाई थी।

'पाथेमारी' फिल्म का नायक नारायणन अपने परिवार के सदस्यों की जरूरतें पूरी करता है और अपने पत्नी-बच्चों को खुश रखने के लिए पूरा प्रयास करता है। लेकिन जब भी वह केरल, अपने घर वापस लौटता है तो यह सोचकर लौटता कि अब वह अपने प्यारे लोगों से दूर वापस दुबई नहीं जाएगा लेकिन उसे जाना पड़ता है क्योंकि उसे घर के प्रत्येक सदस्य की जरूरतें पूरी करनी हैं। यहाँ तक कि उसकी पत्नी भी चाहती है कि वह दुबई रहकर पैसा कमाए ताकि उसका सोशल स्टेटस बना रहे। नारायणन एक जिम्मेदार इनसान की तरह काम करता और पैसा कमाता है लेकिन अपने घर से बहुत दूर नॉस्टेल्जिया में जीने को मजबूर है। एक दिन दुबई की विदेशी धरती पर वह मर भी जाता है। मरने से पहले वह अपने बेस्ट फ्रेंड मोईद्दीन के साथ समुद्र तट जाता है और खोर फक्कन की चट्टान को देखते हुए कहता है 'वह पहला मलयाली कौन रहा होगा, जिसने इस धरती पर कदम रखा होगा'। पाथेमारी फिल्म 2015 में आई थी जिसमें सन् 1960 के केरल और दुबई के सन्दर्भ में कहानी कही गई है। केरल के लोगों के लिए दुबई एक यादगार स्थान (Place of Memory) है। इस फिल्म में दुबई खाड़ी के सभी देशों के प्रतिनिधि स्थल के रूप में आया है क्योंकि केरल के लोग सभी खाड़ी देशों में बसे हैं।

खाड़ी देश केरल और अन्य भारतीय राज्यों से गए लोगों को आसानी से नागरिकता नहीं देते जिसके कारण वे एनआरआई स्टेट्स के साथ वहाँ काम करते हैं। 'पाथेमारी' यू-ट्यूब पर उपलब्ध है। इस फिल्म को देखते हुए उषा प्रियम्वदा की कहानी 'वापसी' की याद आती है जिसमें रिटायरमेंट के बाद जब कहानी का मुख्य पुरुष पात्र गजाधर बाबू घर वापस लौटता है तो उसे पता चलता है कि भौतिक दूरियों ने उसकी पत्नी और बच्चों को भावनात्मक रूप से भी उनसे दूर कर दिया है। नारायणन का भी यही हाल है कि वह सबकी जरूरतें पूरी करता है, जिसे उसकी जिम्मेदारी समझकर घर के सभी सदस्य Taken for Granted लेते हैं। भौतिक दूरियाँ धीरे-धीरे भावनात्मक जुड़ाव को कम कर देती हैं। केरल के साहित्य में भी प्रवासी समस्या का वर्णन हुआ है। जोसेफ कोईपल्ली द्वारा अनुदित उपन्यास Goat Days (2012) जो मलयालम साहित्यकार बेन्यामिन के उपन्यास आदूजीविताम (2008) पर आधारित है। यह एक बहु प्रशंसित कृति है जो खाड़ी देशों में मलयाली लोगों के पलायन की कहानी कहती है। 'ओरीदम' (2005) निर्देशक प्रदीप नैयर की फिल्म है जिसमें एक सेक्स वर्कर पैसे कमाने

के लिए केरल से दुबई जाना चाहती है लेकिन वीजा पाने के लिए एजेंट द्वारा माँगे जाने वाले रुपये नहीं बचा पाती। दुबई और गल्फ के देश केरल के लोगों के लिए ड्रीमलैंड स्थल हैं। सभी लोग वहाँ जाकर पैसा कमाकर अपने सपनों को पूरा करना चाहते हैं।

'विलक्कनूनडु स्वपनांगल' (VilkkanunduSwapnangal -Dreams for Sale—निर्देशक आजाद 1980) 'पाथेमारी' की तरह सूत्रधार के वॉयस ओवर से आरम्भ होती है जिसमें खाड़ी देशों की समृद्धि का बखान होता है। केरल के लोग पहले श्रीलंका और मलेशिया गए और अब उनका नया गन्तव्य स्थल दुबई है। दुबई केरल के युवाओं के सपनों का शहर है। वे कुछ भी करके यानी अपना घर-खेत बेचकर भी दुबई पहुँचना चाहते हैं। केरल के समुद्री तट से पानी के जहाज पर सवार होकर दुबई को जाने वाले कई लोग तो रास्ते में ही काल कवलित हो जाते हैं। इस फिल्म का नायक अपने अनुभव से कहता है, 'खाड़ी देश आपको आपकी सोच से भी ज्यादा धनी बना सकते हैं, जरूरी नहीं कि आपकी भौतिक सफलता जैसे गाँव में बड़ा घर और धन आपकी प्यार में भी सफलता दिला दे, और अन्त में यह भी सत्य है कि बहुत सारे लोग प्रवास करने को तैयार हैं।' तात्पर्य यह है कि दुबई एक ड्रीमलैंड है कुछ लोग वहाँ पहुँचकर मनचाहा काम कर पाते हैं तो ज्यादातर की ख्वाहिशें अधूरी रह जाती हैं। पंजाब के लोग अपनी बेटियों के लिए एनआरआई दूल्हा ढूँढ़ते हैं (प्राइड एंड प्रिज्युडिस) और केरल के लोग दुबई में कमाने वाला लड़का ढूँढ़ते हैं, इस चक्कर में कई बार धोखा खाते हैं (फिल्म 'अक्कारे निन्नोरू मारान')। लड़के अच्छे घरों और लड़कियों से शादी करने के लिए खाड़ी रिटर्न दिखाने के लिए झूठ सहारा लेकर नाटक करते हैं।

महिला प्रवासी और खाड़ी देश

प्रवास को सामान्य तौर पर पुरुष के द्वारा चुनी हुई गतिविधि माना गया है लेकिन केरल से आन्तरिक और बाह्य दोनों तरह के प्रवास में महिलाओं की बहुत बड़ी संख्या है। वे अध्यापक, नर्स और घरेलू सहायिकाओं के रूप में भारत के कोने-कोने से लेकर दुनिया भर में काम करने के लिए प्रवास करती हैं। उनकी एक बड़ी संख्या महिला कामगारों के रूप में खाड़ी देशों में प्रवास करती है। पी. बिन्दुलक्ष्मी ने अपने शोध पत्र 'The Blurred Boundaries of Migration: Transnational Flows of women Domestic workers from Kerala to UAE' में एथनोग्राफिक पद्धति से अध्ययन कर विस्तार से बताया है कि ये महिलाएँ किस तरह की समस्याओं का सामना करते हुए विदेशी धरती पर काम करती हैं। केरल की गरीब महिलाएँ घरेलू हेल्प का काम करने के लिए खाड़ी देशों में जाती हैं।

कभी-कभी तो वे अनौपचारिक यात्री बनकर बिना किसी स्पॉन्सर और एम्प्लायर के वहाँ जाती हैं और उनका एमिग्रेशन क्लीयरेंस भी नहीं होता है। कई महिलाएँ परिवार की जरूरतों के लिए नौकरी करती रहती हैं और शादी भी नहीं करतीं। वे एक समूह में डोरमेट्री जैसे घरों में रहती हैं और घरों में जाकर काम करती हैं। वीजा रिन्यूअल के लिए उन्हें काफी मशक्कत करनी पड़ती है और अतिरिक्त पैसा भी खर्च करना होता है।

संयुक्त अरब अमीरात के स्थानीय नागरिकों के यहाँ से काम छोड़कर भागी हुई महिलाओं की भी वहाँ अच्छी-खासी संख्या है और वे भारतीय या अन्य किसी देश से आकर बसे लोगों के घरों में दुबारा रोजगार पा जाती हैं। ऐसी महिला कामगारों को रनअवे डोमेस्टिक वर्कर के नाम से जानते हैं। जिन घरों में ये महिलाएँ काम करती हैं उनके मालिक अक्सर उनका कई तरीकों से शोषण भी करते हैं। मारपीट, अपमानित करना, बहुत ज्यादा काम कराना इत्यादि इसमें प्रमुख रूप से शामिल है। लेकिन इसमें मुश्किल यह आती है कि इन कामगार महिलाओं के पासपोर्ट उनके एम्प्लायर के पास रखे रहते हैं जिसको काम छोड़कर भागने की स्थिति में वापस पाना बहुत कठिन होता है। बिना पासपोर्ट और जरूरी कागजात के कुछ महिलाएँ तो वहाँ के सरकारी सिस्टम के दलालों के माध्यम से किसी तरह मैनेज करके काम करती रहती हैं तो ज्यादातर भारतीय दूतावास की मदद लेकर वापस अपने घर आ जाती हैं।

प्रवासी महिला कामगार चाहे वे लीगल पेपर के साथ आई हों या रनअवे वर्कर हों, वहाँ बसे मध्यमवर्गीय भारतीय परिवारों के लिए श्रम का बहुत ही आकर्षक स्रोत हैं जो कम पेमेंट पर उपलब्ध होती हैं। ये महिलाएँ कभी-कभी केवल एक ही घर में काम करती हैं तो कभी कई घरों में काम करती हैं। कई घरों में काम करने से उनकी बारगेनिंग पॉवर बढ़ती है और वे ज्यादा स्वतंत्र महसूस करती हैं।

मोहम्मद शफीक अपने शोध पत्र में बताते हैं कि केरल के मालाबार तट के मुसलमान बड़ी संख्या में खाड़ी देशों में काम करने के लिए जाते हैं और उनके अनुभवों पर आधारित सिनेमा-होम सिनेमा की श्रेणी में कम बजट में कैमरों से शूट कर फिल्में बनाई जाती हैं। मुस्लिम सोशल फिल्मों की तरह इन फिल्मों में मुस्लिम प्रवासियों के जीवन से जुड़ी समस्याओं और जीवन अनुभवों को विषय बनाया जाता है। इन फिल्मों को सीडी/डीवीडी के माध्यम से किताब और स्टेशनरी की दुकानों में बेचा जाता है। इस श्रेणी की प्रमुख फिल्म 'अलियानोरू फ्री वीजा' ('ए फ्री वीजा फॉर द ब्रदर-इन-ला', निर्देशक कोडियाथुर 2007) है। इसके इतर केरल में उत्तर भारत और पूर्वोत्तर भारत के 25 लाख से ज्यादा प्रवासी मजदूर रहते हैं। उनके मुद्दों पर भी मलयालम सिनेमा में फिल्में बनी हैं जिनमें 'मसाला

रिपब्लिक' (विशाख जी.एस.) उल्लेखनीय हैं। यह एक राजनीतिक व्यंग्य फिल्म है जो पान-मसाला खाने के आदती प्रवासी मजदूरों के जीवन के इर्द-गिर्द बुनी गई है। पान-मसाला पर प्रतिबन्ध लगने पर ये मजदूर ट्रेड यूनियन बनाकर अपनी लड़ाई लड़ते हैं, जिसे आसाम का एक पान वेंडर लीड करता है। तिब्बत के एक अन्य प्रवासी मजदूर ने इस फिल्म में विलेन की भूमिका की है। ये फिल्म सेंट्रल केरल के पेरेमबदूर शहर में फिल्माई गई है। अक्कू अकबर जैसे और फिल्मकार प्रवासी मजदूरों पर फिल्में बनाने की योजना बना रहे हैं, जिसे इंडियन एक्सप्रेस ने 19 मार्च, 2014 को रिपोर्ट किया है।

गिरमिटिया मजदूर और उनका सिनेमा

हग टिंकर (HughTinker) ने अपनी किताब *ए न्यू सिस्टम ऑफ स्लेवरी : द एक्सपर्ट ऑफ इंडियन लेबर ओवरसीज 1830-1920* में इंडेंचरशिप को गुलामी प्रथा का ही नया स्वरूप बताया। यह दुनिया के इतिहास में मजदूरों का सबसे बड़ा पलायन था। 19वीं सदी में अंग्रेजों के गन्ना, चाय और रबर के बागानों में काम करने के लिए भारत के दो राज्यों बिहार और उत्तर प्रदेश से बड़ी संख्या में मजदूरों का प्रवास ठेका श्रमिकों के रूप में हुआ। वे पहले दलाल या अरकाटी के द्वारा फुसला-बहलाकर कलकत्ता ले जाए जाते और फिर उन्हें बागानों में काम करने के लिए ठेका मजदूर बनाकर भेज दिया जाता। ब्रिटिश पार्लियामेंट द्वारा सन् 1838 में गुलामी प्रथा को समाप्त कर दिया गया लेकिन मजदूरों की समस्याओं को दूर करने के लिए ठेका मजदूरी की शुरुआत हुई, जिसमें नाममात्र का बदलाव हुआ था। इससे मजदूरों के शोषण में किसी तरह की कमी नहीं आई। पूर्वी उत्तर प्रदेश एवं बिहार के विभिन्न जनपदों से लाखों की संख्या में ठेका मजदूर एक बेहतर भविष्य की तलाश में फिजी, मॉरिशस, फ्रेंच गुयाना और अन्य कैरेबियन देशों में इंडेंटचर्ड लेबर बनकर गए और वहीं बस गए। भोजपुरी भाषा में पलायन से उपजे दर्द को गीतों और नाटकों के माध्यम से रचनाकारों ने प्रस्तुत किया जो आज भी मौजूद हैं। जब हम इतने बड़े पैमाने पर हुए प्रवास (गिरमिटिया मजदूर) के सिनेमा के बारे में खोज शुरू करते हैं तो कुछ गिनी-चुनी डॉक्यूमेंट्री फिल्में और एक दो फिल्में मिलती हैं। बॉलीवुड दुनिया का सबसे ज्यादा फिल्में बनाने वाला उद्योग है लेकिन वह आज तक इस विषय पर एक भी ढंग की फिल्म नहीं बना सका जो बॉलीवुड के पूँजीवादी, सम्भ्रान्त और लाभ समर्थक चरित्र का प्रमाण है।

आजादी के बाद आधुनिक शिक्षा और डिग्री प्राप्त सम्भ्रान्त लोग जब इंग्लैंड, अमेरिका, जर्मनी, ऑस्ट्रेलिया जैसे देशों में गए तो उनको ही इंडियन डायस्पोरा मानते हुए 'पूरब और पश्चिम', 'देस-परदेस', 'दिलवाले दुल्हनिया ले जाएँगे', 'परदेस', 'सलाम नमस्ते', 'नमस्ते लंदन' जैसी अनेक फिल्में बनीं लेकिन हजारों की संख्या में गरीब दलित और पिछड़े पृष्ठभूमि के लोग 200 साल पहले पानी के जहाजों से हजारों मील दूर महीनों मुश्किल भरी यात्राएँ करते हुए अनजान जगहों

पर जा बसे, उनका कोई सिनेमा बॉलीवुड में नहीं मिलता। गिरमिटिया मजदूरों के वंशजों की होस्ट देशों में अपनी सामाजिक, आर्थिक और राजनीतिक उपलब्धियाँ हैं। विदेशी जमीन पर वे अपने धर्म, भाषा और संस्कृति को बचाकर रखे हुए हैं। प्रवासी भारतीय मजदूरों को कुली, कंट्राकी, ठेका और गिरमिटिया नामों से भी जाना जाता है।

प्रवीण कुमार झा (2019) अपनी किताब 'कुली लाइंस' के फ्लैप पर लिखते हैं कि गिरमिटिया मजदूरों का पलायन इतिहास में विश्व के सबसे बड़े पलायन और प्रवास का इतिहास है जो लगभग भुला दिया गया कि लाखों लोग समन्दर से पानी के जहाजों पर भेजे गए, ऐसे कागजों पर हस्ताक्षर करवाकर जिन्हें ना वह समझ सकते थे, ना पढ़ सकते थे। यह कहानी एक विशाल साम्राज्य के लालच और हिन्दुस्तानियों के संघर्ष की है। हिन्दुस्तान से दूर कई हिन्दुस्तानियों की यह कहानी कई गैर अदालती सवाल पूछती है। उन ब्रिटिश सरकारों से जिन्होंने इसे होने दिया। जिन लोगों को कभी इंसाफ नहीं मिल सका, जो लोग कभी लौट कर घर ना आ सके और एक अनचाही दुनिया बसा ली। बिना किसी सरकारी मुआवजे या किसी सरकारी माफी के। यह कर्ज ब्रिटेन पर ही गया। हग टिंकर ने अपनी किताब 'ए न्यू सिस्टम ऑफ स्लेवरी' में जिक्र किया है कि ब्रिटिश पार्लियामेंट से स्लेव कानून पर रोक लगने के बाद इंडेंचर्ड ठेका मजदूरों की भर्ती और ब्रिटिश कॉलोनियों पर गन्ना, चाय की खेती करने के लिए भारत, चीन और आसपास के पड़ोसी देशों से बड़ी संख्या में मजदूर समृद्धि का सपना दिखाकर कैरेबियन देशों में ले जाए गए।

गिरमिटिया मजदूरों से मुँह चुराता भोजपुरी सिनेमा

भोजपुरी सिनेमा के इतिहास को देखें तो यह भी बॉलीवुड के सिनेमा की तरह है। उसके साथ-साथ ही चल रहा है। शुरुआत में तो बॉलीवुड के नामचीन निर्देशकों, अभिनेता और अभिनेत्रियों ने भोजपुरी भाषा में बेहतरीन फिल्में बनाने का काम किया लेकिन 80 के दशक के बाद से सन् 2004 तक भोजपुरी सिनेमा की हालत बहुत खस्ता रही। सन् 2004 में जब मनोज तिवारी की फिल्म 'ससुरा बड़ा पैसा वाला' रिलीज हुई तो बहुत ही लोकप्रिय हुई और उसने अच्छा बिजनेस भी किया। उसके बाद से भोजपुरी सिनेमा का एक दूसरा दौर आरम्भ हुआ। रवि किशन, दिनेश लाल यादव निरहुआ, खेसारीलाल यादव, मनोज तिवारी, पवन सिंह, अक्षरा सिंह, रानी चटर्जी, काजल राघवानी जैसे तमाम अभिनेताओं और अभिनेत्रियों ने भोजपुरी सिनेमा को एक नई गति प्रदान की। भोजपुरी सिनेमा की विषय-वस्तु की तरफ ध्यान दें तो पुराने भोजपुरी सिनेमा और 21वीं सदी में दूसरी बार के भोजपुरी सिनेमा की विषय-वस्तु में बहुत अन्तर था। पहले की फिल्मों में विषय-वस्तु के

साथ-साथ उसके प्रस्तुतीकरण पर भी विशेष ध्यान दिया गया था; जबकि इसी सदी के सिनेमा में फूहड़ और अश्लील गीतों, द्विअर्थी संवादों को विशेष तरजीह दी गई। फिल्म निर्माताओं, निर्देशकों और कलाकारों का ध्यान ज्यादा से ज्यादा अश्लीलता परोसकर घटिया फिल्मों का निर्माण कर धन कमाने तक सीमित रहा। इसी प्रवृत्ति के कारण भोजपुरी भाषा में कोई उल्लेखनीय फिल्म नहीं बन पा रही है।

लेकिन गिरमिटिया मजदूर, जिन्होंने हिन्दी क्षेत्रों से बड़ी संख्या में अंग्रेजी शासन में प्लांटेशन वर्कर की तरह काम करने के लिए फ्रेंच गुयाना, मलेशिया और कई और देशों में लम्बी समुद्री यात्राएँ कीं। वे बीमारियों और अकाल मृत्यु के शिकार हुए, अंग्रेज बागान मालिकों के द्वारा शोषण के शिकार हुए, उनकी महिलाओं के साथ शोषण और अत्याचार की तमाम घटनाएँ इतिहास में दर्ज हैं, जिनको प्रवीण कुमार झा ने अपनी किताब कुली लाइंस में विस्तार से दर्ज किया है। भोजपुरी सिनेमा में आज तक इस विषय पर कोई भी फिल्म नहीं बनी है।

एक समय था जब हिन्दी में भोजपुरी भाषा-भंगिमा की उल्लेखनीय फिल्में बनीं और चलीं। इनमें दिलीप कुमार की 'गंगा जमुना', सुजीत कुमार की फिल्म 'दंगल', राजश्री प्रोडक्शन की 'नदिया के पार', शत्रुघ्न सिन्हा की 'कालका', नसीरुद्दीन शाह की 'पार' जैसी तमाम फिल्में बनी थीं, जिनको लोग आज भी याद करते हैं। उनका गीत और संगीत स्तरीय था जिसे बड़े प्रेम से सुना जाता है। भोजपुरी साहित्य और संगीत की बात करें तो यह बहुत ही समृद्ध है। भोजपुरी भाषा में एक से एक बड़े कलाकार हुए हैं, जिन्होंने साहित्य, गीत, नृत्य और नाटकों के माध्यम से समाज के समकालीन मुद्दों को प्रस्तुत करने का काम किया इनमें भिखारी ठाकुर का नाम सबसे ऊपर आता है। इसके अलावा महेन्द्र मिश्र, रघुवीर नारायण सिंह, रसूल मियाँ, मोती बीए जैसे तमाम गीतकार हैं जिन्होंने देशभक्ति गीतों से लेकर अंग्रेजों से मुठभेड़, आजादी के गीत के साथ-साथ बिदेसिया और बटोही गीत जैसी परम्पराओं से भोजपुरी साहित्य को समृद्ध करने का कार्य किया। आज भी डॉक्टर गोरख प्रसाद मस्ताना, डॉ. सागर और उनकी तरह तमाम भोजपुरी के साहित्यकार भोजपुरी साहित्य को अपनी रचनाओं से समृद्ध करने में लगे हुए हैं। उनके साहित्य में पूर्वी उत्तर प्रदेश और भोजपुरी भाषी बिहारी समाज का वर्णन प्रस्तुत है जो अत्यन्त समृद्ध है। साहित्य और संगीत की परम्परा से अलग आज का भोजपुरी सिनेमा अश्लील और फूहड़ किस्म के गाने और विषयों पर फिल्में बनाकर केवल निन्दा का पात्र बना हुआ है। भोजपुरी भाषा को संविधान की आठवीं अनुसूची में शामिल करने के लिए लगातार प्रयास और आन्दोलन जारी हैं लेकिन उन्हें अभी सफलता नहीं मिल पाई है। भोजपुरी भाषा को आठवीं अनुसूची में शामिल करने के उपरान्त भोजपुरी फिल्मों को भी विशेष तवज्जो मिल सकती है और उनका प्रचार-प्रसार देश दुनिया में आसानी से हो सकता है।

अगर हम भोजपुरी में पलायन के सिनेमा, प्रवास के सिनेमा पर बात करें तो हम पाएँगे कि आन्तरिक प्रवास पर फिल्में उपलब्ध हैं, जिसमें भोजपुरी भाषी क्षेत्र का नौजवान बड़े शहरों से दिल्ली, मुम्बई, लुधियाना, कर्नाटक में जाकर फैक्ट्री मजदूर के रूप में काम करता है और इन विषयों को केन्द्र में रखकर भोजपुरी सिनेमा में कुछ फिल्में बनी भी हैं। इतनी त्रासदी झेलने के बाद भी पिछले सौ वर्षों में भोजपुरी भाषी लोगों ने विदेशी जमीन पर सामाजिक, आर्थिक, सांस्कृतिक और राजनीतिक क्षेत्रों में उल्लेखनीय प्रगति करते हुए अपने आपको स्थापित किया। विदेशी भूमि पर अपनी साहित्य संस्कृति, परम्परा और धर्म को बचाकर रखा। इस विषय पर फिल्म निर्माण करने-करवाने का प्रयास न तो प्रवासियों ने किया और न ही बॉलीवुड जैसे विशाल सिनेमा उद्योग का ध्यान इस विषय पर फिल्म बनाने की तरफ गया। गिरमिटिया मजदूरों के प्रवास की मुश्किलों और उपलब्धियों पर रिसर्च और लेखन का काम तो लगातार हुआ है लेकिन सिनेमा बनाने का काम नहीं हुआ है।

बॉलीवुड के मुनाफाखोरों से बहिष्कृत गिरमिटिया

साहित्य अकादेमी पुरस्कार से सम्मानित मॉरीशस के साहित्यकार अभिमन्यु अनन्त के उपन्यास लाल पसीना पर फिल्म बनाने की बात चल रही है। भारत और मॉरीशस दोनों ब्रिटिश उपनिवेश थे और हिन्द महासागर से जुड़े हुए थे। भारत से सस्ता श्रम पाने के लिए श्रमिकों को पानी के जहाजों से फिजी, मॉरीशस, त्रिनिनाद और गुयाना ले जाया गया। पूर्वी उत्तर प्रदेश, बिहार और बंगाल के छोटे किसान और मजदूर प्रमुख रूप से कांट्रैक्ट लेबर या कंत्राकी के नाम से इन देशों में ले जाए गए। मॉरीशस में आज दो तिहाई आबादी भारत और पाकिस्तान के लोगों की है। जिनमें कुल प्रवासियों का दसवाँ हिस्सा भोजपुरी भाषा का प्रयोग करता है। मॉरीशस में आयोजित 11वें हिन्दी सम्मेलन में अभिमन्यु अनन्त के उपन्यास 'लाल पसीना' पर फिल्म बनाने की बात आरम्भ हुई।

इस उपन्यास पर 'जहाजी' शीर्षक से फिल्म बनाने की बात बॉलीवुड अभिनेता शाहरुख खान कर रहे हैं। जहाजी की कहानी दुनिया के सबसे बड़े पलायन पर आधारित होगी। जिसमें बताया जाएगा कि उन्नीसवी सदी के अन्तिम वर्षों में अंग्रेज किस तरह अविभाजित भारत से हजारों की तादाद में मेहनतकश मजदूरों को एशिया, अफ्रीका और ऑस्ट्रेलिया लेकर गए थे। बाद में उन्हीं मजदूरों को गिरमिटिया मजदूर कहा जाने लगा। ये गिरमिटिया मजदूर पानी के जहाजों में भरकर भारत से बाहर ब्रिटिश उपनिवेश देशों में ले जाए जाते थे, जिनका सफर तीन से चार महीनों का हुआ करता था। आज की तारीख में गिरमिटिया मजदूरों के वंशजों ने वेस्टइंडीज,

मॉरीशस, ऑस्ट्रेलिया और अन्य कई मुल्कों में अपनी अलग साख और पहचान कायम की है।

भोजपुरी हिन्दी सिनेमा की कुछ नामचीन फिल्में 'तीसरी कसम', 'गंगा जमना', 'नदिया के पार', 'कालका', 'गंगा किनारे मोरा गाँव हो', 'गंगा मैया तोहें पियरी चढ़िएबे', 'दंगल', 'गिरमिटिया एक करूण कथा' (डॉक्यूमेंट्री), 'आवाज : द गिरमिट कोंस्पिरेसी', 'वैरियर्स ऑफ टॉइल : द फोरगोटन गिरमिटियाज स्टोरी' : भारतीयों के फिजी जाने की कहानी। नीतू चन्द्रा द्वारा निर्देशित मैथिली भाषा की फिल्म 'मिथिलामखान' (एनिमेशन) फिल्म को 63वाँ राष्ट्रीय फिल्म पुरस्कार मिला। गिडेओन हनुमान सिंह निर्देशित फिल्म 'कलकत्ता टू कैरेबियन : एन इंडियन जर्नी' (Calcutta To The Caribbean—An Indian Journey) एक डॉक्यूमेंट्री फिल्म है जो कलकत्ता के बन्दरगाह से ठेका मजदूरों के कैरेबियन देशों (त्रिनिनाद) में जाने के इतिहास का चित्रण करती है।

ठेका मजदूरों और दुनिया भर का सिनेमा

ठेका और गिरमिटिया मजदूरों पर दुनिया भर में अनेक फिल्में बनी हैं। इनमें से कुछ फिल्में और डॉक्यूमेंट्री निम्नलिखित हैं : 'ब्लैकबर्ड' (Blackbird 2016), 'ब्राउनशुगर' (Brown Sugar 2013), 'ब्राउन शुगर टू बिटर फॉर मी-द ऑइल ड्रीम' (2020), 'चटनी इन यूह सोका : ए मल्टीकल्चरल मिक्स' 1996 (Chutney in Yuh Soca: A Multicultural Mix 1996), 'सिटी ऑन द हिल' (City on the Hill (2015), 'कोकोनट/कैन एंड कट्लस' (Coconut/Cane and Cutlass 1998), 'कुली पिंक एंड ग्रीन' (Coolie Pink and Green 2009), 'डबल्स विद स्लाइट पेप्पर' (Doubles with Slight Pepper 2011), 'एन्सलेवेड' (Enslaved 1999), 'फेस्टिवल ऑफ लाइटस' (Festival of Lights 2010), 'गुयाना' (Guiana 1838-2004), 'आई कुली' (I Coolie 2019), 'जहाजी भाई' (Jahaji Bhai-2012), 'कवि' (Kavi 2009), 'माइटर डान डे सन' (Mighter dan de Sun 2020), 'वन्स मोर रिमुवड' (Once More Removed 2006), 'प्रिज़नरस ऑफ पाराडाइज' (Prisoners of Paradise (Forthcoming), 'पुकीकि : द पुरतगीज अमेरिकनस ऑफ हवाई' (Pukiki: The Portuguese Americans of Hawai'i, 2003), 'संगरी' (Sangaree 1953), 'सर्वेंट आर स्लेव' (Servant or Slave 2016), 'सेवंटीन कलर्स एंड ए सितार' (Seventeen Colours and a Sitar 2010), 'शुगर स्लेव्स' (Sugar Slaves 1995), 'टाइंटी फेमिनिज्म : आर्चीव्ड ऑफ कैरेबियन (पोस्ट) इंडेंचर एंड कुलीवीन' (Tanty Feminisms: Archives of Caribbean (Post-) Indenture and

Coolieween, 2021), 'कोस्ट ऑफ शुगर' (The Cost of Sugar 2019), 'द मैन फ्राम अल डोराडो' (The Man from El Dorado 2018), 'वायरन' (wiren 2018), 'व्हाइट गोल्ड' (2010), 'परदेसी' (paradesi 2013)

अठारह सौ चौरासी के आसपास दक्षिणी अमेरिका के गुयाना द्वीप पर भारत के गिरमिटिया मजदूरों का पहुँचना शुरू हुआ जिसमें लक्ष्मण जानकी देवी और महारानी जैसे लोग सिलहट और अन्य जहाजों से गुयाना पहुँचे लेकिन महिलाओं के साथ जहाज के अंग्रेज कर्मचारियों ने बदतमीजी और बलात्कार जैसी हरकतें कीं। महारानी नामक महिला दो बार बलात्कार की शिकार होकर संक्रमण के कारण मर गई। गुयाना जाने वाले जहाजों में महिलाओं द्वारा उनके शोषण के विरुद्ध आन्दोलन भी किया गया।

गुयाना द्वीप पर कई दर्दनाक घटनाएँ भी हुईं। जिसमें बेबी नामक एक महिला की दास्तान मिलती है जो एक स्वतंत्र नारी रही और कई प्रेमियों के साथ अपना जीवन बिताया। बेबी के जीवन में कुल 5 पुरुष आए और वह उन्हें अपनी शर्तों पर चाहती रही। एक निरक्षर गिरमिटिया महिला निडर होकर व्यवस्था के खिलाफ लड़ी और उसकी बात सुनी भी गई। गुयाना द्वीप पर मजदूरों को समय पर मजदूरी न मिलने और अन्य तरह के शोषण की घटना की जानकारी विभिन्न रिकॉर्डों में दर्ज मिलती है। भारतीय नागरिक गिरमिटिया मजदूर के तौर पर जिन देशों में गए वहाँ पर उन्होंने अपनी भाषा, संस्कृति और साहित्य का प्रचार प्रसार किया। गुयाना टापू पर गिरमिटिया मजदूर काम से लौटने के बाद रामचरितमानस का पाठ करते थे। वे मानते थे कि राम की तरह खुद भी वनवास पर हैं और जंगलों में भटक रहे हैं।

गुयाना में भारतीय लोगों की जनसंख्या 45% है। छेदी भरत जगन गुयाना के चौथे राष्ट्रपति रहे हैं और उन्हें फादर ऑफ नेशन भी कहा जाता है। छेदी जगन के अलावा भरत जगदेव और डोनाल्ड राम अवतार गुयाना के राष्ट्रपति रह चुके हैं। गुयाना और वेस्टइंडीज के अन्य द्वीपों में एक समस्या रही कि भारतीय लोग वहाँ के स्थानीय लोगों से खुद को अलग मानते रहे। दोनों समुदायों में संघर्ष की स्थिति बनती रही। त्रिनीनाद एवं टोबैगो जैसे कैरेबियन देशों में भी 1845 के आसपास प्रवासी भारतीय गिरमिटिया मजदूरों के तौर पर बागानों में काम करने के लिए गए। कमला प्रसाद बिसेसर वहाँ की प्रधानमंत्री बनी। अंग्रेजों ने जाति भेद मिटाने के लिए कुली लाइंस में ब्राह्मणों के साथ चमार जाति के लोगों को भी रखा। अंग्रेजों ने यह भी प्रयास किया कि भारत से जाने वाले गिरमिटिया महिला और पुरुष जहाज पर ही अपने जीवन साथी चुनें। इससे उन्हें नए स्थान पर साथ में काम करने और जीवन बिताने में आसानी होगी।

कुली एक तमिल शब्द है जिसका अर्थ होता है काम के बदले पैसा। सन् 1860 में और उसके आसपास गिरमिटिया मजदूर मॉरीशस द्वीप में गए और

वहाँ पर अपनी बस्तियाँ बसाईं। प्रवीण कुमार झा अपनी किताब कुली लाइंस में पेज नम्बर 168 पर लिखते हैं—'पटना जिला में एक छोटा सा गाँव है सुन्दरपुर। यहाँ की कुर्मियों की बस्ती का युवा नौकरी ढूँढ़ने शहर गया और फिर मॉरीशस चला गया। उनका नाम था शिवधारी भगत। शिवधारी जब गिरमिटिया कॉन्ट्रैक्ट से मुक्त हो गए तो उन्होंने अपने दो भारतीय मित्रों के साथ दुकान खोल ली और धीरे-धीरे मॉरीशस में जमीन खरीदने लगे। कुछ वर्षों के बाद यहाँ के बड़े जमींदार बन गए इस तरह छोटे छोटे प्लाट लगातार खरीद कर कुछ वर्षों में जमीन के बड़े हिस्से का मालिक बनना ही ग्रैंड मार्शलमेंट था। उन्होंने प्लाटों को बाँटकर उस पर भारतीय गाँव बसाए और एक-एक एकड़ जमीन लोगों को 50 डालर में बेचने की योजना बनाई। यह इस नए द्वीप पर नए तरह का काम था। शिवधारी का मॉरीशस का प्लेंस बिल हेमसिला का गाँव आज सम्पन्न है और पटना का सुन्दरपुर गाँव आज भी उसी तरह का एक पुराना गाँव है, जहाँ से उनके पुरखों ने पलायन किया था। मॉरीशस में राजनीति की बात करें तो वहाँ पर भारतीय मूल के लोग छाए हुए हैं और इस देश के ज्यादातर प्रधानमंत्री और राष्ट्रपति बिहारी मूल के हुए। इसकी वजह यह भी है कि मॉरीशस के भारतीयों में बिहारियों का बाहुल्य है। मॉरीशस के पहले राष्ट्रपति सीवूसागर रामगुलाम भोजपुर जिले के हरीगाँव के थे। अन्य राष्ट्रपति राजकिशोर पुरयाग आज भी अपने गाँव और जड़ों की तलाश में हैं। उनके परदादा कभी बिहार से मजदूर बनकर मॉरीशस गए थे और उनके भाई का परिवार यहीं रह गया था। बिहार के मुख्यमंत्री नीतीश कुमार ने मसौढ़ी के महतो टोली से उनके कुलवृक्ष को जोड़ा है पर पता नहीं कहाँ तक सच है। (झा 2019:78)

गिरमिटिया मजदूरों के फिजी पहुँचने के उपरान्त उन्हें किसी अलग दीप पर कोरेंटिन करके रखा जाता था ताकि किसी बीमारी को लेकर अगर वह भारत से आए हैं तो उससे अन्य लोग बीमार न हों। मेडिकल जाँच के बाद फिट पाए जाने पर इन मजदूरों को अलग-अलग द्वीपों पर बागानों में काम करने भेज दिया जाता था। कभी-कभी तो भाई-भाई और और पति-पत्नी को भी अलग-अलग रखा जाता था। इस अमानवीय व्यवस्था में यह सम्भावना ही नहीं रहती थी कि वे आगे फिर कब मिल पाएँगे। प्रशान्त महासागर के द्वीप फिजी के गिरमिटिया मजदूरों का एक गीत है :

छुरी कुदारी के संग अब बिताए दिन और रतिया
गन्ने की हरी हरी पत्तियाँ जाने हमारे दिल की बतियाँ।

गिरमिटिया मजदूरों की लाखों कहानियाँ कई देशों में बिखरी पड़ी हैं। सतीश राय सिडनी के डॉक्यूमेंट्री निर्देशक हैं जिनके दादा-दादी गिरमिटिया थे और उत्तर प्रदेश के बस्ती जिले से फिजी गए थे। वे अपने पूर्वजों की खोज में कई बार बस्ती

गए। सन् 2014 में उनका परिवार और उसका इतिहास मिला जो अब मुस्लिम बन चुके थे। तोताराम सनाढ्य सन् 1893 में नौकरी की तलाश में एटा से प्रयाग पहुँचे जहाँ एक अहीर ने उन्हें शरण दी और नौकरी के बारे में बताया और वे गिरमिटिया जहाज से फिजी पहुँचे। तोताराम सनाढ्य को गिरमिटिया लोगों ने फिजी का महात्मा गांधी कहा क्योंकि वे उनके अधिकारो के लिए लड़ते रहे। तोताराम जी ने महात्मा गांधी से पत्राचार करके फिजी द्वीप पर गिरमिटिया मजदूरों की दुर्दशा की तरफ ध्यान आकर्षित किया और किसी वकील को उनका पक्ष रखने के लिए फिजी भेजने का आग्रह किया। गांधीजी ने वकील मणिलाल डॉक्टर को फिजी भेजा। तोताराम जी ने हिन्दू धर्म और संस्कृति को प्रवासी भारतीयों के बीच बचाए रखने के लिए भी महत्त्वपूर्ण योगदान दिया। तोताराम और उनकी पत्नी 21 वर्ष तक फिजी में बिताकर भारत लौटे और गांधीजी के साथ साबरमती आश्रम में रहने लगे। इस बीच 1914 ईस्वी में मद्रास कांग्रेस की सभा में फिजी में रहने वाले भारतीयों के नुमाइन्दा बनकर तोताराम जी ने भाषण दिया। वह गाँव-गाँव घूमकर गिरमिटिया प्रथा के विरुद्ध मुहिम चलाते रहे और उन प्रयासों से ही आखिर यह प्रथा बन्द हुई।

सन् 1884 ईस्वी में सीरिया नामक जहाज कोलकाता से कुल 479 मजदूरों को लेकर चला और सबसे कम दिनों मात्र 58 दिन के सफर के बाद फिजी पहुँचने वाला था लेकिन द्वीप के करीब आते ही यह जहाज एक चट्टान से टकरा गया जिससे उसमें छेद हो गया और जहाज डूबने लगा। फिजी के गवर्नर खुद बचाव दल लेकर मौके पर पहुँचे। लोग असहाय पानी में डूबकर मरते रहे। आखिर में सीरिया नामक जहाज पानी में डूब गया जिसमें 59 गिरमिटिया मजदूर मर गए। इस जहाज के डूबने और गरीब निर्दोष लोगों के जान गँवाने के बाद इस घटना पर एक मार्मिक कविता लिखी गई जो उस दर्द को बयान करती है :

रात अँधेरी हवा सनसनी पाल फड़फड़ाते थे ऊपर।
सीरिया आगे बढ़ा चला था कि जी सागर की छाती पर।
तूफान का एक हुआ धड़ाका सीरिया टकराया चट्टानों से।
एक तरफ वह सीधे डूबा मची कोलाहल सब लोगों में।
डूब मरे मल्लाह यात्री समा गए सागर के अन्दर।

फिजी द्वीप पर गिरमिटिया मजदूरों की एक और दर्दनाक घटना का जिक्र आता है जिससे पता चलता है कि गिरमिटिया मजदूरों के साथ अंग्रेज बागान मालिक बहुत दुर्व्यवहार करते थे। ललिया नाम की एक मुस्लिम महिला को उसके पति से अलग करके दूसरे बागान और द्वीप पर रखा गया। वह पागलों की तरह अपने पति को पाँच वर्षों तक ढूँढ़ती रही। जब उन्हें एक दूसरे का पता मिल गया तब भी बागान मालिक ने उन्हें मिलने की छुट्टी नहीं दी। और तो और इस्माइल को जबरदस्ती

हिन्दुस्तान भेज दिया गया। इस दुख से इस्माइल कोलकाता पहुँचते ही मर गए और ललिया को जब इस मृत्यु की खबर हुई तो वह पूरी तरह टूट गई। कई दिनों तक बीमार हालत में भी उसके मालिक उससे काम करवाते रहे। इस प्रेम कहानी को तोताराम जी ने अपनी किताब में दर्ज किया है।

गिरमिटिया या कुली

गिरमिटिया मजदूरों की भर्ती करने वाली सबसे बड़ी कम्पनी ऑस्ट्रेलिया की 'कॉलोनियल शुगर रिफायनिंग' थी जिसकी मिलें कई स्थानों पर स्थापित थीं। फिजी में काम करने वाले गिरमिटिया मजदूरों को एक बैरक में 10 फीट लम्बे और 7 फीट चौड़े कमरों के बैरक में रखा जाता था ऊपर लोहे की छत होती थी। हर कमरे में औसतन तीन लोग रहते थे। इस बैरक को कुली लाइंस कहा जाता था। किसी बैरक में पानी-शौचालय वगैरह की अच्छी व्यवस्था होती थी लेकिन ज्यादातर जगहों पर गन्दी बस्तियों की तरह से खराब हालात में मजदूरों को रहना पड़ता था जहाँ पर दुर्गन्ध और बीमारी का वास होता है।

सभ्य कहे जाने वाले अंग्रेज बागान मालिक इतने क्रूर और निर्मम थे कि महिला मजदूरों के साथ भी बहुत ज्यादती करते थे। उन्हें पेड़ों से बाँधकर उनके बच्चों के सामने नंगा किया जाता। छेड़खानी की जाती। गोरे लोग सुन्दर औरतों का खूब फायदा उठाते और मना करने पर उनको और उनके पतियों की खूब पिटाई करते। एक बार एक महिला के बच्चे को बुखार था और उसे लेकर खेत में आ गई। खेत में बच्चों को लाना मना था। वह गोद में बच्चा चिपकाकर काम करती रही और अंग्रेज उसकी पीठ पर चाबुक मारते रहे। यह दृश्य देखकर दूसरे अंग्रेज को दया आ गई और उसने जाकर छुड़ाया। चाबुक से मार खाना एक प्रथा बन गई थी। शायद ही कोई गिरमिटिया अंग्रेजों के चाबुक से बचा हो।

10 अक्टूबर, 1970 को फिजी आजाद हो गया लेकिन उसके बाद वहाँ पर राष्ट्रवाद हावी होने लगा। सन् 1969 में अचानक भारतीयों के सबसे बड़े नेता ए. डी. पटेल का निधन हो गया। भारतीय फिर से बेघर होने की कगार पर आ गए। सन् 1972 ईस्वी में जब ईदी अमीन ने युगांडा के 80,000 भारतीयों को अपने देश से बाहर निकाल फेंका तो फिजी में भी भारतीय डर गए। सन1975 में फिजी नेशनलिस्ट पार्टी के एक नेता ने सदन में प्रस्ताव रखा कि अब समय आ गया है कि भारतीय और भारत मूल के लोग वापस अपने देश लौट जाएँ और उन्हें भेजने का खर्च ब्रिटिश सरकार वहन करे जो उन्हें यहाँ लेकर आई। यह प्रस्ताव सदन में पास नहीं हो पाया लेकिन हिन्दुस्तानियों पर अत्याचार होने शुरू हो गए। भारतीय नेताओं में विनोद पटेल और विजेंद्र सिंह के बाल खींचकर घसीटते हुए ले जाया

गया और जेल में बन्द कर दिया गया। 14 मई, 1987 को सेना के कर्नल राबुका अपनी फौज लेकर संसद में घुसे और सभी नेताओं को बन्दी बना लिया। सन् 2000 में जर्नल फाइट के नेतृत्व में फिजी के चरमपन्थियों का दल संसद पहुँचा और महेन्द्र चौधरी सहित नेताओं को बन्दी बना लिया और उन्हें 56 दिनों तक संसद में ही बन्दी बनाकर रखा गया और भारतीयों के ऊपर अत्याचार चलते रहे। गिरमिटिया मजदूर भारत के पिछड़ी और दलित जातियों के लोग थे। उन्हें हमेशा दबाकर रखा गया था, अपने देश में भी और फिजी में अंग्रेजी राज्य में भी, जिसके कारण वे विद्रोह और दमन के विरुद्ध आवाज नहीं उठा सके। तमाम यातनाओं के सहने के बाद भी फिजी में भारतीय लोग आबाद हैं और अपनी भाषा संस्कृति और सभ्यता को बचा कर रखे हुए हैं और राजनीतिक रूप से भी प्रभावी हैं।

गुयाना में भी गिरमिटिया मजदूर विभिन्न जहाजों पर लाद कर लाए गए और तमाम यातनाएँ झेले और विद्रोह भी हुए। द मेन नाम और एजल नामक जहाजों पर सन् 1875 में महिलाओं ने विद्रोह कर दिया क्योंकि जहाज के शौचालय के बाहर अंग्रेज और अन्य पुरुष महिला गिरमिटिया मजदूरों के साथ छेड़खानी करते थे और खाने-पीने की चीजों के लालच में उनसे बदतमीजी की जाती थी जिसके प्रमाण तमाम समकालीन डाक्यूमेंट्स में मौजूद हैं।

गिरमिटिया मजदूरों का दो सौ साल का अपना इतिहास है। वे पानी के जहाज पर सवार होकर अनजान देशों में गए। उन्हें बहला-फुसलाकर ले जाया गया और यातनाएँ देकर खूब काम कराया गया। जब ये द्वीप और देश अंग्रेजों और फ्रांसीसियों की गुलामी से मुक्त हुए तो गिरमिटिया भारतीयों को कुछ बेहतर अवसर और अधिकार मिले और उन्होंने अपने जीवन में प्रगति की। यह सब सिनेमा में भी दर्ज किया जाना चाहिए। भारतीय सिनेमा, खासकर भोजपुरी और हिन्दी सिनेमा में गिरमिटिया मजदूरों के ऊपर न के बराबर फिल्में बनी हैं। अब कुछ प्रयास होने शुरू हुए हैं जिनसे उम्मीद है कि गिरमिटिया मजदूरों का जीवन रुपहले परदे के माध्यम से लोगों के बीच पहुँचेगा।

दक्षिण पूर्व एशिया में महिलाओं का प्रवास और सिनेमा

भारतीय उपमहाद्वीप और सम्पूर्ण दक्षिण-पूर्व एशिया के ज्यादातर समाज (खासी, गारो, नैयर, इजवाहा, बुंट एवं बिल्लावा जैसी मातृसत्तात्मक जनजातियों को छोड़कर) पितृसत्तात्मक हैं। पुरुष ही सम्पत्ति का मालिक है, वंशानुक्रम भी पितृसत्ता से ही तय होता है, जिसके कारण पुरुष वर्चस्व एवं महिलाओं के दोयम दर्जे की स्थिति सामान्य तौर पर पाई जाती है। भारत में बॉलीवुड, दुनिया में सबसे ज्यादा फिल्में बनाने वाला उद्योग है। यहाँ प्रत्येक विषय पर पिछले सौ से ज्यादा वर्षों से सिनेमा बनता रहा है। भारत के पड़ोसी देशों जैसे बर्मा, इंडोनेशिया, कम्बोडिया, मलेशिया, पाकिस्तान, श्रीलंका, नेपाल इत्यादि में सिनेमा उद्योग की स्थिति बहुत अच्छी नहीं कही जा सकती है।

महिला कामगारों के देश से बाहर जाकर काम करने की बात करें तो भारत में केरल से सर्वाधिक संख्या में महिलाएँ खाड़ी देशों में घरेलू कामगारों और फैक्ट्री मजदूर के तौर पर बड़ी संख्या में प्रवास करती हैं। बर्मा (म्यांमार) और इंडोनेशिया व कम्बोडिया जैसे अपेक्षाकृत पिछड़े देशों की महिलाएँ भी थाईलैंड और सिंगापुर तथा जापान आदि एशियन टाइगर कहे जाने वाले देशों में 'फीमेल माइग्रेंट वर्कर्स' (FMW) के रूप में कार्य करती हैं। अपने मूल देश में ये महिलाएँ पुरुष सत्ता के अधीन शोषण की परिस्थितियों में काम करती हैं। प्रवासी देशों में भी उनकी स्थिति में कोई खास अन्तर नहीं होता। इस विषय पर बनी फिल्मों में फीमेल माइग्रेंट वर्कर्स के चित्रण से हम इस बात को बेहतर तरीके से समझ सकते हैं।

फिल्म 'रेमिटेन्स'(2015) एक फिलीपींस की निवासी महिला मैरी की कहानी है जो सिंगापुर जाकर मेड की नौकरी करती है। जब विदेश में जाकर काम करने वाला कोई पुरुष या महिला अपने रिश्तेदारों को पैसे भेजता है तो उसे रेमिटेन्स कहते हैं। महिलाएँ अपने घर-परिवार और बच्चों की जिम्मेदारियों को लेकर ज्यादा संवेदनशील और समर्पित होती हैं। भारत और दक्षिण एशिया के देशों से प्रवास का जो प्रारूप रहा है उसमें घर के पुरुष सदस्य रोटी अर्जक के रूप में प्रवास करते रहे हैं लेकिन भारत के केरल प्रदेश से खाड़ी देशों में बड़ी संख्या में महिलाएँ डोमेस्टिक हेल्प वर्कर्स रूप में जाती रही हैं। वर्ष 2015 में रिलीज हुई फिल्म 'रेमिटेन्स' एक

फीमेल माइग्रेंट वर्कर महिला मैरी की कहानी है जो फिलीपींस के कमजोर आर्थिक पृष्ठभूमि के कारण विदेश में सिंगापुर काम करने आई है।

वह अपनी जिन्दगी की तमाम परेशानियों से संघर्षरत है। मालिकों की अपेक्षाएँ, काम के ज्यादा घंटे, अपने परिवार और बच्चों से दूर रहकर भावनात्मक वंचना से जूझना यह सब कुछ ज्यादा ही उबाऊ है। एक महिला से समाज, परिवार और रोजगारदाता सबको बहुत सारी उम्मीदें और अपेक्षाएँ होती हैं जिनका बोझ लेकर वह जीती है। इन सबके बीच एक व्यक्ति या इनसान के रूप में उसकी खुद की जिन्दगी कहीं गुम हो जाती है। सन् नब्बे के दशक में आई उदारीकृत विश्व व्यवस्था में पूँजी और श्रम का जो वस्तुकरण हुआ वह केवल सिंगापुर या थाईलैंड की कहानी न होकर दुनिया के सभी देशों की कहानी बन चुकी है। तीसरी दुनिया के गरीब देशों से महिलाओं का विकसित देशों के लिए प्रवास करना मानवीय इतिहास की बड़ी घटना है। प्रवासी महिलाएँ होम और होस्ट दोनों देशों में पितृसत्ता से आजादी चाहती हैं क्योंकि वे कहीं भी जाएँ अपनी कमजोर आर्थिक पृष्ठभूमि के कारण उनके साथ शोषण, अपमान और भेदभाव जारी रहता है। फिलीपींस, इंडोनेशिया और श्रीलंका की जो भी प्रवासी कामगार महिलाएँ सिंगापुर में काम करती हैं अगर उनके अपने देश में रोजगार की सुविधाएँ मिलें तो उन्हें अपने घर-परिवार से दूर प्रवास करने को बाध्य न होना पड़े। प्रवासी महिलाएँ अपनी कमाई का अधिकतम हिस्सा अपने घरों को वापस भेजती हैं ताकि उनके परिवार की स्थिति बेहतर हो सके, उनके बच्चों को अच्छी शिक्षा मिल सके। प्रवासी महिलाओं के सामने सबसे बड़ी समस्या उनके अपने समाज के मूल्य हैं जो उनसे शुचिता, पवित्रता और पतिव्रता होने की अपेक्षा रखते हैं। इसी कारण बहुत-सी फीमेल माइग्रेंट वर्कर्स का तलाक होता है और उनकी निजी जिन्दगी तबाह हो जाती है।

'द रोड टू मांडले' (2016) फिल्म बर्मा से थाईलैंड जाकर एक बेहतर जीवन जीने की इच्छा लेकर प्रवास करने वाले युवाओं के बारे में है। म्यांमार या बर्मा से एक सपना या उम्मीद लिए बहुत सारे लोग वैध या अवैध तरीके से थाईलैंड जाते हैं। यह फिल्म ऐसे ही दो प्रवासियों, लियनकिंग और गुओ की कहानी है जो एक बेहतर जिन्दगी की तलाश में थाईलैंड पहुँचते हैं। म्यांमार-थाईलैंड की सीमा पार करने के बाद एक ट्रक में संयोगवश दोनों की मुलाकात होती है। गुओ लियनकिंग की लगातार मदद करता है ताकि उसे एक अच्छी नौकरी, सम्पर्क, खाना और रुकने का कोई स्थान मिल सके। लियनकिंग को तमाम प्रयासों के बावजूद भी अच्छा काम नहीं मिलता। वह एक दिन में 14 घंटे काम करने और भीड़भाड़ वाले सीमेंट फ्लोर में सोने की जगह, गन्दी हवा, पुलिस से डर, हर जगह घूस और फीस देना, बहुत सारी मुश्किलों के बीच रहना ही इन अवैध प्रवासियों के हिस्से आता है। गुओ ड्रग्स लेकर अपनी मुश्किलों और दर्द को भुलाने की कोशिश

करता है लेकिन परिश्रमी लियनकिंग इन सबके बीच भी होस्ट कंट्री के कानूनों का पालन करने की कोशिश करती है। गुओ और लियनकिंग बर्मा से थाईलैंड आए हैं, विदेश में रहना उनके लिए बेहद मुश्किल है लेकिन वे एक-दूसरे से प्यार करते हैं, जिसका इजहार भी करते हैं।

लियनकिंग अवैध प्रवासी होने के कारण पुलिस द्वारा पकड़ी जाती है और कानूनी पेपर्स पाने के लिए पूरा प्रयास करती है चाहे वह फर्जी तरीके से भी मिले। लेकिन फ्रॉड ढंग से नागरिकता या पासपोर्ट के कागजात पाने के लिए बहुत सारे पैसों की जरूरत होती है। वह पैसे जुटाने के लिए वेश्यावृत्ति तक करने लगती है जो थाईलैंड में एक वैध कारोबार है। इससे लियनकिंग के पुरुष मित्र गुओ को 'धक्का' लगता है और गुस्से में वह उसकी हत्या कर देता है। असल में गुओ बर्मा वापस लौटकर लियनकिंग के साथ शादी कर नई जिन्दगी आरम्भ करना चाहता है लेकिन लियनकिंग बर्मा वापस लौटने को तैयार नहीं होती। इस बात से दोनों के बीच टकराव बढ़ता है जो एक बुरे अन्त की तरफ ले जाता है। इस फिल्म में थाई, बर्मीज, अंग्रेजी एवं चीनी भाषा का प्रयोग हुआ है जिसके कारण विभिन्न संस्कृतियों के बारे में जानकारी मिलती है। इस फिल्म को 2016 के टोरंटो इंटरनेशनल फिल्म फेस्टिवल में दिखाया गया था।

पाकिस्तानी फिल्म 'पिंकी मेमसाब' (2018-शाजिया अली खान) तमाम ऐसी महिलाओं की दास्तान है जो साउथ एशिया के देशों से प्रति वर्ष लाखों की संख्या में खाड़ी देशों में मेड और नैनी के रूप में काम करने जाती हैं। पहले केरल (भारत) और श्रीलंका से महिलाएँ काम करने विदेशों में जाती थीं लेकिन अब बांग्लादेश, पाकिस्तान और नेपाल की महिलाएँ भी दूसरे देशों में काम करने जा रही हैं। होम और होस्ट दोनों देशों में पितृसत्तात्मक सामाजिक संरचना होने के कारण लिंग आधारित भेदभाव, मूल्य, प्रतिमान और अपेक्षाएँ प्रवास की स्थितियों को तय करने में महत्त्वपूर्ण भूमिका निभाते हैं। बहुपत्नी प्रथा को अपनाने वाला पिंकी का पति उसे बच्चा न पैदा कर पाने के कारण दूसरी औरत से शादी कर लेता है। असहाय पिंकी को गरीबी और बेरोजगारी से लड़ने के लिए दुबई जाना पड़ता है।

साउथ एशिया के देश शादीशुदा और उम्रदराज महिलाओं को ही विदेश भेजते हैं। इन देशों के कानून भी महिलाओं के प्रवास पर कई तरह के प्रतिबन्ध लगाते हैं। उपर्युक्त विश्लेषण में शामिल तीनों फिल्में साउथ एशिया के देशों के सामाजिक-सांस्कृतिक संरचना और प्रवास की स्थिति में महिलाओं की ढेरों मुश्किलों और चुनौतियों को प्रस्तुत करने वाले दस्तावेज हैं जो स्पष्ट करते हैं कि महिलाएँ कहीं भी चली जाएँ, कितना भी पैसा कमाकर घर वालों का सहयोग करें, उनके प्रति पूर्वाग्रह और स्टेरियोटाइप का बोझ कम नहीं होता।

विश्व सिनेमा में युद्ध, विस्थापन एवं प्रवास

युद्ध, विस्थापन और सिनेमा

विस्थापन के शिकार रिफ्यूजियों के लिए काम करने वाली संयुक्त राष्ट्र संघ की संस्था यूनाइटेड नेशंस हाई कमीशन फॉर रिफ्यूजीस के सन् 2020 के आँकड़ों के अनुसार दुनिया भर में जबरन पलायन के शिकार लोगों की संख्या 82.4 मिलियन है। इन विस्थापित लोगों में 86% विकसित देशों में, 73% अपने पड़ोसी देशों में शरण लेते हैं। कुल विस्थापितों में 68% केवल पाँच देशों (सीरिया, वेनेजुएला, अफगानिस्तान, दक्षिणी सूडान और म्यांमार) से होते हैं। इसी रिपोर्ट के अनुसार शरणार्थियों को शरण देने वाले प्रमुख पाँच देश टर्की, कोलम्बिया, पाकिस्तान, युगांडा और जर्मनी हैं। युद्ध, एथनिक संघर्ष, सामूहिक नरसंहार और मानवाधिकारों का उल्लंघन जबरन पलायन के प्रमुख कारण हैं। मेरा मानना है कि दुनिया के किसी न किसी हिस्से में निरन्तर कोई न कोई युद्ध चल रहा होता है। इन लड़ाइयों के बीच लाखों बच्चे अपने घरों से दूर निर्वासन में पैदा हुए हैं, यह बहुत बड़ी त्रासदी है। इसलिए बड़े स्तर पर प्रयास किए जाने की आवश्यकता है कि दुनिया में संघर्ष, युद्ध और हिंसा बन्द हो। संयुक्त राष्ट्र संघ की रिफ्यूजी एजेंसी ने वर्ष 2020 के अन्त तक पाया है कि दुनिया भर से आठ करोड़ से ज्यादा लोग युद्ध, हिंसा, जलवायु सम्बन्धी समस्याओं के कारण बाध्यकारी पलायन करने को मजबूर हैं। इसे एक अन्तर्राष्ट्रीय संस्था ने An epic failure of humanity अर्थात बाध्यकारी पलायन मानवता के समक्ष एक चुनौती की तरह खड़ा है। संयुक्त राष्ट्र संघ के रिफ्यूजी मामलों के कमिश्नर ने बाध्यकारी पलायन के बारे में कहा है—

> Behind each number is a person forced from their home and a story of displacement, dispossession, and suffering.

लोगों को जबरन अपना घर छोड़कर कही और जाना पड़े, यह बहुत कष्टदायी बात है।

संयुक्त राष्ट्र संघ की 'ग्लोबल ट्रेंड्स इन फोर्स्ड डिसप्लेसमेट' की वार्षिक रिपोर्ट में बताया गया है कि सुरक्षा और मूलभूत सम्मान की तलाश में जो लोग अपने घर छोड़कर जबरन पलायन कर गए हैं उन आठ करोड़ लोगों में से 42 प्रतिशत लोगों की उम्र 18 वर्ष से कम है। सन् 2018 से 2020 के बीच लगभग

10 लाख बच्चे रिफ्यूजी के रूप में पैदा हुए हैं। एक नई रिपोर्ट के अनुसार सन् 2020 में 2.64 करोड़ लोग रिफ्यूजी के रूप में रहे थे, उनमें से दो-तिहाई लोग जो अपने देश छोड़कर पलायित हुए वे कुल पाँच देशों (सीरिया, वेनुजुएला, अफगानिस्तान, साउथ सूडान, और म्यांमार) के निवासी थे। इनमें से कुछ लोग अपने देश के अन्दर (इंटर्नली डिस्प्लेस्ड) ही विस्थापित हुए हैं; जबकि कुछ लोग अपने देश से बाहर दूसरे देशों को। द्वितीय विश्वयुद्ध के बाद ऐसा समय आया है जब इतनी बड़ी संख्या में लोगों को अपने मूलनिवास से जबरन पलायित होना पड़ रहा है। विश्व में शान्ति और सद्भाव कायम कर युद्ध टालने के लिए बनाई गई अन्तर्राष्ट्रीय संस्थाएँ अपने मकसद में असफल साबित हो रही हैं। दुनिया के कई समाजों और देशों पर आज यह सबसे बड़ा दबाव है कि पलायित लोगों की समस्याओं का समाधान हो और मानवीय गरिमा के साथ जीवन जीने के लिए मूलभूत सुविधाओं तक उनकी पहुँच सुनिश्चित हो सके।

यूनाइटेड नेशंस हाई कमिश्नर फॉर रिफ्यूजीज (UNHCR) ने 18 जून, 2015 में अपनी रिपोर्ट में लिखा था कि दुनिया की आबादी में प्रत्येक 122 आदमी में से एक आदमी शरणार्थी है या होने की तलाश में है। वैश्विक स्तर पर जबरन पलायन की तेज गति के कारण अब शरणार्थियों की संख्या ने पहले के सारे रिकार्ड तोड़ दिए हैं। इसका सबसे पहला कारण सीरिया में युद्ध का होना रहा है। यह संख्या लगातार बढ़ रही है। इसी संस्था का अध्ययन है कि जबरन पलायित होकर शरणार्थी बनने वाले लोगों में लगभग आधी संख्या बच्चों की है। विस्थापित लोगों के सहयोग के लिए दुनिया के देशों को सहयोग हेतु आगे आना चाहिए लेकिन ऐसा सहयोग और सद्भाव कम मिल पा रहा है। आन्तरिक कलह और गृहयुद्ध के कारण सीरिया और सोमालिया से सर्वाधिक लोग विस्थापित हुए हैं। जबरन विस्थापित लोगों में 51 प्रतिशत लोग यूरोप के, मध्य एशिया और उत्तरी अफ्रीका के 19 प्रतिशत, सब-सहारन अफ्रीका से 17 प्रतिशत, एशिया से 31 प्रतिशत, अमेरिका से 12 प्रतिशत लोगों का योगदान है। इस क्षेत्र से हुए पलायन पर कुछ फिल्में बनी हैं जिनका विवरण नीचे दिया जा रहा है।

विश्व सिनेमा : विस्थापन और पलायन पर यादगार फिल्में

'बारान' (2001) ईरान के प्रख्यात निर्देशक माजिद मजीदी ने ईरान में बसे अफगानिस्तानी शरणार्थियों की समस्या पर इस फिल्म का निर्माण किया है। ईरान की राजधानी तेहरान की एक निर्माणधीन बिल्डिंग में काम करने वाले किशोर लड़के लतीफ के मजदूरों में चाय और भोजन बाँटने के दृश्य से फिल्म की शुरुआत होती है। उस साइट का सुपरवाइजर मेमार है। लतीफ और अन्य मजदूरों के बीच

आए दिन झगड़े होते रहते हैं। काम करने वाले मजदूरों में से ज्यादातर ईरान के अलग-अलग हिस्सों से हैं और खासकर अजरबेजान से हैं। अफगानिस्तान से पलायित होकर आए शरणार्थी भी उस निर्माणाधीन भवन पर काम करते हैं लेकिन पासपोर्ट और पहचान पत्र न होने के कारण उन्हें अवैध माना जाता है। श्रम विभाग के इंस्पेक्टर जब भी छापा मारते हैं इन अवैध मजदूरों को छुपना पड़ता है अन्यथा उनके मालिक और सुपरवाइजर को दंडित होना पड़ सकता है। काम करते हुए एक दिन एक अफगानी मजदूर नजफ का पैर टूट जाता है। उसका दोस्त सुल्तान के 14 वर्षीय बेटे रहमत को काम पर लाता है। ठेकेदार रहमत को काम पर रख तो लेता है लेकिन उसके कम उम्र के कारण काम से हटा भी देता है। लतीफ के झगड़ालू स्वभाव के कारण मेमार उसे भी काम से हटा देता है और उसकी जगह रहमत को काम दे देता है। लतीफ अपना काम खोने और रहमत को दिए जाने के कारण उससे ईर्ष्या रखने लगता है और उसे नुकसान पहुँचाने की कोशिश करता है। लतीफ, रहमत पर उसके काम पर आने-जाने पर खुफिया नजर रखने लगता है। इसी दौरान एक दिन उसे पता चल जाता है कि रहमत लड़का नहीं लड़की है जब वह चुपके से उसे बाल सँवारते हुए देख लेता है। यह ज्ञात होने के बाद लतीफ, रहमत के प्रति सहानुभूतिपूर्ण व्यवहार करने लगता है और धीरे-धीरे प्यार कर बैठता है। रहमत अपने रोजगार जाने, बीमार पिता और परिवार की चुनौतियों के कारण आरम्भ में कुछ भी रिएक्ट नहीं करता लेकिन बाद में इशारों में और अपने कार्यों से प्रत्युत्तर देना शुरू करता है।

निर्माण स्थल ही फिल्म के सभी क्रियाकलापों का केन्द्र बिन्दु है। एक दिन उस जगह श्रम इंस्पेक्टर का छापा पड़ता है और वे लोग रहमत के पीछे पड़ जाते हैं। लतीफ बीच में आकर उसे न केवल बचाता है बल्कि खुद पकड़ा जाता है। निर्माण स्थल का मैनेजर मेमार पेनाल्टी देकर लतीफ को इस शर्त पर छुड़ाता है कि वह सभी बाहरी और अवैध मजदूरों को अपने यहाँ काम से हटा देगा। मेमार एक रहमदिल इनसान है वह नजफ का पैर टूटने पर उसके बच्चे को काम देता है। अफगानी शरणार्थियों को काम देता है और लेबर विभाग से बचाता भी है। निर्माणाधीन बिल्डिंग के बालू, सीमेंट, शोर और पसीने के बीच भी दो मजदूर बच्चों के बीच प्यार की कोमल भावना जन्म लेती है। मुश्किलों के बीच प्यार के पल किस तरह मनोरम दृश्य रचते हैं उसका बेहतरीन उदाहरण है फिल्म 'बारान'।

लेबर इंस्पेक्टर के छापे के बाद रहमत काम पर आना छोड़ देता है और उसकी अनुपस्थिति लतीफ को बेचैन करती है। वह रहमत का पता लगाने के लिए रिफ्यूजी कैम्प की तरफ जाता हैं। वहाँ एक कब्रिस्तान के पास लतीफ एक महिला की वेशभूषा में रहमत को देखता है। दोनों एक-दूसरे को देखते हैं और रहमत वह जगह छोड़कर चली जाती है। अगले दिन लतीफ खोजते हुए यह

पाता है कि रहमत नदी के किनारे दूसरे कार्यस्थल पर बेमन से अन्य महिलाओं के समूह के साथ भारी पत्थर ढोने का काम कर रही है। लतीफ और रहमत के बीच महत्त्वपूर्ण कड़ी सुल्तान है जो रहमत के पिता नजफ का दोस्त है। लतीफ किसी भी तरह रहमत और उसके बीमार पिता की मदद करना चाहता है। सुल्तान के माध्यम से वह अपने मजदूरी के रुपये रहमत के पास भेजता रहता है। प्यार ईर्ष्या को मोहब्बत में बदल सकता है, द्वेष रखने वाले आदमी को एक रहमदिल इनसान में बदल सकता है।

एक उत्कृष्ट साहित्यिक और सिनेमाई कृति का यही योगदान होता है कि वह इनसान और समाज को संवेदनशील व बेहतर बनाए। एक दिन सुल्तान और लतीफ मस्जिद पर मिलने का वादा कर लौटते हैं लेकिन वहाँ अगले दिन केवल नजफ मिलता है जो लतीफ को सुल्तान के अफगानिस्तान लौट जाने की बात बताता है। लतीफ के दिए हुए पैसे सुल्तान जब नजफ को देना चाहता है तो वह लेने से मना कर देता है और अपने साथ अफगानिस्तान ले जाने की सलाह देता है ताकि उसे जरूरत पर काम आए। रहमत की एक झलक पाने के लिए किसी न किसी बहाने लतीफ अफगानियों के टेंट की तरफ जाता रहता है। वहीं उसे पता चलता है कि रहमत का असली नाम बारान है और उसके पिता भी वापस अफगानिस्तान जाना चाहते हैं क्योंकि उनके परिवार में कुछ गम्भीर समस्याएँ आ रही हैं। जबरन पलायन के शिकार होकर रोजगार की तलाश में ईरान आए अफगानियों की अनगिनत मुश्किलें हैं उनके छोटे बच्चों (14 साल की रहमत उर्फ बारान) तक को भारी पत्थर उठाने जैसे काम करने पड़ते हैं। लतीफ, नजफ और उसकी बेटी बारान की मदद करना चाहता है। रहमत अपने ठेकेदार मेमार से अपने बकाया मजदूरी के पैसे माँगता है जो बड़ी मुश्किल से मिलते हैं। बारान की मदद के लिए वह अपना आइडेंटिटी कार्ड भी बेच देता है। मेमार के नाम के बहाने से लतीफ अपने पैसे नजफ को देता है ताकि वे वापस अफगानिस्तान जा सकें। नजफ अपने वतन जाने के लिए जीप पर अपना सामान लोड कर रहा होता है उस समय लतीफ और बारान आमने-सामने होते हैं और एक-दूसरे के लिए प्रेम की भावनाएँ इशारों-इशारों में प्रकट करते हैं। उस समय बारिश हो रही थी, बारान शब्द का मतलब बारिश होती है। बारिश से गीली हुई जमीन में बारान के जूते फँस जाते हैं। लतीफ उन जूतों को मिट्टी से निकाल कर बारान के पैरों में पहनाता है। जीप बारान को लेकर चली जाती है। लतीफ बारिश की बूँदों से जूतों के बने निशान को धुलते हुए देखता है और मुसकराता है। यह फिल्म का अन्तिम दृश्य है, जुदाई का समय है लेकिन दो प्रेमी दिलों की सहमति के कारण सन्तुष्टि का भाव है। मुश्किलों के बीच प्यार के पल किस तरह मनोरम दृश्य रचते हैं उसका बेहतरीन उदाहरण है यह फिल्म। माजिद मजीदी ने प्रवास, गरीबी, बेरोजगारी, पहचान की समस्या जैसे मुद्दों को समेटते हुए एक प्रेम

कहानी को जिस उदात्तता से परदे पर उतारा है वह महाकाव्यात्मक बना देता है।

'अंडर द बॉम्बस' (Under the Bombs 2007) युद्ध से प्रभावित लेबनान देश की कहानी है। इस फिल्म को हमने जवाहरलाल नेहरू विश्वविद्यालय के आर्ट एंड एस्टेथेटिक विभाग के सभागार में सन् 2007 में ही देखा था। फिल्म की नायिका जेइना नसरुएडडी (Zeina Nasrueddi- Nada Abu Farhat) एक समृद्ध लेबनानी मुस्लिम परिवार से ताल्लुक रखती है और दुबई में अपने आर्किटेक्ट पति और बेटे करीम के साथ रहती है। वैवाहिक जीवन में कुछ समस्याएँ आने पर वह अपने बेटे को अपनी बहन माहा के पास लेबनान में भेज देती है। सन् 2006 में जब लेबनान युद्ध शुरू हुआ था तब जेइना टर्की से होते हुए बेरूत की यात्रा करती है ताकि वह अपने बेटे तक पहुँच सके। वह एक लेबनानी क्रिश्चियन टैक्सी ड्राइवर टोनी (जार्ज खब्बाज) को किराए पर लेती है ताकि वह दक्षिणी लेबनान पहुँच सके। अपने बेटे करीम और बहन माहा की खोज के क्रम में जेइना और जार्ज दोनों युद्ध से तहस-नहस हुए देश को देखते हैं और एक-दूसरे की निजी जिन्दगी के बारे में भी जानते हैं। टैक्सी ड्राइवर टोनी जार्ज यह बताता है कि उसका भाई दक्षिणी लेबनान में रहता था लेकिन अभी वह निर्वासन (exile) पर इजराइल में रहता है। इस फिल्म को ध्यान से देखिए उसके एक-एक दृश्य को पढ़िए जिससे बहुत स्पष्ट हो जाता है कि युद्ध एक देश के नागरिकों के जीवन में किस कदर तबाही लाता है। युद्ध के कारण देश के नागरिकों को पड़ोसी देशों में पनाह लेनी पड़ती है जहाँ उनके कोई अधिकार नहीं होते बस उपकार और दया मिलती है।

दुनिया ने नादिया मुराद और यज़ीदी धार्मिक समुदाय के बारे में तब जाना जब उन्हें सन् 2018 में नोबेल पुरस्कार मिला। उनके संघर्षमय जीवन पर आलेक्जेंडरिया बंबाक ने 'ऑन हर शोल्डर्स' (2018) नाम से एक डॉक्यूमेंट्री बनाई। सन् 2014 में आईएसआईएस के आतंकवादियों ने नादिया (19 वर्ष) के गाँव के सभी लोगों का अपहरण करके आदमियों और बूढ़ी औरतों का सामूहिक कत्ल कर दिया, क्योंकि वे इस्लाम कबूलने को तैयार नहीं थे। बच्चियों और नौजवान लड़कियों को सेक्स स्लेव बनाने के लिए अपने साथ सीरिया तक ले गए। यह फिल्म नादिया के सेक्स स्लेव बनाने वाले लोगों के चंगुल से भागने और उत्पीड़न के शिकार अपने यज़ीदी समुदाय के लोगों को न्याय और कनाडा जैसे देशों में शरण दिलाने के लिए किए गए प्रयासों और आन्दोलनों पर केन्द्रित है। इस क्रम में नादिया ने बर्लिन, न्यूयॉर्क और कनाडा की यात्राएँ की। वे राजनीतिज्ञों, नौकरशाहों और पत्रकारों से मिलीं और अपने व अपने समुदाय के साथ हुई भयानक हिंसा तथा शोषण को हर मंच पर उठाया। इस वृत्त चित्र में बराक ओबामा, बान की-मून, मुराद इसमाइल, साइमन मोनसेबीयन, मिशेल रेमपेल, बोरीस वरजेसनेवसकई, अहमद खुदीदा बुरजूस, अमल कलूनी और लुईस मोरेनो, ऑकम्पो को भी शामिल किया गया है।

एक 19 साल की लड़की का अपहरण करके उसे सेक्स स्लेव बना दिया जाता है जिससे आईएसआईएस के आतंकवादी बार-बार रेप करते हैं, जबरन धर्म परिवर्तन कराते हैं। वह किसी तरह एक भले आदमी के परिवार की मदद से अपने लोगों के बीच पहुँचती है। अपने शोषण की कहानी को विश्वस्तर के मंचों तक ले जाती है। वह अपने आत्मकथा 'द लास्ट गर्ल' के अन्तिम पंक्तियों में कामना करती हैं कि जैसी यातना भरी दर्दनाक जिन्दगी उन्हें जीनी पड़ी किसी और लड़की को न जीनी पड़े, वे लिखती हैं—

> every Yazidi wants ISIS prosecuted for genocide, ...I wanted to look the men who raped me in the eye and see them brought to justice. More than anything else, I said, I want to be the last girl in the world with a story like mine. (Murad2017:306)

जबरन पलायन और उसके परिणाम

जबरन प्रवास एक कटु सच्चाई है। दुनिया भर के अल्पसंख्यक और कमजोर समुदायों को नृजातीय भिन्नताओं के कारण हुए संघर्ष और हिंसा के कारण अपनी मातृभूमि से पलायन करना पड़ता है। श्रीलंका से श्रीलंकन तमिल लोग पलायित कर तमिलनाडु में बसे हैं। तमिलनाडु में बसे रोहिंग्या और श्रीलंकन तमिल समुदायों के जीवन पर राधाकृष्णन, एमिली डे विट और बंडर्स ने पाक्षिक पत्रिका फ्रंटलाइन में 8 अप्रैल, 2022 को एक रिपोर्ट लिखी है। वे लिखते हैं कि इन दोनों समुदायों ने बहुत हद तक स्थानीय स्तर पर अपने को एकीकृत कर लिया है और जीवन की मूलभूत जरूरतों तक उनकी पहुँच है। स्वास्थ्य, शिक्षा और आवास उनमें सर्वाधिक महत्त्वपूर्ण है। इतना अवश्य है कि वे राज्य सरकार से आपनी जरूरतों के लिए आवेदन या शिकायत नहीं कर सकते तथा राजनीतिक जीवन में भाग नहीं ले सकते। अपने देश से मजबूरी में जबरन प्रवासित होकर किसी अन्य देश में बसने का यही दुखद पक्ष है कि वहाँ आपको अधिकार नहीं मिलते बल्कि दया व उपकार के भाव से कुछ सुविधाएँ मिलती हैं। प्रवासियों की समस्याओं का समाधान निकालना नीति निर्माताओं के लिए भी आसान नहीं होता।

विश्व के अबतक के ज्ञात इतिहास में समुदायों के बीच आपसी घृणा और हिंसा के प्रमाण मिलते है। हिंसा और अत्याचार के कारण कमजोर समुदायों को पलायित होने को बाध्य होना पड़ता है। वर्तमान हालात देखकर हम यह उम्मीद नहीं लगा सकते कि यह सब भविष्य में बन्द भी हो सकेगा। संयुक्त राष्ट्र संघ जैसी अन्तर्राष्ट्रीय संस्थाएँ प्रभावित लोगों के मदद का प्रयास अपने निर्धारित

प्रोटोकाल के तहत करती हैं लेकिन वे पर्याप्त नहीं होते। एजर और स्ट्रांग (2008) ने प्रवासी समुदायों के एकीकरण का एक चार सूत्रीय फार्मूला प्रस्तुत किया था जो इस प्रकार है :

1. रोजगार, आवास, शिक्षा और स्वास्थ्य तक पहुँच
2. नागरिकता और अधिकार
3. समुदाय के भीतर स्थित समूहों के बीच आपसे जुड़ाव
4. भाषा, संस्कृति और स्थानीय पर्यावरण जैसे संरचनात्मक बाधाओं से मुक्ति।

अपने जड़ों से दूर रहने वाले प्रवासी समुदायों को स्थानीय समुदाय के साथ जोड़ने और एकीकृत करने के लिए इस मॉडल द्वारा सुझाए गए उपाय महत्त्वपूर्ण हैं।

बॉलीवुड में युद्ध का सिनेमा : देशभक्ति बनाम मनोरंजन

भारत देश और उसकी सीमाओं की सुरक्षा में तमाम बहादुर सैनिकों ने अपनी जान गँवाई है। युद्ध में शहीद होने के बाद उनके परिवार और बच्चों की स्थिति बहुत ही नाजुक हो जाती है। फिर भी कई बहादुर महिलाएँ हैं जिन्होंने युद्ध में अपने पति और बेटों के खोने के बाद भी साहस और देशप्रेम का परिचय देते हुए अपना जीवन यापन किया। इन सैनिकों की बहादुर पत्नियों के ऊपर भारतीय सिनेमा में कई फिल्में बनी है जो हम सभी के लिए प्रेरणास्त्रोत बन जाती हैं। आलिया भट्ट अभिनीत 'राजी' तथा हालिया रिलीज 'शेरशाह' (2021) इसके प्रमुख उदाहरण हैं। 'शेरशाह' में परमवीर चक्र विजेता कैप्टन विक्रम बत्रा की कहानी दिखाई गई है जिसमें उनकी मंगेतर और प्रेमिका डिम्पल चीमा के त्याग और समर्पण को भी प्रस्तुत किया गया है। कैप्टन विक्रम बत्रा के शहीद होने के बाद डिम्पल जी ने दूसरी शादी नहीं की। वह एक अध्यापक हैं और विक्रम बत्रा की विधवा के रूप में अपना जीवन यापन कर रही हैं। उनका जीवन महान त्याग का दुर्लभ उदाहरण है।

ऐसी ही कई अन्य फिल्में हैं जैसे कि 'बॉर्डर' और 'एलओसी : कारगिल' जिनमें ना केवल हमारे देश के बहादुर सैनिकों के साहस और सर्वोच्च बलिदान का चित्रण किया गया है बल्कि उनके घर परिवार के साथ ही उनकी पत्नियों के द्वारा किए गए त्याग और साहस को भी सामने लाती हैं। हमारे देश में इतनी साहसी माँएँ हैं जो अपने एक बेटे के शहीद होने के बाद अपने दूसरे बेटों और अपने पति के शहादत के बाद अपने बेटों को भी सेना में गर्व से भेजती हैं। वास्तव में एक सैनिक का जज्बा लिए और वर्दी पहने नौजवान के लिए देश की सेवा की भावना बहुत ही पवित्र और महान भावना होती है जिससे प्रेरित लोग मौत को सामने देखकर न डरते हैं ना ही झुकते हैं। उनके लिए तिरंगे का सम्मान सबसे बड़ी चीज होती है। देश के लिए अपना सर्वस्व न्योछावर करने वाली ऐसी देशभक्त महिलाओं और उनके महान चरित्र को दिखाने वाली फिल्मों की विषय-वस्तु का विश्लेषण हम इस लेख के माध्यम में करेंगे।

कुछ उल्लेखनीय फिल्में

'हकीकत' (1964), 'ललकार' (1972), 'बॉर्डर' (1997), 'द लीजेंड ऑफ भगत सिंह' (2002), 'एलओसी : कारगिल' (2003), 'अब तुम्हारे हवाले वतन साथियों' (2004), '1971' (2007), 'नीरजा' (2016), 'राजी' (2018), 'उरी : द सर्जिकल स्ट्राइक' (2019), 'केसरी' (2019), 'गुंजन सक्सेना : द कारगिल गर्ल' (2020), 'शेरशाह' (2021), 'मुम्बई डायरीज' (2021), 'तेजस' (2021), 'सैम बहादुर' (2021), 'मेजर' (2021), 'इक्कीस' (2021), 'भुज: द प्राइड ऑफ इंडिया' (2021)।

हॉलीवुड की फिल्में

'मेगन लेवी', 'द इन्विजिवल', 'जीरो डार्क थर्टी', 'द किंगडम', 'जी. आई. जेन', 'करेज अंडर फायर', 'द इंग्लिश पेटेंट', 'टेस्टामेंट ऑफ यूथ', 'होम ऑफ द ब्रेव', 'रिटर्न', 'प्राइवेट बेंजामिन', 'द रीडर'।

अब हम युद्ध आधारित कुछ भारतीय फिल्मों की विषय-वस्तु पर बात करते हैं : सन् 2021 में युद्ध की पृष्ठभूमि पर लगातार कई फिल्में आईं। 'शेरशाह' फिल्म कैप्टन विक्रम बत्रा और डिम्पल चीमा की कहानी है। कैप्टन विक्रम बत्रा ने कारगिल युद्ध में असीम साहस और वीरता का प्रदर्शन करते हुए खुद शहीद होकर विजय दिलाई थी जिसके लिए उन्हें परमवीर चक्र से सम्मानित किया गया। 'शेरशाह' (2021) ने उनकी मंगेतर डिम्पल चीमा के त्याग और समर्पण को सामने लाने का काम किया है जो पंजाब में उनकी विधवा के रूप में अपना जीवन बिता रही हैं। मुम्बई डायरीज पाकिस्तानी आतंकवादियों द्वारा 26 नवम्बर, 2008 को ताज होटल, छत्रपति शिवाजी टर्मिनल और अन्य स्थानों पर हमला कर सैकड़ों लोगों की हत्या करने की घटना का भावुक प्रस्तुतीकरण है। इस हमले में मेजर संदीप उन्नीकृष्णन ने शहादत दी थी। फिल्म 'मेजर' उन्हीं के जीवन पर आधारित है। 'सैम बहादुर', सन् 1971 के भारत-पाक युद्ध में जीत दिलाने वाले सेना प्रमुख सैम मानेकशां के ऊपर है तो उसी युद्ध के दौरान भुज एयरस्ट्रिप को रातों-रात ठीक करने वाली तीन सौ महिलाओं और इंडियन एयर फोर्स के स्क्वाड्रन लीडर विजय कार्निक की कहानी कहती है। परमवीर चक्र विजेता लेफ्टिनेंट अरुण खेत्रपाल की जीवनी पर बनी फिल्म 'इक्कीस' भी युद्ध सिनेमा की श्रेणी में है। फिल्म 'तेजस' एक महिला पायलट के नेतृत्व में बनी फिल्म है जो कि गुंजन सक्सेना के बाद महिला पायलट के ऊपर बनी दूसरी फिल्म होगी। अब तक युद्ध पुरुष प्रधान रहे हैं और बॉलीवुड उनकी कहानी दिखाता रहा है। अब महिलाओं को सेना में भी स्थायी कमीशन मिल

गया है, उम्मीद है कि बॉलीवुड अब युद्ध क्षेत्र में उनकी बहादुरी और रण कौशल को सिनेमा के परदे पर उचित स्थान देगा।

'नीरजा' (2016) फिल्म की कहानी एयर होस्टेस नीरजा भनोट के साहसिक जीवन पर आधारित है। सन् 1986 में एक भारतीय हवाई जहाज के हाईजैक होने पर नीरजा ने अपनी बुद्धिमत्ता से कई यात्रियों की जान बचाई थी और खुद आतंकवादियों के हाथों मारी गई थीं। उनकी बहादुरी के लिए मरणोपरान्त भारत सरकार ने उन्हें अशोक चक्र से सम्मानित किया। 'केसरी' (2019) भारत के सिख जवानों और अफगानी जनजातियों के बीच सारागढ़ी किले पर लड़े गए ऐतिहासिक युद्ध की घटना पर आधारित है। सन् 1897 में ब्रिटिश सेना की 36वीं सिख रेजिमेंट के मात्र इक्कीस सिपाहियों ने अफगानिस्तान के अफरीदी और पख्तून जनजातियों के दस हजार से ज्यादा जवानों से बहादुरी से लड़ते हुए शहादत दी थी।

सहमत खान, भारतीय इंटेलीजेंस एजेंसी रॉ की महिला जासूस थीं। उनके जीवन और बहादुरी भरे कार्यों पर 'कालिंग सहमत' (2008) शीर्षक उपन्यास को लिखने की प्रेरणा नेवी अफसर हरिन्दर सिक्का को तब मिली जब वो कारगिल युद्ध के बारे में रिसर्च करने के दौरान सहमत के बेटे से मिले थे। उनके बेटे ने ही अपनी माँ की देशभक्ति की नायाब मिसाल से उनका परिचय करवाया था। कहते हैं कि सहमत इस समय पंजाब के मलेरकोटला में रहती हैं और सिक्का उनसे मिलने भी गए थे। सहमत जी को देखकर इस किताब के लेखक को भी यकीन नहीं हुआ था कि वे जासूस रह चुकी महिला हैं। अगर हरिन्दर सिंह सिक्का यह किताब न लिखते तो सहमत की कहानी गुमनामी में खो गई होती। मेघना गुलजार ने इस उपन्यास का फिल्मी रूपान्तरण करके सहमत की देशभक्ति, त्याग, बलिदान और महान योगदान को 'राजी' फिल्म के माध्यम से पूरी दुनिया को बताने का काम किया। सहमत ने कभी जासूसी करने के बारे में सोचा भी नहीं था, वह तो कश्मीर की एक सामान्य सी लड़की थीं।

जिस समय वह कॉलेज में पढ़ाई कर रही थीं उसी दौरान उनके पिता ने उन्हें जासूस बनने के लिए कहा था लेकिन सहमत को जासूसी के बारे में कुछ भी मालूम नहीं था। अपने पिता की सलाह पर देश की खातिर सहमत खतरा उठाने को तैयार हो गई थीं। इसी क्रम में एक प्लानिंग के तहत सहमत का निकाह पाकिस्तानी आर्मी के एक ऑफिसर के साथ हुआ। वह अपने पति के घर में रहते हुए महत्त्वपूर्ण खुफिया जानकारियाँ इंडियन आर्मी को भेजती रहीं। सहमत के भेजे सन्देशों की वजह से कई लोगों की जान बच सकी थी। फिल्म बताती है कि इन सब खतरों के बीच काम करते हुए उनके पति को भी जान गँवानी पड़ी थी और बड़ी मुश्किल से उन्हें पाकिस्तान से वापस लाया गया था। जब वह भारत लौटीं तो गर्भवती थीं,

उन्होंने एक बेटे को जन्म दिया जो आगे चलकर अपनी माँ के जैसे ही भारतीय सेना में शामिल होकर देश की सेवा करता है।

'मेगन लेवी' (2017) एक महिला नौसैनिक और उसके जर्मन शेफर्ड कुत्ते की सच्ची कहानी पर बनी फिल्म है जो कई सैनिक मिशनों पर जाकर सफलतापूर्वक काम करते हैं। 'द इनविजिबल वार' (2012) अमेरिकन सेना में रेप और लैंगिक शोषण पर आधारित फिल्म है। 'द किंगडम' (2017) एक अमेरिकन महिला जासूस की कहानी है जो एफ.बी.आई. के साथ काम करती है। सऊदी अरब में बम विस्फोट की घटना की जाँच के सिलसिले में जो मुश्किलें और लड़ाइयाँ उसे झेलनी पड़ती हैं उसका प्रभावी चित्रण इस फिल्म में मिलता है। 'रिटर्न' (2011) युद्ध से वापस लौटी एक महिला सैनिक की कहानी है जो अपने घर लौटकर खुद को अडजस्ट कर पाने में असहज पाती है। हॉलीवुड सिनेमा में युद्ध में भाग लेने वाली तथा वार विडोस पर महत्त्वपूर्ण फिल्में बनी हैं जो युद्ध के दुष्प्रभावों और भावनात्मक वंचना को प्रस्तुत करती हैं।

युद्ध विधवाओं की त्रासद जिन्दगी

युद्ध जब भी होगा सेना के जवान से लेकर आम जनता तक सबसे ज्यादा पुरुष मारे जाएँगे, शहीद होंगे और उसका अधिकतम दुष्प्रभाव महिलाएँ और बच्चे झेलने को अभिशप्त होंगे। युद्धग्रस्त देश के प्राकृतिक संसाधनों से लेकर विकसित संसाधन भी तबाह होंगे। विधवा महिलाओं को अकेले अपने घर-परिवार और बच्चों की जिम्मेदारी सँभालनी होती है। युद्ध का दुखद पहलू यह है कि इसमें ज्यादातर नौजवान सिपाहियों को जान गँवानी पड़ती है जिसके कारण माँ-बाप और पत्नी-बच्चों को असहनीय पीड़ा से गुजरना पड़ता है। जब हम जौनपुर में थे तब उरी (2016) की घटना हुई थी और श्री राजेश सिंह शहीद हुए थे उस समय उनका एकमात्र बेटा 2 साल का था। देवरिया जनपद में रहने के दौरान पुलवामा (2019) विस्फोट में सिपाही विजय मौर्य शहीद हुए, उनकी बेटी मात्र एक साल की थी।

इन दोनों जवानों का अन्तिम संस्कार सैनिक सम्मान के साथ अपनी उपस्थिति में प्रशासन की टीम ने कराया था। प्रभावित दोनों परिवारों के माता-पिता और पत्नी और बच्चों के चेहरे आज भी जैसे सामने दिख जाते हैं, उनके बारे में सोचकर दुःख होता है। वीर अब्दुल हमीद 10 सितम्बर, 1965 को भारत-पाकिस्तान युद्ध में शहीद हुए थे, उन्हें अदम्य साहस और वीरता के लिए याद किया जाता है। उनकी विधवा पत्नी रसूलन बीवी ने कई मुश्किलों का सामना करते हुए अपने घर-बच्चों को सँभालने का काम किया। परमवीर चक्र विजेता वीर अब्दुल हमीद की पत्नी रसूलन बीवी (89 वर्ष) का 02 अगस्त, 2019 को गाजीपुर जनपद के ग्राम धामूपुर स्थित

अपने आवास पर निधन हो गया। रसूलन बीवी के परिवार में चार पुत्र और एक पुत्री हैं। सन् 2017 में सेना प्रमुख जनरल विपिन रावत और तत्कालीन राज्यपाल श्री राम नाइक भी धामूपुर गाँव गए थे।

राजस्थान राज्य के थार मरुस्थल में एक स्थान है शेरगढ़। नाम के अनुरूप ही यहाँ के लोग बहादुर हैं और सेना में जाना उनका सबसे बड़ा शौक है। शेरगढ़ तहसील के लगभग 100 गाँवों के लोग विश्वयुद्ध से लेकर अब तक देश के अन्दर और बाहर के मिशनों में काम कर चुके हैं और विभिन्न युद्धों में अपनी शहादत दी है। यहाँ के लोग बड़ी शान से कहते हैं कि शेरगढ़ प्रतिदिन देशभक्त और युद्ध के नायक पैदा करता है। सेना में नौकरी करने और युद्ध में शहीद होने के कारण यहाँ के गाँवों में विधवाओं की संख्या (250 से ज्यादा) बहुत है। इन गाँवों में शहीदों के नाम के पत्थर, स्मारक, घरों के भीतर शहीद जवानों की तसवीरें, उनकी वर्दियाँ, मेडल्स और ट्रंक्स पाए जाते हैं।

हॉलीवुड और बॉलीवुड : युद्ध एक मसाला

अमेरिका में युद्ध के कारण विधवा हुई महिलाओं ने अपना एक संगठन बनाया है ताकि वे एक दूसरे की मदद कर सकें, अपने पतियों की यादों को सँजोकर रख सकें। इसकी शुरुआत 21 साल की उम्र में विधवा हो चुकी टारयन डेविस नाम की महिला ने किया, जिनके पति इराक युद्ध में 21 मई, 2007 को शहीद हो गए थे। टारयन ने 'अमेरिकन विडो प्रोजेक्ट' नाम से एक 75 मिनट लम्बी डाक्यूमेंट्री फिल्म बनाकर प्रदर्शित किया। अब ये वार विडोस एकजुट होकर कार्यक्रम आयोजित करती हैं और फिर से एक उद्देश्यपरक और खुशनुमा जिन्दगी जी रही हैं और एक दूसरे का सहयोग कर रही हैं।

सन् 1976 में पाल बोगार्ट ने 'द वार विडो' नाम से एक टेलीविजन फिल्म बनाई थी। अमेरिकन टेलीविजन पर प्रदर्शित यह पहली मेनस्ट्रीम लेस्बियन प्रेम कहानी थी। प्रसिद्ध अमेरिकन-आस्ट्रेलियन लेखिका तारा मॉस ने 'द वार विडो' नाम से एक पुस्तक लिखी जिसमें सन् 1946 के सिडनी शहर में युद्ध रिपोर्टिंग करने वाली एक महिला पत्रकार बिल्ले वॉकर की कहानी को प्रस्तुत किया है जो अपने पिता और पति को खोने के बाद टूट चुकी है। युद्ध समाप्त होने के बाद उसके जैसे काबिल रिपोर्टर की अब जरूरत नहीं रह गई है इसलिए वह एक जासूसी एजेंसी चलाने लगती हैं। एक गायब हुए लड़के की तलाश करने के दौरान उसे ऐसे अनुभवों से गुजरना पड़ता है कि वह एक नतीजे पर पहुँचती है कि एक युद्ध को भले ही जीत लिया गया हो लेकिन वह कभी समाप्त नहीं होता।

सेना में महिलाएँ

अपने देश में बहादुर महिलाओं का भी इतिहास रहा है। ऊदा देवी, झलकारी बाई, रानी गाईदिल्यु, झाँसी की रानी लक्ष्मीबाई ने युद्ध के मैदान में डटकर दुश्मनों का मुकाबला किया। अभी हॉल में हुए ओलम्पिक खेलों में जो दम-खम महिलाओं ने दिखाया है वह साबित करता है कि महिलाएँ किसी भी मामले में पुरुषों से कम नहीं हैं। पुलिस और सेना में भी वे लम्बे समय से अपनी सेवाएँ सफलतापूर्वक दे रही हैं। भारत में सन् 1992 में शॉर्ट सर्विस कमीशन के लिए महिलाओं का पहला बैच भर्ती हुआ था। पहले यह 5 साल के लिए था, बाद में 10 साल का होते हुए सन् 2006 में 14 साल का हो गया। जहाँ सेना के पुरुष अधिकारी सेवा के दस साल पूरे होने पर अपनी योग्यतानुसार स्थायी कमीशन के लिए आवेदन कर सकते हैं, जबकि महिलाएँ ऐसा नहीं कर सकती हैं। माननीय सुप्रीम कोर्ट के 17 फरवरी, 2020 के अपने आदेश में अब महिलाओं को सेना के 10 शाखाओं में स्थायी कमीशन मिल सकेगा। कोर्ट ने अपने आदेश में कहा था कि सामाजिक धारणाओं के आधार पर महिलाओं को समान मौके न मिलना परेशान करने वाला और अस्वीकार्य है। सेना में समानता लाने के लिए हमें अपनी मानसिकता परिवर्तित कर महिलाओं को समान अवसर देना ही होगा। उच्चतम न्यायालय का यह फैसला बेहद प्रशंसनीय है जो महिला सशक्तिकरण के साथ सेना में उन्हें सम्मानजनक हैसियत दिलाने में ऐतिहासिक साबित होगा।

सेना में महिलाएँ बखूबी काम कर रही हैं, स्थायी कमीशन मिलने से उनका मनोबल और बढ़ेगा। कुछ साहसी महिलाओं का जिक्र करना यहाँ प्रासंगिक होगा। नीतिका कौल ने अपने पति मेजर विभूति शंकर ढौंडियाल के शहीद होने के दो वर्ष बाद आर्मी अफसर के पद पर ज्वाइन किया। नीतिका के पति उन दोनों की शादी के दस महीने बाद ही फरवरी 2019 में जम्मू-कश्मीर के पुलवामा में आतंकवादियों से मुठभेड़ के दौरान शहीद हो गए थे। यह निकिता के साहस की मिसाल है जो पति की शहादत के बाद भी वह सेना में जाकर देश की सेवा करना चाहती हैं। मेजर शफीक गोरी जुलाई 2001 में शहीद हुए थे तो उनकी पत्नी सलमा की उम्र मात्र 29 वर्ष थी। लोगों ने उन्हें नई जिन्दगी शुरू करने की सलाह दी थी लेकिन उन्होंने अपने शहीद पति की स्मृतियों के साथ हमेशा के लिए उनकी पत्नी रहकर ही जीने का फैसला लिया। पति की शहादत के 16 साल बाद जब उन्होंने फेसबुक पर 'बीइंग यू' नाम की पोस्ट डाली तो उसे 2 लाख लाइक्स और 42 हजार शेयर मिले, *एनडीटीवी न्यूजडेस्क* ने इस पर एक खबर प्रकाशित की।

सलमा शफीक अब युद्ध विधवाओं के लिए काम करती हैं और अपने बच्चों की परवरिश भी। देश के कोने-कोने से और हमारे उत्तर प्रदेश और बिहार के विभिन्न

जनपदों से बड़ी संख्या में किसानों के बेटे सेना और अर्द्धसैनिक बलों में नौकरी के लिए जाते हैं और जब भी युद्ध या बड़ी आतंकवादी घटनाएँ होती हैं वे बहादुरी से लड़ते हुए अपनी शहादत देते हैं। हम ऐसे शहीदों और उनकी विधवाओं के साहस और बहादुरी को सलाम करते हैं। सैनिकों के पुनर्वास और कल्याण के लिए देश के प्रत्येक जनपद में सैनिक कल्याण के आफिस बने हुए हैं। 'इंडियन आर्मी वेटेरन पोर्टल' भी काम कर रहा है इसमें सैनिकों, शहीदों और वीर नारियों के सहयोग और कल्याण (पेंशन, स्वास्थ्य और अन्य सुविधाएँ) के लिए विशेष ध्यान रखा जाता है। भारतीय सिनेमा ने वीर सैनिकों और युद्ध विधवाओं (वार विडोज) के त्याग और बलिदान को पूरी दुनिया के सामने लाने का जो काम किया है वह सराहनीय है। उम्मीद है कि भविष्य में भी वे उन्हें सम्मान सहित परदे पर प्रस्तुत करते रहेंगे।

भारत-पाकिस्तान सम्बन्ध और बॉलीवुड

भारत में दो चीजें क्रिकेट और बॉलीवुड बहुत लोकप्रिय हैं और बात जब भारत पाकिस्तान के बीच आ जाए तो क्लाइमेक्स नए आयाम स्थापित कर जाता है। दोनों देशों के बीच क्रिकेट और बॉलीवुड पर ख़ासा कोहराम मचा करता है। सरहदों पर तनाव बढ़ता है तो उसके बदले में दोनों देशों के बीच खेल बन्द हो जाते हैं फिर शुरू भी होते हैं। हाल की दो घटनाओं का यहाँ जिक्र करना समीचीन होगा। कोरोना कालीन बन्दी के बाद नवम्बर 2021 में पाकिस्तान ने खुद गुरु नानक देव की जन्मस्थली करतारपुर कॉरीडोर को खोलने के लिए भारत से आग्रह किया। अभी 25 नवम्बर, 2021 को भारत पाकिस्तान के बीच टी-20 वर्ल्ड कप संयुक्त अरब अमीरात में खेला गया। इस मैच ने सारे रिकार्ड तोड़ दिए क्योंकि यह अब तक सबसे ज्यादा देखा जाने वाला मैच बन गया हालाँकि इस मैच में भारत हार गया था। फिल्मों का भी यही हाल है। पाकिस्तान बॉलीवुड की फिल्मों पर पाबन्दी लगाता है तो इधर हिन्दुस्तान में भी ये बहस छिड़ जाती है कि हमारा बॉलीवुड अदनान सामी, राहत फतेह अली खान, आतिफ असलम, फजल अली, फवाद खान, मीरा अली और माहिरा खान जैसे कलाकारों को मौका क्यों देता है? जब कारगिल युद्ध हुआ या उसके बाद ताज होटल मुम्बई पर बर्बर आतंकवादी हमले हुए तो भारतीय मीडिया, आम जनमानस और बौद्धिक वर्ग के एक हिस्से ने कला, संस्कृति, खेल सहित सभी तरह के सम्बन्धों को तोड़ लेने की माँग की। परन्तु प्रगतिशील लेखकों, चिन्तकों, फिल्मकारों और कलाकारों ने कला और सांस्कृतिक सम्बन्धों पर रोक लगाने से असहमति जताई। उसके पीछे तर्क यह था कि कल्चरल डिप्लोमेसी के तहत शान्तिपूर्ण सम्बन्धों को बनाए रखने के लिए सीमा पार दोनों तरफ की आम अवाम, कलाकार और संस्कृतिकर्मी जो मानवीय मूल्यों को ज्यादा तरजीह देते हैं वो आपस में सम्बन्ध बनाए रखना चाहते हैं। गीत, संगीत, क्रिकेट, थिएटर और लोगों के बीच पारस्परिक सम्बन्ध बहुत मददगार साबित होते हैं, दरारों को पाटने और फिर से पास आने के लिए। तमाम परिवार और उनके सम्बन्धी दोनों मुल्कों में रहते हैं उन्हें रोकना किसी भी तरह से ठीक नहीं है।

कुछ दर्ज करने वाली यादें

भारत-पाकिस्तान के बीच नाजुक सम्बन्धों के परिप्रेक्ष्य में एक बात को लिखना प्रासंगिक होगा। सन् 2007 में जब क्रिकेट वर्ल्ड कप खेला जा रहा था तो जवाहरलाल नेहरू यूनिवर्सिटी, नई दिल्ली के कावेरी हॉस्टल में अपने कमरे में बैठे चर्चा कर रहे कुछ सीनियर्स ने बिहार से ग्रेजुएशन करने आए एक लड़के से पूछा 'यदि भारत फाइनल में नहीं पहुँच सका तो तुम किस टीम को जीतते हुए देखना चाहोगे ऑस्ट्रेलिया या पाकिस्तान? लड़के का उत्तर था पाकिस्तान। लोगों ने पूछा क्यों? पाकिस्तान तो हमेशा भारत के खिलाफ रहता है? तो उसका जवाब था, 'पाकिस्तान हमारे साउथ एशिया का देश है और गोरे अंग्रेज जीते उससे अच्छा है हमारा पड़ोसी पाकिस्तान जीते।' ये एक महत्त्वपूर्ण बात थी और ऐसा सोचने वाले बहुतेरे भारतीय हैं। इस सच से हम सभी वाकिफ हैं कि भारत और पाकिस्तान के बीच मैच सीमा पर युद्ध की तरह लड़े जाते हैं, खेले नहीं जाते और जीत पर होली दीवाली की तरह पटाखे भी फोड़कर जश्न मनाया जाता है। इसी क्रम में मशहूर पाकिस्तानी कलाकार सीमा किरमानी के नेतृत्व में एक थिएटर ग्रुप उपर्युक्त विश्वविद्यालय में आया और सूफी सन्त बुल्ले शाह के जीवन पर आधारित एक नाटक प्रस्तुत किया। नाटक समाप्त होने के बाद सभी पाकिस्तानी कलाकारों ने एक साथ खचाखच भरे हाल में भारतीय श्रोताओं को जोर से सम्बोधित किया 'वी लव यू' और बदले में ऑडियंस ने भी उन्हें निराश नहीं किया। इन एक दो घटनाओं के जिक्र से पता चलता है कि दोनों मुल्कों के दरम्यान नफरत और युद्ध ही नहीं है, फैज अहमद फैज, इकबाल बानो, गुलाम अली, मेहदी हसन, नुसरत फतेह अली, राहत फतेह अली, आबिदा परवीन फरीदा खानम, सलमा आगा, जेबा बख्तियार, नूरजहाँ और सानिया मिर्जा भी हैं।

भारत-पाकिस्तान सम्बन्ध और सिनेमा

बॉलीवुड की फिल्मों का भारतीय जनमानस पर व्यापक प्रभाव पड़ता है इसलिए इनके विषय-वस्तु (कंटेंट) को ध्यान में रखकर यदि भारत-पाक सम्बन्धों को चित्रित करने वाली फिल्मों का जिक्र करें तो इन्हें निम्न दो वर्गों में बाँटा जा सकता है— (1) बॉलीवुड (भारत) में निर्मित फिल्में और (2) लॉलीवुड (पाकिस्तान) में निर्मित फिल्में।

बॉलीवुड में राजकपूर और यश चोपड़ा जैसे फिल्मकारों ने दोनों देशों के बीच सियासत से परे इंसानियत और मानवीय सम्बन्धों को तवज्जो देने वाली बेहतरीन फिल्में बनाईं जिसका प्रमुख कारण उनके पास दोनों देशों के दुर्भाग्यपूर्ण बँटवारे के

कारण पलायन करने का भोगा हुआ अनुभव था। वे लाहौर और पंजाब के बँटवारे से प्रभावित हिस्सों से पलायित होकर हिन्दुस्तान में रिफ्यूजी के रूप में बसे थे। अपनी मातृभूमि, अपने करीबी लोगों को जिन्हें हिन्दू, मुस्लिम, सिख के रूप में चिन्हित कर बाँटा गया, एक-दूसरे के खिलाफ भड़काकर हिंसा करवाई गई, उन सारे हिंसक दृश्यों और अनुभवों से सबक लेकर एक बेहतर और संवेनशील मानवीय समाज बनाने की सम्भावनाओं को चित्रित करती फिल्में इन फिल्मकारों ने बनाईं। बॉलीवुड सिनेमा में भारत-पाक सम्बन्धों पर बनी कुछ फिल्में निम्न प्रकार हैं—'लाहौर' (1949), 'नास्तिक' (1954), 'छलिया' (1960), 'धर्मपुत्र' (1961), 'गरम हवा' (1973), 'हिन्दुस्तान की कसम' (1973), 'हिना' (1991), 'सरदार' (1993), 'मम्मो' (1994), 'नसीम' (1995), 'बार्डर' (1997,) '1947 अर्थ'(1998), 'ट्रेन टू पाकिस्तान'(1998), 'शहीदे मोहब्बत बूटा सिंह' (1999), 'सरफरोश' (1999), 'हे राम' (2000), 'रिफ्यूजी' (2000), 'गदर : एक प्रेम कथा' (2001), 'पिंजर' (2003), 'एल.ओ.सी. : कारगिल' (2003), 'वीर जारा' (2004), 'भाग मिल्खा भाग' (2013), 'फिल्मिस्तान' (2013), 'बजरंगी भाई जान' (2015), 'एक था टाइगर' (2012), 'सरबजीत' (2016) 'हैप्पी भाग जाएगी' (2016), 'बेगम जान' (2017), 'टाइगर जिन्दा है' (2017), 'राजी' (2018), 'ओम्रेटा' (2018), 'उरी' (2019), 'मुम्बई डायरीज' (2021), 'शेरशाह' (2021), 'मिशन मजनू' (2023)।

बॉलीवुड की 'गदर' जैसी फिल्में जो व्यावसायिक उद्‌देश्य से दोनों देशों के सम्बन्धों को आधार बनाकर बनाई जाती हैं उनमें गीत-संगीत के लटकों-झटकों के साथ भावनाओं को भड़काकर ज्यादा पैसा कमाना मुख्य उद्‌देश्य होता है। अभी आई 'गदर-2' ने भी कमाई के दृष्टिकोण से बड़ी सफलता अर्जित की है। 'गदर' (2001) को सिनेमा हॉल में देखते समय लोग पकिस्तान विरोधी संवादों पर इस कदर उत्तेजित हो जाते थे कि डर लगता था कि बन्द हॉल के अन्दर ही दोनों समुदायों के लोगों में मारपीट न हो जाए। साम्प्रदायिक नफरत को एक तरफ रख दें तो 'गदर' जैसी फिल्म भी सबसे ऊपर पति-पत्नी और सन्तान के रिश्ते को रखती है और अपने परिवार को वापस लाने के लिए नायक तारा सिंह पूरी दुनिया से अकेले लड़ने को तैयार हो जाता है। जब वह वापस पाकिस्तान जाता है तो उसका मुस्लिम दोस्त दिल से उसकी मदद करता है। चन्द्र प्रकाश द्विवेदी की फिल्म 'पिंजर' जो महान लेखिका अमृता प्रीतम के इसी शीर्षक के उपन्यास पर बनाई गई है, में मुस्लिम युवक राशिद और हिन्दू लड़की पुरो (शादी के बाद हमीदा) के बीच सम्बन्ध को चित्रित किया गया है। सन् 1947 के दौर की इस कहानी में राशिद पारिवारिक रंजिश में पुरो का अपहरण कर लेता है। किसी तरह वह जब भागकर अपने परिवार के पास पहुँचती है तो उसे वहाँ से डर की वजह से वापस कर दिया जाता है। हताश निराश पुरो, राशिद के पास लौट जाती है और कुछ दिनों बाद शादी कर दोनों घर बसा

लेते हैं। भारत-पाक बँटवारे की पृष्ठभूमि में यह फिल्म दोनों सम्प्रदायों के जटिल और भावनात्मक सम्बन्धों को बड़ी संजीदगी से प्रस्तुत करती है।

'धर्मपुत्र', 'वीर जारा', 'बजरंगी भाई जान', 'पीके', 'हैप्पी भाग जाएगी' और 'टाइगर जिन्दा है' जैसी फिल्मों को यदि टेक्स्ट की तरह पढ़ा जाए तो उनके संवादों और दृश्यों के माध्यम से पता चलता है कि वे दोनों देशों के सकारात्मक पक्षों को भी सामने रखती हैं और ये उम्मीद जगाती हैं कि अविश्वास व पारस्परिक शत्रुता से आगे बेहतर सम्बन्ध भी स्थापित किए जा सकते हैं और ऐसे प्रयासों को बढ़ाने में कोई बुराई नहीं है।

यश चोपड़ा का सिनेमाई अन्दाज और भारत-पाकिस्तान सम्बन्ध

महान फिल्ममेकर यश चोपड़ा की मौत (21 अक्टूबर, 2012) पर मुम्बई फिल्म फेस्टिवल में शामिल होने आई पाकिस्तानी फिल्म निर्देशक इरम परवीन बिलाल ने कहा था कि 'यश जी की मौत पाकिस्तान के लिए एक बहुत बड़ी क्षति है क्योंकि वे भारत-पाकिस्तान को करीब लाने की एक महत्त्वपूर्ण कड़ी थे। उनके मन में पाकिस्तान के लिए एक सॉफ्ट कार्नर था। उनकी फिल्मों में मोहब्बत केन्द्रीय मुद्दा होती थी जो दोनों देशों को करीब लाती थी। यश जी लाहौर में पैदा हुए थे इसीलिए पाकिस्तानी सरजमीं के प्रति उनके मन में अलग तरह का लगाव था।' (oneindia.com)। फिल्म 'वीरजारा' इसका एक शानदार उदाहरण है। बतौर निर्देशक उनकी पहली फिल्म 'धूल का फूल' 1959 में आई और दूसरी फिल्म 'धर्मपुत्र' 1961 में। दोनों ही फिल्मों में विभाजन के बाद हिन्दू-मुस्लिम समुदायों में फैली कड़वाहट को कम करने के लिए ऐसी विषय-वस्तु का चित्रण किया गया कि लोग धर्म आधारित नफरत और दुश्मनी भुलाकर मानवीयता के आधार पर सार्थक सम्बन्धों को स्थापित कर सकें। 'धर्मपुत्र' फिल्म का गीत 'तू हिन्दू बनेगा ना मुसलमान बनेगा, इनसान की औलाद है इनसान बनेगा...' यश चोपड़ा की मानवीय सोच का परिचायक है। एक मुस्लिम माँ का बेटा जिसकी परवरिश एक हिन्दू परिवार में होती है और वह हिन्दू कट्टरवाद के प्रभाव में मुस्लिमों से नफरत करता है। माँ हुस्न और उसका अपना बेटा दिलीप बहुत दिनों बाद मिलने पर किस तरह एक-दूसरे से सामंजस्य बना पाते हैं इसी कश्मकश को परदे पर यश चोपड़ा साहब ने खूबसूरती से पेश किया था। इतना ही नहीं, सन् 1990 के दशक में जब अयोध्या में विवादित ढाँचे के गिराए जाने के बाद कश्मीर में आतंकवाद तेजी से बढ़ा और पूरी दुनिया में इसकी प्रतिक्रियाएँ हुईं, यश चोपड़ा ने एक मुस्लिम युवा शाहरुख खान को अपनी फिल्मों के माध्यम से भारत के हर घर का चहेता सुपरस्टार बना दिया। 'डर', 'दिलवाले दुल्हनिया ले जाएँगे', 'दिल तो पागल है', 'मोहब्बतें', 'वीर जारा',

'चक दे इंडिया', 'रब ने बना दी जोड़ी' जैसी सफल फिल्में इसका सबूत हैं। उनकी फिल्मों की विषय-वस्तु को भी देखा जाए तो उनकी प्रगतिशील सोच स्पष्ट रूप से सामने आती है। 'फना', 'काबुल एक्सप्रेस', 'न्यूयॉर्क', 'एक था टाइगर' और 'टाइगर जिन्दा है' जैसी फिल्में उनके बैनर की ही देन हैं जो उनके काबिल बेटे आदित्य चोपड़ा बखूबी आगे बढ़ा रहे हैं। ये फिल्में भारत-पाकिस्तान के बीच मधुर सम्बन्धों की पैरवी करती हैं। अपनी फिल्मों की स्टारकास्ट से भी वे इस एजेंडे को सपोर्ट करते हैं। शाहरुख खान के अलावा उनकी फिल्मों में फिरोज खान, परवीन बॉबी, वहीदा रहमान, दिलीप कुमार, सायरा बानो, फजल अली, सैफ अली खान, आमिर खान, सलमान खान, कैटरिना कैफ को सदैव महत्त्वपूर्ण भूमिकाएँ दी गई हैं जिसके माध्यम से भारत की गंगा-जमुनी तहजीब और साम्प्रदायिक सद्‌भाव को समर्थन मिलता है।

'वीर-जारा', 'बजरंगी भाईजान' और 'टाइगर जिन्दा है' जैसी फिल्मों ने मानवीय रिश्तों के आधार पर जन्मजात/परम्परागत शत्रुता निभाते चले आ रहे दोनों पड़ोसी देशों को एक विकल्प देने का सराहनीय काम किया है। परन्तु दुःख की बात है कि पहले सरबजीत और अब कुलभूषण जाधव प्रकरण ने भारत-पाकिस्तान के मध्य बेहतर सम्बन्धों की उम्मीद को और पीछे धकेल दिया। जासूसी का आरोप लगाकर उन्हें जेल में बन्द करने और फाँसी की सजा सुनाने के बाद उनके साथ अमानवीय व्यवहार करने तथा घटिया किस्म की डिप्लोमेसी का उदाहरण प्रस्तुत करने व पारस्परिक रिश्तों को सुधारने के ऐसे नाजुक अवसरों को गँवाने के कारण पाकिस्तान की जितनी निन्दा की जाए कम है। 'टाइगर जिन्दा है' फिल्म ऐसे ही नाज़ुक दौर में रिलीज हुई है जब कुलभूषण जाधव पाकिस्तान की जेल में बन्द हैं और उनकी माँ व पत्नी को मिलने का अवसर देकर भी पाकिस्तानी हुक्मरानों द्वारा सामान्य शिष्टाचार तक का ध्यान नहीं रखा गया फलतः भारतवासियों में कुंठा, निन्दा व निराशा के भाव भर गए। उधर भारत-पाक सीमा पर प्रायः सीजफायर का उल्लंघन और सेना के जवानों के मारे जाने से दोनों देशों के बीच सम्बन्ध खराब स्थिति में पहुँच जाते हैं। ऐसे में यह सोचना जरूरी हो जाता है कि क्या उपाय किए जाएँ कि स्थितियों में पुनः सुधार हो सके और तब यही समझ में आता है कि सांस्कृतिक माध्यमों से प्रयास होने चाहिए और फिल्में इस कार्य में सबसे ज्यादा उपयोगी और सशक्त माध्यम साबित हो सकती हैं।

'बॉर्डर' जैसी युद्ध प्रधान फिल्म भी दोनों देशों के बीच जंग की भयावहता और व्यर्थता का विरोध अपने एक गीत से करती है—'जंग तो चन्द रोज होती है, जिन्दगी बरसों तलक रोती है...मेरे दुश्मन, मेरे भाई, मेरे हमसाए...आ खाएँ कसम जंग ना होने पाए और उस दिन का रस्ता देखें जब खिल उठे तेरा भी चमन जब खिल उठे मेरा भी चमन, तेरा भी वतन मेरा भी वतन...मेरे दोस्त, मेरे भाई, मेरे

हमसाए।' युवा विधवाएँ, बूढ़े माँ-बाप, अनाथ बच्चे और बरसों तक न भरने वाले घाव, यही सब तो छोड़ जाते हैं युद्ध अपने पीछे सरहद के दोनों तरफ।

लॉलीवुड (पाकिस्तान) में निर्मित फिल्में

पाकिस्तान में फिल्मों से ज्यादा धारावाहिक अच्छे बनते हैं। हॉलीवुड और बॉलीवुड की तर्ज पर पाकिस्तानी फिल्म इंडस्ट्री को लॉलीवुड कहा जाता है परन्तु पिछले कुछ वर्षो को छोड़ दिया जाए तो वहाँ बहुत कम फिल्में बनी हैं। आज जब भारत-पाकिस्तान के बीच सम्बन्ध बहुत अच्छे नहीं है उनकी फिल्मों के माध्यम से, उनकी विषय-वस्तु के विश्लेषण से वहाँ के समाज व लोगों की सोच के बारे में बेहतर तरीके से समझा जा सकता है। पाकिस्तानी कलाकारों और उनके गीत-संगीत व फ़िल्मों के माध्यम से दोनों देशों के बीच अच्छे सम्बन्धों की उम्मीद की एक खिड़की खुली रहती है। इन्हें बनाए रखना और सपोर्ट करना बहुत जरूरी है। कुछ पाकिस्तान निर्मित फिल्में, जिन्हें सरहद के दोनों तरफ पसन्द किया गया, का विवरण निम्न प्रकार है : 'तेरी याद' (1948), 'जागो हुआ सवेरा' (1959), 'रामचन्द पाकिस्तानी' (2008), 'खामोश पानी' (2003), 'खुदा के लिए' (2008), 'बोल' (2011), 'वार' (2013), 'मैं हूँ शाहिद अफरीदी' (2013), 'कराची से लाहौर' (2015), 'मंटो' (2015), 'बिन रोए' (2015), 'जवानी फिर नहीं आनी' (2015)।

भारत-पाकिस्तान के बँटवारे के बाद पहली पाकिस्तानी फिल्म 'तेरी याद' थी जिसमें दिलीप कुमार के भाई नासिर खान ने बतौर नायक काम किया था। प्रसिद्ध शायर और कवि फैज अहमद फैज द्वारा पूर्वी पाकिस्तान (बांग्लादेश) के मछुआरों के जीवन पर लिखी और 1959 में बनी फिल्म 'जागो हुआ सवेरा' 1960 में पाकिस्तान की तरफ से ऑस्कर पुरस्कारों हेतु विदेशी भाषा की बेस्ट फिल्म के लिए नामित की गई थी। कांस फिल्म फेस्टिवल और भारत में भी 2016 में इस फिल्म को दिखाया गया। 'रामचन्द पाकिस्तानी' फिल्म एक जॉइंट वेंचर है जिसमें भारतीय कलाकारों, संगीतकारों ने काम किया था। नन्दिता दास ने नायक रामचन्द पाकिस्तानी की माँ की भूमिका की थी। एक पाकिस्तानी हिन्दू दलित नागरिक शंकर और उसका सात साल का बेटा रामचन्द गलती से हिन्दुस्तान की सीमा में घुस आते हैं और गिरफ्तार कर जेल में भेज दिए जाते हैं। काफी समय बाद उनको जेल से मुक्ति मिलती है और वे वापस नन्दिता दास (चम्पा) के पास पाकिस्तान पहुँचते हैं। इस दौरान रामचन्द के एक शत्रु देश में जेल में रहने के अनुभव और उसकी माँ चम्पा के अकेले संघर्ष को पूरी संवेदना से चित्रित किया गया है। यह फिल्म भारत और पाकिस्तान दोनों देशों के दर्शकों द्वारा खूब पसन्द की गई।

पाकिस्तानी फिल्मकार सबीहा सुमार की फिल्म 'खामोश पानी' में जिया-उल-

हक के शासन काल में पाकिस्तान के तालिबानिकरण को दिखाया गया है। फिल्म की नायिका विधवा आयशा अपने बेटे सलीम के साथ एक छोटे से गाँव में रहती है। उसका बेटा इस्लामी चरमपन्थियों के प्रभाव में आ जाता है। सिख तीर्थयात्रियों के उस गाँव के भ्रमण में पता चलता है कि आयशा भारत-पाक बँटवारे के पूर्व वीराँ नाम की सिख लड़की थी जिसका अपहरण एक मुस्लिम ने कर लिया था। वीराँ के पिता ने परिवार की इज्जत बचाने के लिए गाँव के कुएँ में कूदकर शहादत देने की सलाह दी थी लेकिन उसने अपने शर्तों पर जीवन जीने की बात कहकर जान देने से मना कर दिया था। बाद में उसका बेटा सलीम और सारा गाँव उसे सिख जानकर उससे सारे नाते तोड़कर अकेला छोड़ देता है जिसे वह बर्दाश्त नहीं कर पाती और उसी कुएँ में कूदकर आत्महत्या कर लेती है और कुएँ का शान्त पानी उसे निगल जाता है। यह वहीं कुआँ था जहाँ 32 साल पहले वीराँ ने अपने बाप के कहने पर परिवार की इज्जत के नाम पर जान देने से मना कर दिया था। 'एथनिक आइडेंटिटी' पूरी दुनिया के विभिन्न समुदायों को बाँटने में, घृणा पैदा करने में कितनी खतरनाक भूमिका अदा करती है, 'पिंजर' और 'खामोश पानी' जैसी फिल्मों की विषय-वस्तु से बड़ी सहजता से समझा जा सकता है। 'पिंजर' बॉलीवुड की फिल्म है और 'खामोश पानी' लॉलीवुड की लेकिन समझदार लोगों की संवेदनाएँ उन्हें किस कदर एक प्लेटफार्म पर ला खड़ा करती हैं। 'खामोश पानी' में आयशा की भूमिका भारतीय अदाकारा किरन खेर ने की थी। दोनों देशों के कलाकारों के सामूहिक योगदान से बनी ये फिल्म अवाम और हुक्मरान को सन्देश देती है कि मानवता हमारी धार्मिक और जातीय पहचान से ऊँची चीज हुआ करती है।

आज जब भारत-पाकिस्तान के बीच सम्बन्ध बहुत अच्छे नहीं हैं उनकी फिल्मों के माध्यम से, उनकी विषय-वस्तु के विश्लेषण से वहाँ के समाज व लोगों की सोच के बारे में बेहतर तरीके से समझा जा सकता है। पाकिस्तानी कलाकारों और उनके गीत-संगीत व फिल्मों के माध्यम से दोनों देशों के बीच अच्छे सम्बन्धों की उम्मीद की एक खिड़की खुली रहती है। इन्हें बनाए रखना और सपोर्ट करना बहुत जरूरी है।

'खुदा के लिए' एक पाकिस्तानी फिल्म है जिसे शोएब मंसूर ने बनाया था जिसमें नसीरुद्दीन शाह ने बहुत ही महत्त्वपूर्ण कैमियो भूमिका की थी। लाहौर के दो सफल गायकों मंसूर और सरमद में से एक सरमद इस्लामिक एक्टिविस्ट मौलाना ताहिरी से प्रभावित होकर गायन छोड़ देता है और इस्लामी तौर तरीकों से जिन्दगी बिताने लगता है। एक पाकिस्तानी मूल की पश्चिमी स्टाइल की लड़की मरियम को ब्रिटिश लड़के डेव से प्यार हो जाता है लेकिन मरियम का पिता जो कि खुद एक ब्रिटिश महिला के साथ लिव-इन में रहता है अपनी बेटी के इस सम्बन्ध को स्वीकार नहीं करता। वह धोखे से उसे पाकिस्तान लाकर मरियम की शादी सरमद से

करा देता है। वह भागना चाहती है लेकिन पकड़ी जाती है। मामला कोर्ट में चलता है और बयान देने के लिए मौलाना भी वहाँ आते हैं। मौलाना वली की छोटी सी भूमिका में नसीरुद्दीन शाह इस्लाम की और इस्लामी तौर तरीकों और निकाह में औरत की मर्जी की कितनी अहमियत होती है उसको हदीस शरीफ के नजीरों से जिस तरह समझाते हैं वह काबिले तारीफ है। उन्होंने गीत-संगीत के बारे में कहा कि पैगम्बर दाउद को मौशिकी अता की खुदा ने, इसलिए संगीत गैर-इस्लामिक नहीं है। लिबास का ताल्लुक मजहब से नहीं है, दीन में दाढ़ी है दाढ़ी में दीन नहीं हैं। एक पाकिस्तानी फिल्म में भारतीय नायक इस्लाम की जिस तरह से व्याख्या करता है वह एक शानदार दस्तावेज की तरह सँभालकर रखने और बार-बार देखने और पढ़ने के लिए नायाब तोहफे की तरह है। दूसरी तरफ अमेरिका में म्यूजिक की पढ़ाई के लिए गए मंसूर के साथ 9/11 के हवाले से जो घटित होता है और उसे जेल पहुँचा देता है। जेल में वह दीवार पर पहले लिखता है—I Love USA लेकिन जब उसके मुस्लिम होने के नाते उसकी बात पर भरोसा न करके अमानवीय व्यवहार किया जाता है तो बाद में यही वाक्य I Love USAMA बन जाता है। बॉलीवुड की 'न्यूयॉर्क' फिल्म भी 9/11 की घटना के सहारे ये बताने की कोशिश करती है कि कैसे एक पल में पूरी दुनिया में मुसलमान सन्देह के घेरे में आ गए थे और बेवजह भी परेशान किए जाने लगे थे। उसी घटना के आसपास बनी बॉलीवुड फिल्म 'माय नेम इज खान' का यह संवाद बहुत चर्चा में रहा जिसे शाहरुख खान बार-बार दोहराते हैं, 'माय नेम इस खान एंड आई एम नाट ए टेररिस्ट।'

पाकिस्तान की नई पीढ़ी जिसने विभाजन की पीड़ा नहीं देखी है वो नए विषय भी चाहती है और उन पर फिल्में भी बना रही हैं। 'बिन रोए', 'मंटो' और 'कराची से लाहौर' जैसी फिल्में विभिन्न सामजिक व मनोरंजक विषयों पर बनाई जा रही हैं जो पाकिस्तानी फिल्म इंडस्ट्री और फिल्मकारों के विकसित होते क्षितिज की तरफ इशारा करती हैं। पाकिस्तान में जब भारत-पाकिस्तान सम्बन्धों पर फिल्में बनती हैं तो नायिका हिन्दू या सिख और नायक मुस्लिम होता है। इसका कारण पुरुष वर्चस्ववादी सोच और व्यावसायिक सोच दोनों है जिसमें बेटी दूसरे जातीय या धार्मिक समुदाय को देने से हेठी होती है; जबकि लेने से इज्जत बढ़ जाती है। दोनों मुल्कों में आज भी इज्जत सँभालने की सारी जिम्मेदारी, सारा बोझ लड़कियों के मजबूत कन्धों पर ही है।

पाकिस्तान में प्रतिबन्धित बॉलीवुड फिल्में

जैसा कि पहले भी जिक्र किया गया है कि जब भी दोनों देशों के बीच सामरिक और रणनीतिक सम्बन्ध खराब होते हैं फिल्मों के प्रदर्शन और क्रिकेट पर प्रतिबन्ध

लग जाया करता है। जब भी किसी बॉलीवुड फिल्म में पाकिस्तान को एक 'बैड स्टेट', 'आतंकवाद का गढ़' या 'आतंकवाद की नर्सरी' चित्रित किया जाता है, इस्लाम या मुसलमानों के बारे में नकारात्मक प्रस्तुतीकरण किया जाता है तो उन पर पाकिस्तानी सेंसर बोर्ड द्वारा पाबन्दी लगाई जाती है। कश्मीर मुद्दा, सीमा-विवाद, गालियों वाली भाषा, पाकिस्तान को हारते हुए दिखाना, सुसाइड बॉम्बर, अश्लील दृश्यों, आई.एस.आई. और पाकिस्तानी आर्मी द्वारा आतंकवादियों का सहयोग, मुस्लिम लड़की का हिन्दू लड़के से प्रेम जैसे मुद्दों के आधार पर भी पाकिस्तानी सेंसर बोर्ड और कोर्ट्स भारतीय फिल्मों पर प्रतिबन्ध लगा देते हैं। परन्तु यह एक तथ्य है कि पाकिस्तानी लोग भारतीय फिल्मों की पाइरेटेड सी.डी. भारी संख्या में देखते हैं और 'फिल्मिस्तान' फिल्म के एक दृश्य में इसका चित्रण भी किया गया है। बॉलीवुड में निर्मित ऐसी फिल्में जिन पर पाकिस्तान में बैन लगाया गया है उनकी सूची निम्न प्रकार है—'तेरे बिन लादेन' (2010), 'लाहौर' (2010), 'द डर्टी पिक्चर' (2011), 'डेल्ही बेली' (2011), 'खिलाड़ी 786'(2012), 'एक था टाइगर' (2012), 'एजेंट विनोद' (2012), 'भाग मिल्खा भाग' (2013), 'राँझना' (2013), 'चिल्ड्रेन ऑफ वार' (2014), 'हैदर' (2014), 'कैलेंडर गर्ल्स' (2015), 'फैंटम' (2015), 'बेबी' (2015), 'बैंगिस्तान' (2015), 'ढिशूम' (2016), 'उड़ता पंजाब' (2016), 'शिवाय' (2016), 'ऐ दिल है मुश्किल' (2016), 'नीरजा' (2016), 'अम्बरसरिया' (2016), 'दंगल' (2017), 'नाम शबाना' (2017), 'जॉली एल.एल.बी.2' (2017), 'रईस' (2017), 'टाइगर जिन्दा है' (2017) और'पैडमैन' (2018)।

थिएटर और भारत-पाकिस्तान सम्बन्ध

भारत एवं पाकिस्तान के बीच बेहतर सम्बन्ध बनाए रखने और शान्ति एवं मित्रता बढ़ाने में कलाकारों और खिलाड़ियों का बहुत महत्त्वपूर्ण योगदान है। विद्वानों, विद्यार्थियों, अभिनेताओं, संगीतकारों और लेखकों के साथ कलाकार एवं खिलाड़ी अच्छे सम्बन्धों को बनाए रखने में माध्यम के रूप में कार्य करते हैं। खेल और सिनेमा के अलावा थिएटर जैसे सांस्कृतिक माध्यम बहुत ही प्रभावी हैं। प्रसिद्ध पाकिस्तानी शान्ति कार्यकर्ता बी.एम. कुट्टी ने लिखा है—भारत और पाकिस्तान के बीच प्रतिद्वंद्विता कम करने के लिए दोनों देशों के सिविल सोसाइटी संगठन, पत्रकार, कलाकार, मानवाधिकार कार्यकर्ता और खिलाड़ी बहुत ही सार्थक तत्त्व हैं और सीमा के दोनों तरफ के अच्छे सम्बन्धों को बनाए रखते हैं। कल्चरल डेमोक्रेसी की यह प्रक्रिया विचारों, मूल्यों और परम्पराओं पर आधारित होती है जो दोनों देशों के सामाजिक-सांस्कृतिक सहयोग और राष्ट्रीय हितों को बढ़ावा देती है।

यहाँ यदि हम थिएटर की बात करें तो विश्व प्रसिद्ध थिएटर कलाकार बर्तोल्त ब्रेख्त ने अपनी किताब ब्रेख्त ऑन थिएटर में शान्ति स्थापित करने के माध्यम के रूप में थिएटर की भूमिका पर चर्चा करते हुए लिखा है, थिएटर विभिन्न संस्कृतियों और राष्ट्रीयता के लोगों को नजदीक लाने का एक प्रभावी माध्यम है। यदि हम भारत-पाकिस्तान के सम्बन्धों को बेहतर बनाने में थिएटर के योगदान को देखें तो एक सुखद अतीत पाते है। जैसा कि हम जानते हैं भारत और पाकिस्तान के बीच भाषाई और सांस्कृतिक समानताएँ बड़ी मात्रा में विद्यमान हैं। बॉलीवुड की फिल्में, संगीत-गाने और थिएटर भौतिक सरहदों को अनसुना कर दोनों देशों के आम जनमानस को कनेक्ट करती हैं। जैनब अख्तर ने अपने एक शोधपत्र में भारत और पाकिस्तान की महिला रंगकर्मियों को शान्तिदूत बताते हुए उनके योगदान को रेखांकित किया है। युद्धों के दौरान, राजनीतिक दूरियों के दौरान इनके बीच होनी वाली बैठकें, सेमिनार और नाटकों का मंचन मित्रता और संवाद की प्रक्रिया को बहाल रखता है।

पाकिस्तान की दो महत्त्वपूर्ण थिएटर से जुड़ी महिलाओं शीमा किरमानी और मदीहा गौहर के ग्रुप क्रमशः 'तहरीक-ए-निस्वाँ' और 'अजोका' तथा भारत की मशहूर महिला रंगकर्मी उषा गांगुली के थिएटर ग्रुप 'रंगकर्मी' ने भारत और पाकिस्तान के बीच शान्ति और समरसता स्थापित करने के सराहनीय प्रयास किए हैं। शीमा किरमानी ने महिलाओं के आन्दोलन को मजबूत करने के लिए तहरीक-ए-निस्वाँ की स्थापना की थी और उनके समूह द्वारा भारतीय नाटककार सफदर हाशमी के नाटक 'औरत' का मंचन 1980 में किया था। दोनों देशों के कलाकारों के समूह ने इसके कुल 300 शो भारत और पाकिस्तान में विभिन्न स्थानों पर किए। 'राज-ओ-नियाज', 'जंग अब नहीं होगी', 'रिद्म ऑफ पीस', 'जिक्र-ए-नाशुनिदा' जैसे नाटक भी इस ग्रुप द्वारा मंचित किए गए।

मदीहा गौहर के थिएटर ग्रुप अजोका द्वारा भी अपना पहला नाटक प्रसिद्ध भारतीय नाटककार बादल सरकार के नाटक 'जुलूस' का मंचन किया गया। हुक्मरानों के शोषण और अन्याय के विरोध में प्रतिरोध एवं शान्ति के एक हथियार के रूप में थिएटर का प्रयोग किया गया। गौहर का मानना है कि 'इतिहास, भाषा, संस्कृति और सबसे महत्त्वपूर्ण थिएटर और अन्य प्रस्तुति आधारित कलाओं की साझी विरासत मुझे भारतीय नाटकों के मंचन में बहुत मदद करती है'। सन् 1993 में अजोका ग्रुप के नाटक 'एक थी नानी' के माध्यम से जोहरा सहगल और उनकी बहन उजरा बट्ट जो कि 1964 में पाकिस्तान जा बसी थीं, को 40 साल बाद एक साथ काम कराना एक भावनात्मक अनुभव था। इसी तरह अजोका ग्रुप के नाटककार शाहिद नदीम द्वारा लिखित नाटक 'द सिक्स्थ रिवर' का निर्देशन प्रसिद्ध भारतीय निर्देशिका अनुराधा कपूर द्वारा किया गया जिसमें भारत-पाकिस्तान दोनों देशों के कलाकारों

ने काम किया। सन् 2015 में अजोका द्वारा चार दिनों (14 से 17 सितम्बर) का इंडिया-पाकिस्तान थिएटर फॉर पीस फेस्टिवल, हमसाया नाम से दिल्ली में मनाया गया। इस दौरान 'बुल्ला', 'दारा', 'कौन है ये गुस्ताख', 'लो फिर बसन्त आई' जैसे नाटकों का मंचन किया गया।

अमृतसर के थिएटर ग्रुप मंच द्वारा रंगमंच और रंगकर्मी द्वारा भारत और पाकिस्तान के बीच अच्छे सम्बन्धों को बढ़ावा देने के लिए कलात्मक और सांस्कृतिक गतिविधियों का आयोजन किया जाता है। इस ग्रुप की स्थापना 'नेशनल स्कूल ऑफ ड्रामा' से पढ़े प्रसिद्ध रंगकर्मी केवल धालीवाल द्वारा 1991 में की गई थी। केवल धालीवाल जी एक वार्षिक आयोजन कर दोनों देशों के बीच सांस्कृतिक आदान-प्रदान को समृद्ध करने का सार्थक प्रयास करते हैं। थिएटर और अन्य कला माध्यम सीधे दर्शकों से संवाद स्थापित करके उन पर सामूहिक असर डालने का कार्य करते हैं। शान्ति और युद्ध के विषयों पर आधारित नाटक दर्शकों को सोचने और समझने के लिए सकारात्मक ढंग से प्रेरित करते हैं।

उम्मीदें हमेशा जिन्दा रहेंगी

सन् 1947 में ब्रिटिश राज का अन्त और बँटवारे के बाद भारत-पाकिस्तान का दो देशों का धार्मिक पहचानों के आधार पर अस्तित्व में आना एक महत्त्वपूर्ण ऐतिहासिक घटना है। तब से लेकर आज तक दोनों देशों के बीच बहुत ही जटिल और उतार-चढ़ाव से भरे और अक्सर शत्रुतापूर्ण सम्बन्ध रहे हैं। कश्मीर और बांग्लादेश भी दोनों मुल्कों के दरम्यान खींचतान के प्रमुख कारण हैं। जहाँ भारत में आजादी के बाद से पन्थ-निरपेक्ष लोकतंत्र कायम और निरन्तर गतिशील है, पाकिस्तान में सेना की तानाशाही और आई.एस.आई. जैसी इंटेलिजेंस संस्थाओं के साथ-साथ आतंकवादी संगठनों और उनके लीडरान का वर्चस्व रहा है। चीन और अमेरिका के हस्तक्षेप भी कभी-कभी दोनों देशों के बीच सम्बन्धों को खराब करने का काम करते रहे हैं। बँटवारे के समय करोड़ों की संख्या में लोगों को अपने मुल्क बदलने पड़े जिसमें सामुदायिक हिंसा में हजारों लोगों को अपनी जान व इज्जत गँवानी पड़ी जिसकी कड़वाहट आज तक अच्छे सम्बन्धों के दरम्यान आड़े आती है। जब भी बेहतरी की उम्मीद के साथ दोनों देशों के नेताओं ने दोस्ती के कदम बढ़ाए, पाकिस्तानी सेना और आतंकवादी संगठनों ने घुसपैठ और गोलीबारी से उनकी पहल पर पानी फेरने का काम किया।

सेना, सियासत और आतंकवाद के बीच सांस्कृतिक संगठन, मानवाधिकार कार्यकर्ताओं, फिल्मकारों, लेखकों, कवियों और नाटककारों ने एक उम्मीद की किरण बचा के रखी। यश चोपड़ा, बी.आर. चोपड़ा, राजकपूर, कबीर खान जैसे

फिल्मकारों ने मानवीय सम्बन्धों को तवज्जो देते हुए 'धर्मपुत्र', 'हिना', और 'बजरंगी भाईजान' जैसी फिल्में बनाईं जहाँ सरहद और सियासत नहीं इनसान से इनसान का रिश्ता ज्यादा महत्त्वपूर्ण माना जाता है। हालिया रिलीज फिल्म 'टाइगर जिन्दा है' में भारत और पाकिस्तान के इंटेलीजेंस संस्थाओं की टीमें जॉइंट ओपरेशन करते हुए सीरिया में बन्धक अपने-अपने देशों की नर्सों को मुक्त कराते हैं और भारत और पाकिस्तान के झंडे भी लहराते हैं एक-दूसरे की भावनाओं का सम्मान करते हुए। उनके पात्र ये कहते हैं कि दोनों देशों के जवानों में कितना जोश है, काश, हम साथ-साथ होते तो सचिन और अफरीदी के सामने कोई भी देश क्रिकेट के खेल में टिक भी न पाता। सच भी है जितना जोर दुश्मनी निभाने में लोग लगाते हैं, काश, विभाजन न हुआ होता तो हम साथ में जोर लगाकर कितने मजबूत होते। बँटवारे हमें कमजोर करते हैं। 'हिना' फिल्म में जान की बाजी लगाकर एक कबीले के सरदार की बेटी भारतीय नायक को वापस भारत भेजती है तो 'बजरंगी भाईजान' में एक गूँगी बच्ची को उसके घर पहुँचाने का खतरा बजरंगी भाई उठाते हैं। 'हैप्पी भाग जाएगी' में कितने आसान और खूबसूरत कॉमेडी के सहारे सरहद के दोनों तरफ घटनाएँ घटती हैं। अमृतसर और लाहौर शहर एक जैसे दिखते हैं और शायद हैं भी एक जैसे। हिन्दू-मुस्लिम पहचान से परे दो प्रेमी दिलों की धड़कन को बेलौस जोड़ने की कहानी को आमिर खान की फिल्म 'पीके' में पाकिस्तानी लड़के सरफराज और भारतीय लड़की जग्गू के माध्यम से कितनी खूबसूरती से दिखाया गया है।

इस सारी बातचीत का सारांश यह है कि प्यार, मोहब्बत, मानवीय मूल्य और रिश्ते सरहद, सियासत और बिना मतलब के नफरती नारों के मोहताज नहीं हुआ करते। फिल्मकारों ने अपनी फिल्मों के माध्यम से नए और बेहतर रास्ते बार-बार सुझाए हैं और युद्ध की निरर्थकता को चित्रित किया है। कारगिल युद्ध के बाद पाकिस्तानी मानवाधिकार कार्यकर्ता अस्मा जहाँगीर और भारतीय गांधीवादी निर्मला देशपांडे ने बाघा बॉर्डर पर गर्मजोशी से मुलाकात कर नए रिश्तों को बहाल करने और युद्ध को नकारने का साहस किया था। निर्मला देशपांडे, अस्मा जहाँगीर और मदीहा गौहर जैसे लोग अब हमारे बीच नहीं हैं जो दोनों मुल्कों के लोगों के बीच बेहतर सम्बन्धों की वकालत करते थे। अब ये जिम्मेदारी हम सबके कन्धों पर है।

सिनेमा में अफगानिस्तान, तालिबान और महिलाएँ

हम अफगानिस्तान को अपने मित्र देश के रूप में जानते और मानते हैं। अखरोट, अंगूर, मेवे और चने भेजने वाले इस देश को हम गुरुदेव रवीन्द्रनाथ टैगोर की कहानी काबुलीवाला के माध्यम से भी जानते-समझते रहे हैं। जो पठानी सूट पहनने वाला लम्बे कद का अफगान व्यापारी था। वह हर साल कागज के एक पन्ने पर अपनी बेटी की अँगुलियों की छाप लेकर कलकत्ता सौदा बेचने आता है। टैगोर का काबुलीवाला रहमत कलकत्ता शहर के बंगाली बाबू की छोटी लड़की मिनी से रोज मिलने आता था क्योंकि वह उसमें अपनी बेटी का अक्स देखता है। वे लिखते हैं, 'जिस दिन वह सवेरे नहीं आ पाता उस दिन शाम को हाजिर हो जाता। अँधेरे में घर के कोने में उस ढीले-ढाले जामा-पायजामा पहने झोला-झोली वाले लम्बे-तगड़े आदमी को देख कर सचमुच ही मन में सहसा एक आशंका सी पैदा हो जाती है।' पैसा हड़पने के झगड़े में एक बंगाली आदमी की हत्या के जुर्म में 8 साल जेल में बिताने के बाद जब रहमत बाहर आता है और मिनी से मिलने उसके घर जाता है तो उसकी सगाई और शादी की तैयारियाँ चल रही होती हैं। मिनी के घर वाले और पिता उसे शक की नजर से देखते हैं और रहमत जब मिनी से मिले बिना उदास होकर वापस जा रहा होता है तो कुछ मेवे दे जाता है। मिनी के पिता काबुलीवाला को पैसे देना चाहते हैं तो काबुलीवाला का मार्मिक वक्तव्य देखिए, 'बाबू साहब, आपकी जैसी मेरी भी देश में एक लड़की है। मैं उसकी याद कर आपकी बच्ची के लिए थोड़ी-सा मेवा हाथ में ले आया करता हूँ। मैं तो यहाँ सौदा बेचने नहीं आता'। भारत और अफगानिस्तान के लोग आपस में स्नेह रखते आए हैं लेकिन बदले हालात में अब आपसी सम्बन्धों पर प्रतिकूल प्रभाव पड़ने की आशंका है। 8 अगस्त, 2021 को तालिबान ने अपनी सरकार का गठन कर लिया है। दुनिया देख रही है कि यह सरकार किस तरह काम करेगी?

तालिबान की वापसी और शंकाएँ

अगस्त 2021 में दुबारा तालिबान द्वारा अफगानिस्तान की सत्ता पर काबिज होने

के बाद फिर से सन् 2000 के पहले वाली कट्टर-बर्बर स्थितियाँ बननी आरम्भ हो गई हैं, जिनमें महिलाओं, बच्चों और गरीब-पिछड़े एथनिक समुदायों के लोगों के मानवाधिकारों का हनन आरम्भ हो चुका है। 20 अगस्त के आसपास टेलीविजन के एक समाचार चैनल पर एक दृश्य दिखाया जा रहा था जिसमें कुछ तालिबानी पुरुष एक माँ से उसकी नाबालिग बेटी को जबरदस्ती छीनकर ले जा रहे थे। यह बहुत ही भयावह दृश्य था जो इस आशंका को मजबूत करता है कि तालिबान के शासन में महिलाओं और बच्चियों का अमानवीय हद तक शोषण होना तय है। लड़के और लड़कियों को एक ही कक्षा में परदे डालकर अलग-अलग पढ़ाए जाने की खबरें भी आ रही हैं।

युद्धरत अफगानिस्तान में जिस तरह वहाँ के संसाधनों का दोहन हुआ, विकास कार्यों का सत्यानाश हुआ और आधारभूत सुविधाएँ भी युद्ध की भेंट चढ़ गईं, उनके पुनर्निर्माण के प्रयास पिछले दो दशकों में भारत, अमेरिका और कई अन्तर्राष्ट्रीय संस्थाओं ने संयुक्त राष्ट्र संघ की देखरेख में किया। परन्तु तालिबान के द्वारा काबुल की सत्ता अपने हाथ में लेने के बाद तमाम आधुनिक संस्थाओं जैसे विश्वविद्यालयों, कॉलेजों, संसद भवन, बांधों और जलाशयों के सामने खतरा उत्पन्न हो गया है कि तालिबानी इन आधुनिक तकनीकी आधारित व्यवस्थाओं और लोकतांत्रिक संस्थाओं को नष्ट करेंगे या विश्व बिरादरी के साथ मिलकर विकास के पथ पर आगे ले जाएँगे? अभी तालिबान के लोग जिस तरह का व्यवहार कर रहे हैं उसे देखते हुए लग रहा है कि वे देश को सन् 1996 से लेकर 2001 के शासन की तरह मध्ययुगीन बर्बरता की तरफ धकेलने का काम करेंगे। गरीब एथनिक समुदायों, महिलाओं और बच्चों के तमाम मानवाधिकार समाप्त कर दिए जाएँगे और अन्तहीन शोषण का एक सिलसिला धर्म के नाम पर आरम्भ हो जाएगा। कवियों, गीतकारों और संगीतकारों पर जिस तरह हमले हो रहे हैं उससे डर लगता है। लेखकों-पत्रकारों पर भी दबाव बढ़ेंगे, हमले भी बढ़ सकते हैं।

इस देश के नागरिकों में डर का आलम यह है कि अपने ही देश से बाहर भागने के लिए अमेरिका जाने वाले जहाजों के पंख तक पर लोग सवार हो गए थे और अपनी जान गँवा दी। अभी भी लगातार पाकिस्तान और अन्य पड़ोसी देशों की तरफ उनका पलायन जारी है। लोग अपना मुल्क, अपना घर, अपनी जमीन और कारोबार छोड़कर दूसरे देशों में रिफ्यूजी बनने को मजबूर हैं। औरतें बुरी तरह से डरी हुई हैं। उनको काम पर जाने से रोका जा रहा है। महिलाओं को एक बार फिर घरों में कैद करने के फरमान जारी होने लगे हैं।

इन सारी परिस्थितियों के बीच हमें तालिबान, अफगानिस्तान और वहाँ के जनसामान्य के लोगों के जीवन पर बनी फिल्मों की विषय-वस्तु का विश्लेषण करना आवश्यक हो जाता है ताकि यह पता चल सके कि तालिबान के उभार के पूर्व

और उसके बाद की सामाजिक-आर्थिक, राजनीतिक और सांस्कृतिक परिस्थितियाँ किस तरह की थीं और उनमें पिछले तीन-चार दशकों में किस तरह का उतार-चढ़ाव या परिवर्तन घटित हुए हैं। इन परिवर्तनों के बारे में वहाँ की अवाम क्या सोचती है? खालिद हुसैनी के द्वारा लिखित 'द काईट रनर' विश्वप्रसिद्ध उपन्यास है जिसमें अमीर और हसन नाम के दो लड़कों की दोस्ती की कहानी है। अमीर बड़े बाप का बेटा है और पश्तून सुन्नी मुसलमान है; जबकि हसन हजारा शिया समुदाय से है। हसन के पिता अमीर के घर के नौकर हैं और वहीं सर्वेंट क्वाटर में रहते हैं। मालिक और नौकर के बेटों के बीच दोस्ती और जीवन के उतार-चढ़ाव को यह उपन्यास भावनात्मक तरीके से प्रस्तुत करता है। इस उपन्यास का फिल्मी रूपान्तरण करके 'द काईट रनर' (2007) फिल्म भी बनाई गई है। इस उपन्यास की कहानी मुंशी प्रेमचन्द की कहानी गुल्ली डंडा की कहानी से बहुत हद तक समरूपता रखती है।

जेहन में उठते सवाल और जिज्ञासाएँ

अपने झोले में मेवे भरकर कलकत्ता की गलियों में बेचने वाला काबुलीवाला क्या अब किसी जेल की कोठरी में बैठकर अपने महबूब वतन को उस नोस्टेल्जिया से याद करेगा जैसे टैगोर की कहानी के नायक ने किया था? क्या बंगाली नगरीय भद्रलोक में बसे किसी परिवार की बेटी में वह अपनी खुद की बेटी का अक्स देख भावनात्मक रूप से काबुलीवाला फिर से जुड़ सकेगा? क्या वह सन् 1947 से पहले वाले हिन्दुस्तान की तरह ट्रेन में बैठकर सुदूर पश्चिम की हिन्दूकुश की पहाड़ियों से पूरब में बंगाल की खाड़ी के किनारे बसे कलकत्ता तक यात्रा कर सकेगा? बीस सालों तक अमेरिका और भारत जैसे देशों और संयुक्त राष्ट्र संघ की विभिन्न संस्थाओं की देखरेख में अफगानिस्तान में लोकतंत्र बहाली और लोकतांत्रिक संस्थाओं के निर्माण के जो काम हुए वे आगे जारी रह सकेंगे? क्या तालिबान (ज्ञानार्थी) 'बैड' से 'गुड' बनकर बदली हुई विश्व व्यवस्था में अपने शासन को अन्तर्राष्ट्रीय स्वीकार्यता दिला सकेंगे? क्या हाथ में आधुनिक बन्दूकें लिए हुए हर चौराहे पर खड़े तालिबान लड़ाकों वाला शासन महिलाओं, बच्चों और अमन व तरक्कीपसन्द अवाम को स्वतंत्र माहौल में जीने देगा? नाबालिग लड़कियों को सेक्स स्लेव बनाने से लेकर कवियों, संगीतकारों और गायकों को मार देने की घटनाएँ फिर से मध्ययुगीन बर्बरता की तरफ इस खूबसूरत मुल्क को धकेल नहीं रही? चीन, रूस और पाकिस्तान जिस तरह तालिबान से बातचीत कर रहे हैं क्या वह नए खतरों की तरफ संकेत नहीं कर रहा? तालिबान और पाकिस्तान का गठजोड़ भारत और अन्य पड़ोसी देशों में फिर से आतंकवाद के प्रसार में सहयोग

कर साउथ एशिया में फिर से अस्थिरता नहीं पैदा करेंगे? इस समय ऐसे ही तमाम सवाल अमेरिका और अन्य देशों की सेना के वापस जाने और तालिबान द्वारा काबुल की सत्ता पर कब्जा करने के बाद एक बार फिर से पूरी दुनिया के सामने खड़े हैं।

तालिबान की वापसी के मायने

अफगानिस्तान की सत्ता पर 20 साल बाद फिर से तालिबान ने कब्जा कर लिया। अफगानिस्तान के लोग बहुत ही बहादुर माने जाते हैं लेकिन पहले द्विध्रुवीय विश्व के दौर में दो महाशक्तियों सोवियत संघ और अमेरिका के बीच में फँसने के बाद जो कट्टरवादी ताकतें वहाँ पर पैदा हुईं और धर्म के नाम पर जिन्होंने महिलाओं और बच्चों पर अत्याचार और अन्याय किए वह आज फिर पूरी दुनिया के सामने एक चुनौती के रूप में खड़ी हो गई है। टैगोर का काबुलीवाला कलकत्ता की जेल में बन्दी के समय अपने वतन को याद करता है 'ऐ मेरे प्यारे वतन ए मेरे बिछड़े चमन, तुझपे दिल कुर्बान...।' आज उसी प्यारे देश को काबुलीवाला तालिबान के डर से छोड़कर भागने में लगा है। भागते और जान गँवाते निर्दोष लोग पूरी दुनिया के सभ्य समाजों के सामने एक प्रश्नचिह्न की तरह खड़े हैं।

अफ्रीका महाद्वीप (यमन, जार्डन, सीरिया, सोमालिया) के देशों से लेकर अफगानिस्तान तक विभिन्न एथनिक समुदायों में सत्ता और संसाधनों पर कब्जे को लेकर युद्ध की स्थितियाँ उत्पन्न हुईं और ये देश युद्धों के चलते तबाह हो गए। बेरोजगारी, भुखमरी ने इन देशों को अराजकता की परिस्थितियों में ढकेल दिया। लोग अपने ही देशों में रिफ्यूजी कैम्पों में बदहाली की जिन्दगी जीने को विवश हुए। महिलाओं और बच्चियों को सेक्स स्लेव बनाकर अन्तहीन शोषण किया गया। इस्लामिक स्टेट और तालिबान भी इन्हीं कृत्यों के लिए बदनाम हैं। मानवाधिकारों का हनन और बड़े पैमाने पर विस्थापन आज अफगानिस्तान की दयनीय हालत को बयान करता है। युद्ध और गृहयुद्ध जब भी होंगे महिलाएँ और बच्चे सबसे ज्यादा मुश्किल झेलेंगे। चरमपन्थियों के कारण पैदा हुए युद्ध और तबाही की शिकार एक यज़ीदी महिला नादिया मुराद की आत्मकथा है 'लास्ट गर्ल : माय स्टोरी ऑफ कैप्टिविटी एंड माय फाइट अगेंस्ट इस्लामिक स्टेट' जो बताती है कि युद्ध एक जघन्य पुरुषवादी खेल है जो महिलाओं के ऊपर अपना प्रभुत्व स्थापित करने के लिए लड़ा और खेला जाता है। यह पुस्तक यज़ीदी धर्म के मानने वालों के ऊपर सुन्नी लोगों के शोषण का विवरण प्रस्तुत करती है जिसका मुख्य कारण दोनों समुदायों के बीच की परम्परागत घृणा और अविश्वास है।

दुनिया भर के सिनेमा में हैं अफगानिस्तान के लोग

अफगानिस्तान में बहुत सारे फिल्मकार, संगीतकार और अभिनेता-अभिनेत्री हुए हैं जो दुनिया के कई देशों में अच्छा काम कर रहे हैं। बॉलीवुड के शानदार पटकथा लेखक और अभिनेता कादर खान काबुल में ही सन् 1937 में पैदा हुए थे। अफगानी अभिनेत्री वरीना हुसैन ने हिन्दी फिल्म 'लवयात्री' और 'दबंग-3' में काम किया। फिल्म 'जंजीर' के 'यारी है ईमान मेरा यार मेरी जिन्दगी...' वाले शेरखान (प्राण) सिनेप्रेमियों को अभी भी याद हैं। अफगानिस्तान मूल के कई अभिनेता और अभिनेत्री दुनिया भर में मशहूर हैं। अनीता देवी महेन्द्रू भी इंडियन-रसियन मूल से जुड़ी अफगान-अमेरिकन अभिनेत्री हैं।

अजिता गनिजादा अमेरिकन अभिनेत्री हैं; जबकि नीलोफर अफगान-कनाडियन निर्देशक, अभिनेत्री एवं पत्रकार हैं। मोजदाह जमॉलजादा (सिंगर अभिनेत्री), लीना आलम (अभिनेत्री), ममनून मक्सूदी (अभिनेता), एहसान अमान (अफगान-अमेरिकन गायक), सिद्दीक बारमाक (निर्माता-निर्देशक) एवं डॉ. सहरा करीमी (पीएचडी डिग्रीधारी प्रथम अफगान फिल्म निदेशक) हैं। वर्तमान हालत में ये हस्तियाँ फिल्म निर्माण में कोई काम नहीं कर पाएँगी और उनकी जान को भी खतरा रहेगा। पहले भी अफगानिस्तान में युद्ध के हालात और सन् 1996 से 2001 तक दकियानूस तालिबान के शासन के दौरान कई फिल्मकार और कलाकार देश के बाहर चले गए और फिल्मों का निर्माण किया। उदाहरण के लिए रूस में 'शीरीन गुल-ओ-शीर आगा सीरिज' की तीन फिल्में बनीं। इसी तरह लंदन में 'आशियाना' और 'खानाबदोश', 'दो आताश', अमेरिका में 'अल-करेम', पाकिस्तान में 'शिकस्त', तजाकिस्तान में 'अफताब ए बिगरूब', जर्मनी में 'किडनैपिंग', इटली में 'ग्रिदामी' और फ्रांस में 'खाकसार-ओ-खाक' फिल्में बनाई गईं। हिन्दुस्तान से फिरोज खान की 'धर्मात्मा', 'खुदा गवाह' और अमेरिकन फिल्म 'द बीस्ट' का निर्माण अफगानिस्तान में हुआ। अन्य फिल्में 'रेम्बो 3', 'काबुल एक्सप्रेस', 'एस्केप फ्रॉम तालिबान' (बॉलीवुड), 'इन दिस वर्ल्ड' (ब्रिटिश), 'काईट रनर' (हॉलीवुड) अफगानिस्तान में फिल्माई गईं। 'बरान' मशहूर ईरानी फिल्म निर्माता माजिद मजीदी की फिल्म है जो ईरान-अफगानिस्तान सीमा पर रहने वाले अफगान शरणार्थियों के जीवन पर केन्द्रित है। बरान का अर्थ होता है बारिश। एक मजदूर लड़के और लड़की के प्रेम की यह अद्भुत कहानी है। यहाँ हम अफगानिस्तान और वहाँ के जनजीवन पर बनी फिल्मों के माध्यम से वर्तमान हालात को समझने की कोशिश करेंगे। कुछ फिल्में इस प्रकार हैं : 'काबुलीवाला' (1961), 'खुदागवाह' (1992), 'कन्धार' (2001), 'तालिबान' (2003), 'ओसामा' (2003), 'अर्थ एंड एशेज' (2004), 'ज़ोल्ख्यास सीक्रेट' (2006), 'काबुल एक्सप्रेस' (2006), 'द काईट रनर' (2007), 'काबुल

किड' (2008), 'ओपियम वार' (2008), 'रेस्ट रेपो' (2010), 'द ब्लैक ट्यूलिप' (2010), 'द पेसेंस स्टोन' (2012), 'बुज्काशी बॉयज' (2012), 'मदरसा' (2013), 'बज्म : एन अफगान लव स्टोरी' (2013), 'ए फ्यू क्यूबिक मीटर्स ऑफ लव' (2014), 'मीना वाकिंग' (2015), 'ए लैटर टू द प्रेसिडेंट' (2017), 'ब्लैक काईट' (2017), 'ओमेर्टा' (2017), '12 स्ट्रांग' (2018), 'व्हाई' (2019)।

वर्ष 2021 में आई फिल्म 'द एम्पायर' में काबुल की अहम भूमिका है। भारत पर आक्रमण करने वाले ज्यादातर आक्रान्ता अफगानिस्तान से होकर ही दाखिल हुए। अलेक्स रदरफोर्ड (डायना और माइकल प्रेस्टन का संयुक्त उपनाम) ने 'एम्पायर ऑफ मुगल' नाम से 6 हिस्सों में ऐतिहासिक फिक्शन लिखा है। निखिल आडवाणी और मिताक्षरा कुमार ने इस किताब के ऊपर एक वेब सीरिज बनाई है। इस फिल्म में बाबर, हमायूँ, कामरान और उनका मुगल खानदान है जो फरगना, समरकन्द और काबुल होते हुए हिन्दुस्तान पर काबिज होते हैं। काबुल को साम्राज्यों का कब्रगाह कहा जाता है। इस फिल्म को देखकर यह विश्वास होने लगता है कि अफगानिस्तान के रास्ते भारत आए बाबर के उत्तराधिकारियों में हुमायूँ, कामरान, दाराशिकोह, बहादुरशाह जफर जो भी नरम दिल थे, कवि शायर थे, मानवता का सम्मान करते थे, रिश्तों को अहमियत देते थे, कमजोर शासक साबित हुए। बादशाह मर जाते हैं बादशाहत जिन्दा रहती है। तख़्त का एक शासक होता है उसे बाँटकर नहीं चलाया जा सकता। अमेरिकी जा चुके हैं, कट्टर तालिबानी अब बन्दूकों के बल पर काबुल पर राज करेंगे।

ब्रिटिश मूल की पत्रकार योने रिडले अपनी पुस्तक 'इन द हैंड्स ऑफ द तालिबान' में लिखती हैं कि उन्होंने अफगानिस्तान में तालिबान की कस्टडी में रहने के दौरान इस्लाम के सिद्धान्तों के बारे में पढ़ने और जानने के बाद इस्लाम धर्म अपना लिया। वे बताती हैं कि कुरान अध्यात्म, धन और शिक्षा के क्षेत्र में महिलाओं को पुरुषों के समान अधिकार देता है।

'काबुलीवाला' और 'एस्केप फ्रॉम तालिबान' सिर्फ एक रूपक भर नहीं

हेमेन गुप्ता ने रवीन्द्रनाथ टैगोर की सन् 1892 में लिखी कहानी 'काबुलीवाला' के ऊपर बलराज साहनी को लेकर एक फिल्म बनाई थी। 'काबुलीवाला' एक कहानी थी और सुष्मिता बनर्जी की कहानी एक हकीकत है। सुष्मिता बनर्जी एक अफगान लड़के से शादी करके उसके वतन जा बसी थीं। उन्हें तालिबान के दबाव में परदे में और घर की चारदीवारी में रहना पड़ा था। उनके गाँव में न बिजली है, न डाकखाना और न ही फोन। घर के बाहर बिना किसी मर्द को साथ लिए वे जा नहीं सकते। ऐसी ही तमाम दकियानूसी बन्दिशों से उन्हें लड़-लड़ कर जीना

पड़ता है। लेकिन वे एक पढ़ी-लिखी आधुनिक विचारों की साहसिक महिला थीं इसलिए वे परिस्थितियों के सामने सरेंडर करने की जगह सामना करती हैं। सुष्मिता की आत्मकथा 'काबुलीवाला'ज बंगाली वाइफ' के फिल्मी रूपान्तरण 'एस्केप फ्रॉम तालिबान' में उनका लिखा एक डिस्क्लेमर फिल्मी परदे पर दिखता है: 'यह फिल्म मेरे व्यक्तिगत अनुभवों का नाटकीय पुनर्चित्रण है। यह चित्रण इस्लाम के विरुद्ध नहीं बल्कि उन्मादी कट्टरपन्थियों द्वारा एक ऐसे धर्म को विकृत करने के विरुद्ध है जो शान्ति का पक्षधर है। मुझे इस्लाम की कुरान में दी गई उन सूराओं से शक्ति मिली है जो मुझे मेरी अफगानी सास ने तब सिखाई थी जब मैं अपनी यातनाओं से मुक्ति पाने के लिए छटपटा रही थी।' सुष्मिता बनर्जी औरतों के हक के लिए लड़ीं और सन् 1988 से 1995 तक 8 साल घुटन भरे तालिबानी माहौल में रहीं। जिस समय सुष्मिता अफगानिस्तान गईं उस समय सोवियत और उभरते हुए तालिबान के बीच सिविल वार छिड़ा हुआ था। तालिबान के नियम कानून जबरदस्ती लोगों पर थोपे जा रहे थे। महिलाओं को बुर्के और घरों की चारदीवारी में कैद किया जा रहा था। पुरुष कई शादियाँ कर रहे थे। लड़कियों के लिए स्कूलों के दरवाजे बन्द हो रहे थे।

बंगाली भद्रलोक से एक पढ़ी-लिखी आजाद-ख्याल लड़की सुष्मिता के लिए यह सारे अनुभव बेहद असहज करने वाले थे। उन्होंने अपने घर और बाहर तालिबान और उनके दकियानूसी कानूनों के खिलाफ आवाज उठाना शुरू किया लेकिन उन्हें इसकी लगातार कीमत चुकानी पड़ी। उन्हें काबुल जाकर पता लगा कि वे अपने पति की दूसरी पत्नी है और उसने झूठ बोलकर शादी की थी। उन पर इस्लाम अपनाने का भी दबाव पड़ा। इस फिल्म से पता चलता है कि तालिबान के लड़ाके सच्चे इस्लाम को लागू करने के लिए तमाम तरह की बन्दिशें वहाँ के आदमी और औरतों पर थोपते हैं जैसे कि हर व्यक्ति को पाँच वक्त की नमाज पढ़नी होगी, रोजा रखना होगा, रोजे के समय किसी के घर दिन में चूल्हा नहीं जल सकता, शादी-ब्याह में किसी के घर में संगीत और नृत्य नहीं हो सकता, औरतें परदे में रहेंगी और घर के बाहर बिना किसी मर्द को साथ लिए नहीं जा सकतीं। तालिबानी शासन में अंग्रेजी दवाओं से किसी का उपचार नहीं हो सकता। हकीम और मौलवी ही सारी बीमारियों को तंत्र-मंत्र झाड़-फूँक से ठीक करेंगे। मर्दों को एक से अधिक शादियाँ करने की इजाजत होगी और औरतें उनके हुकुम का पूरी तरह से पालन करेंगी। कोई अपने घर में बन्दूक और अन्य हथियार नहीं रखेगा बल्कि मस्जिद में जमा कर देगा। यह सब देखते और जूझते हुए सुष्मिता बनर्जी सन् 1995 में किसी तरह अपने घर कलकत्ता लौट पाई थीं। सन् 2013 में हालात सुधरने पर अफगानिस्तान वापस गईं और महिलाओं के स्वास्थ्य और अधिकारों के लिए काम करना आरम्भ किया लेकिन कट्टरपन्थियों ने उनकी निर्मम हत्या कर दी।

सुष्मिता बनर्जी ने अपने साथ घटी घटनाओं का जिक्र अपनी आत्मकथा में किया है। काबुलीवाला कहानी और सुष्मिता बनर्जी की आत्मकथा दोनों ही मानवीय संवेदना को झकझोरने वाले वृत्तान्त है और दोनों के ऊपर ही बेहतरीन फिल्में बनी हैं। दोनों ही फिल्मों में लड़कियों के पिता की भूमिका बहुत ही महत्त्वपूर्ण है वह तमाम नियम-कानूनों, पूर्वाग्रहों से ऊपर उठकर मिनी और सुष्मिता दोनों को अवसर उपलब्ध कराते हैं। 'खुदा गवाह' फिल्म रवीन्द्रनाथ टैगोर की काबुलीवाला कहानी में थोड़े हेर-फेर के साथ बनाई गई थी जो अफगान और हिन्दुस्तानी माहौल की खिचड़ी के कारण निरुद्देश्य फिल्म लगती है।

बॉलीवुड फिल्म 'काबुल एक्सप्रेस' (2006) में स्टार न्यूज के दो पत्रकारों सुहेल खान (जान अब्राहम) और जय कपूर (अरशद वारसी) को अफगानिस्तान भेजा जाता है ताकि वे सन् 2001 में अमेरिका के नेतृत्व में चल रहे एंटी तालिबान कैम्पेन के बाद आए बदलावों की रिपोर्टिंग कर सकें। युद्ध से बर्बाद हुए देश के हालत देखकर दोनों बहुत आश्चर्यचकित हो जाते हैं। वे टैक्सी से अफगानिस्तान के भ्रमण पर निकलते हैं और तालिबान की गिरफ्त में आने से भी बचते हैं। वे अमेरिकन महिला पत्रकार जेसिका बेकहम (लिंडा अर्सेनियो) से मिलते हैं जो राउटर समाचार एजेंसी की तरफ से अमेरिका के तालिबान के खिलाफ अभियान को रिपोर्ट करती है। ये तीनों पत्रकार साथ हो लेते हैं। आगे वे तालिबानी लड़ाके इमरान खान (सलमान शाहिद) की पकड़ में आ जाते हैं। इमरान भी उनकी गाड़ी में साथ-साथ घूमता है और वर्षों पहले अनजान स्थान पर रह रही अपनी पत्नी और बेटी से मिलता है। असल में वह पाकिस्तानी आर्मी का जवान है जो सन् 1980 में मुजाहिद्दीन विद्रोहियों के समर्थन में अफगानिस्तान आया था और सोवियत संघ के खिलाफ लड़ाई में उनके साथ था। अब उसे पाकिस्तान वापस जाना है लेकिन जब वह अपने देश की सीमा में घुसना चाहता है सेना के जवान उसे अनुमति नहीं देते। आपसी लड़ाई में सलमान मार दिया जाता है। इस फिल्म के कुछ हिस्सों में अफगानिस्तान के हजारा शिया समुदाय को तालिबान से भी ज्यादा खतरनाक, डकैत, जंगली, असभ्य आदि कहा गया था जिसके कारण अफगान सरकार ने इस फिल्म पर प्रतिबन्ध लगा दिया था। हजारा समुदाय तालिबानों द्वारा बहुत ही उत्पीड़ित किया गया था इसलिए यह एक संवेदनशील मुद्दा बन गया था। अफगानिस्तान का संविधान आधिकारिक तौर पर 14 जातीय समूहों को मान्यता देता है, ये हैं—पश्तून, ताजिक, हजारा, उज्बेक, बलूच, तुर्कमेन, नूरिस्तानी, पामिरी, अरब, गुजर, ब्राहुई, किजिलबाश, आइमाक और पशाई। एक जिम्मेदार लोकतांत्रिक देश के सिनेमा उद्योग बॉलीवुड को ऐसी गलतियों से बचना चाहिए जिससे लोगों की भावनाएँ आहत होती हों।

लोकतंत्र के पक्ष में पंजशीर की पहलकदमी

पंजशीर नदी घाटी का शेर-अहमद शाह मसूद व उनके बेटे अहमद मसूद आज भी तालिबान से टक्कर ले रहे हैं। सोवियत भी इस घाटी पर कब्जा नहीं कर सके और तालिबान का भी कभी कब्जा नहीं रहा। अमन और लोकतंत्र समर्थक नागरिक समूह भी तालिबान का विरोध कर रहे हैं। पंजशीर को 'पंजशेर' भी कहते हैं जिसका मतलब 'पाँच शेरों की घाटी' होता है। काबुल के उत्तर में 150 किलोमीटर की दूरी पर स्थित इस घाटी के बीच पंजशीर नदी बहती है। हिन्दूकुश के पहाड़ भी इससे ज्यादा दूर नहीं। पंजशीर घाटी के हर जिले में ताजिक जाति के लोग मिलेंगे। ताजिक अफगानिस्तान के दूसरे सबसे बड़े एथनिक ग्रुप हैं, देश की आबादी में इनका हिस्सा 25-30% है। पंजशीर में हजारा समुदाय के लोग भी रहते हैं जिन्हें चंगेज खान का वंशज समझा जाता है। इसके अलावा पंजशीर में नूरिस्तानी, पशई जैसे समुदायों के लोग भी रहते हैं। अफगानिस्तान में अमेरिका की कोशिशों के चलते थोड़ा-बहुत विकास यहाँ का भी हुआ है। मसलन आधुनिक सड़कें बन चुकी हैं। इसके अलावा एक नया रेडियो टावर लगा है जिससे घाटी के लोग काबुल से चलने वाले रेडियो चैनल्स को सुन पाते हैं। मगर मूलभूत सुवविधाओं की यहाँ खासी कमी है। तालिबान और पंजशीर के नेशनल अलायंस के बीच युद्ध जारी है जिसके कारण यहाँ के बहादुर लोगों का जीवन भी संकट में है। अफगान महिलाएँ अपनी आजादी और अधिकारों को लेकर लगातार प्रदर्शन कर रही हैं। सच तो यही है कि अफगान नागरिक ही अपने देश को बर्बरता की तरफ जाने से रोक सकते हैं। विश्व के देशों को भी इसमें सहयोग करना चाहिए।

हालात बद से बदतर होने के बावजूद जीवन की उम्मीद

वे लोग कैसे इनसान होते होंगे जो न गाना गाते हैं, न संगीत सुनते हैं न ही फिल्में देखते हैं और न ही गीत-संगीत से जुड़े लोगों को बर्दाश्त करते हैं। तालिबानियों ने 30 अगस्त को अफगानी लोक गायक फवाद अन्द्रराबी का अपहरण किया और गोली मारकर हत्या कर दी। इसके पहले भारतीय मूल के राउटर न्यूज एजेंसी के फोटो जर्नलिस्ट दानिश सिद्दीकी की हत्या भी तालिबान ने कर दी थी। अफगानिस्तान जैसे खूबसूरत लोकेशन वाले देश में और उनकी कहानियों पर कई फिल्में बनी हैं। वहाँ के कलाकर दुनिया के कई देशों में काम कर रहे हैं। हम उम्मीद करते हैं कि 'खुदा गवाह' फिल्म और अफगान जलेबी गीत (फिल्म-फैंटम) वाली फिल्में भविष्य में भी बनती रहेंगी। नई परिस्थितियाँ नए विषय भी उपलब्ध कराएँगी परन्तु

अभी हमें वहाँ के गरीबों, बेघरों, कमजोर एथनिक समुदायों और महिलाओं की चिन्ता करके उनकी मदद करनी होगी।

पत्रकार सुमैया अली (2021) बताती हैं कि 'भारत ने अफगानिस्तान में संसद (700 करोड़) सलमा बाँध (1700 करोड़) और जरांज-डेलारम हाईवे (1100 करोड़) बनाने जैसे बड़े प्रोजेक्ट पर काम किया। अन्य कई छोटे-बड़े प्रोजेक्ट पर भी करोड़ों रुपये खर्च हुए लेकिन चीन और पाकिस्तान की जुगलबन्दी के बीच भारत को तालिबान से काम निकालना और इस क्षेत्र में शान्ति बनाए रखना आसान नहीं होगा'। दोनों देशों के बीच व्यापार और लोगों के आवागमन पर भी प्रतिकूल असर पड़ना तय है। कन्धार जैसी आतंकवादी प्लेन हाईजैक की घटनाएँ भारतीयों को भूली नहीं हैं फिर भी बदली हुई विश्व व्यवस्था में अपने परम्परागत मित्र देश रूस के सहयोग से अफगानिस्तान में हमें अपने हितों को सुरक्षित रखने हेतु सधी हुई रणनीति पर चलना होगा।

पश्चिम एशिया से बाध्यकारी पलायन और सिनेमा

रूस और यूक्रेन के बीच 24 फरवरी, 2022 से ज्यादा समय से भीषण युद्ध चल रहा है। अल जजीरा टेलीविजन की एक रिपोर्ट (22 फरवरी, 2024) के अनुसार लगभग 14.6 मिलियन लोग विस्थापित हो चुके हैं और पलायन लगातार जारी है। श्रीलंका ने गम्भीर आर्थिक संकट में फँसकर सन् 2022 में गृहयुद्ध जैसे हालात का सामना किया। तमिल-सिंहली विवाद में लाखों तमिलों को पलायन कर भारत में शरण लेनी पड़ी थी। बीस साल से ज्यादा समय तक लड़ाई लड़ने के बाद अफगानिस्तान की सत्ता पर तालिबान का पुनः कब्जा हो चुका है। वहाँ के कमजोर एथनिक समुदायों के लोग पड़ोसी देशों जैसे पाकिस्तान, ईरान और भारत में शरण लेने को बाध्य हुए हैं। म्यांमार में लक्षित हिंसा का शिकार होकर रोहिंग्या मुसलमानों को बांग्लादेश, भारत और अन्य पड़ोसी देशों में अवैध प्रवासियों के रूप में जीवन गुजारना पड़ रहा है। मेक्सिको और अमेरिका के बॉर्डर पर अवैध प्रवासियों के कारण रोज घमासान मचा रहता है। युद्ध, देशों के बँटवारे, अकाल, महामारी और रोजगार की तलाश में लोग एक देश से दूसरे देश को प्रवास करते रहे हैं। सूचना प्रौद्योगिकी एवं संचार तकनीकी तथा ट्रांसपोर्ट के साधनों की उपलब्धता ने मानवीय गतिशीलता को बहुत तीव्र कर दिया है। इस तेजी के कारण समुदायों के बीच वैमनस्य और टकराव भी बढ़ गए हैं। धार्मिक और एथनिक विविधता के कारण एक देश के भीतर भी साधनों और अवसरों के विभाजन में भेदभाव और घृणा भाव के कारण गृहयुद्ध जैसी परिस्थितियाँ उत्पन्न होने के कारण कमजोर समुदायों को जबरदस्ती अनैच्छिक पलायन कर शरणार्थी बनने को बाध्य होना पड़ता है। सिनेमा के माध्यम से पलायन और उससे उत्पन्न समस्याओं को चित्रित करने का काम कई फिल्मकारों ने किया है। मध्य एशिया और पश्चिम एशिया के देशों में संघर्ष, हिंसा और पलायन एक गम्भीर मुद्दा रहा है। इस लेख के माध्यम से हम पलायन के सिनेमा पर एक लेखों की शृंखला का आरम्भ कर रहे हैं जिसमें सिनेमा के माध्यम से प्रवास और उसके प्रभावों पर विचार किया जाएगा।

बाध्यकारी पलायन को स्नेजान स्टैंकोविक (Snezana Stankovic 2021) ने परिभाषित करते हुए लिखा है—

> Forced migration refers to the forcibly induced movement of people, for example, when migrants are forced to flee to escape conflict or persecution or become trafficked. The definition also encompasses situations of enforced immobility, for example, when displaced people are confined to refugee camps and detention centres. Forced displacement may occur within or across the borders of the nation-state. According to this definition, the effect of the force causing the migratory movement is crucial, and distinguishes forced migrants—who may be termed 'refugee', 'trafficked person', 'stateless person', 'asylum seeker' or 'internally displaced persons' (IDPs) -from other migrants such as economic migrants. However, as anthropologists of forced migration illustrate, such distinctions by legal, state, or international organizations are not always relevant outside of institutional logics; when backed up by the force of the state, they can undermine the livelihoods and safety of migrants.

इस परिभाषा के अनुसार जब एक बड़ी आबादी को जीवन भय के कारण अपने घर को छोड़कर अपने ही देश के किसी अन्य क्षेत्र या दूसरे देश में बाध्य होकर प्रतिबन्धों के अधीन जीवन गुजारना पड़ता है, किसी रिफ्यूजी कैम्प या डिटेन्शन सेंटर में रहना पड़ता है तो वे लोग अपनी जीविका और सुरक्षा के लिए दूसरे राज्यों की दया पर निर्भर होने को मजबूर हो जाते हैं। वर्तमान समय में कई देशों में ऐसे हालात बने हुए हैं जहाँ लोग बाध्य होकर पलायित होने को मजबूर हैं।

पश्चिमी एशिया की बात करें तो इस क्षेत्र में विभिन्न देशों में आन्तरिक और अन्तर्राष्ट्रीय स्तर पर लगातार गृहयुद्ध, युद्ध, नृजातीय हिंसा और अशान्ति के कारण लोग बड़ी संख्या में पलायन को बाध्य हुए हैं। सोमालिया, सीरिया, यमन और इराक में आईएसआईएस (ISIS) के आतंकवादी आतताइयों के कारण निर्दोष नागरिकों को अपने घर, व्यवसाय और देश को छोड़कर दूसरे देशों में शरण लेनी पड़ी है। जब 2 सितम्बर, 2015 को सीरिया के कुर्द समुदाय के दो वर्षीय लड़के ऐलान कुर्दी की भूमध्य सागर में डूबने से मौत हो गई तो उसकी फोटो सोशल मीडिया पर वायरल हो गई और दुनिया भर के लोगों के जेहन में बाध्यकारी पलायन को लेकर एक चिन्ता उभरी। उस छोटे बच्चे के साथ उसकी माँ और भाई की भी मौत हो गई थी। ऐलान का परिवार तुर्की होते हुए यूरोप जाना चाहता था और आगे

अपने सुरक्षित भविष्य के लिए कनाडा पहुँचना चाहता था। मेक्सिको अमेरिका बॉर्डर पार करने के चक्कर में कई परिवार आए दिन जान गँवाते रहते हैं। संयुक्त राष्ट्र संघ की एक अन्तर्राष्ट्रीय संस्था के अनुसार मेक्सिको-अमेरिका सीमा पर सन् 2021 से अब तक लगभग 650 लोग प्रवास के चक्कर में अपनी जान गँवा चुके हैं। मेक्सिको हरित क्रान्ति का जनक रहा है लेकिन आज रोजगार के बुरे हालात के कारण लोग अमेरिका में घुसना चाहते हैं लेकिन अमेरिका उन्हें रोकने में लगा है क्योंकि प्रवासी लोगों के कारण वहाँ कई तरह की समस्याएँ उत्पन्न हो रही हैं। दुनिया भर के फिल्मकारों ने इन मुद्दों को अपनी फिल्मों के माध्यम से चित्रित करने का काम किया है। सियासतदानों की अनियंत्रित इच्छाओं के कारण लादे गए युद्धों के प्रभाव में निर्दोष जनता को अपना घर, काम छोड़कर दूसरे क्षेत्रों या देशों को पलायन करना पड़ता है, इस पीड़ा को वही समझ सकते हैं जो इसके भुक्तभोगी हैं।

जहाँ पर एक ही धार्मिक मान्यता के लोग रहते हैं वहाँ भी अल्पसंख्यक और आर्थिक रूप से कमजोर एथनिक समुदायों को हिंसा और भेदभाव का शिकार बनाया जाता है और यहाँ के वातावरण में उन्हें अपने मूल स्थानों से पलायित होना पड़ता है। यह सारी लड़ाई धार्मिक उन्माद, सत्ता पर कब्जे एवं प्रभुत्व की है। रूस आज सोवियत संघ के विघटन के बाद अलग हुए राष्ट्र-राज्यों पर पुनः आधिपत्य स्थापित करने की नीयत से युद्ध में है और लेनिन की मूर्तियाँ भी स्थापित करने लगा है। लेफ्ट हो या राइट सभी विचारधाराओं के तानाशाह साम्राज्यवादी सोच के वशीभूत हो मानवाधिकारों का उल्लंघन कर निर्दोष समुदायों को युद्ध में धकेल रहे हैं और दूसरों की दया पर जीने को मजबूर कर रहे हैं। हिन्दी साहित्य और बॉलीवुड सिनेमा में महत्त्वपूर्ण योगदान करने वाले साहित्यकार कमलेश्वर ने अपने उपन्यास 'कितने पाकिस्तान' (2000) में दुनिया भर के मिथकों और इतिहास में विद्यमान विभाजनकारी तत्त्वों की पड़ताल कर उनके दूषित मन्तव्य को उद्घाटित करने का काम किया है। जातिवाद, साम्प्रदायिकता, सामुदायिक घृणा, बहुसंख्यकवाद, उग्र राष्ट्रवाद के कारण श्रीलंका, यूक्रेन, म्यांमार आदि देशों में गृहयुद्ध या युद्ध जैसी स्थितियाँ बनी हुई हैं। अगर हम विश्व भर के देशों पर निगाह डालें तो पाएँगे कि लगातार युद्ध और एथनिक संघर्ष जैसी घटनाएँ कहीं न कहीं होती रहती हैं। लोग अपनी मातृभूमि से विस्थापित होकर स्वास्थ्य, शिक्षा, आवास और रोजगार के लिए दूसरों की दया पर निर्भर हो जाते हैं और प्रवास की पीड़ा और वंचना को झेलते हैं।

पश्चिमी एशिया और विस्थापन का सिनेमा

पश्चिमी एशिया में बहरीन, इराक, जोर्डन, कुवैत, लेबनान, ओमान, फिलिस्तीन, कतर, सऊदी अरब, सीरिया, संयुक्त अरब अमीरात और यमन जैसे देश स्थित हैं।

इन देशों में युद्ध और विस्थापन का लम्बा इतिहास है जिसके कारण बड़े पैमाने पर दबाव में विस्थापन हुआ है। हिंसा और विस्थापन से एक बड़ी आबादी के प्रभावित होने के कारण सिनेमा और साहित्य में इन्हें अभिव्यक्ति भी मिली है। सिनेमा सन्देशों को चित्रित करने और एक बड़ी दर्शक संख्या तक पहुँचाने का एक सशक्त माध्यम है। सिनेमा बीसवीं सदी की एक महत्त्वपूर्ण खोज है जिसमें चित्रित विषयों को हम मनोरंजन के साथ-साथ शोध एवं अध्ययन के लिए बार-बार प्रयोग में ला सकते हैं। यहाँ हम पश्चिमी एशिया के देशों में युद्ध और हिंसा के कारण दबाववश हुए प्रवास को प्रस्तुत करने वाली फिल्मों की विषय-वस्तु का विवरण प्रस्तुत करेंगे।

'बॉर्न इन सीरिया' (2016) सात रिफ्यूजी बच्चों की दर्दनाक दास्तान है जो नए जीवन और अवसरों की तलाश में पूरे यूरोप की यात्रा करते हैं। वे अपने पीछे बिखरे हुए परिवार, उजड़ा हुआ वतन छोड़ आए हैं। वे सभी रात के समय एक ग्रीक द्वीप पर पहुँचते हैं। वे लोग दर्द से चीख रहे होते हैं। एक छोटी लड़की रो रही है, एक वृद्ध आदमी दम तोड़ देता है तो एक घायल छोटा बच्चा अपने पिता को पुकार रहा है। यह फिल्म का पहला दृश्य है जिसके बाद सात बच्चों की यूरोप यात्रा को दिखाया गया है। हर एक बच्चे की अलग कहानी है लेकिन पलायन का दुख एक समान है। इसमें आठ साल का लड़का हामुद है जिसके माँ-बाप की हत्या हो चुकी है और उसने देखा है कि पलायित लोग हंगरी के एक चिड़ियाघर में शरण लेने को मजबूर हैं। इनसान और जानवर के बीच का भेद मिट चुका है। एक दस साल का बच्चा कैस है जो बुरी तरह जला हुआ है और उसके चाचा से यह सच उसे नहीं बताया जा रहा कि उसके पिता की मौत हो चुकी है। बारह साल के असरौली के परिवार ने सीरिया से बाहर सुरक्षित निकलकर कैम्प तक पहुँचने के लिए कई हजार डालर का घूस दिया है लेकिन उनके लिए शरणार्थी कैम्प का गेट बन्द है। तेरह साल का मारवान सोचता है कि 'मेरी समझ में अपना घर छोड़कर भागना और समुद्र पार करना ही सबसे बुरी बात थी, लेकिन कहीं न जा पाने की स्थिति ज्यादा बुरी है।' अपना घर छोड़ कर लोग कहाँ जाएँ, ये विकल्पहीनता की स्थिति कितनी भयावह है? युद्ध/गृहयुद्ध बच्चों के लिए कितने अमानवीय और अन्यायपूर्ण हैं इसकी कल्पना भी नहीं की जा सकती है। वे बिना किसी गलती के युद्ध के दुष्परिणाम झेलते हैं। उन्हें नहीं पता होता कि वे कहाँ जाएँ? वे भोजन और आवास के अभाव में असमय और बेमौत मारे जाते हैं। दो साल के बच्चे ऐलान कुर्दी की भूमध्यसागर में डूबकर हुई मौत को पूरी दुनिया ने देखा था। 'बॉर्न इन सीरिया' के निर्देशक ने कम उम्र के बच्चों पर फोकस करते हुए इस फिल्म को बनाया था क्योंकि बच्चे अपने आसपास हो रही घटनाओं से अनजान होते हैं लेकिन जो भी घट रहा होता है वह गम्भीर रूप से गलत और मुश्किल भरा होता है। परिवारों के बिखरने, बच्चों के अनाथ होने और अपने घरों के छूट जाने का दर्द इस फिल्म

के माध्यम से सामने आता है। युद्ध और गृहयुद्ध की स्थितियों में दुनिया के अन्य देश भी अपने अपने लाभ और हानि के दृष्टिगत अपनी नीतियाँ और गतिविधियाँ संचालित करते रहते हैं। सीरिया के मामले में जर्मनी और हंगरी का नाम आता है। यह फिल्म इस बात को रेखांकित करना नहीं भूलती कि प्रत्येक समाज और देश में ऐसे लोग भी होते हैं जो युद्ध से प्रभावित असहाय लोगों की खूब मदद भी करते हैं।

'वेन आई सा यू' (when I saw you, 2012) सन् 1960 में जोर्डन देश की प्रवासी समस्या को दर्ज करती फिल्म है। अपनी जमीन से उजड़ जाने, बेघर होने और अपने पिता को खो देने की दिल को दहलाने वाली दास्तान है इस फिल्म में, जिसे फिलिस्तीनी महिला निर्देशक अन्नेमारी जाकिर ने बनाया है, तारेक एक ग्यारह साल का लड़का है और उसकी माँ घायदा है जो एक रिफ्यूजी कैम्प में रहते हैं। वे दोनों अपने पिता/पति से बिछड़े हुए हैं और उम्मीद के साथ उसके लौट आने का इन्तजार करते हैं। उनका यह इन्तजार और दर्द अकथनीय और असहनीय है। तारेक पढ़ाई में अच्छा है लेकिन उसका मन नहीं लगता। वह स्कूल से भाग जाता है और गुरिल्ला ट्रेनिंग कैम्प में पहुँच जाता है जहाँ वह एक सैनिक बनना चाहता है। यहाँ इस कैम्प में वह मन लगाकर ट्रेनिंग लेता है। यहाँ भी उसकी माँ उसे जॉइन करती है। वे दोनों तारेक के पिता की अनुपस्थिति की पीड़ा को महसूस करते हैं और उसके लौट आने की उम्मीद के साथ उनकी जिन्दगी आगे बढ़ती है।

युद्ध हो या गृहयुद्ध, कुछ लोगों की शासक बनने की इच्छा और दूसरों को दबाकर अपने अधीन करने की इच्छा का परिणाम होते हैं जिसके कारण तमाम निर्दोष लोगों विशेषकर महिलाओं और बच्चों की जिन्दगी तबाह हो जाती है। उन्हें बेवजह अपने घर-देश को छोड़कर दूसरे स्थानों पर पनाह लेनी पड़ती है। दुनिया में हर समय कोई न कोई युद्ध चलता रहता है और लोग रेफ्यूजी बनने को मजबूर होते हैं। चूँकि यह समस्या सार्वभौमिक है इसलिए दुनिया के सभी देशों में उनके ऊपर साहित्य और सिनेमा भी रचा गया है। दबाव के कारण पलायन करने को मजबूर समुदायों के दुख-दर्द को सामने लाने के लिए ऐसी फिल्मों को बार-बार देखने और उन पर चर्चा करने एवं लिखे जाने की आवश्यकता है।

तुर्की के विस्थापितों का सिनेमाई आख्यान

जर्मनी में तुर्क एक एथनिक समुदाय के रूप में निवास करते हैं। यद्यपि इन दोनों देशों के प्रवास का इतिहास बहुत पुराना है लेकिन सन् 1961 में दोनों देशों के बीच एक समझौते पर हस्ताक्षर के बाद गेस्ट लेबर का आवागमन आरम्भ हुआ। तुर्क लोग अपने साथ तुर्की भाषा और इस्लाम धर्म से जुड़ी संस्कृति लेकर जर्मनी गए एवं वहाँ के समाज के अंग बन गए। सन् 2011 की जनगणना के उपलब्ध आँकड़ों के अनुसार तुर्की समुदाय के 2.7 मिलियन लोग जर्मनी में रहते हैं परन्तु वर्तमान अनुमानों के अनुसार लगभग सात मिलियन तुर्क लोग जर्मनी में रह रहे हैं। तुर्की के लोग जर्मनी में मुख्यतया नगरीय क्षेत्रों में ही बसे हुए हैं जिनमें बर्लिन, हॅम्बर्ग, बरेमे, डुइसबर्ग, फ्रैंकफर्ट, म्यूनिखआदि शहर मुख्य हैं।

विस्थापन और फ़ातिह अकिन की फिल्में

तुर्की से जर्मनी का प्रवास इन दोनों देशों के बीच अहम मुद्दा है। अन्य तुर्क प्रवासियों के सामने भी नागरिकता, घर वापसी, हाइब्रिड कल्चर, राष्ट्रीयता के आधार पर भेदभाव और एक नए मेजबान देश (Host Countries) में मानवीय गरिमा और सम्मान के साथ रहने व स्वीकार किए जाने के कई मुद्दे हैं जिनसे उन्हें निरन्तर जूझना पड़ता है। फ़ातिह अकिन दूसरी पीढ़ी के तुर्क-जर्मन फिल्मकार हैं, जिनकी फिल्मों की विषय-वस्तु प्रवासियों के जीवन से जुड़े मुद्दे हैं। फ़ातिह अकिन ने जर्मनी के मेनस्ट्रीम सिनेमा में अपनी अलहदा फिल्म निर्माण शैली से जान फूँकने का काम करने के साथ ही प्रवासी तुर्कों के मुद्दों को भी प्रमुखता देने का महत्त्वपूर्ण कार्य किया है। फ़ातिह अकिन के माता-पिता तुर्की मूल के थे, जो गेस्ट लेबर की तरह जर्मनी आए थे। अकिन का जन्म जर्मनी के हैम्बर्ग शहर में हुआ, जहाँ तुर्की मूल के प्रवासी काफी संख्या में रहते हैं। डायस्पोरा के सदस्य या दूसरे मुल्कों में बसे प्रवासी फिल्मकार, जो दो देशों के बीच संकर संस्कृति (Hybrid Culture) और दोहरी चेतना (Double Consciousness) को मिक्स कर राष्ट्रीयताओं के परे (Trans-National) सिनेमा बनाते हैं उन फिल्मकारों की फिल्मों को प्रख्यात

फिल्म अध्येता हामिद नफीसी बलाघातित सिनेमा (Accented Cinema) कहते हैं। नफीसी के अनुसार असेंटेड सिनेमा की परिभाषा इस प्रकार है—

> The concept of accented cinema comprises different types of cinema made by exilic diasporic and post-colonial ethnic and identity film makers who live and work in countries other than their country of origin. (Naficy 2001:11)

फ़ातिह अकिन की फिल्मों को न केवल दर्शकों ने पसन्द किया, बल्कि कई राष्ट्रीय एवं अन्तर्राष्ट्रीय पुरस्कार भी मिले हैं। 'इन जुलाई' (2000), 'हेड आन' (2004), 'क्रासिंग द ब्रिज : द साउंड आफ इंस्ताबुल' (2005), 'इन द फेड' (2017), 'गुडबाय बर्लिन' (2016), 'द गोल्डन ग्लव' (2019), 'सोल किचेन' (2009) और 'द एज आफ हैवेन' (2007)उनकी प्रमुख फिल्में हैं। फ़ातिह अकिन का अपनी आइडेंटिटी के बारे में कहना है—

> My sense of home has spanded. As tectonic plates come closer together so too have Turkey and Germany grown together for me.

इन दो राष्ट्रीयता को जोड़ने वाले सूत्रों की पहचान कर उनके साथ जीने और इनसे जुड़ी अन्य समस्याओं को फ़ातिह अकिन ने अपनी फिल्मों में प्रमुखता से उठाया है।

दोनों देशों की संस्कृतियों को खुद के व्यक्तित्व में समाहित किए हुए यह फिल्मकार अपने को टर्किश-जर्मन (Turkish-German) कहलाना पसन्द करते हैं। अकिन के माता-पिता सन् 1960 में गेस्ट वर्कर्स के रूप में हजारों अन्य तुर्की लोगों के साथ जर्मनी आए थे। ऐसे लोगों को विषय बनाकर अकिन ने 'Thinking About Germany : we forget to Go Back' (2003) नाम से डॉक्यूमेंट्री फिल्म बनाई। जर्मनी में बस चुके दूसरी पीढ़ी के लोगों के भविष्य के बारे में चिन्ता करते हुए उन्होंने 'सोलिनो' 'Solino' (2002) फिल्म बनाई जिसका नायक रोमानो अमाटो एक इटालियन रेस्टोरेंट खोलता है जिसको चलाने में सांस्कृतिक टकराव और नासमझी के कारण मुश्किलें आती हैं। अकिन की फिल्म 'सोल किचेन' में भी ऐसे सांस्कृतिक टकराव के मुद्दे सामने आते हैं। 'सोल किचेन' में ग्रीक मूल के दो सगे भाई जिनोस और इलिस हैम्बर्ग शहर में एक पोस्ट इंडस्ट्रियल बिस्ट्रो (ढाबा) चलाते हैं। फ़ातिह अकिन की इन फिल्मों में केवल जर्मनी और तुर्की के बीच के सम्बन्धों से जुड़े स्टीरियोटाइप ही सामने नहीं आते बल्कि, उत्तरी

और दक्षिणी जर्मनी के बीच जो अन्तर और binary है वह भी उभरकर सामने आती है।

फ़ातिह अकिन की फिल्मों में हास्य दृश्यों के बीच पूर्वाग्रह और कलंक जैसी गम्भीर बातें भावनात्मक परतों में लिपटी हुई परदे पर आती हैं, जिन्हें दर्शक देखकर समझ जाते हैं। किसी भी समुदाय के प्रति जमी-जमाई धारणाएँ और पूर्वाग्रह, नकारात्मक एवं यथार्थ से दूर होते हैं। फ़ातिह अकिन की फिल्में यह सन्देश देने का काम करती हैं कि किसी समुदाय के प्रति जजमेंटल होकर उसे कलंकित करना या दुर्व्यवहार करना गलत है। तुर्की मूल के जो लोग जर्मनी में पैदा हुए और बड़े हुए हैं उन्हें जर्मनी को ही अपना घर/ देश मानना होगा। नॉस्टेल्जिया में जीने से दुख के सिवा कुछ हासिल नहीं हो सकता। कुछ तुर्क लोग खुद को जर्मनी में दोयम दर्जे का नागरिक मानते हैं और ज्यादा टर्किश होकर जीने की इच्छा रखते हैं; जबकि उन्हें भ्रम से दूर होकर यह स्वीकार करना होगा कि तुर्की भी लगातार बदल रहा है और उनका भविष्य जर्मनी में ही सुरक्षित है। अकिन की फिल्म 'Head-on' इस मुद्दे को ही चित्रित करती है।

क्या घर वापसी सम्भव है. .

बालीवुड की हिन्दी फिल्मों को देखें तो 'दिलवाले दुल्हनियाँ ले जाएँगे' से लेकर 'परदेश' और 'स्वदेश' तक सभी में वतन वापसी केन्द्रीय मुद्दा है। राष्ट्रनिर्माण के प्रोजेक्ट के तहत भारतीय प्रवासी नायक अपने देश और सांस्कृतिक मूल्यों के प्रेम में अपना सुनहरा करियर छोड़कर भारत वापस आते दिखते हैं। यह सच है कि डायस्पोरा समुदाय का व्यक्ति अपने मन के कोने में घर वापसी की भावना लिए नॉस्टेल्जिया में जीता है लेकिन यह भावना दूसरी और तीसरी पीढ़ी के प्रवासियों में उतनी तीव्रता से नहीं पाई जाती है। हालाँकि वे अपने मूल देश के सांस्कृतिक तत्त्वों को अपनाकर अपनी पहचान भारतीय के रूप में निर्मित भी करते हैं लेकिन वापस भारत नहीं लौटना चाहते हैं। फ़ातिह अकिन भी अपनी फिल्मों और डॉक्यूमेंट्री के माध्यम से सांस्कृतिक संघर्ष और स्वदेश वापसी के प्रश्नों को गम्भीरता से चित्रित करते हैं।

अपने देश की अपूर्ण तलाश

दोनों देशों के बीच प्रवास का लम्बा इतिहास रहा है। सन् 1961 में तुर्की और जर्मनी के बीच औपचारिक समझौते के बाद तुर्की से जर्मनी पहुँचे श्रमिकों (गेस्ट वर्कर्स) की पहली बड़ी खेप ने प्रवास किया और उसके बाद यह संख्या साल दर साल बढ़ती

रही। इस माइग्रेशन को लेकर जर्मनी का मीडिया और राजनीतिक दलों में काफी विरोधाभासी विचार रहे हैं। अब जर्मनी से जो कुशल कामगार वापस अपने देश तुर्की जा रहे हैं उनके 'ब्रेन ड्रेन' की समस्या को लेकर भी जर्मनी में चिन्ता व्यक्त की जा रही। इस प्रकार इन दोनों देशों के बचे प्रवासियों के आवागमन का मुद्दा तमाम अन्तर्विरोधों के बावजूद एक महत्त्वपूर्ण मसला है। यासर आदीन (2016) अपने शोध पत्र में बताते हैं कि तुर्की और जर्मनी के बीच प्रवास से आर्थिक, सामाजिक और राजनीतिक कारकों पर दूरगामी प्रभाव पड़े हैं। कौन कहाँ से किधर और क्यों जा रहा है और इससे दोनों देशों से लेकर मार्केट के साथ-साथ नीति निर्धारण पर भी असर पड़ता है। अपनी फिल्म 'Solino' के बारे में फ़ातिह अकिन बताते हैं कि उनकी फिल्मों के चरित्र किसी तलाश में जीते हैं लेकिन सफल नहीं हो पाते। वे अपने मूल देश तुर्की में जाकर मुक्ति पाना चाहते हैं जो सम्भव नहीं हो पाता। दुनिया भर में फैले विभिन्न राष्ट्रों के डायस्पोरा समुदाय के लिए यह बात सच है।

अकीन का निष्कर्ष सार्वभौमिकता से पूर्ण हैं—

> All of my characters are searching something. They are searching for a better life. However, with the exception of (Gigi in solino) all of them fail or it is left open whether the characters actually find a better life or not. They are looking for salvation in the country of their origin. But they cannot find salvation. (Daniela Berghahn2006:150)

बेहतर जिन्दगी और जीवन अवसरों की तलाश क्या विदेशी भूमि पर ही सम्भव है या अपनी जन्मभूमि को लौटकर ही एक प्रवासी को सुकून मिलता है? ये सवाल ज्यादातर प्रवासियों के लिए अनुत्तरित रहता है। इसी दुविधा या डिलेमा को फ़ातिह अकिन जैसे संवेदनशील फिल्मकार सिनेमा के परदे पर प्रस्तुत करने की कोशिश करते हैं।

तौफीक बसर और निर्वासन में तुर्की सिनेमा

फ़ातिह अकिन ने जर्मनी में बसे तुर्क समुदाय की दूसरी पीढ़ी की समस्याओं पर कई बेहतरीन फिल्में बनाईं। उसी परम्परा में कई अन्य फिल्मकार मसलन टुंक ओकन, अर्डेन किराल, टुन्सेल कुर्टिज, ईलमाज अर्सलान, इनीस गुनाय, रासिम कोनयार और तौफीक बसर वगैरह प्रमुख हैं। कई महिला डॉक्यूमेंट्री फिल्ममेकर भी हैं जिनमें जेनिन मीराफेल, सिराप बेर्राक्कारशु एवं मर्लिन स्पेलाखन अग्रणी हैं। तुर्की मूल के इन सभी फिल्मकारों के सामूहिक प्रयासों से 'निवार्सन् में तुर्की सिनेमा' ('Turkish cinema in Exile') की एक धारा स्थापित होती है। तुर्की मूल के लोग जर्मनी के विभिन्न शहरों में बसे हैं लेकिन उनकी सर्वाधिक संख्या बर्लिन में है, जो दुनिया में सबसे बड़ी प्रवासी आबादी यानी तुर्क लोगों की संख्या है (Kinzer 1997)। बर्लिन में बसे तुर्क प्रवासियों में एथनिक, धार्मिक, राष्ट्रीय और राष्ट्रवादी राजनीतिक नजरिये के हिसाब से बहुत अधिक विविधता है। इनमें 5 लाख कुर्द समुदाय की जनसंख्या है जो तुर्की, सीरिया, ईरान और इराक के रहने वाले हैं। इनकी जातीय पहचान (Ethnic Identidy) इनकी राष्ट्रीयता के ऊपर भारी पड़ती है। वे खुद को राष्ट्रवादी कुर्द (Nationalist Kurds) बोलते हैं, जर्मन नहीं, क्योंकि वे अपनी पहचान को लेकर ज्यादा आग्रही हैं (Leggewie 1996)।

तौफीक बसर की फिल्म 'फेयरवेल स्ट्रेंजर' 1991 में रिलीज हुई जिसमें जर्मन महिला करीन और तुर्की से भागकर आए कवि डेनीज की प्रेम कहानी है। करीन अपने पति को छोड़कर अपने बचपन के गाँव में अकेले रह रही है। उस द्वीप जैसी जगह पर पाकिस्तान, अफ्रीका और तुर्की से आए अवैध अप्रवासियों की भीड़ है। बाहरी लोगों की भीड़ में करीन अपने ही गाँव में अजनबी महसूस करती है।

जर्मनी में बसे तुर्की लोग अपनी भाषा, धर्म और पहचान को लेकर बहुत ज्यादा प्रयास करते हैं। एक फिल्म निर्देशक एरिक ने अपने इंटरव्यू में बताया कि कुर्द समुदाय के लोगों को तुर्की में कुर्दिश भाषा बोलने-सीखने पर सख्त मनाही है लेकिन बर्लिन में कुर्दिश भाषा को इतनी सख्ती से सिखाया जाता हैं कि इन स्कूलों को torture chambers for Kurdish children कहा जाता है। इसी कारण

जर्मनी में बसे हम कुर्द लोग तुर्की में बसे कुर्द समुदाय से ज्यादा कुर्दिश और टर्किश बन जाते हैं (नफीसी 1997)।

एक तरफ जो तुर्क लोग एक या दो पीढ़ियों से जर्मनी में स्थायी रूप से बस चुके हैं वे खुद को पूरी तरह जर्मन मानते हुए भी, होस्ट कंट्री में पूरी तरह स्वीकृत नहीं हो सके हैं तो दूसरी तरफ तुर्क समुदाय स्वयं को दबाव समूह (Pressure group) मानते हुए चुनावों में इस शर्त पर वोट करता है और सम्पत्ति का अधिकार प्राप्त करता है कि वह अपनी भाषा, संस्कृति, धर्म और राष्ट्रीयता को बचाते हुए, उसी पहचान के साथ निवास करेगा। प्रवास की ये जटिल स्थितियाँ डायस्पोरा फिल्म निर्माता/निर्देशकों के सिनेमा में प्रस्तुत होती रहती हैं। अब हम जर्मन-टर्किश फिल्मकार तौफीक बसर की फिल्मों की विषय-वस्तु के माध्यम से प्रवासी तुर्क समुदाय, उनकी भावनाओं, समस्याओं और अपेक्षाओं को समझने का प्रयास करेंगे। भारत की ही तरह तुर्की एक पुरुष सत्ता प्रधान देश है जहाँ महिलाओं की स्थिति बहुत अच्छी नहीं रही है। उनकी भूमिका घर के भीतर सीमित कर उनका शोषण और अपमान सामान्य बात है।

तौफीक बसर और उनकी फिल्में

तौफीक बसर का जन्म सन् 1951 में तुर्की के कांकीरी नामक स्थान पर हुआ। उन्होंने क्रमशः इंग्लैंड, तुर्की और जर्मनी में फोटोग्राफी, ग्राफिक डिजाइन और सिनमैटोग्राफी की ट्रेनिंग ली और जर्मनी में बस गए। प्रारम्भ में उन्होंने कई पुरस्कृत डॉक्यूमेंट्री फिल्में बनाईं। उनकी दो प्रमुख फिल्में '40 स्क्वायर मीटर जर्मनी' (1986) एवं 'फेयरवेल टू ए फाल्स पैराडाइज' (1988) हैं। ये दोनों फिल्में क्रमशः एक छोटे से कमरे और जेल में अत्यन्त तंग जगह में फिल्माई गईं लेकिन इनमें चित्रित विषय वैश्विक और मार्मिक होने के साथ अपीलिंग भी था।

उनकी पहली फिल्म '40 स्क्वायर मीटर जर्मनी' एक तुर्की गेस्ट वर्कर (लेबर) की जवान पत्नी (दुर्ना) की कहानी है जो अपने पति (अधेड़ दुर्सुन) के साथ तुर्की से जर्मनी आई है। उसका उम्रदराज पति (दुर्सुन) जब सुबह काम पर जाता है घर का दरवाजा बाहर से लॉक कर देता है। एक रात घर लौटने पर पत्नी इस बात पर लड़ाई करती है कि उसको जानवरों की भाँति घर में ताला बन्द करके क्यों रखा जा रहा है। एक बन्द कमरे में रहने की घुटन (Claustrophobic) पितृसत्ता की शिकार अकेली महिला से बेहतर कौन समझ सकता है। '40 स्क्वायर मीटर जर्मनी' की नायिका और उसके मजदूर पति का वार्तालाप सब कुछ स्पष्ट कर देता है :

> **दुर्ना** (पत्नी) **:** (कपड़े धोते हुए, काम से लौटे पति से पूछती है) तुमने मुझे लॉक क्यों किया? क्या मैं कोई जानवर हूँ?

दुर्सुन : *(कुर्सी पर बैठकर खाते हुए जबाव देता है)*—सुनो, मुझे गुस्सा मत दिलाओ। यह जर्मनी है, अपना घर (तुर्की) नहीं है। तुम नहीं जानती कि जर्मनी का आदमी कितना धूर्त (Sly) होता है। तुम्हें बन्द कमरे में रहने में क्या परेशानी है? क्या तुम छोड़कर जाना चाहती हो, तो जाओ चली जाओ, शायद तुम्हें कोई गन्दगी का ढेर (Pile of Shit) मिल जाए।

दुर्ना : मुझे कहीं नहीं जाना। मैं तो दरवाजे के सामने की सफाई करना चाहती थी।

दुर्सुन : *(उसे कामुक नजरों से देखते हुए)* आओ, मेरे पास आओ। मुझे लगता है तुम भी थक गई हो।

दुर्ना अपने पति की शारीरिक इच्छाओं को बिना मन के भी पूरा करती है। दर्द झेलती है, शर्म और अपमान सब बर्दाश्त करती है। वह अपने पति से बातचीत कम कर देती है, उससे नजरें भी नहीं मिलाती। वह खूब मेहनत करके कपड़े धोती है, खाना पकाती है और घर की सफाई करती है। इस तरह उसका स्पेस कम होता जाता है। वह 40 स्क्वायर मीटर की चारदीवारी में शक्तिहीनता और अलगाव का शिकार हो जाती है। वह छोटा सा घर भी उसका नहीं है। उसके पास केवल अपना शरीर है और बचपन की कुछ खूबसूरत यादें हैं। एक सूटकेस है, और उस अपार्टमेंट में रखे तुर्की के कपड़े, सामान और स्मृति चिह्न हैं।

एक दिन दुर्ना पाती है कि उसके कमरे में लॉक बन्द नहीं है वह बाहर निकलकर अँधेरी सीढ़ियों से उतरती है लेकिन थोड़ी देर में वापस लौट जाती है। शायद उसमें जर्मन समाज के प्रति एक डर और सन्देह का भाव है। वह खुद को एक अनजान देश में असमर्थ/कमतर महसूस करती है क्योंकि उसे यहाँ की भाषा नहीं पता, कोई कार्य नहीं आता और सबसे बड़ा डर उसे अपने पति से है। कारावास या एक बन्द कमरे की जिन्दगी, एक झूठे कम्फर्टजोन (false comfortzone) का आभास देती है। हामिद नफीसी लिखते हैं—

> Confinement this reveals its janus face, that is, its ability to generate a sense of (false) comfort compression in and expansion together constitute the dual Chrono topes of the accented Cinema.

इस फिल्म के अन्त में जब दुर्ना का पति दुर्सुन एक हार्ट अटैक के कारण मर जाता है तो दुर्ना के सामने अँधेरे बन्द कमरे से बाहर निकलकर अनिश्चितताओं भरी जर्मनी की दुनिया में जाने के अलावा कोई विकल्प नहीं होता। पितृसत्तात्मक

समाज एक औरत को इस कदर परमुखापेक्षी बना देता है कि पुरुष की अनुपस्थिति में वह कुछ भी कर पाने या निर्णय ले पाने में खुद को असहाय पाती है।

तौफीक बसर की दूसरी फिल्म 'फेयरवेल टू फाल्स पैराडाइज' ('Farewell to false paradise') भी प्रवासी तुर्की महिलाओं के कारावास या छोटे स्थानों पर बन्दीकरण (Space of confinement) और सुरक्षा की भावना को चित्रित करती है। ज्यादातर प्रवासी वर्ग के सिनेमा में जेल/ बन्दीगृह को नकारात्मक ढंग से चित्रित किया गया है। लेकिन बसर ने इसके उलट जेल को फिल्म की मुख्य महिला पात्र एलिफ के लिए एक जन्नत की तरह प्रस्तुत किया है। अपने दुराचारी पति की हत्या के जुर्म में एलिफ चार साल के लिए जेल में है और बन्दी के दौरान वह आत्महत्या का प्रयास भी करती है। लेकिन जेल से बाहर आने का समय नजदीक आने पर वह सोचती है कि जेल में रहने पर वह जर्मन और टर्किश दोनों समाजों से बच सकती है क्योंकि उसे दोनों से खतरा है। एक प्रवासी और एक महिला दोनों रूपों में वह कमजोर (vulnerable) है। जेल में रहने से वह एक तरफ जर्मनी के नव-नाजीवादियों से बच सकती है तो दूसरी तरफ अपने पितृसत्तावादी तुर्की रिश्तेदारों के हमलों से भी। बन्दीगृह उसके लिए सुरक्षित जन्नत की तरह है जहाँ जीवन में अपेक्षित सामान्यता और निरन्तरता है। यह एलिफ की अपनी सोच है किन्तु जेल एक झूठी जन्नत (False paradise) है क्योंकि वह उसे जर्मनी और टर्की दोनों संस्कृतियों से दूर कर देती है। एलिफ अकेली महिला है, वह अलगाव की शिकार है और फिल्म के ज्यादातर हिस्से में वह चुप रहती है। उसकी चुप्पी भयावह है और पूरी दुनिया में उसका कोई नहीं है। उसके पुरुष रिश्तेदार डरावनी धमकी भरी चिट्ठियाँ भेजते हैं। जो उससे मिलने आते हैं वे भी धमकियाँ देते हैं।

एलिफ की स्थिति बहुत नाजुक है। वह न वापस तुर्की जा सकती है, न जेल में रह सकती है और न ही वह स्वयं को रिलीज कराना चाहती है। घर उसके लिए संकट का संसार (State of Crisis) है। वह कुछ भी तय कर पाने की स्थिति में नहीं है। जर्मनी उसे आगे शरण देने को तैयार नहीं है और अच्छे आचरण के कारण जेल से एलिफ को रिहा किया जाना है। वह विकल्पहीनता की स्थिति में आत्महत्या का प्रयास करती है लेकिन बच जाती है। वह अपना घर छोड़कर दूसरे देश में जाती है, वहाँ अपने ही पति के शोषण का शिकार होती है। शोषण, अपमान और अत्याचार बर्दाश्त से बाहर होता है तो पति की हत्या करनी पड़ती है। फिर एलिफ इतनी (Vulnerable) हो जाती है कि कहीं भी खाने और बसने, नया जीवन शुरू करने के विकल्प समाप्त हो जाते हैं। दुनिया डरावनी लगने लगती है। एलिफ महिला है इसलिए स्थितियाँ और मुश्किल भरी हो जाती हैं।

गुरिन्दर चड्ढा (British Indian) की फिल्म 'Bride & Prejudice' की भी यही कहानी है। एक पंजाबी लड़की किरणजीत अहलूवालिया जब शादी के

बाद ब्रिटेन में बसती है तो उसका शराबी, झगड़ालू और बदचलन पति जुर्म की इन्तहा करता है।

किरणजीत को अपने पति की हत्या करनी पड़ती है। एलिफ की तरह किरणजीत को भी जेल बेहतर जगह लगती है क्योंकि वह अपनी साथिन कैदियों के साथ इनसान की तरह जी पाती है। घर और जेल में अगर एक महिला को जेल ज्यादा सुरक्षित और बेहतर जगह लगती है तो लानत है पितृसत्तात्मक समाज और उसकी सोच पर।

तौफीक बसर की फिल्म 'फेयरवेल स्ट्रेंजर' 1991 में रिलीज हुई जिसमें जर्मन महिला करीन और तुर्की से भागकर आए कवि डेनीज की प्रेम कहानी है। करीन अपने पति को छोड़कर अपने बचपन के गाँव में अकेले रह रही है। उस द्वीप जैसी जगह पर पाकिस्तान, अफ्रीका और तुर्की से आए अवैध अप्रवासियों की भीड़ है। बाहरी लोगों की भीड़ में करीन अपने ही गाँव में अजनबी महसूस करती है। वहीं उसकी मुलाकात तुर्की से आए कवि डेनीज से होती है। दोनों एक दूसरे की भाषा न समझते हुए भी साथ रहते हैं और प्यार करते हैं लेकिन जर्मनी की सरकार डेनीज को अपने देश में रहने की अनुमति नहीं देती है क्योंकि उसे तुर्की की सरकार ने 128 साल की जेल की सजा दी है। जर्मन सरकार डेनीज को तुर्की में डिपोर्ट कर देती है। डेनीज की जेल में ही मौत हो जाती है।

तौफीक बसर की तीनों फिल्में उनके जर्मन नागरिक बनने के बाद की फिल्में हैं। 'फेयरवेल स्ट्रेंजर' में वे फ़ातिह अकिन की तरह तुर्किश-जर्मन बनने और ज्यादा कॉस्मोपॉलिटन होने की तरफ अग्रसर दिखते हैं। वे दोनों देशों के लोगों और संस्कृतियों को करीब लाने और स्वीकार करने की तरफ बढ़े हैं। लेकिन बसर की फिल्में अकेलेपन, खासकर महिलाओं के अकेलेपन और जेल या बन्द कोठरियों की दुनिया को प्रभावी तरीके से प्रस्तुत करती हैं।

तौफीक बसर पहली पीढ़ी के जर्मन-टर्किश फिल्मकार हैं और उनकी फिल्मों की महिला पात्र तुर्की से आती हैं। तुर्की और जर्मनी की भिन्न संस्कृतियों और पितृसत्ता से वे मुठभेड़ करती हैं। विकल्प ढूँढ़ती हैं जो कि आसान नहीं है। फ़ातिह अकिन दूसरी पीढ़ी के जर्मन-टर्किश फिल्मकार हैं और खुद को जर्मन कहलाना पसन्द करते हैं। उनकी फिल्में भी मध्यम (Moderate) हैं। तौफीक बसर की समस्याएँ पहली पीढ़ी के गेस्ट वर्कर्स की पत्नियों या कहें महिलाओं की हैं, जो अपनी स्थितियों को लेकर संघर्षरत हैं। बसर के सिनेमा के पात्र और विषय इस अर्थ में सार्वभौमिक (Universal) हैं कि पितृसत्तात्मक समाजों में स्त्रियों की हैसियत और भूमिका (Status and role) में समानता, बराबरी की पैरवी करना जरूरी है क्योंकि अभी भी उन्हें दोयम दर्जे का नागरिक समझा जाता है।

अमेरिका में मेक्सिकन प्रवासी और उनका 'चिकानो सिनेमा'

हॉलीवुड दुनिया का सबसे प्रतिष्ठित फिल्म उद्योग है लेकिन यह भी सच है कि वह भी कंटेंट और फॉर्म में ईमानदार नहीं रहा है। जिस तरह जर्मन सिनेमा में तुर्की लोगों का नकारात्मक और पक्षपातपूर्ण चित्रण होता था, साथ ही फ़ातिह अकिन जैसे निर्देशकों ने अभिनय छोड़कर अपनी कहानियों पर फिल्में बनाना शुरू किया, उसी तरह मेक्सिको के अमेरिकन-मेक्सिकन फिल्मकारों ने हॉलीवुड में उपेक्षित होकर अपने लोगों के जीवन और सच्चाइयों पर स्वयं फिल्में बनाकर उनको पहचान दिलाई।

सन् 1950 और 1960 के दशक में अमेरिका के दक्षिण-पश्चिम क्षेत्र एवं कैलीफोर्निया में मेक्सिको के प्रवासियों द्वारा किए गए आन्दोलनों को केन्द्र में रखकर चिकानो सिनेमा का निर्माण आरम्भ हुआ। इसे मेक्सिकन-अमेरिकन सिनेमा के नाम से भी जाना जाता है। अमेरिका में बसे प्रवासी मेक्सिकन समुदाय के दैनिक जीवन के सामाजिक, राजनीतिक, आर्थिक एवं सांस्कृतिक पहलुओं को चित्रित करती फिल्म निर्माण की इस धारा की पहली फिल्म 'द रिंग' (1952) थी।

अमेरिका में रहने वाले प्रवासी मेक्सिकन समुदाय से जुड़ा चिकानो शब्द 'सांस्कृतिक दमन' के विरुद्ध उनके प्रतिरोध का प्रतीक शब्द है।

चिकानो सिनेमा में मेक्सिकन-अमेरिकन समुदाय का यही प्रतिरोध प्रस्तुत हुआ है। फिल्मों के माध्यम से इस आन्दोलन की आवाज/ सन्देश दूर तक पहुँची और आन्दोलन को भी एक मजबूत प्लेटफार्म मिला। चिकानो फिल्म की धारा में फिल्मों और डॉक्यूमेंट्री दोनों को शामिल किया गया। इस धारा में प्रमुख रूप से 'Please, Don't Bury Me Alive' (1976), 'Alambrista!' (1977), 'Raices de Sangre' (1978) और 'walk Proud' (1979) आदि फिल्में बनाई गईं। बढ़ती लोकप्रियता को देखते हुए सन् 1980 के दशक से चिकानो फिल्मों को अमेरिकन पापुलर कल्चर की मुख्यधारा में शामिल किया जाने लगा। इन फिल्मों में स्कूलों और संस्कृति के एकीकरण के मुद्दों को प्रमुखता से उठाया गया।

माया सभ्यता और गृहयुद्ध

अमेरिका की प्राचीन माया सभ्यता ग्वाटेमाला, मेक्सिको, होंडुरास एवं यूकाटान प्रायद्वीप में स्थापित थी। माया सभ्यता मेक्सिको की एक महत्त्वपूर्ण सभ्यता थी, जिसका आरम्भ 1500 ई.पू. में हुआ। यह सभ्यता 300 ई. से 900 ई. के दौरान अपनी उन्नति के शिखर पर पहुँची। माया सभ्यता का अन्त 16वीं शताब्दी में हुआ, किन्तु इसका पतन 11वीं शताब्दी से आरम्भ हो गया था। वर्तमान में देखें तो ग्वाटेमाला में रक्तरंजित क्रान्ति सन् 1960 से लेकर 1996 यानी कुल 36 सालों तक चलती रही। यह लैटिन अमेरिका के देशों में, सबसे ज्यादा रक्तपात वाली क्रान्ति रही, जिसमें करीब 2 लाख लोग मारे गए और 10 लाख लोग विस्थापित हुए। सन् 1999 की संयुक्त राष्ट्र ट्रुथ कमीशन ने अपनी रिपोर्ट में बताया कि मारे गए लोगों मे 83 प्रतिशत लोग मूलनिवासी माया थे, जिन्हें सेना और अर्धसैनिक बलों ने मारा था और 93 प्रतिशत लोगों के मानवाधिकारों का हनन किया था। यहाँ यह बताना जरूरी है कि वियतनाम, अफगानिस्तान, इराक और दुनिया के अन्य देशों में वामपंथी सरकारों को गिराने के लिए युद्ध, हिंसा का सूत्रपात करने का काम अमेरिका करता रहा है। ग्वाटेमाला में भी जनता द्वारा सन् 1940 में चुनी हुई सरकार सत्ता में आई। सन् 1951 में सेना के अफसर जैकोबो अरबेन्ज़ राष्ट्रपति बने, उनको हटाकर सन् 1954 में सेना का शासन स्थापित किया गया। यह सब रक्तपात और मानवाधिकारों का हनन अमेरिका के सहयोग और देख-रेख में हुआ। इस गृहयुद्ध और सत्ता परिवर्तन के लम्बे दौर में बड़ी संख्या में लोगों का पलायन अमेरिका की तरफ हुआ।

अमेरिका में रहने वाले कुल आप्रवासियों में 24 प्रतिशत के लगभग मेक्सिकन लोग रहते हैं जो कि सबसे बड़ा अप्रवासी समूह है। सन् 2019 में लगभग 11 मिलियन मेक्सिको में पैदा हुए व्यक्ति अमेरिका में रहते थे। मेक्सिको के अप्रवासियों की संख्या लगातार घटने के बावजूद अभी भी इनकी संख्या बहुत बड़ी है। कुछ मेक्सिकन लोग अमेरिका छोड़कर वापस जा रहे हैं फिर भी अमेरिका मेक्सिको प्रवासियों के लिए पहली पसन्द है। (एमा इजराइल एवं जीन बटालोव)। मेक्सिको और अमेरिका के बीच 2000 किमी लम्बा बॉर्डर है जो अवैध प्रवास की समस्या का मुख्य कारण है। अमेरिका ने इस सीमा पर अवैध घुसपैठ रोकने के लिए पैट्रोलिंग गाड्र्स लगा रखे हैं। अवैध प्रवासी अमेरिका की अर्थव्यवस्था पर अतिरिक्त बोझ बढ़ाते हैं। कुछ लोग सस्ते श्रम की उपलब्धता के कारण इसे बेहतर भी मानते हैं।

मेक्सिको के गाँवों में भारत की तरह वृद्ध और बड़ी उम्र की महिलाएँ बची हैं जिसके कारण कार्य करने लायक श्रमिकों की कमी है और महिलाओं को शादी के लिए लड़के नहीं मिल पाते। वैध और अवैध प्रवासी लगभग 6 बिलियन डालर

विदेशी मुद्रा अपने देश मेक्सिको भेजते हैं। अमेरिका में ज्यादा मजदूरी मिलने के कारण पुरुषों का प्रवास बहुत ज्यादा है। छोटी जोत और ज्यादा श्रम के कारण मेक्सिको में खेती का कार्य मुश्किल है। मेक्सिकन लोग प्रतिदिन अमेरिका की सीमा में अवैध तरीके से घुसने का प्रयास करते हैं और पकड़े भी जाते हैं और कई तरह के शोषण व भेदभाव के शिकार होते हैं।

चिकानो फिल्में और उनकी लोकप्रियता

जैसे-जैसे चिकानो फिल्में प्रसिद्ध होती गईं इनकी कमाई बढ़ती गई, जिसके कारण हॉलीवुड के बड़े स्टूडियोज ने इस धारा की फिल्मों का निर्माण आरम्भ किया। मेक्सिकन-अमेरिकी समुदाय में बढ़ती सामाजिक सक्रियता एवं जागरूकता के साथ चिकानो सिनेमा में विविधतापूर्ण विषयों जैसे—उत्पीड़न, स्टिगमा, एकीकरण और इथनिसिटी पर केन्द्रित फिल्में बनने लगीं। अपने विरुद्ध बनाए गए पक्षपातपूर्ण स्टीरियो टाइप एवं नकारात्मकता को हटाने एवं अमेरिकन समाज के विभिन्न क्षेत्रों में अपनी पहुँच एवं स्वीकार्यता सुनिश्चित करने के लिए चिकानो आन्दोलन चलाया गया और फिल्मों में इन विषयों को सिनेमा के परदे पर प्रस्तुत करने का काम किया गया।

चिकानो फिल्मकारों में लुईस वाल्डेज सिवेरो परैज, रिकतेजेदा फ्लोरेस, जोस लुईस रूईज और माकटेसुमा इस्पारजा, सुसान रान्वो, सिल्विया मोरेल्स और लुरडेस पोर्टिलो जैसे प्रमुख नाम हैं। सन् 1980 तक चिकानो सिनेमा राजनीतिक एक्टिविज्म और इथनिक राष्ट्रवाद से विविधता और बहुसांस्कृतिकवाद की तरफ बढ़ गया, जिसका प्रमाण बहुत सारी फिल्में हैं जिनमें 'जूट सूट' (1981) 'द बैलेड आफ ग्रेगोरिओ कोर्टेज' (1983), 'ब्रेक आफ डॉन' (1988) और 'डिसटेंट वाटर' (1990) आदि मुख्य हैं।

कई चिकानो फिल्में वास्तविक कहानियों पर आधारित थीं। इनको सोशल प्राब्लम फिल्म और हिस्ट्री फिल्म की श्रेणी में रखा गया। मूक फिल्मों के दौर में जो नकारात्मक और स्टीरियो टाइप के साथ चिकानो फिल्में बनीं जिनमें मेक्सिको और अमेरिका के बीच संघर्षमय सम्बन्धों को प्रमुखता दी गई वह बाद के दिनों में थोड़ा कम हुआ। हॉलीवुड की फिल्मों में मेक्सिकन समुदाय के व्यक्तियों कोयलाझोंकुए डकैत और उनकी महिलाओं को कमजोर चरित्र का बताकर चित्रित किया जाता रहा। कुछ एंग्लो-अमेरिकन निर्देशकों ने लचीले रुख के साथ चिकानो फिल्में बनाई, जिनमें 'Salt of the Earth' (1954, हरबर्ट जे. बिबरमैन), 'Alambrista' (राबर्ट एम. यंग, 1977) और 'The Three Burials of melquiades Estrada' (टामी ली जोन्स 2005) मुख्य नाम हैं।

ग्रेगरी नावा और उनकी फिल्म 'अल नोर्टे' (1983)

ग्रेगरी नात्रा एक मेक्सिकन अमेरिकन फिल्म निर्माता हैं। उन्होंने 'अल नोर्टे' (1983), 'सेलेना' (1997), 'ह्वाइ डू फूल्स इन लव' (1998), 'माई फेमिली' (1995), 'अमेरिकन फेमिली' (2002) और 'बॉर्डर टाउन' (2007) जैसी फिल्में बनाईं। उनकी फिल्म 'अल नोर्टे' (El Norte-1983) मायन-इंडियन समुदाय के दो भाई-बहन इनरिक और रोजा की कहानी है जो ग्वाटेमाला सरकार के आतंक से डरकर शरण लेने अनेरिका पहुँचे हैं। यह कहानी ग्वाटेमाला गृहयुद्ध के दौरान आरम्भ होकर सन् 1996 में उसके समाप्त होने तक चलती है जो कि 36 सालों तक चलता रहा था। अमेरिकन सशस्त्र सेना और वामपंथी गुरिल्लाओं के मध्य हुए इस युद्ध में लगभग एक लाख लोग मारे गए और 10 लाख लोग जबरन पलायन के शिकार हुए। (Rohtar 1997:6)। इस फिल्म के तीन हिस्से हैं। पहला हिस्सा है 'अर्तुरो जूनाक्स' (Arturo Xuncax) जिसमें ग्वालेमाटा के प्राकृतिक वातावरण, कृषि, पहाड़, घाटियों के बीच माया सभ्यता के इंडियन (सन् पेड़ों के कॉफी बागानों में काम करने वाले) हैं। इन्हीं कॉफी बागानों के क्षेत्र से अमेरिका तक पहुँचने वाले इनरिक और रोजा खुद को सान्त्वना देते हैं। अमेरिका में रहते हुए वे दोनों अपने देश की प्रकृति, माया संस्कृति, ग्रामीण जीवन पद्धति, परिवारों की सामूहिकता, काफी के बगानों के श्रम और सरकार के विरुद्ध आन्दोलन सब कुछ याद करते हैं। ग्रेगरी नावा का प्रवासियों के नॉस्टेल्जिया को इस तरह परदे पर प्रस्तुत करना बताता है कि मायन इंडियन 'किसी अन्य समय और स्थान के रहने वाले अजनबी प्राणी हैं।'

फिल्म के अगले हिस्से में जूनाक्स परिवार डिनर टेबल पर बैठकर अमेरिका में अच्छे जीवन के बारे में चर्चा कर रहे हैं। लेकिन जल्दी ही उनका सुखमय जीवन बिखर जाता है जब सेना भू-अधिकार पर किसानों की एक गुप्त मीटिंग पर अटैक करती है। इस कार्यवाही में कुछ किसान मारे जाते हैं जिसमें अर्तुरो भी मारा जाता है। उसकी पत्नी गायब हो जाती है। इनरिक और रोजा को विदेश भागना पड़ता है। इस फिल्म में रोजा कल्पना और यादों के सहारे खुद को स्थापित करने का प्रयास करती रहती है। वह ग्वाटेमाला की प्रकृति और माया सभ्यता एवं संस्कृति को याद करती है जिसके खेतों में उसके पिता और तितलियों के साथ खेलती माँ दिखते हैं। प्रवास में रहने वाले लोग ऐसी ही कल्पनाओं और नॉस्टेल्जिया में खोए रहते हैं।

फिल्म का दूसरा भाग 'अल कायोटे' (El Coyote) है जिसमें दिखाया गया है कि किस तरह रोजा और इनरिक एक निष्प्रयोज्य सीवर टनल के माध्यम से मेक्सिको सीमा पार करके अमेरिका में प्रवेश करते हैं। फिल्म के तीसरे भाग में इनरिक और रोजा अवैध प्रवासी के रूप में अमेरिका के लॉस एंजेल्स के एक रेस्टोरेंट एवं गारमेंट फैक्ट्री में काम कर रहे हैं। उनके जीवन में अब मुश्किलों

का दौर है। रोजा बीमार होकर अस्पताल में भर्ती है। मृत्युशय्या पर पड़ी रोजा के ख्याल कुछ इस तरह प्रकट होते हैं : 'हमारे अपने देश में, हमारा कोई घर नहीं है। वे हमें मार देना चाहते हैं। वहाँ हमारे लिए कोई घर पर नहीं है। मेक्सिको में केवल गरीबी है, वहाँ हम घर नहीं बना सकते। और यहाँ उत्तर (अमेरिका) में हम स्वीकार्य नहीं हैं। हमें एक अदद घर कब मिल सकेगा इनरिक? शायद मरने के बाद हम दोनों को घर मिल पाए।'

यह फिल्म जो ग्वाटेमाला के एक बड़े संयुक्त परिवार से आरम्भ होती है। अन्तिम दृश्य में उस परिवार का केवल एक आदमी इनरिक जीवित बचता है, वह भी बेघर जिसका न अपना घर है न कोई देश। इस फिल्म में मायन-इंडियन लोगों को पीड़ित समुदाय के रूप में प्रस्तुत किया गया है। यह फिल्म संघर्ष और परिवर्तन के स्थान पर सहनशीलता को चित्रित करती है। चिकानो सिनेमा अमेरिका में आकर बसे मेक्सिकन समुदाय के जीवन और समस्याओं को फिल्मी परदे पर प्रस्तुत करने का महत्त्वपूर्ण दायित्व निभा रहा है।

फ्रांस में उत्तरी अफ्रीका के प्रवासी और 'बेउर सिनेमा'

अस्सी (1980) के दशक में फ्रांस में सिनेमा की एक नई धारा की शुरुआत नॉर्थ अफ्रीकन देशों से आए फिल्मकारों के द्वारा की गई। इन फिल्मकारों ने सिनेमा के परदे पर अपने प्रवास के अनुभवों को प्रस्तुत कर दूसरी पीढ़ी के युवाओं के सामने खड़े पहचान और एकीकरण के मुद्दों को सामने लाने का काम किया। बेउर सिनेमा ने दो देशों और दो भिन्न संस्कृतियों के सम्पर्क, आदान-प्रदान से आ रहे बदलावों को प्रमुखता से उठाया, इसलिए इस सिनेमा को प्रवासी और अन्तर-सांस्कृतिक सिनेमा के तौर पर पहचान मिली।

उत्तरी अफ्रीका के देशों से पलायन करके फ्रांस में बसने वाले प्रवासी फिल्मकारों ने सिनेमा की एक नई धारा सिनेमा (New wave Cinema) के नाम से स्थापित की। उनके सिनेमा का मुख्य उद्देश्य था कि वह अपनी पहचान को होस्ट कंट्री में स्थापित करें और अपने समुदाय को एकजुट रख सकें। नार्थ अफ्रीका के देश फ्रांस की कॉलोनी के रूप में रहे और उसी क्रम में इन दोनों देशों के बीच नागरिकों के आने-जाने का क्रम शुरू होता है और नार्थ अफ्रीकन देशों के लोग एक बेहतर जीवन और रोजगार की तलाश में फ्रांस में आकर बसे। बेउर शब्द वास्तव में अल्जीरिया एवं नार्थ अमेरिका के अरब ओरिजिन के उन लोगों के लिए प्रयोग किया जाता है जो लोग फ्रांस में पैदा हुए और वहीं पर बस गए। फ्रांस में बसे दूसरी पीढ़ी के नॉर्थ अफ्रीकन नागरिक फ्रांस के बड़े शहरों के उपनगरीय क्षेत्रों में बनाए गए विशेष आवासीय कालोनियों, जिन्हें बेनलिक कहते हैं, में पैदा हुए और बड़े हुए। वास्तव में यह शब्द एक पिछड़े हुए लोगों के समूह के लिए प्रयोग किया जाने वाला एक नकारात्मक शब्द है, जिसका बाद में पढ़े-लिखे नॉर्थ अफ्रीकन नागरिकों ने अपने लिए प्रयोग करना बन्द कर दिया, क्योंकि इससे उनकी आइडेंटिटी और भौगोलिक पहचान में समस्या आती थी।

नस्लीय भेद के खिलाफ एक लम्बी लड़ाई की अभिव्यक्ति

नस्लीय भेदभाव और पुलिस द्वारा किए जा रहे उत्पीड़न के विरोध में सन् 1983 में

1, 00, 000 से भी ज्यादा की संख्या में नॉर्थ अफ्रीकन देशों के प्रवासी नागरिकों ने पेरिस की तरफ पैदल मार्च किया। इसमें कई स्थानों पर पुलिस के साथ संघर्ष भी हुआ। दंगे हुए और बड़ी संख्या में कारें और अन्य वाहन जलाए गए। यह आन्दोलन ब्रिटेन के लंदन, बर्मिंघम जैसे शहरों में होने वाले आन्दोलनों और दंगों की तरह था। इसमें बाहर से आए हुए तमाम गैर अंग्रेज समुदायों के प्रवासियों ने राजनीतिक भेदभाव एवं रूढ़िवादिता के खिलाफ एकजुट होकर पुलिस और ब्रिटिश प्रशासन द्वारा अपने विरुद्ध किए जा रहे नस्लीय भेदभाव और बहिष्करण को समाप्त करने के लिए बड़े पैमाने पर आन्दोलन किए थे। इन आन्दोलनों में युवाओं के द्वारा जो एक कॉमन पहचान अर्जित की गई वह बेउर के नाम से जानी गई। इन आन्दोलनों के दौर में 80 के दशक में बेउर साहित्य का भी उद्‌भव हुआ और युवा एवं पुरुष लेखकों ने अपने दोहरे सांस्कृतिक अनुभवों के आधार पर साहित्य सृजन का काम शुरू किया। ये युवा लेखक दोनों क्षेत्रों पर कार्य कर रहे थे। आन्तरिक रूप से फ्रांस में वे अल्ज़ीरियन और इस्लामिक थे; जबकि बाहरी तौर पर सांस्कृतिक रूप से वे सेक्युलर दिखते तथा पश्चिमी मास मीडिया और पॉप कल्चर को अपनाकर एक साथ प्रस्तुत कर रहे थे।

नौवें दशक में फ्रांस के सार्वजनिक संस्थानों में मुस्लिमों की उपस्थिति एवं भूमिका को देखते हुए तथा लड़कियों के हिजाब पहनने और कौमी संस्कृति के अनुसार पहनावा और बोलचाल इत्यादि पर जोर दिए जाने के कारण स्थानीय फ्रांसीसी नागरिकों एवं प्रवासी नॉर्थ अफ्रीकन समुदाय के मुस्लिम लोगों के बीच आन्तरिक संघर्ष बढ़ते चले गए। बेउर सिनेमा और साहित्य ने ऐसे सांस्कृतिक टकरावों को बारीकी से देखा-परखा। यह कई तरह की संस्कृतियों का सम्मिलन और भेदभाव सार्वजनिक जीवन में बाहरी लोगों के स्थान, पहचान और मुख्यधारा को अभिव्यक्त करने के लिए रचा गया।

बेउर शब्द का प्रयोग फ्रांस में रहने वाले अरब मूल के लोगों लिए किया जाता है। सन् 1990 के बाद कुछ युवा लोगों ने बेउर शब्द का भी प्रयोग करना शुरू किया जो अब एक प्रभावी शब्द बन चुका है। महिलाओं के लिए बेउरेते (beurette) शब्द का भी प्रयोग होता है जो बेउर का स्त्रीलिंग है।

बेउर शब्द का उद्‌भव यद्यपि फ्रांस में हुआ लेकिन इसका प्रयोग यूरोप के अन्य देशों जैसे बेल्जियम, मोनाको, लक्जमबर्ग, स्विट्ज़रलैंड में भी होता है जिसका प्रसार ब्रिटेन, स्पेन, इटली और नीदरलैंड तक में होने लगा है। यूरोप और नॉर्थ अफ्रीका की मिली-जुली संस्कृति को अपनाकर जीने वाले पश्चिमी देशों के मूल निवासी, जो यूरोप में पले बढ़े हैं, वे ही बेउर लोग हैं और उनके जीवन को परदे पर दिखाने वाली फिल्में बेउर फिल्में हैं।

बेउर सिनेमा ने इस तरह बनाई एक नई पहचान

फ्रांसीसी राष्ट्रीयता और अरबी मूल के निवासी अपनी दो भिन्न संस्कृतियों के साथ जीते हैं। वे अपने ट्रांस-नेशनल अनुभवों और द्वंद्वों को सिनेमा के परदे पर चित्रित करते हैं। फ्रांस के शहरों के बाहरी इलाकों (पेरीफेरी) में बेउर समुदाय के लोगों ने अपने ठिकाने बनाए हैं। सन् 1970 के दशक में नस्लभेदी तनाव के दौर में जब फ्रांस में उग्र राष्ट्रवादी आन्दोलन आरम्भ हुआ तो प्रवास, एकीकरण और आत्मसातीकरण (assimilation) पर बहसें आरम्भ हुईं। बेउर सिनेमा पापुलर अपील के साथ यथार्थवादी प्रकृति का सिनेमा है जिसका 'हिप-हॉप' सिनेमा से भी करीबी सम्बन्ध है। ये फिल्में एक सामाजिक आन्दोलन की तरह हैं, जिनमें गीत-संगीत, कला, फोटोग्राफी, थियेटर और साहित्य सब कुछ शामिल है—

> Beur-Cinema is a term reversely extrapolated from a word 'Arabe' making an announcement of second coeval offsprings of North African settlers of France during their younger years. Beur-Cinema is a motion picture maneuvered particularly by any youthful moviemaker of North African descent. The prime lineage of these individuals works mainly on interpretations or factual chronicles on racism compositions that spearhead on all sorts of people's wretchedness.

मोहम्मद चरेफ ने सन् 1985 में एक फिल्म बनाई थी 'टी इन द हरेम' ('Tea in the Harem')। यह दूसरी पीढ़ी के अरबी मूल के फ्रांसीसी बेरोजगार नौजवानों की मुश्किल जिन्दगी को परदे पर प्रस्तुत करती है। अरब मूल के प्रवासी पहले पेरिस शहर के बाहरी इलाकों में बसे हुए थे जिन्हें बैनलिउ (Banlieue) नाम से जाना जाता है। बाद में उस स्थान पर प्रवासियों के रहने के लिए कई मंजिला इमारतें बन गईं। इन स्थानों को कामगार वर्ग के निवास स्थान के रूप में जाना जाता है। इस बसावट में उत्तर औपनिवेशिक काल की विभिन्न संस्कृतियों और राष्ट्रीयताओं के लोग रहते हैं। बाहरी होने का लेबल लगाकर इन लोगों को फ्रांसीसी गोरे नागरिकों ने नौकरी, रोजगार, आर्थिक-राजनीतिक और जीवन के विभिन्न क्षेत्रों से बहिष्कृत कर रखा है। रशीद बूचारेब की 'बैटन रूज' ('Baton Rouge' 1985), मलिक चिबाने की फिल्म 'हेक्सागोन' ('Hexagone' 1994), यमीना बेनगुईगुई की फिल्म 'इंच'स अल्लाह संडे' ('Inch's Allah Sunday') एवं अब्दुल लतीफ केचिचे की फिल्म 'कौसकौस' ('Couscous' 2007) फ्रेंच समाज में तनाव, विरोधाभास

और बहुस्तरीय पहचान को चित्रित करती इस दौर की उल्लेखनीय फिल्में हैं। मैथ्यू कासोविट्ज ने इसी कड़ी में 'हेट' ('Hate' 1995) नामक फिल्म बनाई जिसके बाद बैनलिउ सिनेमा एक धारा (Genre) के रूप में स्थापित हो गया। फ्रांस गणराज्य अपने नागरिकों में अलग-अलग पहचान को स्वीकार नहीं करता इसलिए मगरेब, अरब, बेउर, मगरेबी-फ्रेंच जैसे शब्दों को वहाँ ठीक नहीं माना जाता। सामाजिक असमानताओं और नस्लीय भेदभाव के शिकार मगरेबी फिल्म मेकर्स ने अपनी समस्याओं को बेउर फिल्मों में चित्रित किया। कम बजट की शॉर्ट और डॉक्यूमेंट्री फिल्मों के बनाने से आरम्भ कर बेउर सिनेमा ने फ्रेंच मीडिया द्वारा बनाई गई अपनी नकारात्मक छवि को बदलने की कोशिश की।

करीम दरिदी की फिल्म 'बाय-बाय' (1995) तात्कालिक फ्रेंच समाज का परीक्षण करती प्रतीत होती है, जो बहुसांस्कृतिक, बहु नृजातीय, हाइब्रिड और वर्गीय आधार पर टूटी-फूटी हुई-सी प्रतीत होती है। यह फिल्म इस्माइल नामक गुस्सैल, हिंसक फ्रेंच-मगरेब युवक की कहानी है जो अपने भाई मौलूद को पेरिस से मरसेली होते हुए अपने होमलैंड ट्यूनीशिया लेकर जाता है। ब्रिटेन, फ्रांस, पुर्तगाल और अन्य यूरोपीय देशों ने तीसरी दुनिया के गरीब देशों को अपनी कॉलोनी बनाकर वहाँ के संसाधनों और मानव समुदाय का भरपूर शोषण किया। उपनिवेशों के आजाद होने तक और उसके बाद भी बहुत सारे लोग इन विकसित यूरोपीय देशों में आकर बस गए थे। तीसरी दुनिया के नागरिक अपने मूल देश में तो शोषण के शिकार थे ही, जब वे यूरोपीय देशों में बसे तो वहाँ भी उनके साथ नस्लभेद और सामाजिक बहिष्करण जारी रहा। तीसरी दुनिया के देशों के नागरिक इन्हीं दो लोकेशनों, संस्कृतियों, पूँजीवाद और बहुलतावाद के बीच झूलते रहते हैं और उन्हें कहीं भी सन्तुष्टि नहीं मिलती है। इस्माइल की दुविधाग्रस्तता और उसके भाई मौलूद के पितृदेश का नकार दरअसल उनकी पीढ़ी के युवाओं की परम्परा और पितृसत्तात्मक पारिवारिक व्यवस्था से अलगाव और दूरी इस फिल्म के माध्यम से दर्शकों के सामने आती है जो उनके हिस्से की सच्चाई है। इस्माइल खुद को न तो फ्रेंच और न ही मगरेब संस्कृति में समायोजित कर पाता है और उसके हाशिए पर होने की यही भावना डायस्पोरिक विषय का मूल है। इस तरह 'बाय-बाय' फ्रांस में रहने वाले नॉर्थ अफ्रीकन देशों के प्रवासियों के सामूहिक अनुभवों के साथ-साथ अस्तित्ववादी चेतना को भी भावाभिव्यक्ति प्रदान करती है, जो बेउर सिनेमा का केन्द्रीय तत्त्व है।

तीखे प्रवासी अनुभवों की पुनर्रचना

सन् 1980 के दशक के आरम्भिक दिनों से सन् 2000 के दशक तक अफ्रीकन पृष्ठभूमि से फ्रांसीसी संस्कृति और सिनेमा में अपनी जगह बनाने के प्रयासों से

लेकर नॉर्थ अफ्रीकन मगरेब मूल के निर्देशकों ने अपना प्रभाव स्थापित किया और धीरे-धीरे फ्रेंच सिनेमा उद्योग में अपनी धाक जमा ली। इन निर्देशकों ने अपने काम के माध्यम से यह प्रयास किया कि वे अपनी नस्लीय पहचान के स्थान पर फिल्ममेकर के रूप में जाने पहचाने जाएँ। उनकी कोशिश थी कि वे सिनेमा निर्माण की अपनी निजी वास्तविक तकनीक और क्राफ्ट के लिए भी जाने जाएँ।

ऑक्सफोर्ड डिक्शनरी ऑफ फिल्म स्टडीज के अनुसार, "सन् 1994 से 2003 के बीच उत्तरी अफ्रीकन मूल के लगभग 20 फिल्मकारों ने अपनी पहली फिल्म बनाई जिनमें चरेफ और बूचरेब ने खूब सारा काम करके नाम और पैसा कमाया और मजबूती से बेउर सिनेमा की पहचान स्थापित की। बूचरेब की फिल्म 'डेज ऑफ ग्लोरी' (2006) ने बड़ी सफलता अर्जित करते हुए कई पुरस्कार जीते। नॉर्थ अफ्रीकन मूल से अलग पहचान वाले निर्देशकों ने भी बेउर सिनेमा के अन्तर्गत कई सफल फिल्में बनाई जिनमें माइकल हनेक की फिल्म 'हिडेन' ('hidden' 2005) और जैक औडियार्ड की 'ए प्राफेट'। ('A Prophet' 2009) प्रमुख हैं।" (Kuhn & westwell 2012:31)

औद्योगिक क्रान्ति के बाद यूरोप के देशों ने एशिया और अफ्रीका महाद्वीप के विभिन्न देशों को अपनी कॉलोनी बनाया और वहाँ के मानवीय एवं प्राकृतिक संसाधनों का भरपूर दोहन किया। मानव श्रम को मुफ्त या सस्ते में खरीदकर उन्हें एक देश से दूसरे अनजान देशों और द्वीपों पर ले जाने का काम भी इसी दौरान हुआ। बीसवीं सदी के मध्य में आजादी के आन्दोलनों के परिणामस्वरूप यूरोपीय देशों को वापस अपने मूल देशों को जाना पड़ा। उपनिवेश काल में विभिन्न देशों में विकसित हुए आपसी सम्बन्ध आजादी के बाद भी जारी रहे। तथाकथित तीसरी दुनिया के अविकसित और विकासशील देशों से बड़ी संख्या में लोग शिक्षा और रोजगार की तलाश में अमेरिका, फ्रांस, जर्मनी, इटली और ब्रिटेन में गए और बहुत से लोग वहीं बस भी गए। इनमें से कुछ फिल्मकार भी बने। प्रवासी फिल्मकारों ने अपने देश से आकर विदेशी भूमि पर बसे समुदायों के दुख-दर्द और उपलब्धियों को फिल्मी परदे पर चित्रित कर न केवल सिनेमा की नई और स्वतंत्र धाराएँ स्थापित कीं बल्कि उन्हें पहचान दिलाने का भी काम किया। चिकानो सिनेमा, बेउर सिनेमा सब ऐसे ही प्रवासी फिल्मकारों द्वारा स्थापित सिनेमा की धाराएँ हैं। भारत में विभिन्न देशों के प्रवास के सिनेमा पर बहुत काम हुआ है इसलिए अब इस दिशा में काम किया जाना अत्यन्त आवश्यक है।

सिनेमा में अन्य मुद्दे

डॉक्टर-मरीज सम्बन्ध और सिनेमा

बॉलीवुड दुनिया में सबसे ज्यादा फिल्में बनाने वाला बहुभाषी, बहुक्षेत्रीय सिनेमा उद्योग है। विशाल विविधता वाले इस देश में बनने वाले सिनेमा के विषयों में भी भारी विविधता है। वर्ष 2023 के ऑस्कर पुरस्कारों में भी भारतीय फिल्मों और गीतों ने जीतने का आगाज किया है। 'द एलीफेंट व्हिसपर्स' और 'आल दैट ब्रीदस' जैसी डॉक्यूमेंट्री फिल्मों ने ऑस्कर में नामांकन पाया। ये दोनों ही फिल्में हमारे जलवायु और जंगल, जमीन से जुड़ी हुई हैं और आने वाले पर्यावरणीय खतरों से हमें आगाह कर रही हैं। बिगड़ता हुआ पर्यावरण हमें गम्भीर और लाइलाज बीमारियों की तरफ धकेल रहा है। इस लेख में हम फिल्मी परदे पर दिखने वाले डॉक्टरों और उनके कार्यों पर चर्चा करेंगे।

भारत में अनेक तरह की चिकित्सा पद्धतियाँ विद्यमान रही हैं। सरलीकृत ढंग से देखें तो हमारे डॉक्टर दो प्रकार के होते हैं एक डिग्री वाले और दूसरे बिना डिग्री वाले (जिन्हें हम बड़े प्यार से झोलाछाप भी कहते हैं)। बिना डिग्री वाले नीम हकीम और सड़क किनारे टेंट डालकर लाउडस्पीकर पर चिल्ला-चिल्लाकर शर्तिया इलाज करने वाले खानदानी दवाखाना वाले डॉक्टर भी इस देश के कोने-कोने में पाए जाते हैं लेकिन इनके ऊपर उँगली कम उठती है। झोलाछाप डॉक्टर की शिकायत ज्यादा होती है और उनके खिलाफ कार्रवाइयाँ भी ज्यादा होती है जिसका मुख्य कारण ये प्रतीत होता है कि वे एलोपैथी यानी अंग्रेजी चिकित्सा पद्धति से उपचार करते हैं जिसे डिग्री वाले डॉक्टर साहब अपने पेशे में दखल से आर्थिक नुकसान के कारण खिलाफत करते हैं। दूसरा कारण है कि कभी-कभी कुछ अति उत्साही टाइप झोलाछाप डॉक्टर मरीजों की गम्भीर बीमारियों का इलाज और सर्जरी तक करके उनकी जान जोखिम में डाल देते हैं इसलिए लोग उनके पीछे पड़ जाते हैं। सही और गलत की बहस को छोड़ दें तो सच यही है कि झोलाछाप डॉक्टरों ने गाँव देहात के रिमोट इलाकों में गरीब जनता के उपचार की बहुत बड़ी जिम्मेदारी उठा रखी है। प्राथमिक उपचार तत्काल उपलब्ध कराने में तो झोलाछाप स्थानीय डॉक्टर ही काम आते हैं। डिग्री वाले डॉक्टर और बिना डिग्री वाले डॉक्टर में एक और फर्क होता है—डिग्री वाले डॉक्टर अपने नाम के पहले अपनी उपाधि लगाते

हैं जैसे कि डॉ. रमेश, डॉ. अजीम, डॉ. रश्मि इत्यादि इत्यादि और बिना डिग्री वाले डॉक्टर को नाम के पीछे लगाकर बुलाया जाता है—सीताराम डॉक्टर, मार्कंडे डॉक्टर, दशरथ डॉक्टर। सम्बोधन का यह फर्क ग्रामीण और शहरी क्षेत्रों के आधार पर भी पाया जाता है। अपने पड़ोस-गाँव के डॉक्टर को तो डागडर या डागडर बाबू कहकर भी काम चल जाता है।

मेडिकल सोसियोलॉजी और सिनेमा

यहाँ हम डॉक्टर्स, डॉक्टर-पेशेंट सम्बन्धों और बीमारियों के उपचार पर बात कर रहे हैं। समाजशास्त्र का विद्यार्थी होने के नाते मेडिकल सोशियोलॉजी के अन्तर्गत, जिसमें मेडिकल संगठनों और संस्थाओं, डॉक्टरों और मरीजों के बीच के आपसी सम्बन्धों का अध्ययन करना समीचीन होगा। मेडिकल प्रैक्टिस के सामाजिक और सांस्कृतिक प्रभावों का भी अध्ययन किया जाता है। मेडिकल समाजशास्त्र डॉक्टर और मरीज के बीच की अंत:क्रियाओं और सम्बन्धों का भी अध्ययन करता है। डॉक्टर-पेशेंट के सम्बन्धों पर कई अच्छी फिल्में बनी हैं। बीमारियों का सम्बन्ध व्यक्तियों और समूहों की सामाजिक-आर्थिक स्थितियों से भी होता है। जन स्वास्थ्य एक राजनीतिक मुद्दा भी है और सरकारों की स्वास्थ्य नीतियाँ इसका स्पष्ट प्रमाण हैं। ऑक्सफोर्ड डिक्शनेरी ऑफ सोशियोलॉजी में इस सम्बन्ध में लिखा है, "मेडिकल समाजशास्त्र के क्षेत्र में प्रारम्भिक कार्य लारेंस जे. हेंडरसन ने किया जिनकी रुचि विलफरेडो परेटो और टालकट पारसंस की समाजशास्त्रीय व्यवस्था सिद्धान्त में थी। पारसंस मेडिकल समाजशास्त्र के संस्थापक विद्वान थे। बीमार व्यक्तियों के अन्य व्यक्तियों से सम्बन्धों का विश्लेषण करने के लिए पारसंस ने सामाजिक भूमिका सिद्धान्त का प्रयोग किया। बाद में 'ईलियट फ्रीडसन सिद्धान्त' के आधार पर मेडिकल पेशे का विवेचन किया कि किस तरह इस पेशे से जुड़े लोग अपने हितों को सुरक्षित करते हैं। मेडिकल एथिक्स और बायोएथिक्स भी इस अध्ययन के प्रमुख अंग हैं। ब्रिटेन में सन् 1944 में गुडनबर्ग रिपोर्ट के बाद सोशियोलॉजी को मेडिकल के सिलेब्स में शामिल किया गया। बीमारियों के सामाजिक कारणों को समझने और उनके प्रभावों के अध्ययन में डॉक्टर्स को इससे काफी मदद मिली।"

डॉक्टर और मरीज के बीच के सम्बन्धों का अध्ययन मेडिकल समाजशास्त्र का मुख्य विषय है। इन सम्बन्धों के कई मॉडल समय-समय पर विकसित किए गए हैं। सामाजिक संरचनावादियों का मानना है कि बीमारी एक सामाजिक रूप से निर्मित प्रघटना है। एक बीमारी का एक स्थान विशेष पर पाया जाना और दूसरे स्थान पर न पाया जाना इस बात को साबित करता है कि बीमारियाँ समाज के द्वारा ही सृजित और निर्मित हैं। कुछ बीमारियाँ नि:सन्देह जैविक होती हैं, जबकि कुछ

सामाजिक कारणों से जन्म लेती हैं। बीमारियों की खोज और उनके उपचार की प्रक्रियाओं के विकसित होने का अध्ययन करना बहुत ही अर्थपूर्ण एवं महत्त्वपूर्ण है।

हावर्ड बेकर ने लेबलिंग सिद्धान्त का प्रतिपादन किया। इस सिद्धान्त के अनुसार व्यक्ति अच्छा है या बुरा है, सामाजिक है या समाज विरोधी है, प्रतिमानों के अनुरूप व्यवहार कर रहा है या विचलित व्यवहार कर रहा है यह सब दूसरे व्यक्तियों द्वारा परिभाषित किया जाता है। कुछ बीमारियाँ जैसे कुष्ठ रोग, प्लेग, हैजा, चेचक, कोरोना महामारी अपने साथ भयानक नरसंहार और घृणा लेकर आती हैं क्योंकि ये छूत से फैलने वाली महामारियाँ हैं। कुष्ठ रोग के रोगी को सामाजिक बहिष्करण, घृणा और अपमान झेलना पड़ता है। उपचार के स्थान पर रोगी को अपमान और बहिष्कार झेलना बहुत कष्टदायी हो जाता है। रोगी ही नहीं उसकी कई पीढ़ियों तक उसके परिवार में कोई रिश्ता तक नहीं करना चाहता। इस बीमारी ने लोगों को बहुत पीड़ा और अपमान भोगने पर मजबूर किया। ऐसी बीमारियों से ग्रसित व्यक्ति का मनोबल बुरी तरह टूट जाता है और उसका व्यवहार बदल जाता है। समाज में उसकी प्रस्थिति और भूमिकाओं में कई परिवर्तन आ जाते हैं जो अधिकतर नकारात्मक होते हैं। मेडिकल समाजशास्त्र इन सभी पहलुओं का अलग-अलग बीमारियों के अनुसार अध्ययन करता है।

भारत देश में डॉक्टर को लोग ईश्वर का दूसरा रूप मानते हैं। डॉक्टरी का पेशा सम्मानित होने के साथ अच्छी आय का जरिया माना जाता है। अपने देश में विद्यमान परिस्थितियों के सापेक्ष देखें तो डॉक्टरी पेशे में कई तरह की बायनरी विद्यमान है जैसे कि शहरी डॉक्टर-ग्रामीण डॉक्टर, सरकारी डॉक्टर-प्राइवेट डॉक्टर, एलोपैथ-अन्य डॉक्टर और इनके साथ मान-सम्मान, आय, सुविधाएँ कई मानकों पर बहुत ज्यादा अन्तर और भेदभाव विद्यमान हैं। डॉक्टरों को महान और भगवान मानने वाली बातें भी अब गुजरे जमाने की बात हो गईं। अब मरीजों के परिजन मरीजों के साथ कुछ अनपेक्षित घटित होने पर डॉक्टरों के साथ मारपीट पर उतर आते हैं और मुकदमे तक दर्ज करवा दिए जाते हैं। समय के साथ डॉक्टरों की सुरक्षा एक गम्भीर मुद्दा बनता जा रहा है।

अपनी पहली क्लास में ही मेडिकल स्टूडेंट एक शपथ 'कैडेवरिक ओथ' लेते हैं कि वे बिना किसी भेदभाव के हर मरीज का सम्मान के साथ इलाज करेंगे—

> I do solemnly pledge that I will always treat you with respect and dignity of highest order as you are my first anatomy teacher. I will always respect your privacy and confidentiality. I will use this knowledge for the service of the society in all my deed from now onward. I will do

justice to your great sacrifice my heart fills with gratitude as I realise your kind and courageous act of donating your body for the purpose of our learning. I will be grateful to you and family for this act of 'Living after death.

वास्तव में सभी डॉक्टर अपने व्यावहारिक जीवन में इस शपथ का कितना पालन करते है, यह नितान्त व्यक्तिगत विषय हो जाता है। बॉलीवुड फिल्मों में डॉक्टर और उनके पेशे को आरम्भिक दौर से ही प्रस्तुत करने का काम किया गया है। 'डॉक्टर कोटनिस की अमर कहानी' (1946) फिल्म बनाकर महान फिल्मकार वी.शान्ताराम ने इसकी शुरुआत की। एक महान नेता के भाषण से प्रभावित होकर डॉ. कोटनिस अपने माता-पिता के पास रहकर अस्पताल चलाने की जगह चीन जाना पसन्द करते हैं जहाँ युद्ध के घायलों के इलाज के लिए डॉक्टरों की जरूरत है। जापान द्वारा चीन पर आक्रमण के कारण चीन में तबाही का मंजर था। डॉ. द्वारकानाथ कोटनिस ने युद्ध में घायलों की सेवा करते हुए अपनी महान शहादत दी थी। उसके बाद कई फिल्मकारों ने डॉक्टरों के निजी और पेशेवर जिन्दगी पर फिल्में बनाईं जिसे दर्शकों ने बहुत पसन्द भी किया। 'हिमालय की गोद में' का डॉक्टर सुनील मेहरा, 'अनुराधा' का डॉ. निर्मल चौधरी, 'एक डॉक्टर की मौत' का डॉ. दीपांकर रॉय, 'बेमिसाल' फिल्म का डॉ. प्रशान्त चतुर्वेदी ये सभी डॉक्टर ऐसे आदर्श पेश करते हैं जो उनके द्वारा ली गई शपथ के अनुरूप है। ये डॉक्टर शहर और सुविधाओं वाली, ज्यादा पैसे कमाने वाली सोच और निजी स्वार्थ से बाहर निकलकर दूर देहात, आदिवासी-पहाड़ी दुर्गम क्षेत्रों में, जहाँ न्यूनतम चिकित्सा सुविधाएँ भी अनुपलब्ध हैं, वहाँ जाकर लोगों का इलाज करने का विकल्प चुनते हैं। भारत और दुनिया के कई देशों में ऐसे परोपकारी (ALTRUSTIC) डॉक्टर हुए हैं जिन्होंने अपने पेशे को ऊँचाई और गरिमा प्रदान की है। डॉक्टर और उनके पेशे से जुड़ी कुछ प्रमुख फिल्में निम्न प्रकार हैं—

'दुश्मन' (1939), 'डॉक्टर' (1941), 'दिल अपना प्रीत पराई' (1960), 'अनुराधा' (1960), 'प्रेम पत्र' (1962), 'आरती' (1962), 'दिल एक मन्दिर' (1963), 'अमन' (1967), 'खामोशी' (1970), 'खिलौना' (1970), 'आनन्द' (1971), 'तेरे मेरे सपने' (1971), 'दर्द का रिश्ता' (1972), 'कोशिश' (1972), 'अनुराग'(1972), 'नैना' (1973), 'नया दिन नई रात'(1974), 'खुशबू' (1975), 'मिली' (1975), 'अँखियों के झरोखों से' (1978), 'मेरी बीवी की शादी' (1979), 'कालापत्थर' (1979), 'खूबसूरत' (1980), बेमिसाल (1982), 'क्लर्क' (1989), 'एक डॉक्टर की मौत' (1990), 'डर' (1993), 'सुहाग' (1994), 'दिया और तूफान' (1995), 'कोयला' (1997), 'दीवाना मस्ताना' (1997), 'हैलो ब्रदर' (1999), 'दिल चाहता है' (2001), 'आँखें' (2002), 'फिलहाल' (2002), 'कल

हो न हो' (2003), 'अरमान' (2003), 'मुन्ना भाई एमबीबीएस' (2003), 'मैंने प्यार क्यों किया' (2005), 'सलाम-नमस्ते' (2005), 'चेहरा' (2005), 'ब्लैक' (2005), 'चुप चुप के' (2006), 'यूँ होता तो क्या होता' (2006), 'अपना आसमान' (2007), 'यू मी और हम' (2008), 'कमबख्त इश्क' (2009), 'तारे जमीन पर' 2007, 'पा' (2009), 'गुजारिश' (2010), 'जब तक है जान' (2012), 'हमशक्ल' (2014), 'प्लेसबो' (2014), 'उड़ता पंजाब' (2016), 'डियर जिन्दगी' (2016), 'ट्रेफिक' (2016), 'पैडमैन' (2018), 'हेलमेट' (2021), 'मिमी' (2021), 'चंडीगढ़ करे आशिक़ी' (2021), 'मुम्बई डायरीज' (2021), 'जनहित में जारी' (2022), 'अपरिचित' (2022), 'डॉक्टर जी' (2022), 'छतरीवाली' (2023)।

'दुश्मन' तत्कालीन वायसराय लिनलिथगो द्वारा प्रेरित एक प्रोपेगंडा फिल्म थी जो ट्यूबरकुलोसिस के उपचार के लिए किंग जार्ज द्वारा दिए फंड का प्रचार करने के लिए बनाई गई थी। पृथ्वीराज कपूर ने डॉक्टर और के. एल. सहगल ने मरीज की भूमिका इस फिल्म में निभाई थी। 'डॉक्टर' एक आदर्शवादी/मानवतावादी डॉक्टर की कहानी है जो एक गाँव में हैजा से बीमार लोगों की सेवा करते हैं। 'डॉ. कोटनिस की अमर कहानी' डॉ. द्वारकानाथ कोटनिस के महान जीवन और कार्यों पर केन्द्रित फिल्म है जो चीन जाकर युद्ध पीड़ितों और प्लेग मरीजों की सेवा उपचार करते हैं। डॉ. कोटनिस का जज्बा और कर्तव्यनिष्ठा, पेशे के प्रति जिम्मेदारी और ईमानदारी का भाव सबके लिए प्रेरणा का विषय है। फिल्म 'अनुराधा' का डॉक्टर (बलराज साहनी) एक आदर्शवादी डॉक्टर है जो साइकिल से चलता है और गाँव और गरीबों का डॉक्टर है। वह एक मशहूर गायिका-नर्तकी अनुराधा से शादी करता है लेकिन अपने पेशे के कारण पत्नी की उपेक्षा करता है। 'दिल अपना प्रीत पराई' फिल्म का डॉक्टर अपनी नर्स से प्यार करता है लेकिन अपनी माँ के दबाव में बेमन से दूसरी लड़की से शादी करता है। यहाँ एक प्रेम त्रिकोण बनता है और कहानी डॉक्टरी के पेशे से जुड़ी वास्तविकताओं से दूर निजी जीवन के झगड़ों में उलझी रहती है। 'दिल एक मन्दिर' का डॉक्टर (राजेन्द्र कुमार) इतना आदर्शवादी है कि अपनी पूर्व प्रेमिका के पति (राजकुमार) को कैंसर से बचाने में अपनी जान गँवा बैठता है। ये फिल्में इतनी ज्यादा आदर्शवाद या मूल विषय से भटकाव परोसती हैं कि कोफ्त होने लगती है।

विजय भट्ट निर्देशित 'हिमालय की गोद में' शान्ति के लिए नोबल पुरस्कार विजेता जर्मन मिशनरी सर्जन अल्बर्ट स्केवेटजर के जीवन की वास्तविक घटनाओं पर आधारित है। डॉ. अल्बर्ट ने अफ्रीकन जनजातियों के बीच रिमोट क्षेत्र में हॉस्पिटल बनाकर कई बीमारियों से उनको बचाने का महान कार्य किया था। 'हिमालय की गोद में' विदेश से डॉक्टरी शिक्षा प्राप्त कर लौट रहे एक भारतीय नौजवान डॉक्टर की कहानी है जिनका जहाज संयोग से हिमालय की पहाड़ियों में उतर जाता है।

एक पहाड़ी परिवार और स्थानीय ओझा घोंघर बाबा की देखभाल से डॉक्टर सुनील मेहरा (मनोज कुमार) ठीक होते हैं। परिवार की लड़की (माला सिन्हा) की निःस्वार्थ सेवा से प्रभावित होकर डॉक्टर को उससे लगाव हो जाता है। वे शहर वापस लौटते हैं अपनी पुरानी दुनिया में, जहाँ उनकी मंगेतर जो खुद डॉक्टर है, शादी करके एक साथ क्लिनिक चलाना चाहती है। उसके जीवन का उद्‌देश्य है खूब पैसा कमाना और सुविधापूर्ण जीवन जीना और साल के अन्त में कार बदल देना। आप अपने आसपास देखेंगे तो ज्यादातर डॉक्टर ऐसा ही सोचते और करते मिलेंगे। लेकिन डॉ. सुनील को अपने डॉक्टरी पेशे की जिम्मेदारी और मानवता की सेवा के लिए ली गई शपथ फिर से पहाड़ में खींच ले जाती है जहाँ डॉक्टरों की अनुपलब्धता के कारण ईश्वर की इच्छा मानकर नीम हकीम बीमार लोगों को मरने के लिए छोड़ देते हैं। यह एक आदर्शवादी फिल्म है जो मानवता की सेवा में अपना जीवन समर्पित कर देने वाले डॉक्टरों के जीवन और कार्यों से प्रेरित है जिनकी चर्चा फिल्म का नायक स्वयं एक दृश्य में करता है।

राजेश खन्ना और अमिताभ अभिनीत 'आनन्द' (1971) कैंसर से बीमार एक मरीज की कहानी है जो अपनी जानलेवा बीमारी के बारे में सब कुछ जानते हुए भी बिन्दास तरीके से जिन्दगी जीना पसन्द करता है। इस फिल्म के पात्र अलग-अलग धार्मिक पृष्ठभूमि से हैं और आनन्द से इतना प्यार करते हैं कि उसके लिए दुआ और प्रार्थना करते हैं। यह फिल्म डॉक्टर-मरीज और कैंसर बीमारी के अलावा यह सन्देश भी देते चलती है कि हम भारतीय एक हैं, हम सबको मिलकर मुश्किलों से लड़ना है। कैंसर जैसी जानलेवा बीमारी से ग्रसित व्यक्ति के आशावाद और मस्तमौला स्वभाव को दर्शकों ने बहुत प्यार दिया। उसके एक संवाद में मानव जीवन का सार छुपा हुआ है और लोग आज भी दुहराते रहते हैं 'बाबू मोशाय जिन्दगी बड़ी होनी चाहिए लम्बी नहीं'। 'मिली' (1975) फिल्म में जया भादुडी ने लाइलाज रक्ताल्पता बीमारी से ग्रसित चंचल हंसमुख लड़की का रोल निभाया है। इन दोनों फ़िल्मों के निर्देशक ऋषिकेश मुकर्जी हैं जो मिडिल क्लास सिनेमा में अपने योगदान के लिए जाने जाते हैं। मध्यवर्गीय बंगाली परिवार और उनकी रोजमर्रा की जिन्दगी की बहुत आम-सी घटनाओं पर खास तरह की फिल्में बनाने में महारत रखने वाले ऋषिकेश मुखर्जी ने 'आनन्द' और 'मिली' फिल्मों से जिन्दगी के फलसफे को बयाँ किया। इसी कड़ी में फिल्म 'बेमिसाल' (1982) बहुत ही पढ़े-लिखे शहरी समाज के लोगों पर केन्द्रित फिल्म है। फिल्म में एक साहित्य के डॉक्टर हैं (ए. के. हंगल) और दो मेडिकल की पढ़ाई किए नौजवान डॉक्टर हैं (अमिताभ और विनोद मेहरा)। वर्ष 2022 में रिलीज हुई आयुष्मान खुराना की फिल्म 'डॉक्टर जी' के पहले 'बेमिसाल' में एक पुरुष गायनेकोलॉजिस्ट डॉक्टर की भूमिका को परदे पर चित्रित किया गया है। डॉक्टरी के पेशे से 'बाइ हुक या क्रुक' पैसा कमाने

का माध्यम बनाकर विनोद मेहरा अवैध गर्भपात कराने लगता है और बाद में पुलिस द्वारा पकड़ा जाता है। इस फिल्म की कहानी थोड़े बहुत हेर-फेर के साथ डॉ. राही मासूम रजा के उपन्यास टोपी शुक्ला पर आधारित है। उन्होंने ही इस फिल्म की पटकथा भी लिखी है।

डॉक्टरों के जीवन पर केन्द्रित और अपने विषय पर फोकस करती बॉलीवुड की सर्वश्रेष्ठ फिल्म **'एक डॉक्टर की मौत'**(1990) तपन सिन्हा निर्देशित फिल्म है जो रामपद चौधरी की **'अभिमन्यु'** शीर्षक कहानी पर बनाई गई है। यह कहानी भारतीय फिजीशियन डॉ. सुभाष मुखोपध्याय के जीवन पर केन्द्रित है जिन्होंने इनविटरो फर्टलिज़ेशन ट्रीटमेंट की खोज की थी। यह फिल्म एक जुनूनी और बेहद प्रतिभावान डॉक्टर की कहानी है जो अपने सरकारी अस्पताल की ड्यूटी के बाद अपने घर में बनी प्रयोगशाला में कोढ़ का वैक्सीन विकसित करने में खुद को समर्पित किए रहता है। दस साल की मेहनत और निजी जीवन को दाँव पर लगाने के बाद जो रिजल्ट डॉ. दीपांकर राय को मिलते हैं उसकी रोशनी में वह लेपरेसी (कोढ़) की वैक्सीन बनाने के करीब पहुँचते हैं लेकिन सरकारी व्यवस्था में व्याप्त वैमनस्य, लाल फीताशाही, प्रोटोकॉल और सीन्यॉरिटी काम्प्लेक्स एक प्रतिभाशाली वैज्ञानिक और डॉक्टर की जान ले लेती है। अमेरिका और यूरोप के लोग उस डॉक्टर की मौलिक खोज को महत्त्व देते हैं उसे अपने संस्थानों में बुलाकर उसके काम को पहचान और सम्मान देना चाहते हैं लेकिन भारत के लोग उसका मजाक उड़ाते हैं। उसके काम और प्रतिभा पर शक करते हैं, अपमानित करते हैं, दूर देहात में ट्रांसफर करके उसके लैब और परिवार से दूर कर देते हैं। वह चाहकर भी समयसीमा में अपना शोध पत्र पूरा नहीं कर पाता। जॉन एंडर्सन फाउंडेशन के पत्र को स्वास्थ्य विभाग का डायरेक्टर अपने पास दबाकर रख लेता है। अवसर खोने से निराश होकर डॉ. दीपांकर अपनी प्रयोगशाला और उसमें पाले गए जीवों को मार डालता है। वह घोर निराशा में डूब जाता है लेकिन उसे जॉन एंडरसन फाउंडेशन के अग्रणी वैज्ञानिकों और डॉक्टरों के साथ अन्य बीमारियों पर काम करने का निमंत्रण मिलता है और वह वहाँ जाने को तैयार हो जाता है क्योंकि देशभक्ति के नाम पर भारत में रहने और काम न कर पाने की जगह मानवता की सेवा के लिए अपनी प्रतिभा को लगाने को वह ज्यादा बेहतर समझता है और विदेश चला जाता है। वास्तविकता में डॉक्टर मुखोपध्याय को उनकी प्रतिभा की उपेक्षा और उनके शोध को फ्रॉड बताने के कारण आत्महत्या करनी पड़ी थी लेकिन इस फिल्म में निर्देशक ने उम्मीद और भरोसे को कायम रखते हुए डॉ. दीपांकर को आगे के शोध के लिए विदेश भेजकर उसे आत्महन्ता होने से बचा लिया है। अपनी पत्नी के द्वारा ये कहने पर कि तुम अपने देश के लोगों के लिए शोध करना छोड़कर विदेश चले जाओगे? प्रत्युत्तर में

डॉक्टर का जवाब होता है कि वह मानव जाति को बीमारियों से छुटकारा दिलाने के लिए काम करना चाहता है केवल अपने देश के लोगों के लिए ही नहीं। उसके जवाब में रवीन्द्रनाथ टैगोर के राष्ट्रवाद का प्रभाव दिखता है जो देशों के बीच भौतिक सीमाओं को अस्वीकार कर सम्पूर्ण मानवता के हित में सोचने और काम करने का पक्षधर हैं। पंकज कपूर, शबाना आजमी, इरफान खान, दीपा शाही, अनिल चटर्जी जैसे भारतीय सिनेमा के उम्दा कलाकारों ने इस फिल्म में शानदार काम किया है।

पीरियड ड्रामा फिल्म 'मर्द' के अंग्रेज डॉक्टर कमजोर मजदूरों के शरीर से खून निकालकर बोतलों में भरते दिखते हैं। किडनी और शरीर के अन्य अंग बेच देने वाले, मरने के बाद भी वेंटीलेटर पर मरीज को रख बिल बढ़ाने वालों से लेकर कोरोना जैसी महामारियों में बीमार लोगों की मजबूरी का फायदा उठाकर ढेरों पैसे वसूलने वाले डॉक्टर भी देखे गए। 'मुन्ना भाई एमबीबीएस' (2003) डॉक्टरों के जीवन के कई पहलुओं को सामने लाने का काम करती है। परीक्षा और परीक्षार्थी के बीच एक विश्वास भरा पवित्र रिश्ता हुआ करता था। अब भारत के प्रत्येक राज्य से प्रतियोगी परीक्षाओं के प्रश्न पत्र लीक होने की खबरें आती रहती हैं। तैयारी करने वाले अभ्यर्थियों का समय, संसाधन बर्बाद होते हैं और भरोसा भी टूटता है। भारतीय माँ-बाप अपने बच्चों के इंजीनियर, डॉक्टर और आईएएस और प्रशासनिक अफसर बनने की इतनी गहरी अपेक्षाएँ पाले रहते हैं कि उस दबाव में उनके बच्चे अनुचित माध्यमों का प्रयोग करके भी सफल होना चाहते हैं। 'मुन्नाभाई एमबीबीएस' ऐसे ही माँ-बाप और बच्चों की कहानी है। यह फिल्म अपने विषय और प्रस्तुति के कारण इतनी लोकप्रिय हुई कि परीक्षा की शुचिता को प्रभावित कर किसी भी तरह कॉम्प्टीशन पास करने वाले अभ्यर्थियों के लिए मुन्ना भाई एक रूपक (मेटाफर) बन गया। मीडिया तक ने इस शब्द को अवधारणा की तरह प्रयोग करना शुरू कर दिया। 'डियर जिन्दगी' (2016) की निर्देशक गौरी शिन्दे ने आधुनिक व्यस्त शहरी परिवारों में बिना माँ-बाप के देखभाल के पले-बढ़े बच्चों की मनोवैज्ञानिक समस्याओं को एक युवा लड़की कायरा (आलिया भट्ट) एवं साइकोलॉजिस्ट (शाहरुख खान) के बीच बातचीत और जिन्दगी के प्रति एक सकारात्मक समझ विकसित करने के विषय पर प्रस्तुत किया है। यह फिल्म सिखाती है कि अपने जीवन की मुश्किलों के लिए दूसरों को दोषी ठहराने की जगह हमें समाधान खोजने और जीवन जैसा है वैसे ही स्वीकार कर आगे बढ़ना चाहिए फिर सब कुछ ठीक होने लगता है। डॉक्टर और मरीज के बीच के रिश्ते को यह फिल्म प्रभावी ढंग से प्रस्तुत करती है। मरीज लड़की कायरा (आलिया भट्ट) ठीक होने के बाद अपने डॉक्टर जहाँगीर 'जुग' (शाहरुख खान) को शादी करने का प्रस्ताव देती है लेकिन डॉक्टर जुग उसे डॉक्टर और मरीज के बीच के रिश्ते को समझाकर उसे विदा करता है। एक डॉक्टर के जीवन में ढेर सारे मरीज आते हैं और उनके बीच एक पेशेवर एवं भरोसे का रिश्ता

बनता है। यह जरूरी नहीं कि डॉक्टर इन रिश्तों को अपने निजी जिन्दगी के रिश्तों में शामिल कर ले। संयोगवश ऐसा हो भी सकता है।

'मेर्सल' (2017) अपने मरीजों के इलाज के लिए केवल 5 रुपये फीस लेने वाले डॉक्टर वी. मारन की कहानी है जो बिना किसी भेदभाव के सभी का उपचार करने की कोशिश करता है। उड़ीसा के सम्बलपुर जिले के डॉ. शंकर रामचन्दानी अपने क्लिनिक (वन रूपी क्लिनिक) में मरीजों का उपचार एक रुपया फीस लेकर करते हैं। डॉ. वी. नारायण (केरल), डॉ. शिव शंकर प्रसाद (नालन्दा बिहार), डॉ. वी. रमन राव (बेंगलुरू) में गरीबों के लिए मुफ्त में या एक, पाँच या दस रुपये में इलाज कर मानव सेवा का आदर्श स्थापित कर रहे हैं।

'कबीर सिंह' (2019) कबीर सिंह नाम के एक प्रतिभावान डॉक्टर की कहानी है जो स्वभाव से गुस्सैल है। उसकी इस आदत के कारण कॉलेज के जूनियर्स उससे बहुत डरते हैं। वह शराबी है और ड्रग लेने से भी उसे परहेज नहीं है। अपनी गर्लफ्रेंड से शादी न कर पाने के कारण वह शराब और गम में डूब जाता है। यह फिल्म एक डॉक्टर के टैलेंट और उसके पेशेवर जिन्दगी की बजाय उसकी निजी जिन्दगी और प्यार-मोहब्बत पर ज्यादा फोकस करती है जो हिन्दी फिल्मों की एक सदी पुरानी लाइलाज बीमारी है। मेडिकल पेशे को लेकर बनी यह फिल्म दिशाहीन और उद्देश्यविहीन लगती है।

चिकित्सा शिक्षा के संस्थान और मुद्दे

डॉक्टर बनने के पहले जरूरी है कि नीट जैसी प्रवेश परीक्षा पास की जाए। पहले सीबीएसई, सीपीएमटी, बीएचयू, एएमयू और अन्य विश्वविद्यालयों के अपने अलग-अलग एंट्रेंस एग्ज़ैम हुआ करते थे, अब सबको समाप्त कर नीट के माध्यम से केन्द्रीय और राज्य स्तरीय संस्थानों में एडमिशन होते हैं। नीट परीक्षा में आरक्षण के मुद्दे को लेकर न्यायालयों में लम्बे समय तक मुकदमे चले और सन् 2022 में माननीय सुप्रीम कोर्ट ने अपना अहम फैसला दिया जिसके माध्यम से आरक्षित वर्ग के छात्रों को प्रवेश में लाभ मिलना आरम्भ हुआ। प्रवेश परीक्षा व्यवस्था में सेंध लगाकर प्रवेश लेने के मुद्दे पर 'मुन्ना भाई एमबीबीएस' जैसी फिल्में बनी। प्रश्न पत्रों का लीक होना और मुन्ना भाइयों का दूसरों के स्थान पर परीक्षा देते पकड़े जाना आए दिन मीडिया की सुर्खियाँ बनते हैं। मेडिकल कालेजों में रैगिंग एक गम्भीर मुद्दा रहा है। विद्यार्थियों से अंडर्टेकिंग लेने और रैगिंग के विरुद्ध एक्ट बनने के बाद भी मेडिकल कैम्पसों में रैगिंग की शिकायतें आती रहती हैं जो कभी-कभी हिंसक विवादों और आत्महत्या तक का कारण बनती हैं। मेडिकल कालेजों और विश्वविद्यालयों के डिपार्टमेंट्स के अन्दर कमजोर पृष्ठभूमि से आए अध्यापकों के

प्रमोशन और अन्य महत्त्वपूर्ण कार्यों के आवंटन में जातीय भेदभाव और गुटबाजी की बहुत बड़ी समस्या देखने को मिलती है। बॉलीवुड की फिल्में इन विषयों पर प्रायः साइलेंट रहती हैं। अपनी वरिष्ठ सहकर्मियों द्वारा कथित तौर पर जातीय टिप्पणी करने और उत्पीड़न किए जाने से परेशान होकर खुदकुशी करने वाली डॉ. पायल तडवी के मामले ने पूरे देश को झकझोर कर रख दिया था कि समाज के तथाकथित उच्चवर्गीय लोगों के मन में आदिवासियों और अन्य पिछड़े समुदायों के लोगों के प्रति कितनी नफरत और घृणा भरी है कि वे अपने क्लासमेट या जूनीयर्स की मदद करने की जगह आत्महत्या करने को मजबूर करते हैं।

महिला डॉक्टर और सिनेमा

डॉ. अदिति गोवत्रिकर, डॉ. सई पल्लवी जैसी फिल्म अभिनेत्रियाँ वास्तविक जीवन में डॉक्टर हैं। फिल्मों में ग्रेसी सिंह ने 'मुन्ना भाई एमबीबीएस' में डॉ. सुमन अस्थाना 'चिंकी' और 'अरमान' में डॉ. नेहा माथुर की भूमिका की थी। 'अरमान' की डॉ. नेहा माथुर ने एक डॉक्टर के कर्तव्यबोध के साथ खुद से नफरत करने वाली लड़की का इलाज करके इस पेशे के लिए प्रशंसनीय भूमिका की थी। सन् 2022 में रिलीज फिल्म 'डॉक्टर जी' में आयुष्मान खुराना की टीचर और क्लासमेट के रोल में शेफाली शाह (प्रोफेसर), रकुलप्रीत सिंह, श्रद्धा जैन, प्रियम साहा (मेडिकल स्टूडेंट) जैसी लड़कियाँ हैं जो गायनकोलाजी विभाग में एडमिशन लिए लड़के की लड़कियों और उनकी बीमारियों के बारे में धारणाओं को बदलकर एक समझदार और संवेदनशील स्त्री रोग विशेषज्ञ बनाने में मदद करती हैं। साउथ की कई फिल्मों में महिला डॉक्टर्स के लीड रोल देखने को मिलते हैं जैसे 'शक्ति सेलवाराज' (शालिनी अजित-अलाईपाथी), सुभाषिनी (तमन्ना भाटिया-धर्मा दुराई), डॉ. जानकी उर्फ पप्पू (स्नेहा-वसूल राजा एमबीबीएस), मित्रा (सामंथा-थेरी), काव्या (कीर्ति सुरेश-रेनो), डॉ. जानकी (सिमरन-पामॉल के सुन्दरम), मीनाक्षी शिवकुमार (अनुष्का शेट्टी-धंडावम) और लीला अब्राहम (अदिति राव हैदरी-कातरु वेलियाडाई)। हमने तीस साल पहले अपने गाँव में महिलाओं और बच्चों के इलाज और टीकाकरण के लिए पुरुष हेल्थ वर्कर्स के साथ मिड्वाइफ को आते और उपचार करते देखा था। गाँव की महिलाएँ मिडवाइफ पर बहुत भरोसा रखती थीं और सम्मान देती थीं।

गाँवों के लिए अलग डॉक्टर

साइकिल वाले डॉक्टर, बेयर फुट डॉक्टर/ रूरल डाक्टर्स का कैडर बैचलर ऑफ रूरल मेडिसिन एंड सर्जरी (बीआरएमएस) सन् 2010 में भारत सरकार के स्वास्थ्य

मंत्रालय ने गाँवों में बिना स्पेशलाइजेशन के डॉक्टर तैयार करने के लिए साढ़े तीन साल की ट्रेनिंग देने की योजना बन रही थी। साइंस विषयों में (फिजिक्स, केमेस्ट्री, बाइलाजी, मैथ) 12वीं परीक्षा पास स्थानीय युवक एवं युवतियों को यह डिग्री देकर ग्रामीण जनता की सेवा में लगाना था लेकिन इसका कई कारणों से विरोध होने के कारण सरकार को इस योजना को ड्रॉप करना पड़ा। ग्रामीण और पिछड़ी जनता को दोयम दर्जे और भेदभावपूर्ण चिकित्सा सुविधा उपलब्ध कराने, ग्रामीण और शहरी नागरिकों को दो भिन्न तरह की स्वास्थ्य सेवा देने का विचार होने के कारण इसका विरोध हुआ। इस योजना के तहत प्रशिक्षित युवाओं को गाँवों, पहाड़ों और आदिवासी क्षेत्रों जैसे रिमोट स्थानों पर रहने वाली जनसंख्या को गुणवत्तापूर्ण मेडिकल सेवा उपलब्ध कराना मुख्य उदेश्य था। उत्तर प्रदेश सरकार ने जिला अस्पतालों को अपग्रेड करके प्रत्येक जनपद में एक मेडिकल कॉलेज बनाने का अति महत्त्वपूर्ण निर्णय लिया है और लगातार इस दिशा में कार्य हो रहा है। विशेषज्ञ डॉक्टरों की कमी से जूझने वाले जिला अस्पतालों में अब एक साथ सैंकड़ों की संख्या में डॉक्टर चौबीसों घंटे उपलब्ध हो सकेंगे जिससे ग्रामीण गरीब बीमार व्यक्तियों को सस्ता इलाज उनके अपने जिले में सुलभ हो सकेगा। डिग्री प्राप्त डॉक्टर जब प्राथमिक और सामुदायिक स्वास्थ्य केन्द्रों पर सेवाएँ देंगे तो ग्रामीण-गरीब परिवारों के लिए यह बहुत ही सुविधाजनक होगा।

कुछ नई फिल्मों की चर्चा

मेडिकल विषयों पर आजकल खासकर ओटीटी प्लेटफार्म पर जो फिल्में आई हैं उनका कंटेट बहुत ही स्पष्टता से अपने मैसेज को दर्शकों के सामने रखता है। मानव शरीर से जुड़ी बीमारियों और उनसे जुड़े अंगों का नाम लेने में अब फिल्मों के चरित्र हिचकते नहीं बल्कि खुलकर बात करते हैं। हाँ, इतना जरूर है कि ऐसे शब्दों के लिए वे हिन्दी के स्थान पर अंग्रेजी भाषा के शब्दों का प्रयोग करते हैं जैसे कि मिनोपाज, अबॉर्शन, वजाइना (डॉक्टर जी, छतरीवाली, चंडीगढ़ करे आशिक़ी)।

ओटीटी प्लेटफार्म 'जी 5' पर कंडोम को विषय बनाते हुए दो फिल्में आईं- 'जनहित में जारी' (2022) और 'छतरीवाली'। इन दोनों फिल्मों में कलाकारों को छोड़ दें तो विषय सहित कई दृश्य एक जैसे हैं और दोनों ही फिल्मों में कंडोम को छतरी कहा गया है। दोनों फिल्मों में लड़कियाँ कंडोम क्वालिटी टेस्टर या विक्रेता बनकर इस पुरुष प्रभुत्व वाले समाज को कंडोम का उपयोग कर स्वस्थ यौन व्यवहार के प्रति पुरुषों को जागरूक बनाने की जिम्मेदारी अपने कन्धे पर पहली बार उठाए हुए हैं। 'जनहित में जारी' का लोकेल वही चन्देरी शहर है जो 'स्त्री' (2018) का शहर था। 'स्त्री' की सुपर नेचुरल स्त्री भी शोषक पुरुषों को सबक सिखाने में लगी

थी और अपने अपमान का बदला लेते हुए सिनेमा के परदे पर आई थी। 'जनहित में जारी' की नायिका इसी दुनिया की एक सामान्य लड़की है जो सदियों के पुरुष वर्चस्व को तोड़ने और कम करने का प्रयास करती है। 'स्त्री' के प्रगतिशील शास्त्री जी इस फिल्म में दकियानूस पैट्रीआर्क दादाजी बन गए हैं। शहर वही है चन्देरी, जहाँ के पुरुषों को सबक सिखाने की फिल्मी दुनिया ने ठान रखी है। उसी चन्देरी शहर की एक बेरोजगार लेकिन पढ़ी-लिखी लड़की मनोकामना त्रिपाठी उर्फ मनु (नुसरत भरूचा) जो नौकरी करके अपने पैरों पर खड़ा होना चाहती है। नौकरी की तलाश में उसे एक कंडोम बनाने वाली कम्पनी में सेल्स प्रतिनिधि की जॉब मिल जाती है जिसे पहले वह मना करती है लेकिन बाद में अपनी पैसे की जरूरत को देखते हुए स्वीकार कर लेती है। रंजन नाम के प्रगतिशील लड़के से उसकी दोस्ती और शादी नए चैलेंज लेकर आती है।

'छतरीवाली' (2023) विषय और संवादों की दृष्टि से एक बोल्ड फिल्म है जिसकी मुख्य महिला पात्र अपने पति से यह कहने की हिम्मत करती है, "अगर मुझसे करना है प्यार, तो कंडोम को करो स्वीकार।" माहवारी के पीरियड में महिलाएँ अस्थायी रूप से अछूत मान ली जाती हैं उस दौरान न वे खाना पका सकती हैं न अन्य कोई महत्त्वपूर्ण काम कर सकती हैं। समाज न इस विषय पर खुलकर बात करता है और न ही महिलाएँ अपने से जुड़े इन जरूरी मुद्दों के पक्ष में पुरुषों के सामने मुँह खोल पाती हैं। औरतों के शरीर और उनसे जुड़ी जैविक हकीकतें जाने क्यों और कब सामाजिक शर्म का विषय बन गईं और पुरुष उनके अंगों को गालियों और अपमान से जोड़ते रहे और सदियों से यह सब परम्परा के नाम पर चलता ही जा रहा है। यह फिल्म परिवार, ऑफिस, शिक्षण संस्थान, कंडोम निर्माण फैक्ट्री जैसे स्थलों यानी प्राइवेट स्फियर से लेकर पब्लिक स्फियर तक सुरक्षित यौन सम्बन्धों के लिए, कंडोम के उपयोग के लिए अपने पात्रों के माध्यम से संघर्ष करती नजर आती है। साथ ही दर्शकों को यह मानसिक रूप से इस विषय पर बात करने और कंडोम को सामाजिक शर्म के विषय से निकालकर सामाजिक बहस का विषय बनाने के लिए तैयार करती है। फिल्म यह भी दिखाती है कि आधुनिक शिक्षण संस्थानों के गुरुजी भी प्रजनन अंग और उनसे जुड़े हार्मोन और अन्य प्रक्रियाओं को गम्भीरता से पढ़ाए बिना आगे बढ़ जाते हैं क्योंकि उनका मानना है कि इस विषय को पढ़ने से किशोर वय के लड़के और लड़कियाँ बहक सकते हैं और पथभ्रष्ट हो सकते हैं। 'छतरीवाली' में नायिका का जेठ जीव विज्ञान का अध्यापक है लेकिन वह अपनी कक्षा में प्रजनन वाले चैप्टर को बिना पढ़ाए आगे बढ़ जाता है। उसे कंडोम के नाम से चिढ़ है। उसके यहाँ धार्मिक सामग्री की दुकान है जो उनके लिए सम्मान का विषय है लेकिन बहू एक कंडोम फैक्ट्री में काम करती है यह सार्वजनिक शर्म का विषय बन जाता है।

‘छतरीवाली’ में करनाल स्थित कंडोम कम्पनी के मालिक सतीश कौशिक जी (रतन लांबा) का तकिया कलाम ‘यंग जेनेरेशन की यही बात मुझे पसन्द है’, दर्शकों को गुदगुदाता है। रत्न लांबा अपनी कम्पनी में क्वालिटी टेस्टर के पद पर सान्या ढींगरा को रखना चाहते हैं जो बच्चों को केमेस्ट्री का ट्यूशन पढ़ाने वाली जीनियस लड़की है। पहले वह नाराज होती है लेकिन बाद में पैसों की जरूरत देखते हुए जॉब जॉइन कर लेती है। फिल्म की नायिका द्वारा अपने पति को सेक्स के पहले कंडोम यूज करने की बात पर मर्दवादी जवाब आता है कि “रेनकोट पहनकर कौन नहाता है” तो नायिका का जवाब होता है कि “लगा लो नहीं तो नौ महीने सूखा पड़ जाएगा।” फिल्म का विषय बोल्ड है और आवश्यकतानुसार संवाद भी बोल्ड हैं जिसे बड़ी सहजता से रकुलप्रीत और सुमित व्यास ने अपनी भूमिकाओं से अभिव्यक्त किया है। यौन शिक्षा से जुड़ी फिल्मों के साथ समस्या ये भी रहती है कि वर्जित विषयों की तरह ये फिल्में भी समाज में वर्जित फिल्मों की श्रेणी में पहुँचा दी जाती हैं। परिवार के सभी सदस्य एक साथ बैठकर ऐसी फिल्में नहीं देख सकते ऐसी मान्यता भारतीय परिवार और समाज में है लेकिन ‘जनहित में जारी’ और ‘छतरीवाली’ दोनों फिल्मों ने पारिवारिक ताने-बाने के भीतर ही शादीशुदा महिलाओं को मेसेंजर बनाकर इस जिम्मेदारी को उनके ही कन्धों पर डाला है क्योंकि महिलाएँ ही असुरक्षित यौन सम्बन्धों से होने वाली बीमारियों की ज्यादा शिकार होती हैं।

निरोध एक गुब्बारा या कुछ और...

दो-तीन दशक पहले की बात है। बच्चे मलेरिया डॉक्टर से फुलौना माँगते और डॉक्टर उन्हें निरोध के चार पैकेट पकड़ा देते। इन गुब्बारों को कम उम्र के बच्चे फूँक मारकर खूब फुलाते। हवा से मन भर जाए तो नल से पानी भरकर खूब हिलाते-डुलाते। होली में रंग और पानी भरकर फेंकने की शुरुआत गाँवों में इसी निरोध गुब्बारे से हुई। महिलाएँ इस गुब्बारे का ऐसे प्रयोग देखकर आपस में बातें करके इशारों में हँसती। पुरुष समझते सब थे लेकिन सार्वजनिक रूप से कहते कुछ नहीं थे। इस तरह सरकार और स्वास्थ्य विभाग के प्रयासों में पानी भरकर (फेरकर) रात के बजाय दिन के उजाले में खूब दुरुपयोग होता।

डॉक्टरों और उनके पेशे का नकारात्मक चित्रण

डॉक्टरी के पेशे को कुछ लोगों ने कम समय में ज्यादा पैसा कमाने का माध्यम बना और समझ रखा है। सन् 2011 से 2020 तक मेडिकल प्रोफेशन के नकारात्मक पक्षों को प्रमुखता से फिल्मों में उठाया गया है। इसी बीच ‘विकी डोनर’ और ‘उड़ता

पंजाब' के डॉक्टरों अन्नू कपूर, करीना कपूर ने डॉक्टरी पेशे के सकारात्मक पक्ष को दिखाया जो जनहित की भावना से काम करते हैं। 'अंकुर अरोड़ा मर्डर केस' (2013) में मेडिकल नेगलिजेंस के कारण हुई मौत को विषय बनाया गया है जो इस बात पर फोकस करती है कि एक अच्छा डॉक्टर जरूरी नहीं है कि एक अच्छा इनसान भी हो। अक्षय कुमार की फिल्म 'गब्बर इज बैक' (2015) वैसे तो रियल स्टेट सहित कई सरकारी विभागों में व्याप्त भ्रष्टाचार को मुद्दा बनाती है इसी क्रम में वह एक मृत बच्चे को जीवित बताकर वेंटीलेटर पर रखकर अपने बिल बढ़ाने को भी चित्रित करती है। कुछ डॉक्टर और अस्पताल ऐसा कृत्य करते हुए पकड़े भी जाते हैं जिसकी खबरें मीडिया में आती रहती हैं। 'वेटिंग' (2015) भी ऐसे ही विषय को उठाती फिल्म है। आयुष्मान खुराना और तब्बू की फिल्म 'अन्धाधुन' (2018) का एक डॉक्टर मरीजों की किडनी निकालकर महँगे दामों पर बेचते हुए दिखाया गया है। क्राइम थ्रिलर 'वन डे जस्टिस डिलिवर्ड' (2019) में एक डॉक्टर दम्पती को एक टेरर केस के गवाह को मारने के लिए घूस लेते दिखाया गया है। 'कबीर सिंह' (2019) का डॉक्टर बेहद टैलंटिड बन्दा है लेकिन इतना गुस्सैल, शराबी, ड्रग एडिक्ट है कि ऐसे चरित्र पर विश्वास करना मुश्किल होता है।

भारतीय सिनेमा में डॉक्टरों के चित्रण को देखें तो वह डॉक्टर कोटनिस से लेकर कबीर सिंह तक एक पूरा इतिहास समेटे हुए है और बदलते समाज के साथ बदलते हुए डॉक्टर चरित्र यहाँ देखे जा सकते हैं। हर क्षेत्र के सकारात्मक और नकारात्मक पहलू होते हैं। कुछ गिने-चुने जिम्मेदार और ईमानदार लोगों ने अपने समर्पण से इस पेशे की साख को सँभाल रखा है।

उपसंहार

बॉलीवुड में डॉक्टरों और बीमारियों पर बनी फिल्मों की चर्चा करें तो यह यात्रा आदर्शवाद, रोमांटिसिज़्म से होते हुए यथार्थवाद तक पहुँचती है। सन् 1946 में 'डॉ. कोटनिस की अमर कहानी' आदर्शवाद और कर्तव्यनिष्ठा से प्रेरित है तो 'दिल एक मन्दिर', 'अनुराधा' जैसी फिल्मों के डॉक्टर अपने निजी जीवन और पेशे के बीच रोल कान्फ्लिक्ट को लेकर सिनेमा के परदे पर आते हैं। 'एक डॉक्टर की मौत' का डॉक्टर निश्चित रूप से एक डॉक्टर और आविष्कारक के जीवन पर बनी एक सर्वश्रेष्ठ फिल्म है जिसे एक डॉक्टर के जुनून, सरकारी व्यवस्था की प्रक्रियाओं और संवेदनहीन अफसरों, प्रतिभाओं को कुचलने के कुत्सित प्रयासों जैसे विषयों को समझने और समाधान की तरफ बढ़ने के लिए देखना चाहिए। 'मुन्ना भाई एमबीबीएस' ने डॉक्टरों के जीवन के अलहदा पहलू पर एक नई बहस छेड़ने का काम किया और ट्रेसपासर के लिए मीडिया और आमजन को मुन्ना भाई

जैसी नई अवधारणा देने का काम किया। पिछले तीन-चार वर्षों में 'ओवर द टॉप' (ओटीटी प्लेटफार्म) के विश्वस्तरीय तीव्र प्रसार ने ओरिजिनल स्टोरी की तलाश के साथ इस क्षेत्र में दुनिया भर के अरबपतियों को पूँजी निवेश के लिए प्रेरित किया है। भारत और यहाँ का सिनेमा उद्योग इनके लिए एक बड़े अवसर के तौर पर सामने आया है। इन्ही कारणों से अछूते और बोल्ड विषयों पर ओटीटी प्लेटफार्म पर लगातार फिल्में आ रही हैं। 'हेलमेट', 'जनहित में जारी', 'छतरीवाली' और 'डॉक्टर जी' ऐसी ही फिल्में हैं जिनमें कंडोम जैसे गर्भ निरोधक और यौन विषयों को मनोरंजक ढंग से पेश किया गया है। इस लिहाज से यह भारतीय सिनेमा में नए दौर का आगाज है। इसके पूर्व 'पैडमैन' ने महिलाओं की माहवारी (पीरियड्स) के समय प्रयोग किए जाने वाले सैनिटरी पैड को पूरे देश में पहली बार बहस में लाने का काम किया। कंडोम और पैड बीमारी के इलाज की नहीं बल्कि बीमार होने से बचाव (प्रीकासंस) के साधन हैं।

भारत देश में निजी अस्पतालों में इलाज बहुत महँगा है जिसे अधिकतर नागरिक वहन नहीं कर सकते। शहर और गाँव हर क्षेत्र में अभी डॉक्टरों की कमी है जिसके कारण गम्भीर रोगों के इलाज के लिए लोगों को बड़े महानगरों में जाना पड़ता है जहाँ का खर्च उठाना आसान नहीं होता। भारतीय गाँवों में स्वास्थ्य सेवाओं की बात करें तो हेल्थ वर्कर के रूप में उत्तर प्रदेश के तराई जनपदों में मच्छरों के प्रकोप से बचाने के लिए मलेरिया डॉक्टरों की पोस्टिंग हुई। ये हेल्थ वर्कर लोगों को ग्रामीण क्षेत्रों में दवाएँ उपलब्ध कराते थे। गाँव के लोग उन्हें बहुत सम्मान देते थे। बच्चे दूर से ही डॉक्टर साहब की आती साइकिल पहचान लेते थे और कुछ तो सूई के डर के मारे घरों में छुप जाते थे। हमारे पड़ोस के गाँव में बने हेल्थ सेंटर में एक मलेरिया डॉक्टर परिवार सहित रहते थे और जीवन भर रहे। वहीं से बच्चों का शादी ब्याह किया और उसी हेल्थ सेंटर-कम-घर में उनकी मृत्यु भी हुई। एक हेल्थ वर्कर से आगे जाकर अब प्रत्येक जनपद में एक मेडिकल कॉलेज बनाने और सबको उच्च स्तरीय चिकित्सा सुविधाएँ उपलब्ध कराने का प्रयास किया जा रहा है। सरकारी के साथ-साथ प्राइवेट मेडिकल कॉलेज भी खुल रहे हैं जिनमें मेरिट, आरक्षण और फीस को लेकर अलग सवाल हैं। अस्पतालों में डॉक्टर और अन्य सपोर्टिंग स्टाफ की नियुक्तियाँ, मेडिकल कालेजों में प्रोफेसरों की नियुक्तियाँ जैसे मुद्दों पर अभी बहुत काम करना बाकी है। देश में चिकित्सा के संस्थानों, नई बीमारियों, महामारियों के सापेक्ष संसाधनों को विकसित करने की निरन्तर आवश्यकता होगी। शोध एवं शोधार्थी को बढ़ावा देकर उपचार सुविधाओं को अपडेट करना होगा। भारतीय सिनेमा भी बीमारियों और इलाज के बारे में जनता और दर्शकों को जागरूक करने का काम जिम्मेदारी से करता रहे तो एक स्वस्थ राष्ट्र के निर्माण में सहयोग मिलेगा।

बॉलीवुड में रोड मूवीज और सड़क के मुद्दे

साहित्य में 'यात्रा वृत्तान्त' लेखन की एक अलग धारा के रूप में स्थापित है। साहित्य की भाँति सिनेमा में भी 'ट्रैवल सिनेमा' एक महत्त्वपूर्ण जेनर है जिसमें यात्रा वृत्तान्त को मुख्य विषय बनाकर सिनेमा के परदे पर प्रस्तुत किया जाता है। रोड मूवीज इसी जेनर की एक उपश्रेणी है। रोड मूवीज में मुख्यतः रोड पर कार से की गई यात्रा को कुछ कहानियों से जोड़कर प्रस्तुत करने का चलन है। ऑक्सफोर्ड डिक्शनरी ऑफ फिल्म स्टडीज रोड मूवी के बारे में लिखता है—

> The road movie tends to display a certain metaphysical or existential bent, via themes of rebellion, escape, discovery and transformation, and is typified by an attenuated or picaresque narrative...the road movie is strongly associated with US cinema and with the increasingly widespread use of cars in the second half of the 20th century. (Kuhn, A. & westwell, G. 2012:351)

स्पष्ट है कि रोड मूवी अमेरिकी सिनेमा का प्रमुख जेनर है जिसमें कारों का बहुत उपयोग होता है। साहित्य और सिनेमा के बीच हमेशा से पारस्परिकता का सम्बन्ध रहा है। कई यात्रा-वृत्तान्त लेखकों की किताबों पर फिल्में बनी हैं जैसे कि जैक केरऔयक के नॉवेल 'ऑन द रोड' (1957) पर इसी शीर्षक से बनी फिल्म। यह पुस्तक ही रोड मूवीज के लिए प्रस्थान बिन्दु है।

ट्रेवल मूवीज सिनेमा का एक इंटरनेश्नल जेनर है। इसके एक भाग के रूप में ही रोड मूवीज को जाना जाता है। जिसमें फिल्मकार अपने कैमरे के डिफरेंट एंगल के प्रयोग से सड़क पर होने वाली विभिन्न तरह की घटनाओं जैसे कि यात्रा का आनन्द, यात्रियों के बीच के पारस्परिक वार्तालाप, रोमांस, झगड़े, हिंसा, लूटपाट एवं दुर्घटना की परिस्थितियों में होने वाली विभिन्न तरह की गतिविधियों का चित्रण करता है।

अमेरिका के अलावा ऑस्ट्रेलियन सिनेमा में भी कई रोड मूवीज बनी हैं जैसे—'वाकअबाउट' (1971), 'मैड मैक्स' (1979-85), 'द एडवेंचरस ऑफ प्रिससिला', 'क्वीन ऑफ द डेजर्ट' (1994) इत्यादि। यूरोप में भी 'वीकएंड' (फ्रांस 1967), 'पेरिस टेक्सास' (जर्मनी 1984), 'इन दिस वर्ल्ड' (इंग्लैंड 2002) (एक अफगान रिफ्यूजी की पाकिस्तान से इंग्लैंड तक की यात्रा के बारे में) जैसी फिल्में कई यूरोपियन देशों में बनीं जिन्होंने प्रवास, निर्वासन, सीमा पर वैध या अवैध घुसपैठ जैसे मुद्दों को भी प्रमुखता से चित्रित किया गया है। स्पेनिश फिल्म 'द मोटरसाइकिल डायरीज' (2004) चे ग्वेरा की बायोपिक फिल्म है। चे ने सन् 1952 में दक्षिणी अमेरिका के देशों में अपने दोस्त अल्बर्टो ग्रेनाडो के साथ बाइक से यात्राएँ की थीं, उनके यात्रा संस्मरणों पर केन्द्रित यह फिल्म बनाई गई थी।

अमेरिका में फोर्ड के कार उद्योग, शानदार रोड और लम्बी दूरियों ने रोड मूवीज के लिए अनुकूल माहौल दिया लेकिन इसका सामाजिक-सांस्कृतिक पहलू भी बहुत महत्त्वपूर्ण है। अमेरिका के दक्षिण में रहने वाले ब्लैक अमेरिकन-अफ्रीकन लोगों ने रंगभेद, बेरोजगारी और पाबन्दियों से मुक्त होने के लिए उत्तरी विकसित शहरों की तरफ प्रवास किया और ट्रेनों से यात्राएँ की, उन्हें मुख्य सड़कों पर चलने की भी पाबन्दी थी। अमेरिका में द्वितीय विश्वयुद्ध के बाद के दिनों में जब सड़कों और ऑटोमोबाइल का तेजी से विस्तार हुआ तो नए गाने (गेट योर किकस ऑन रूट 66-नाट किंग कॉल) और रोड फिल्मों का भी तेजी से बनना शुरू हुआ। आयरमैन और ओरवर (1995:55) अपने शोधपत्र में लिखते हैं—

> Alongside the westward-moving wagon trains, slavery, the civil war and uneven industrial development created great migrations along a south-north axis. Black American took the A-train from southern farms and plantations to northern industrial cities...millions abandoned rural southern poverty for a new start in the north.

इस प्रकार रोड सामाजिक गतिशीलता के साधन के रूप में सामने आया, भौतिक गतिशीलता के साथ अमेरिकन ब्लैकस के लिए सामाजिक गतिशीलता और परिवर्तन सम्भव हुए। 'ईजी राइडर' (1969) और 'बैड्लैंड्स' (1974) जैसी अमेरिकन रोड फिल्मों की विषय-वस्तु निराशावादी थी, इस दौर की फिल्मों में घोर सुविधापूर्ण जीवन, भ्रष्टाचार, अन्याय से पलायन को चित्रित किया गया था। सड़क पर होने वाली बेमतलब की हिंसा और हत्याएँ निराशा, बोरडम और असामान्य वातावरण की तरफ इशारा करती हैं। बॉलीवुड की फिल्में 'रोड' और 'एनएच 10' जैसी फिल्में भी हिंसा और ऑनर किलिंग पर खुद को केन्द्रित करती हैं जो एक क्षेत्र

विशेष की सामाजिक-सांस्कृतिक संरचना और समाज में हो रहे बदलावों के प्रति लोगों के प्रत्युत्तर को दर्शाती हैं।

इसी क्रम में पाल ओलिवर (1960) लिखते हैं कि—

> The road even for relatively well to do African-Americans was an unsafe and unwelcome environment...it was the train that symbolized both the hope of a new life down the road and the means of escaping the restrictions and pain of the present, not the automobile.

ट्रेन गरीबों के लिए आसान और मुफीद सवारी है और रोड महँगा। भारत में भी बिहार और उत्तर प्रदेश के श्रमिक बड़ी संख्या में पिछले चार दशकों से दिल्ली, मुम्बई और पंजाब के कई औद्योगिक शहरों में बेहतर रोजगार और जीवन अवसरों की तलाश में ट्रेनों से जाते हैं। कोरोना काल में सड़कों और ट्रेनों की पटरियों को पकड़कर वे वापस घर की तरफ भी लौटे थे।

ऐतिहासिक और सांस्कृतिक परिप्रेक्ष्य में रोड मूवी किस तरह तनाव और संकट, पहचान और लैंगिक (gendered) भेदभाव को अपने विषय में शामिल कर फिल्म बनाती हैं, इसका मूल्यांकन भी किया जाता है।

जब हम रोड मूवीज की बात कर रहे हैं तो हमें कई सारे सवालों के उत्तर ढूँढ़ने की कोशिश भी करनी होगी। कुछ सवाल जो जेहन मे उठते हैं :

- सड़क पर कौन लोग घूमते हैं?
- कौन लोग हैं जो सड़क पर रहते और चलते हैं?
- सड़क पर रहने के कारण क्या हैं?
- पैदल, साइकिल, बैलगाड़ी, जीप, कार बस, ट्रक, किसके लिए बनी हैं सड़कें?
- क्या सड़कें सबके लिए एक समान हैं?

सड़क के मुद्दे

सड़क पर सबसे ज्यादा समय बिताने वाले लोग पुरुष ट्रक-ड्राइवर हैं जो कई दिनों और कभी-कभी महीनों तक अपने घरों से दूर रहते हैं। नेशनल परमिट लिए ये लोग देश के एक कोने से दूसरे कोने तक सामान की ढुलाई करते हैं। इन यात्राओं में उनके पड़ाव सड़क किनारे के बने ढाबे होते हैं जहाँ उन्हें खाना-पानी, नींद सब लेनी होती है। वैसे ट्रक में उनकी एक पूरी गृहस्थी भी चलती है क्योंकि ये चलते-फिरते ट्रक उनके घर की तरह ही होते हैं। ट्रक ड्राइवर अपनी सेवा की परिस्थितियों के

कारण कई बुराइयों के शिकार होकर बीमारियाँ भी पाल लेते हैं जैसे कि एचआईवी, दारू, स्पिरिट, ड्रग्स का लती हो जाना। काम का दबाव और नींद पूरी न होने से बड़ी दुर्घटनाएँ भी उनके हिस्से में आती हैं। कोरोना काल की ऐतिहासिक बन्दी में ट्रक ड्राइवरों ने जिस तरह जरूरत की वस्तुओं को प्रत्येक जनपद-शहर में पहुँचाने का काम किया था, हमने देवरिया (उत्तर प्रदेश) में उन्हें 'कोरोना योद्धा' घोषित किया था और उनके सम्मान का विशेष ध्यान रखते हुए पानी की बोतलें और खाने के पैकेट भी उपलब्ध कराते थे। स्पीड ब्रेकर, ज़ेबरा क्रासिंग, ट्रैफिक लाइट, रोड सेफ़्टी वीक, ये सब अकादमिक और प्रशासनिक विषय हैं लेकिन ये सारे उपाय सड़क दुर्घटनाओं को कम करने के लिए किए जाते हैं।

सड़कों पर चलने वाले लोग मुख्यतः पुरुष हैं, महिलाएँ या तो नहीं हैं और यदि हैं तो पुरुषों के साथ (कॉम्पाइनीयन) हैं। यह जेंडर आधारित मुद्दा भी निश्चित रूप से है। दुर्घटनाओं की बात करें तो रोड एक्सीडेंट के शिकार मुख्यतः गरीब लोग होते हैं जो पैदल, साइकिल, ठेला या मोटरसाइकिल से अपने काम या गन्तव्य को जा रहे होते हैं। चूँकि 'रोटी अर्जक' के रूप में वे घर से बाहर सड़क पर होते हैं इसलिए दुर्घटनाओं के शिकार तुलनात्मक रूप से पुरुष ही ज्यादा होते हैं। मैंने अक्सर सड़क दुर्घटनाओं में बीस वर्ष से 50 वर्ष की उम्र के लोगों को मरते देखा है जिनके मरने के बाद उनके बीवी-बच्चों के सामने रोटी-रोजगार के सवाल खड़े हो जाते हैं। उनके घर-परिवार बिखर जाते हैं। एक कभी न भरने वाला घाव, सदमा और अपूरणीय क्षति इन दुर्घटनाओं से प्रभावित परिवारों के हिस्से हमेशा के लिए आ जाती है। आप बस, कार, ट्रक या अन्य किसी भी वाहन से सड़क पर यात्रा करते हैं तो जहरखुरानी, जेब कटने, लूट, हिंसा, मारपीट या धोखाधड़ी के शिकार हो सकते हैं। कुछ कस्बे, कुछ गाँव, किसी शहर का बस स्टेशन या रेलवे स्टेशन बदनाम होते हैं कि वहाँ **पानी,** चाय या समोसे न खरीद लेना, बहुत महँगे मिलेंगे- दुकानदार मिलकर लूट लेंगे। न जाने किस खाने-पीने की चीज में बेहोशी की दवा मिलाकर तुम्हारा सब कुछ लूट लिया जाएगा, सावधान रहो किसी अपरिचित के हाथ से कुछ मत लो, कुछ मत खाओ, ऐसे स्लोगन भी चिपके हुए मिल जाएँगे। आप एनएच 10 से हरियाणा में जा रहे हैं या राजस्थान के रेगिस्तान में किसी अपरिचित शरीफ दिखने वाले आदमी को अपनी गाड़ी में लिफ्ट दे रहे हैं या गोंडा स्टेशन के समोसे खा रहे या पंजाब-जम्मू नेशनल हाइवे के किनारे बने किसी ढाबे पर खाना खा रहे हों तो सावधान रहिएगा, जेब में पर्याप्त पैसे रखिएगा, आपकी सोच से कितने गुने ज्यादा चुकाना होगा आपको अन्दाजा भी नहीं होगा। ये सब सड़क के मुद्दे हैं और फिल्में इन सब बातों के बारे में आपको मनोरंजन के साथ आगाह करते भी चलती हैं।

भारतीय सिनेमा में रोड मूवीज

भारत के सन्दर्भ में देखें तो बॉलीवुड में भी शुरुआत से ही कई तरह की रोड मूवीज बनती रही हैं। सड़क पर चलने वाले कई तरह के लोग होते हैं-—पैदल, साइकिल, मोटरसाइकिल, घोड़ागाड़ी, बैलगाड़ी, भैंसागाड़ी, ऊँटगाड़ी, टेम्पो, जीप, कार, बस, ट्रक (किंग्स ऑफ रोड) और जुगाड़ इत्यादि। यात्रा करने वाले यात्रियों और यात्रा के दौरान घटित होने वाली तमाम तरह की रोमांटिक, हास्यप्रद एवं दुखद मानवीय अनुभवों और भावों का चित्रण सिनेमा के परदे पर समय-समय पर कुछ मशहूर फिल्मकारों ने किया है और जिन्हें भारतीय दर्शकों ने पसन्द भी किया है।

भारतीय सिनेमा में रोड मूवीज श्रेणी की पहली फिल्म राजकपूर और वहीदा रहमान अभिनीत फिल्म 'तीसरी कसम' को माना जा सकता है। बाद के बरसों में महमूद प्रोडक्शन की फिल्म 'बॉम्बे टू गोवा' भी इस जेनर की बहुत ही महत्त्वपूर्ण फिल्म है। बॉलीवुड में रोड मूवीज का चलन मुख्यतया नब्बे के दशक के बाद शुरू हुआ और सन् 2000 के दशक में इसमें और गति आई। राम गोपाल वर्मा की निर्देशित, मनोज वाजपेयी, विवेक ओबेराय एवं अन्तरा माली अभिनीत 'रोड' मूवी सही मायनों में इस जेनर की प्रतिनिधि फिल्म है। 'चलो दिल्ली', 'NH10', 'बाइपास', 'रोडट्रिप', 'ट्रैफिक', 'हनीमून ट्रैवल्स प्राइवेट लिमिटेड', 'नौ दो ग्यारह' इस श्रेणी की कुछ बेहतरीन और सफल फिल्में रही हैं

प्रमुख ट्रेवल/रोड मूवीज

'तीसरी कसम' (1966), 'बॉम्बे टू गोवा' (1972), 'आदमी सड़क का' (1977), 'नमकीन' (1982), 'सड़क' (1991), 'दिल है कि मानता नहीं' (1991), 'दिलवाले दुल्हनिया ले जाएँगे' (1995), 'गदर : एक प्रेम कथा' (2001), 'दिल चाहता है' (2001), 'रोड' (2002), 'स्वदेस' (2004), 'हम तुम' (2004), 'धूम' (2004), 'काबुल एक्सप्रेस' (2006), 'टैक्सी नम्बर 9211' (2006), 'हनीमून ट्रवेल्स प्राइवेट लिमिटेड' (2007), 'जब वी मेट' (2007), 'बॉम्बे टू गोवा' (2007), '3 इडियट्स' (2009), 'रोड मूवी' (2009), 'अनजाना-अनजानी' (2010), 'जिन्दगी नहीं मिलेगी दुबारा' (2011), 'चलो दिल्ली' (2011), 'बर्फ़ी'(2012), 'क्वीन' (2013), 'लंदन पेरिस न्यू यॉर्क' (2012), 'चेन्नई एक्सप्रेस' (2013), 'ये जवानी है दीवानी' (2013), 'हाइवे' (2014), 'फाइंडिंग फैनी' (2014), 'तमाशा' (2015), 'दिल धड़कने दो' (2015), 'एन एच 10' (2015), 'बजरंगी भाईजान' (2015), 'पीकू' (2015), 'धनक' (2015), 'द रोड ट्रिप' (2016), 'जब हैरी मेट सेजल' (2017), 'करीब करीब सिंगल' (2017), 'जग्गा जासूस' (2017),

घटनाएँ होती हैं, यात्रियों के बीच वाद-विवाद होते हैं, बस खराब भी होती है, इस फिल्म में कुछ जानवर भी हैं जैसे कि मुर्गी और कोबरा साँप जो हास्य क्रिएट करने में परिस्थितियों की मदद करते हैं। इस फिल्म में युवा लड़के-लड़कियाँ हैं, जादूगर भी हैं, सँपेरे भी हैं, चोर लुटेरे लम्पट और दिलफेंक सभी हैं। गीत गाने के अपने खास अन्दाज के लिए प्रख्यात गायक किशोर कुमार भी हैं। कंडक्टर और ड्राइवर भी बहुत मजेदार हैं, जब भी बस यात्री किसी मुद्दे पर आपस में झगड़कर शोरगुल हंगामा कर रहे होते हैं तो कंडक्टर और ड्राइवर बाहर निकलकर ताश की पत्ती खेलकर अपना समय काटते हैं और जब देखते हैं शोरगुल कम हो गया है तो वापस आकर बस को आगे ले जाने का काम करते हैं।

'रोड' (2002) रामगोपाल वर्मा निर्मित और रजत मुखर्जी निर्देशित एक रोड थ्रिलर फिल्म है जिसमें मनोज वाजपेयी, विवेक ओबेराय, राजपाल यादव और अन्तरा माली ने काम किया है। इस फिल्म की खासियत है कि यह नाम के अनुरूप सड़क पर ही चलती है और शुरू से अन्त तक विषय पर केन्द्रित रहते हुए दर्शकों को बाँधे रहती है। इस फिल्म का मोरल ऑफ द स्टोरी है कि किसी पर भरोसा मत करना। आप सड़क से फैमिली के साथ जा रहे हैं और रास्ते में किसी नौजवान को पैदल जाता देख लिफ्ट माँगने पर उसकी बातों के प्रभाव में आ जाते हैं और बाद में आपको मुसीबतों का सामना करना पड़ता है। राजस्थान के रेगिस्तान (जोधपुर) में सुनसान लम्बी सड़क पर आप किसी अनजान आदमी को लिफ्ट क्यों देते हैं। प्यार करने वाला एक लड़का और लड़की बिना माँ-बाप को बताए टाटा सफारी गाड़ी से दिल्ली से राजस्थान की तरफ घूमने निकल पड़ते हैं। वे एक साथ रोमांस विद रोड, रोमांस विद लाइफ और रोमांस विद कार करते दिखाई देते हैं। अनजान आदमी गुंडा बाबू कबाब में हड्डी बनकर आता है और दोनों के रोमांस में अपने रोमांस का तड़का डालकर खूब परेशान करता है। मुश्किल में फँसने पर ट्रक ड्राइवर लड़के अरविन्द (विवेक ओबेराय) की मदद करता है ताकि वह अपनी गर्लफ्रेंड लक्ष्मी (अन्तरा माली) को गुंडे बाबू के चंगुल से छुड़ा सके। पुलिस का ढुलमुल रवैया, पीड़ित को ही अपराधी समझने की थ्योरी भी दर्शकों के सामने आती है।

'चलो दिल्ली' (2011) "इसमें कौन सी बड़ी बात है जी" का जुमला हर बड़ी बात या घटना के समय बोलने वाला विनय पाठक (मनु गुप्ता) अपनी सहयात्री लारा दत्ता (मिहिका बनर्जी) का पूरे सफर में मनोरंजन और मदद करता है। यह फिल्म स्टीव मार्टिन की रोड फिल्म प्लेन्स, ट्रेंस एंड ऑटोमोबाइल्स (Planes, Trains and Automobiles 1987) पर आधारित है। मिहिका एक बैंकर है और मुम्बई में रहती है उसे दिल्ली अपने पति कर्नल विक्रम राणा (अक्षय कुमार) से मिलने जाना है। लेकिन उसकी फ्लाइट छूट जाती है। वह संयोग से मनु गुप्ता (विनय पाठक) से मिलती है और वे दोनों कभी रोड तो कभी ट्रेन से भारत के विविधतापूर्ण गाँवों

और शहरों से होते हुए अपनी दूरी तय करते हैं। रास्ते की मुश्किलों, हास्य के पलों के बीच मिहिका और मनु किस तरह इस यात्रा को तय करते हैं, यह निश्चित ही देखने लायक है। भारत में आप बस या ट्रेन से यात्रा कर रहे हैं तो किसी राह में किसी मोड़ पर आपकी जेब कट सकती है, इसी दर्शन के अनुसार ट्रेन का टिकट लेते समय राजस्थान के झुँझुनू स्टेशन पर मिहिका की जेब कट जाती है और उसे बड़ी मुश्किल से मनु के साथ दिल्ली पहुँचना होता है।

इरफान खान और नवाजुद्दीन सिद्दीकी अभिनीत 'बाइपास' (2003) के पहले ही दृश्य में हम देखते हैं कि एक नवविवाहित जोड़ा कार से शहर के बाइपास से होकर गुजरता है। रेगिस्तान में रेत के पहाड़ पर बैठा हुआ गूँगा आदमी चिल्लाता है और अपने दोस्त को बताता है कि एक गाड़ी आ रही है। उसका दोस्त गाड़ी पर निशाना लगाकर एक बड़ा सा पत्थर फेंकता है जिससे गाड़ी का एक्सीडेंट होता है। ड्राइवर पति और उसकी पत्नी दोनों बेहोशी की हालत में होते हैं। दोनों लुटेरे उनकी सारा कीमती सामान लूट लेते हैं। लड़के के हाथ में पहनी हुई घड़ी जब आसानी से नहीं निकलती तो नवाजुद्दीन का चरित्र अपनी कुल्हाड़ी से कलाई काटकर घड़ी निकालता है जैसे उसके लिए यह एक बहुत साधारण सी बात हो। उसका साथी घायल पड़ी महिला के गाल को बुरी नीयत से सहलाता है, वह कुछ बोल नहीं पाती, मदद के लिए इशारे करती है लेकिन वे दोनों कीमती सामान और जेवरात लूटकर चले जाते हैं। उस सड़क पर गस्त में लगा पुलिसवाला (इरफान) अपनी मोटरसाइकिल पास के ढाबे पर रोककर एक्सीडेंट वाली कार के बारे में पूछताछ करता है और उन दोनों बदमाशों को पकड़ने की कोशिश करता है लेकिन गूँगा अपराधी सिर पर पीछे से पत्थर मारकर उसे जमीन पर गिरा देता है और पत्थर से कुचलकर बेरहमी से उसकी हत्या कर देता है। घटना के बाद में वे दोनों बाइपास से गुजरने वाले एक ट्रक पर सवार होकर उसे लूटने के जुगाड़ में लग जाते हैं लेकिन ट्रक में बैठी महिला बाँके से मारकर पहले गूँगे आदमी को और फिर उसके साथी (नवाजुद्दीन) को नीचे गिरा देती है। राहगीरों को लूटने और बेरहमी से हत्या करने वाले दोनों निर्दयी अपराधी बेमौत मार दिए जाते हैं और जैसी करनी-वैसी भरनी की कहावत को चरितार्थ करते हैं।

शहर की भीड़ और जाम से बचने के लिए तथा यात्रा में लगने वाले समय को कम करने के लिए सरकारों ने शहरों के किनारे बाइपास बनाए। इन बाइपास पर दूर-दूर तक गाड़ियाँ दिखाई नहीं देती हैं क्योंकि लोग बहुत तेजी से आगे भागते हैं जैसे वे रेस अगेंस्ट टाइम की होड़ में लगे हों। इस बाइपास वाली रेस के कारण दो मुश्किलें पैदा हुईं—पहला तेज गति से होने वाली भयानक दुर्घटना, जिसमें तमाम लोग अपनी जान गँवाते हैं, दूसरा निर्जन बाइपास पर गाड़ी खराब होने पर सहायता ना मिलना और लूट और रेप जैसी दर्दनाक घटनाओं का बढ़ जाना। नवाजुद्दीन और

उसका गूँगा साथी लूट और हिंसा के साथ महिलाओं से बदतमीजी और छेड़खानी और रेप की कोशिश करते हैं। इस फिल्म में कैमरा सब कुछ बोलता है और कैमरे के एंगल से दर्शक पूरी कहानी को देखते-समझते हैं। इस साइलेंट फिल्म में जिसकी आवाज सबसे लाउड है वह गूँगा व्यक्ति क्रूर और निर्दयी अपराधी है और हत्यारा है। वह किसी को भी बिना किसी हिचक के जान से मार सकता है। पत्थर से कूचकर, चाकू से गोद कर किसी भी तरीके से वह हत्या और लूट करने का अभ्यस्त जान पड़ता है। वैसे तो नवाजुद्दीन और उसका साथी दोनों ही बहुत जघन्य हत्यारे किस्म के लोग हैं। गूँगे अपराधी की दिव्यांगता पर दर्शक को सहानुभूति नहीं होती बल्कि क्रोध, घृणा और जुगुप्सा होती है। वह निर्दोष लोगों का शिकार करने वाला हिंसक जानवर प्रतीत होता है। बाइपास या एक्सप्रेसवे से गुजरते वक्त हमें ऐसे तत्त्वों से विशेष सावधानी रखनी होती है।

'द रोड ट्रिप' (2016) मशहूर अभिनेत्री निमरत कौर की शॉर्ट फिल्म है। फिल्म के शुरुआती दृश्य में एक कार सड़क किनारे खड़ी है जो शायद खराब है। दो व्यक्ति जो पति पत्नी है, बातचीत कर रहे हैं। वे शादी के पहले महिला और पुरुष मित्रों से करीबी को लेकर लड़ते भी हैं। कुछ मिनट में ही हम उनके वापसी वार्तालाप से आज के युवा दम्पतियों के बिना मुद्दे के झगड़ों को देखते हैं। एक दूसरे का फोन चैट पढ़ना, शक करना और भी बहुत कुछ। वे इस बात पर पछताते हैं कि उस टर्न पर हमें स्पीड कम रखनी थी। तब तक सड़क के दूसरी तरफ से एम्बुलेंस और दूसरी गाड़ियाँ आती दिखती हैं और वे दोनों कहते हैं "अरे, देखो वे लोग आ गए, हमें चलना होगा।" वे दोनों एक दूसरे के गले लग जाते हैं तब दर्शक चौंकते हैं। अब तक जो पति पत्नी बातचीत कर रहे थे उनकी मृत देह जमीन पर पड़ी है। अस्पताल से आए लोग स्ट्रेचर पर उन्हें डालकर अपने साथ ले जाते हैं और फिल्म समाप्त हो जाती है। सड़क पर गाड़ी की स्पीड, किसी मोड़ पर गाड़ी ओवरटेक करना, सड़क किनारे खड़ी गाड़ी में पीछे से टक्कर मारना यह सब हमारी असावधानी से होता है। शार्ट फिल्में अपने छोटे कलेवर में भी बहुत कुछ कह जाती हैं।

'बारात' (2022) चन्द्रकान्ता धारावाहिक फेम अखिलेन्द्र मिश्रा की शॉर्ट फिल्म है। फिल्म के प्रारम्भिक दृश्य में वे एक ठेले पर बड़े प्रेम से पानी पुरी खा रहे हैं और आनन्दित हो रहे हैं। वहीं पर कुछ लड़कियाँ स्कूल से लौटकर पानी पुरी खा रही हैं और पुल पर इसी बारात और बस के बीच एक्सीडेंट होने की बात कर रही हैं जिस पर अखिलेन्द्र मिश्रा बिल्कुल ध्यान नहीं दे रहे। पानी पूरी खाने के बाद वह अपने स्कूटर से घर की तरफ चल पड़ते हैं। रास्ते में छोटा सा जंगल पड़ता है। कुछ दूरी चलने पर वह रास्ते में पड़ा हुआ नोट देखते हैं और उसे उठाने के लिए जाते हैं। चारों तरफ देखते हैं कि कोई उन्हें देख तो नहीं रहा और नोट को उठाकर आगे की जेब में रख लेते हैं। जब वे नोट उठाते हैं तो पीछे से बैंड बाजे

की आवाज आती है और ऊपर से एक चिड़िया के लगातार बोलने की आवाज आती है फिर थोड़ी दूर आगे बढ़ने पर तीन या चार बार ऐसा होता है। गिरे हुए नोट देखते हैं और रोड पर जितनी बार उठाकर अपनी जेब में रखते हैं उतनी बार पीछे से बैंड बाजे की आवाज सुनाई देती है पर दिखाई कोई नहीं देता और चिड़िया भी ऊपर से लगातार बोलती हुई सुनाई पड़ती है। कभी-कभी ऐसा लगता है कि शायद ऊपर बोलती हुई चिड़िया ने ये नोट कहीं से उठा लिया हो और रास्ते में उसने बिखेर दिया हो। कभी ऐसा लगता है कि शायद कोई बारात इधर से गुजरी हो और नोट न्योछावर में बिखेरा और लुटाया गया हो। नोट उठाने के दौरान अखिलेन्द्र मिश्रा की बेटी का फोन आता है कि वह घर लौटते हुए आइसक्रीम लेते आए। नौकरी से घर लौटता हुआ आदमी शाम को देर होने पर अपने स्कूटर की स्पीड को उसकी क्षमता से बहुत तेज बढ़ा देता है और अचानक एक्सीडेंट का शिकार हो जाता है। थोड़ी देर बाद हम उसे जागते हुए देखते हैं। उसकी नींद खुलती है जब पीछे बैंड बाजा और बारात आती हुई दिखाई देती है लेकिन सच कुछ और होता है। दुर्घटना के बाद मृत्यु का शिकार हुआ व्यक्ति उस बारात को देखता है जिसमें रोड एक्सीडेंट में मरने वाले तमाम व्यक्तियों का हुजूम बैंड बाजे के साथ निकला हुआ है। शायद फिल्म यह मैसेज देना चाहती है कि हम थोड़े से लालच और लापरवाही के नाते सड़क पर असावधानी से चलते हैं और असमय काल के गाल में समा जाते हैं और घर पर इन्तजार कर रहे हमारे परिवार तक नहीं पहुँच पाते।

'हाइवे' (2014) सही मायनों में एक रोड मूवी है। इम्तियाज अली की इस फिल्म में एक दर्शन भी है कि जिस घर को हम अपने और अपने बच्चों के लिए सुरक्षित समझते हैं वे रिश्तों और दीवारों की आड़ में हमारे बच्चों के लिए कब असुरक्षित हो जाते हैं हमें पता ही नहीं चलता और जिस अनजान सड़क को और किसी ट्रक ड्राइवर जैसे अपहरणकर्ता को खतरनाक समझते हैं और परेशान होते हैं वे हमारे लिए या बच्चों के लिए कितने प्रेम और मानवीयता से भरपूर हो सकते हैं। हम एक बने-बनाए साँचे और ढाँचे के अनुसार सोचते और व्यवहार करते हैं; जबकि दुनिया समय और परिस्थितियाँ बहुत ही परिवर्तनशील और विविधतापूर्ण हैं। वे हमें अपने पूर्वाग्रहों से बाहर आकर सोचने का आमंत्रण देती हैं अब ये हमारे ऊपर है कि हम उन्हें मानें या अस्वीकार करें। फिल्म का ट्रक ड्राइवर (रणदीप हुड्डा) अपहरण की गई लड़की (आलिया भट्ट) को लेकर दिल्ली, पंजाब, हरियाणा, राजस्थान और हिमाचल प्रदेश के खूबसूरत लोकेशंस पर जाता है। घर से बाहर की सड़क और दुनिया में एक लड़की अपनी जीने की आजादी और जीवन के नए अर्थ और आयाम खोज पाती है। 'दिल है कि मानता नहीं' आलिया की बड़ी बहन पूजा भट्ट की फिल्म है जो घर से भागने और सड़क पर घटने वाली घटनाओं को समेटकर बनाई गई फिल्म थी। 'हाइवे' उसी की सीक्वल प्रतीत होती है।

'पीकू' (2015) पिता-पुत्री के बीच उलझे हुए लेकिन खूबसूरत रिश्ते को परदे पर दिखाती हुई फिल्म है। वे कार से दिल्ली से बनारस होते हुए कोलकाता जाते हैं। इरफान खान (राणा चौधरी), दीपिका पादुकोण (पीकू बनर्जी)और अमिताभ बच्चन (भास्कर बनर्जी) और छवि मौसी (मौसमी चटर्जी) की शानदार अदाकारी से सजी यह फिल्म यह सन्देश देती है कि आदमी अपने जीवन के अन्तिम समय में सुकून से अपने घर में मरना चाहता है जहाँ उसका समय अपने परिवार के सदस्यों, रिश्तेदारों के साथ सुख-दुख में साथ रहते लड़ते-झगड़ते प्यार करते बीता है। तभी तो गुलजार साहब कोरोना काल पर बनी फिल्म '1232 किमी' के गाने में लिखते हैं 'मरेंगे तो वहीं जाकर जहाँ जिन्दगी है...'। उभरते हुए गीतकार डॉ. सागर ने भी अनुभव सिन्हा की फिल्म 'भीड़' (2023) के गीत 'चल उड़ चल सुगना गउँवा के ओर जहाँ माटी में सोना हेराइल बा...' में इसी भावना को आवाज देते दिखाई पड़ते हैं। पीकू के भास्कर बनर्जी कॅन्सटीपेशन के मरीज हैं, वे आसानी से फ्रेश नहीं हो पाते इसलिए वे हवाई जहाज, ट्रेन से दिल्ली से कोलकाता जाना पसन्द नहीं करते। उन्हें बाइ रोड ही जाना है ताकि वे अपनी मर्जी से चल और रुक सकें। इन्हीं परिस्थितियों के बीच रोड एक पात्र की तरह हमारे सामने आता है।

निष्कर्ष

सन् 1960 के दशक में अमेरिका और यूरोप में रोड फिल्में बननी आरम्भ हुईं। भारत में उसी समय 'तीसरी कसम' जैसी रोड फिल्म बनी। 'बॉम्बे टू गोवा', 'टैक्सी ड्राइवर' और 'नया दौर' जैसी हिन्दी फिल्मों में भी कभी कार तो कभी बैलगाड़ी या घोड़ागाड़ी के माध्यम से रोड फिल्मों के विषय-वस्तु के केन्द्र में आया लेकिन सही मायनों में सन् 1990 के दशक में आई सुपरहिट फिल्म 'दिलवाले दुल्हनिया ले जाएँगे' (1995) में पहली बार ब्रिटेन के साथ यूरोप के कई देशों की सड़क और ट्रेन से यात्रा को कहानी का हिस्सा बनाया गया जो बाद में पंजाब के ग्रीनफील्ड तक आती है। इक्कीसवीं सदी में रोड मूवी जेनर की फिल्मों को बनाने और देखने का चलन बढ़ा। सन् 2020 में आई कोरोना महामारी के दौरान हुए भारत बन्द ने मजदूरों, विद्यार्थियों और कमजोर वर्ग के प्रवासियों को अपने गाँवों घरों को लौटने को मजबूर कर दिया। इस यात्रा में बहुत से निर्दोष लोगों ने जान गँवाई। कुछ लोग अनगिनत मुश्किलों को झेलते हुए अपने घर तक पहुँच पाए। इन अनुभवों को समेटते हुए 'इंडिया 1232 किमी' (2021), 'इंडिया लॉकडाउन' (2022), और 'भीड़' (2023) फिल्में बनी जिन्होंने दिखाया कि किस तरह सन् 1947 के भारत-पाकिस्तान बँटवारे के बाद इतनी बड़ी संख्या में लोग सड़कों पर आने को मजबूर हुए ताकि वे अपने घरों को पहुँच सकें।

सड़क और हाइवे के दूसरे पहलू को देखें तो आजकल 4 लेन और 8 लेन हाइवे और एक्सप्रेसवे बनाने का जमाना आ गया है। दुर्गम पहाड़ों के अन्तिम बिन्दु तक आल वेदर रोड बनाने के काम लगातार चल रहे हैं। तेज गति वाली सड़कों के जाल को तेज विकास की पहली शर्त मान लिया गया है। लम्बी दूरी की चौड़ी सड़कें बनने से कृषि जोत कम होने, पेड़ों और जंगलों के कटने, भारी मात्रा में मिट्टी की माँग बढ़ने से पर्यावरणीय असन्तुलन की स्थितियाँ पैदा हो रही हैं। आरसीसी या डामर रोड के निर्माण में हजारों लाखों कुन्तल पत्थर, पानी, सीमेंट, तारकोल आदि की खपत होती है। ऐसा डर लगता है कि इतनी सड़कें बनाने और उनको मेंटेन करने के लिए सारे ऊँचे पहाड़ एक दिन समाप्त हो जाएँगे और धरती समतल हो जाएगी, फिर मानसून, वर्षा, जंगल और नदियों का क्या होगा, धरती पर जीवन का क्या होगा, फिल्में क्या सड़क से जुड़े इन मुद्दों को अपना विषय बनाकर आने वाले खतरों के प्रति आगाह कर पाएँगी, ये कई गम्भीर सवाल हमारे सामने खड़े हैं।

आयरमन और लोफग्रेन रोड मूवीज के बारे में निष्कर्ष के रूप में लिखते हैं—

> The road movie is a genre tailored for tales and times of crisis- for downward as well as upward mobility-weather they be individual or collective. This together with the capacity for producing a nostalgia for tomorrow, for romancing the open road form the essential part of the genre's seemingly universal appeal. (1995:77)

दुनिया भर में रोड मूवीज के प्रति आकर्षण और लोकप्रियता बढ़ रही है। विषय-वस्तु की विविधता और सड़क का प्रयोग करने वाले, उससे लाभ या नुकसान उठाने वाले समाज के विभिन्न वर्गों, सड़क से जुड़ी समस्याओं को केन्द्र में रखकर संवेदनशील फिल्में बनाने और कहानी कहने के लिए अभी एक विशाल क्षेत्र अछूता पड़ा है। गरीबों और महिलाओं के लिए सड़कें सुरक्षित हों, उनके मुद्दों को केन्द्र में लाकर फिल्में बनें यह बहुत आवश्यक है क्योंकि फिल्मी सड़कों पर अब तक अमीर और उनकी सफारी (रोड), इनोवा (पीकू)से लेकर फोरचुनर (एनएच 10) तक महँगी गाड़ियाँ स्टाइल मारते हुए दिखाई गई हैं। इसके आगे जहाँ और भी हैं और अन्य वर्गों के लोगों के लिए भी हैं।

सन्दर्भ ग्रंथ सूची

अग्रवाल, बी. (2001) *इंडियन डायस्पोरा,* वर्ल्ड फोकस 22 (3) : 3-5।

अग्रवाल, प्रह्लाद (2007) *राजकपूर : आधी हकीकत आधा फसाना,* राजकमल प्रकाशन नई दिल्ली।

अजय के. चौबे एंड ए.आई. देवासुन्दरम (2017), *साउथ एशियन डाएस्पोरिक सिनेमा एंड थिएटर,* रावत पब्लिकेशन, नई दिल्ली।

अली, शहजाद एंड अदर्स (2012) *पोटरियल ऑफ मुस्लिम्स कैरेक्टर्स इन द इंडियन मूवीज, इन पाकिस्तान जर्नल ऑफ हिस्ट्री एंड कल्चर,* वॉल्यूम. 33, नम्बर 1।

अली, सुमैया (2021) *तालिबान, चीन व पाकिस्तान की जुगलबन्दी और भारत इन मिशन,* जनमत मासिक पत्रिका, अंक 5, अगस्त 2021।

अनुपम, विनोद (2022) *अधकचरी है फिल्मी कचहरी, झंकार, दैनिक जागरण,* 6 नवम्बर, 2022, लखनऊ।

अहमद, हिलाल (2017) *इंडियन ऑर मुस्लिम? ह्वाइ डिस बाइनरी नीड्स टू बी डन अवे विद,* डब्लूडब्लूडब्लू.द.क्विंट.कॉम।

अंजलि गेरा रॉय (2012), *द मैजिक ऑफ बॉलीवुड,* सेज पब्लिकेशन, दिल्ली।

अनन्त, अभिमन्यु (2010) *लाल पसीना,* राजकमल प्रकाशन, नई दिल्ली।

अरांगो, टिम (2008) *हेल्पिंग वार विडोस ऑन रोड अहेड, इन द न्यूयॉर्क टाइम्स,* 24 अगस्त, 2008।

आयदिन, यासर (2011) द *जर्मनी तुर्की माइग्रैशन कॉरिडर : रिफिटिंग पॉलिसीज फॉर ए ट्रांस नैशनल एज,* माइग्रैशनपॉलिसी.कॉम।

आयर मैन, रॉन एंड लॉफग्रेन ऑरवार (1995) *रोमानसिंग द रोड : रोड मूवीज एंड इमेजस ऑफ मोबिलिटी, इन थ्योरी कल्चर एंड सोसाइटी,* सेज पब्लिकेशन्स, 1 फरवरी, 1995।

बागची संजीत (2005) *फिल्ममेकर फोकसेज ऑन फीमेल इन्फेंटीसाइड : मातृभूमि इमेजिनस अ वोमेनलेस वर्ल्ड, ब्रिटिश मेडिकल जर्नल,* जुलाई 2, 331 (7507) : 56।

बामजाई, कावेरी (2006) *बॉलीवुड टुडे,* रोली बुक्स नई दिल्ली।

बनर्जी, स्नेहा (2024) *ऑन सरोगेसी, इंडियन लॉ गोज ए स्टेप फर्दर बट नॉट फार एनफ, इंडियन एक्सप्रेस.कॉम,* 29 फरवरी, 2024।

बावा, राकेश (2018) *पोर्ट्रेऐल ऑफ वुमन इन द सिनेमा ऑफ राज कपूर: ए केस स्टडी ऑफ सत्यम शिवम सुन्दरम,* प्रेमरोग एंड राम तेरी गंगा मैली इन इंटरनेशनल जर्नल ऑफ रिसर्च,

एचटीटीपीएस://एडुपीडिया पब्लिकेशन्स.ओआरजी/जर्नल्स।

बरगहन, डेनियला (2006) *नो प्लेस लाइक होम? ऑर इम्पॉसिबल होमकमिंगस इन द फिल्म्स ऑफ फ़ातिह अकिन, न्यू सिनेमास : जर्नल ऑफ कॉनटेंपररी फिल्म*, वॉल्यूम. 4, नम्बर 3।

बर्न्स रोब (2013) *फ्राम माइग्रैशन टू मैनस्ट्रीम: थर्टी ईयर्स ऑफ टर्कीश-जर्मन सिनेमा*, एचटीटीपीएस.//वारविक.एसी.यूके।

बिसारिया, पुनीत (2013) *भारतीय सिनेमा का सफरनामा*, अटलांटिक पब्लिशर्स, भारत।

बसु, मोहर (2015) आयुष्मान खुराना : *आई वाज प्लेइंग सेफ बाइ टेकिंग अप कन्वेन्शनल फिल्म्स, इन टाइम्स ऑफइंडिया.कॉम* ऑन 27 जनवरी, 2015।

बायराकतार, निलगुन (2016) *मोबिलिटी एंड माइग्रैशन इन फिल्म एंड मूविंग-इमेज आर्ट: सिनेमा बिऑंड यूरोप*, राउटलेज पब्लिकेशन, लंदन।

बोस, मिहिर (2006) *बॉलीवुड : अ हिस्ट्री*, रोली बुक्स प्राइवेट लिमिटेड, नई दिल्ली।

भौमिक, इरा (2023) द *इम्पैक्ट ऑफ ओटीटी प्लेटफार्मस ऑन इंडियन सिनेमा, मीडिअम.कॉम*, 25 सितम्बर, 2023।

ब्रैडशॉ, पीटर (2014) *हवेन आई सा यू रिव्यू-पॉइगनेंट पैलेस्टीनियन रिफ्यूजी ड्रामा*, एचटीटीपी *एस://*डब्लू डब्लू डब्लू.द गार्डीअन.कॉम ऑन 05 जून, 2014।

ब्रोसियस क्रिश्चियन एंड याजगी निकोलस (2007) *इज देयर नो प्लेस लाइक होम? कॉनटेस्टिंग सिनेमॅटोग्राफिक कन्स्ट्रक्शनस ऑफ इंडियन डायसपोरिक एक्सपीरीएन्सिज, कंट्रीब्यूसन्स टू इंडियन सोसियोलाजी* 41 (3): 355-386।

चड्ढा, मनमोहन (2021) *सिनेमा से संवाद*, समय साक्ष्य प्रकाशन, देहरादून।

चेंग, कृस्टी (2021) एजेंसी, *प्रिकेरिटी एंड रिकगनीशन : रिफ्रेमिंग साउथ ईस्ट एशियन फीमेल माइग्रंट वर्कर्स ऑन स्क्रीन, साउथ ईस्ट एशिया रिसर्च* वॉल्यूम 29, 2021, इसु 2।

चौधरी, ज्योति (2019) *कॉनसिकुएसेज ऑफ सरोगेसी ऑन सरोगेटस इन इंडिया*, वॉल.49, नम्बर 2 (जुलाई-दिसम्बर 2019) पीपी 91-106, इंडियन ऐन्थ्रपालजिस्ट।

चक्रवर्ती, सुमिता एस. (1993) *नैशनल आइडेंटिटी इन इंडियन पापुलर सिनेमा 1947-1978*' यूनिवर्सिटी ऑफ टेक्सास प्रेस, आस्टिन।

चावला, अंजली (2023) 30 *बॉलीवुड ट्रैवल मूवीज दैट विल गिव यू सीरीअस ट्रैवल गोल्स*, ट्रैवलमेलोड़िज.कॉम

छिना, मान अमन सिंह (2021) *टू इयर्स आफ्टर ऑफिसर किल्ल्ड इन एंटी-टेरर ऑपरेशन, वाइफ जॉइन्स आर्मी, इंडियन एक्सप्रेस*, मई 30, 2021।

चोपड़ा, अनुपम (2003) *दिलवाले दुल्हनिया ले जाएँगे, द ब्रैवहेरटेड विल टेक द ब्राइड*, बी.एफ. आई. पब्लिशिंग लंदन।

चट्टोपाध्याय, सोहिनी (2019) *हाऊ हिन्दी सिनेमा टॉट ए मेडिकल रिपोर्टर टू सी डॉक्टर्स विदाउट देअर हालोस*, द.हिन्दू.कॉम, 22 जून 2019।

चटर्जी, गायत्री (2002) *मदर इंडिया*, बीएफएल, लंदन।

चैटर्जी, पार्थ (2009) *वाटर एज ए मेटाफर इन इंडियन सिनेमा, इन वाटर : कल्चर पॉलिटिक्स एंडमैनेजमेंट,* इंडिया इंटरनेशनल सेंटर, न्यू दिल्ली।

चटर्जी, शोमा (2019) *डिवोर्स इन हिन्दी सिनेमा फेवर्ड द मैन अलवेज, अनटिल रिसेंट मूवीज चैन्ज्ड दिस नेरटिव,* मार्च 18, 2009।

दासगुप्ता, सतरूपा (2007) *मातृभूमि : जेंडर वायलेंस एंड द मदरलैंड, एशियन सिनेमा वॉल्यूम* 18(2):180-196।

दत्त, कुणाल (2017) *बिहार लेबर्स स्टोरी टोल्ड थ्रू एनीमेंशन,* पीटीआई, जून 13, 2017।

देसाई किश्वर (2009) *डार्लिंगजी : नरगिस और सुनील दत्त की अनूठी प्रेम कहानी,* हार्पर कालिन्स इंडिया पब्लिशर्स, नोएडा उत्तर प्रदेश।

देशपांडे, अनिरुद्ध (2007) *इंडियन सिनेमा एंड द बुर्जुवाजी नेशन स्टेट, इकनॉमिक एंड पोलिटिकल वीकली,* पेज 95- 103।

देवासुन्दरम, अश्विनी (2020) *सब अलटर्न्स एंड द सिटी: दुबई एज क्रॉस-कल्चरल करावनसेराई इन सिटी ऑफ लाइफ एंड पिंकी मेमसाब,* ट्रांसनेशनल स्क्रीन्स, वॉल्यूम11, इसु 3।

दुबे, शशांक (2018) *हिन्दी सिनेमा का कारवाँ,* संवाद प्रकाशन, मुम्बई, मेरठ।

दुदराह, रजिन्दर कुमार (2006) *सोसीओलॉजी गोज टू द मूवीज, सेज पब्लिकैशन,* नई दिल्ली।

डायर, राचेल & दिव्या पटेल (2000) *सिनेमा इंडिया : द विजुअल कल्चर ऑफ हिन्दी,* रटजर यूनिवर्सिटी प्रेस, न्यू ब्रूनस्वीक, एन. जे.।

डायर राचेल (2013) *फायर एंड रेन, द ट्रैम्प एंड द ट्रिक्स्टर : रोमांस एंड द फॅमिली इन द ईर्ली फिल्म्स ऑफ राजकपूर।*

एम्मा इसरायल एंड जीन बाटालोवा (2020) *मेक्सिकन इमिग्रांटस इन द यूनाइटेड स्टेट्स,* एचटीटीपीएस//लॉ प्रोफेसर्स.टाइपपैड, 2 दिसम्बर, 2020।

फ्लैटेन, लर्स टोर (2012) *हिन्दू नेशनलिस्ट कन्सेप्ट ऑफ हिस्ट्री: कॉन्सट्रक्टिंग ए हिन्दू मुस्लिम डाइकाटमी, इन साउथ एशिया: जर्नल ऑफ साउथ एशियन स्टडीज,* रटलेज, लंदन।

फोनसेका, मबेल (1980) *फॅमिली एंड मेरिज इन इंडिया,* सचिन पब्लिकेशन्स, जयपुर।

कुप्पुस्वामी (1957) *ए स्टडी ऑफ ओपीनिऑन रिगार्डिनग मेरिजएंड डिवोर्स,* एशिया पब्लिशिंग हाउस, बॉम्बे।

फ्रनकाइस (2015) *वर्ल्डवाइड डिसप्लेसमेंट हिट्स आल-टाइम हाई एज वार एंड पर्सक्यूशन इंक्रीज,* यूएनएचसीआर.ओआरजी, 18 जून, 2015।

फुको, माईकल (1977) *डिसप्लिन एंड पनिश: द बर्थ ऑफ द प्रिजन,* विंटिज बुक्स।

घोष, भानुप्रिया एंड सरकार, भास्कर (1995) *द सिनेमा ऑफ डिसप्लेसमेंट: टूवर्ड्स ए पॉलिटिकली मोटिवेटेड पोएटिक्स,* इन फिल्म कृटिसिज़्म फाल//विंटर 1995-96, वॉल्यूम 20, नम्बर.½ *स्पेशल डबल इशू ऑन न्यू फिल्म थ्योरी,* पेज 102-113।

गुरनाह, अब्दुलरजाक (1994) *पैरडाइज,* द न्यू प्रेस, न्यू यॉर्क।

गारफिनक्ल, एच. (1984) *स्टडीज इन एथनोमेथड़ोलॉजी,* पालिटी प्रेस, कैम्ब्रिज।

गर्जा, अरमिडा डे ला (2009) *चिकानो आइडेंटिटी एंड डिस्कोरस ऑफ सप्लीमेंटरिटी ऑन मेक्सिकन सिनेमा : फ्राम द मैन विदाउट ए फाईदरलैंड* (कोंटरेरस टोरेस, 1922) टू 'अंडर द सेम मून' (रिगेन 2008), इन डियलॉगोस लटीनोंअमेरिकनोस, अरहोस यूनिवेरसीटेट, डिनामार्का।

गोस्वामी, दर्शना (2020) शबाना आजमी, *फिल्म्स क्रिटिक सर्किल ऑफ इंडिया,* कोचीन।

गोयल, श्रेयश (2019) *आवारा* (1951) रिव्यू : मैन इज ए प्रोडक्ट ऑफ हिज एनवायरनमेंट इन डब्लूडब्लूडब्लू.हाईऑनफिल्म्स.कॉम, 28 जनवरी, 2019।

गुहा, रामचन्द्र (2016) *एनविरोनमेंटलिस्म : ए ग्लोबल हिस्ट्री,* पेंग्विन रैंडम हाउस इंडिया, नई दिल्ली।

गुहा रामचन्द्र (1998) सोशल ईकालजी, ऑक्सफोर्ड यूनिवर्सिटी प्रेस, नई दिल्ली।

गुनेली, बर्ना (2011) *रिमिक्सिंग फिल्म हिस्ट्रिज : फ़ातिह अकिन एंड द क्रिएशन ऑफ ए ट्रांस नैशनल फिल्म हिस्ट्री,* वॉल्यूम 44, नम्बर4, थेमेनहेफ्ट ट्रांस नैशनल हिस्टोरीज।

गुनेली, बर्ना (2019) *फ़ातिह अकिन 'स सिनेमा एंड द न्यू साउंड ऑफ यूरोप,* इंडियाना यूनिवर्सिटी प्रेस, अमेरिका।

गुरु दत्त, *इंडिया 'ज ऑरसेन वेलेस, सेस ब्रिट फिल्म जर्नल बाइ स्टाफ,* 23 मार्च, 2006, न्यू दिल्ली।

हॉलदार, डी.एंड सरमा, एन. (2017) *मातृभूमि : ए नेशन विदाउट वीमेन* (2003) *टू व्यथा* (2015): *व्हेन पोलीएनड्राई इज ए सेक्सुअल कॉम्पलसन इन मिसोजिनिस्ट इंडियन सोसाइटी, इन इंटरनेशनल जर्नल ऑफ इंटरडीसिप्लनरी रिसर्च इन साइंस सोसाइटी एंड कल्चर,* वॉल्यूम 3, इसु 1 (जून) 2017।

हॉलवे, रोन (2009) सिनेमा ऑफ पोस्ट-तालिबान अफगानिस्तान इन ओपनजर्नल.यू वॉटरलू. सीए. हक, एहसानुल (2007) *सोशियोलॉजी ऑफ पापुलेशन इन इंडिया,* मैकमिलन इंडिया लिमिटेड, दिल्ली।

हॉलैंड, जोनाथन (2017) *बॉर्न इन सीरिया,* एचटीटीपीएस://एम.आईएमडीबी.कॉम, फरवरी 27, 2017।

जैन, जसबीर एवं राय, सुधा (2015) *फिल्म्स एंड फेमिनिज़्म,* रावत पब्लिकेशन्स, जयपुर।

जैन, आर. के. (1970) *साउथ इंडियंस ऑन द प्लैटैशन फ्रंटियर इन मलाया,* येल यूनिवर्सिटी प्रेस, लंदन एंड न्यू हेवन।

जैन आर. के. (1998) *इंडियन कम्यूनिटीज अब्रॉड : थीम्स एंड लिटरचर,* मनोहर बुक्स, न्यू दिल्ली।

जैन, आर. के. (1998a) *रिएलिटी एंड रिप्रिजेंटेशन: आस्पेक्टस ऑफ द इलेक्ट्रॉनिक मीडिया इन कॉनटेंपोररी इंडियन सोसाइटी एंड डायस्पोरा,* सोशियोलॉजीकल बुलेटिन 47(2): 167-184।

जैन, आर. के. (1998b) *इंडियन डायस्पोरा,* ग्लोबलाईजैशन एंड मल्टीकल्चरलिजम: ए कल्चरल एनैलिसिस' कंट्रीब्यूटशंस टू इंडियन सोशियोलॉजी 32(2): 337-358।

झा, तान्या (2018) पिंजर रिव्यु : *द अदर साइड ऑफ द इंडिया-पकिस्तान पार्टीशन,* इन डब्लूडब्लूडब्लू.फेमिनिज्मइंडियाइंडिया.कॉम।

झा, प्रवीण कुमार (2019) कुली लाइंस : *गाथा गिरमिटियों की, वे जहाजी जो कभी हिन्दुस्तान नहीं लौट सके,* वाणी प्रकाशन, नई दिल्ली।

जैनब अख्तर (2016) *इंडिया-पाकिस्तान रिलेशंस: एफ्फिकैसी ऑफ कल्चर,* ए.ए.एस. सेज पब्लिकेशन

जसबीर जैन एंड सुधा राय, *फिल्म्स एंडफेमिनिज्म: एस्सेज इन इंडियन सिनेमा,* रावत पब्लिकेशनस।

जोहनसन, जैसन सी. (1980) *नोट्स ऑन चिकानो सिनेमा, इन जम्प कट : ए रिव्यू ऑफ कॉनटेंपोररी मीडिया,* नम्बर 23, पेज 9-10।

जॉनसन, जॅक (2021) 'एपिक फैल्यर ऑफ हयूमैनिटी : ग्लोबल डिसप्लेस्ड पापुलैशन हिटस ऑल-टाइम हाई, इन कॉमन ड्रीम्स.ओआरजी।

कौर, रमिन्दर & सिन्हा, अजय, जे. (2005) बॉलीवुड : *पोपुलर इंडियन सिनेमा थ्रू ए ट्रांसनैशनल लेंस,* सेज पब्लिकेशन्स, न्यू दिल्ली, लंदन।

कबीर, नसरीन एम. (2001) बॉलीवुड : *द इंडियन सिनेमा स्टोरी* चैनल 4 बुक्स, लंदन।

कबीर, नसरीनमुन्नी (2012) गुरुदत्त : *हिन्दी सिनेमा का एक कवि,* प्रभातपेपरबैक्स, नई दिल्ली।

कक्कर, सुधीर (1981) द *टाइज दैट बाइंड : फेमिली रीलैशन्शिप इन द मयथोलाजी ऑफ हिन्दी सिनेमा,* इंडिया इंटरनेशनल सेंटर कॉर्टरली वॉल्यूम 8(1), पेज 11-21।

खंडेलवाल, मधुलिका, एस. (2002) बिकमिंग अमेरिकन, *बीइंग इंडियन : एन इमिग्रेंट कम्यूनिटी इन न्यू यॉर्क सिटी,* कर्नेल यूनिवर्सिटी प्रेस, लंदन।

कपूर, वी. के. (2016) *सर्जन एक्सपलैन्स हाऊ हिन्दी मूवीज हैव मैड मेडिसिन इंटू ए फार्स,* ऑन एचटीटीपीएस//डब्लूडब्लूडब्लू.डेलियो.इन, ऑन 11 मई, 2016।

खूबचन्दानी, के (2016) *स्नेक्स ऑन द डांस फ्लोर:बॉलीवुड, जेस्चर एंड जेंडर, इन द वेलवेट लाइट,* डब्लूडब्लूडब्लू.यूटेक्सासप्रेसजर्नल्स.ओआरजी।

किन्ज़र, स्टीफन (1997) *तुर्कस से बॉन इज इन्करजिंग रैसिंग अटेक्स,* न्यू यॉर्क टाइम्स, अप्रैल 5, पेज.3।

किशोर, गिरिराज (1991) *पहला गिरमिटिया,* भारतीय ज्ञानपीठ, नई दिल्ली।

क्लिप, अलार (2011) *रिलीजन इन द कन्स्ट्रक्शन ऑफ द कल्चरल 'सेल्फ' एंड 'अदर', इएनडीसी प्रोसीडिंग्स,* वॉल्यूम.14, पेज 197-222।

करिंकूरियाल, मोहम्मद शाफिक (2019) *इस्लामिक सब्जेक्ट ऑफ होम सिनेमा ऑफ केरल बायस्कोप: साउथ एशियन स्क्रीन स्टडीज,* सेज पब्लिकेशन्स, न्यू दिल्ली।

करिंकूरियाल, मोहम्मद शाफिक (2022) *दुबई एज ए प्लेस ऑफ मेमोरी इन मलयालम सिनेमा इन इंटरनेशनल जर्नल ऑफ पॉलिटिक्स,* कल्चर एंड सोसाइटी।

कून, ए. वेस्टवेल, जी. (2012) *ऑक्सफोर्ड डिक्शनेरी ऑफ फिल्म स्टडीज,* ऑक्सफोर्ड यूनिवर्सिटी पब्लिकेशन्स, लंदन।

कुसुम, सोनाली (2014) *सोशियोलॉजिकल अंडरस्टैंडिंग एंड इम्प्लिकेशन ऑफ सरोगेट मदरहुड इन इंडियन सोसाइटीज, इंटरनेशनल रिसर्च जर्नल आट्र्स एंड एजुकेशन,* वॉल्यूम.1, इशू 2, आइएसएसएन नम्बर. 2349-1353, नवम्बर-2014।

काजमी, निखत (1998) द *ड्रीम मर्चंट बॉलीवुड,* यूबीएसपीडी, नई दिल्ली।

काजिमी, मीसाक (2018) द *रिएमरजेंस ऑफ अफगान सिनेमा,* डब्लूडब्लूडब्लू.काजिमी.मीडियम.कॉम।

कौर, रमिन्दर & सिन्हा अजय जे. (2005) *बॉलीवर्ल्ड : पॉपुलर इंडियन सिनेमा थ्रू ए ट्रांसनैशनल लेंस,* सेज पब्लिकेशन्स, नई दिल्ली।

कुमार, राधा (2011) *स्त्री संघर्ष का इतिहास : 1800-1990,* वाणी प्रकाशन, नई दिल्ली।

कुहन, अनेटे & वेस्टवेल, गाए (2020) *ऑक्सफोर्ड डिक्शनरी ऑफ फिल्म स्टडिज,* ऑक्सफोर्ड यूनिवर्सिटी प्रेस, लंदन।

लेगेवी क्लाउस (1996) *हाउ तुर्कस बिकम कुर्दस, नॉट जरमन्स,* इन डिसेंट, समर, पेज 79-83।

लिच्टनेर, जिओकॉमोएंड बंद्योपाध्याय, शेखर (2008), *इंडियन सिनेमा एंड द पेर्सेटिस्ट यूज ऑफ हिस्ट्री : कन्सेप्शन ऑफ नेशनहुड इन अर्थ एंड लगान, एशियन सर्वे,* वॉल्यूम.48, नम्बर 3 मई/जून 2008, पेज 431-452।

लाइडेर मैन, डेविड (1996) *व्हाट ए ट्रिप : द रोड फिल्म एंडअमेरिकन कल्चर, जर्नल ऑफ फिल्म एंड वीडिओ,* वॉल्यूम.48, नम्बर.½ (स्प्रिंग-समर 1996), पेज. 41-57।

लायुनी, याहया (2012) *रिडिफाईइनिंग बेउर सिनेमा : कॉनसटयूटींग सब्जेक्टिविटी थ्रू फिल्म,* सिमैंटिकस्कालर.ओआरजी।

महूरकर, उदय (1997) *वार विडोस ऑफ शेरगढ़ : फालोविंग ए ट्रेडिशन ऑफ ऑनर देट इज एन इनविटेशन टू सॉरो,* इन डब्लूडब्लूडब्लू.इंडियाटुडे.इन, ऑन अगस्त 4, 1997।

मेलेनडेज, ए गैबरियल, *हिडन चिकानो सिनेमा : फिल्म ड्रामाज इन द बॉर्डर लैंडस,* रूटगर्स यूनिवर्सिटी प्रेस, अमेरिका।

मथाई, वांगरी (2007) *अनबोएड : ए मेमोयर,* एंकर पब्लिकेशन्स, अमेरिका।

मैत्रेय, योगेश (2020) *विकी डोनर : कास्ट एंड रेस ऑफ स्पर्म,* 17 अगस्त, 2020, इंडियनकल्चरल फोरम.इन

मैएरहोफेर, वाल्त्रुद (2014) *इंडियन वोम्ब -जर्मन बेबी: ट्रांसनेशनल जेस्टटेश्नल सरोगेसी इन द फिल्म मानसून बेबी,* एशियाई जर्नल ऑफ जर्मन एंड यूरोपियन स्टडीज, 23 दिसम्बर 2019।

मेहता, रामा (1975) *डाईवोर्सड हिन्दू,* विकास पब्लिशिंग हाउस, दिल्ली।

मिल्स सी. डब्लू. (1959) द *सोशियोलॉजिकल इमेजिनेशन,* ऑक्सफोर्ड यूनिवर्सिटी प्रेस, नई दिल्ली।

मिश्रा, विजय (1985) *टुवाड्‌र्स अ थीअरेटिकल क्रिटीक ऑफ बॉम्बे सिनेमा,* स्क्रीन, वॉल्यूम 26 (3/4), पेज 133-46।

मिश्रा, विजय (2000) *बॉलीवुड सिनेमा : टेम्पलस ऑफ डिजाइअर,* रटलेज पब्लिकेशन्स न्यूयॉर्क और लंदन।

मोहंती, प्रज्ञान (2018) *ए लॉन्ग बीफोर वीरे,* द हिन्दू, 11 अगस्त 2018।

मोहंती प्रज्ञान (2022) *एज जुगजुग जियो रिलीज, डीप डाइव इन टू हाऊ डायवोर्सड हैज बिन ट्रीटिड इन हिन्दी सिनेमा अक्रॉस डिकेडेस*।

मुराद, नादिया (2017) द *लास्ट गर्ल : माय स्टोरी ऑफ कैप्टिविटी एंड माय फाइट अगेंस्ट द*

इस्लामिक स्टेट, विरागो प्रेस, लन्दन।
नाफिसी, हामिद (2018) *एन असेंटेड सिनेमा : एक्सिलिक एंड डायसपोरिक फिल्ममेकिंग*, प्रिंसटन यूनिवर्सिटी प्रेस, अमेरिका।
नंदी, आशीष (1998) द *सीक्रेट पॉलिटिक्स ऑफ और डिजाइअरस: इनसंट कल्पबिलिटी एंड इंडियन पापुलर सिनेमा*, जेड बुक्स लंदन।
नंदा, ऋतु (2017) *राज कपूर : आई ड्रीम सिनेमा, आई ब्रीथ सिनेमा एंड आई लीव सिनेमा*, इन डब्लूडब्लूडब्लू.स्क्रॉल.इन।
नंदूक्कनडीईल, हाशिक (2020) *माइग्रैशन एंड मोबिलिटी इन पेट्रोलैंड्स : रिफलेक्शनस ऑन होम फिल्म्स ऑफ केरल*, साउथ एशियन पोपुलर कल्चर, वॉल्यूम 18, इसु 1।
ओबेराय पैट्रीसिया (1998) द *डायस्पोरा कम्स होम : डिसपलिनिंग डिजाइअर इन डीडीएलजे, कंट्री ब्यूशन्स टू इंडियन सोसीओलॉजी*, वॉल्यूम32(2), पेज 305-336।
ओयिबोके, अमेन (2017) *13 मूवीज अबाउट वीमेन इन वार टू सी एज सून एज पॉसिबल*, डब्लूडब्लूडब्लू.बस्टल.कॉम, 30 मई 2017।
ओबेराय पैट्रीसिया (1998) द *डायस्पोरा कम्स होम : डिसपलिनिंग डिजाइअर इन डीडीएलजे*, कंट्री ब्यूशन्स टू इंडियन सोसीओलॉजी, वॉल्यूम.32(2), पेज 305-336।
ओलिवर पॉल (1960) *ब्लूज फेल दिस मॉर्निंग*, कैंब्रिज यूनिवर्सिटी प्रेस, अमेरिका।
पाठक, अभिजीत, बिसवाल, रामकृष्णा (2020) *मेंटल इलनेस इन इंडियन हिन्दी सिनेमा: प्रोडक्शन, रिप्रेजेंटेशन, एंड रीसेप्शन बीफॉर एंड आफ्टर मीडिया कन्वर्जन्स, इन इंडियन जर्नल ऑफ साइकलाजिकल मेडिसिन*, वॉल्यूम.43, इशू 1, ऑन 13 जुलाई, 2020।
पाठक, संचिता (2021) स्मिता पाटिल : *मिर्चमसाला*, बाजार जैसी 10 उम्दा फिल्में जिन्हें देख कोई भी स्मिता का फैन हो जाएगा, इंडियाटाइम्स.कॉम, 18 अक्तूबर, 2021।
पीटरसेन, हन्नाह एलिस (2021) *फ्राम चाइल्ड लेबर टू ऑस्कर होपफुल द एक्स्ट्रा ऑर्डनेरी लाइफ ऑफ पीएस विनोदराज*, South Asia correspondent, Sun 21 Nov, 2021।
पाटील, अरुणा राजे (2017) *हवेयर आर द अवैलबल मेन' एंड अदर टेल्स फ्रॉम द सेट्स ऑफ द सेक्सुअल लिबरैशन ड्रामा रिहाई*, स्क्रॉल.इन, 8 मई 2017।
प्रज्ञा (2018) बिहार आईंग शाहरुख, आमिर खान *फॉर मूवी ऑन इंडियन लेबर्स इन मॉरीशस*, द प्रिंट, 24 सितम्बर, 2018।
प्रसाद, माधव एम. (1993) *सिनेमा एंड द डिजाइअर फॉर माडर्निटी, जर्नल्स ऑफ आर्ट्स एंड आइडियाज*, पेज 25-26।
प्रसाद, माधव एम. (1998) *आइडिओलॉजी ऑफ हिन्दी फिल्म: ए हिस्टॉरिकल कन्स्ट्रक्शन*, ऑक्सफोर्ड यूनिवर्सिटी प्रेस नई दिल्ली।
राधा कृष्णन, आर.के. डेविट, एम्मा एमिली & बंडर्स, जोसके जी. एफ. (2022) होम अवै फ्राम होम, फ्रंटलाइन, वॉल्यूम.39, नम्बर 7, अप्रैल 8, 2022, इंडिया।
राजाध्यक्ष आशीष & पॉल विलमेन (1995) *इनसाइक्लोपीडिया ऑफ इंडियन सिनेमा*, ऑक्सफोर्ड

यूनिवर्सिटी प्रेस, दिल्ली।
राजाध्यक्ष, आशीष (2003) द *बोलीवुडाइजेशन ऑफ द इंडियन सिनेमा : कल्चरल नैशनलिज़्म इन ए ग्लोबल अरीना, इंटर-एशिया कल्चरल स्टडीज,* वॉल्यूम 4(1), पेज 25-39।
राजाध्यक्ष, आशीष (2016) *इंडियन सिनेमा : ए वेरी शॉर्ट इंट्रोडक्शन,* ऑक्सफोर्ड यूनिवर्सिटी प्रेस, यूनाइटेड किंगडम।
राजिमवाले, राजेश्वरी (2012) आफ्टर 'विकी डोनर', *स्पर्म डोनेशन नो लोंगर टैबू इन इंडिया,* वन्कुवर आब्जर्वर, 12 मई, 2012।
रामचन्द्रन, एस. (2021) 'क्वर्की एंड टैबू सबजेक्ट्स हैव बिकम माइ ज़ोन : आयुष्मान खुराना ऑन हिज मूवीज, द फ्री प्रेस जर्नल ऑन नवम्बर 10, 2021।
रथीस राधाकृष्णन (2009) *द गल्फ इन द इमैजनैशन : माइग्रैशन, मलयालम सिनेमा एंड रीजनल आइडेंटिटी इन कंट्रीब्यूसन्स टू इंडियन सोसियोलाजी* ऑन 27 अक्टूबर, 2009, सेज पब्लिकेशन्स, न्यू दिल्ली।
राय, अजित (2022) *बॉलीवुड की बुनियाद,* वाणी प्रकाशन, नई दिल्ली।
रे, कुनाल (2015) स्मितास्ट्रगलडविथक्यूरियसकंट्राडिक्शन, द हिन्दू, 17 अक्टूबर, 2015।
राव, मैथिलि (2005) *ए वर्ल्ड विदाउट वीमेन,* फ्रंटलाइन, फ्रंटलाइन.दहिन्दू.कॉम।
राव, मैथिली (2015) स्मिता पाटिल : *ए ब्रीफ इनकैनडेसेन्स,* हार्पर कालिन्स पब्लिकेशन्स इंडिया।
रश्दी, सलमान (1991) इमजिनेरी होम लैंड : *एस्से एंड क्रिटिसिजम,* 1981-91, ग्रांट बुक्स।
रजा, राही मासूम (2018) *सिनेमा और संस्कृति,* वाणी प्रकाशन, नई दिल्लो।
रिगल, कोर्टनी-वान स्काजेन, वैकूएरा, एलिजाबेथ (2022) मोर माईग्रेंटस आर डाइंग अलांग द यूएस—मेक्सिको बॉर्डर, बट इट इज हार्ड टू से हाउ बिग द प्रॉब्लेम एक्चुअल्ली इज, *एचटीटीपीएस ://* दकान्वर्सैशन.कॉम, 22 फरवरी, 2022।
रिंगस, गुइडो (2012) *आइडेंटिटी एंड अदरनेस इन कॉनटेंपोरारी चिकानो सिनेमा : एन इंट्रोडक्शन, इन इंटर डिसिप्लिनरी मेक्सिको,* वॉल्यूम.1, समर 2012।
सैनी भव्या (2022) *थप्पड़, निकाह एंड अदर हिन्दी फिल्म्स दैट डीलट विद द सब्जेक्ट ऑफ डायवोर्सड,* एचटीटीपीएस://डब्लूडब्लूडब्लू.शीदपीपल.टीवी/फिल्म-थियेटर/हिन्दी-फिल्म्स-ऑन-डिवोर्स।
सेठ, अनालिता (2021) *इंडिपेंडेंस डे स्पेशल: 10 फिल्म्स बेस्ड ऑन टू इवेंट्स देट विल अवेक द पेट्रियट इन यू,* फिल्मफेयर, 15 अगस्त 2021।
सेन, मेहिली (2017) हौंटिंग बॉलीवुड : *जेंडर, जेनर, एंड द सुपरनेचुरल इन हिन्दी कमर्सिअल सिनेमा,* यूनिवर्सिटी ऑफ टेक्सास प्रेस, अमेरिका।
शफीक, के.एस. (2018) *याद की रहगुजर* : शौकत कैफी, राजकमल प्रकाशन, नई दिल्ली।
शर्मा, सम्पदा (2021) *शबाना आजमी : द मोस्ट वर्सटाइल एक्टर इन हिन्दी फिल्म इंडस्ट्री हु शुड बी सेलेब्रेटेड इवन मोर,* इंडियन एक्सप्रेस, 19 सेप्टेम्बर, 2021।
शेख, सुफिया (2020) *रिकांसिलिएशन इन अफगानिस्तान : रोल ऑफ आर्ट एंड सिनेमा, इंटरनेशनल*

जर्नल ऑफ पालिसी साइंस एंड लॉ, वॉल्यूम.1 इसु 2।
शुक्ल, रामचन्द्र (2018) *हिन्दी साहित्य का इतिहास,* साहित्य सरोवर प्रकाशन, आगरा।
सम्भव, साकेत (2022) *स्टेटिस्टिक्स ऑफ द डायवोर्सड रेट इन इंडिया,* एचटीटीपीस:// एडजुआलीगल.कॉम/डिवोर्स/डिवोर्स-रेट-इन-इंडिया, 28 दिसम्बर, 2022।
सरकार, कोबिता (1975) *इंडियन सिनेमा टुडे: एन अनैलिसिस,* स्टर्लिंग पब्लिकेशन्स, नई दिल्ली।
शालिनी, लौरडेस एंटीओनेटे & सी. अलामेलू (2022) *द ग्रेट इंडियन किचन सरविंग ऑफ एन अन पैलटबल टेल टेल ऑफ मेल चौवईनिज़्म इन होम, थ्योरी एंड प्रैक्टिस इन लैंग्वेज स्टडिज,* वॉल्यूम.12, नम्बर 4, पेज 702-706, अप्रैल 2022।
श्रीनेत, दिनेश (2012) *पश्चिम और सिनेमा,* वाणी प्रकाशन, नई दिल्ली।
सिल्वरथ्रोन, सीन (2016) शबाना आजमी : ले*वेरेजिंग बॉलीवुड फेम इनटू सोशल गुड,* इन एचबीएसडब्लूके.एचबीएस.एडू।
सिंह, जय (2013) *भारतीय सिनेमा का सफरनामा,* प्रकाशन विभाग, नई दिल्ली।
स्कूरमन्स, फबरिस (2015) द *रेप्रिज़ेंटएशन ऑफ इलीगल माइग्रंट इन कॉनटेंपोररी सिनेमा: बॉर्डर सिनेरिओस एंड एफेक्ट्स, इन पुरतगीज जर्नल रिवेस्टा क्रिटिका डे सिएनसियस सोसियासीस,* इशू नम्बर7, 2015।
थोम्प्सन, कार्ल (2018) *सोशियोलॉजिकल पर्सपेक्टिव आन 'रेंटिंग अ वोम्ब',* रिवाइजसोशियोलॉजी. कॉम।
थॉमस आर. (1985) *इंडियन सिनेमा : प्लीजर एंड पॉपुलरिटी,* इन स्क्रीन, वॉल्यूम 26 (3-4), पेज 116-31।
थरायिल, रेफना (2021) द *मलयालम मूवीज शोकेसिंग द गल्फ ड्रीम्स,* एट एचटीटीपीएस// एनरिविजन.कॉम।
थुसु, दया किशन (2016) द *सॉफ्ट पावर ऑफ पोपुलर सिनेमा—द केस ऑफ इंडिया,* इन जर्नल ऑफ पोलिटिकल पावर, रटलेज लंदन।
टिंकर, हग (1993) *ए न्यू सिस्टम ऑफ स्लैवरी :* द *एक्सपोर्ट ऑफ इंडियन लेबर ओवरसीज 1830-1920,* द यूनिवर्सिटी ऑफ मिशिगन प्रेस, अमेरिका।
टोलोलयान के. (1996) *रीथिंकिंग डायस्पोरा : स्टेटलेस पावर इन* द *ट्रांसन्स्नैशनल मोमेंट, डायस्पोरा एस* (1) : 3-36।
त्यागी, सत्येन्द्र (2022) *चैन्जिंग पोटरियल ऑफ डॉक्टर्स इन बॉलीवुड फिल्म्स,* 1940—2020: *इज इट टाइम फॉर इंट्रोस्पेकन्स ?, मेडिसिनएंड सोसाइटी,* वॉल्यूम 34(4), 29-01-2022।
वासुदेवन, रवि (1989) द *मेलड्रमैटिक मोड एंड द कमर्शियल हिन्दी सिनेमा,* स्क्रीन, वॉल्यूम 30(3), समर 1989, पेज 29-50, 1 जुलाई, 1989।
वसुदेवन, रवि (1998) द *मेलोड्रामेटिक मोड एंड इंडियन कमर्शियल सिनेमा,* स्क्रीन 30(3)।
वासुदेवन, रवि एस. (2000) *मेकिंग मीनिंग इन इंडियन सिनेमा,* ऑक्सफोर्ड यूनिवर्सिटी प्रेस, नई दिल्ली।

वरगिज, डाईगी & रंगनाथन, शुभा (2021) *जकस्टापोजिंग द ग्रेट इंडियन किचन एंड द कुंदुंबाश्री: वुमन, वर्क एंड एजेंसी इन केरल, इन इंडियन जर्नल ऑफ ह्यूमन डेवलपमेंट* 15(2) पेज 353-362।

वासुदेवन, रवि (2010) *इन द सेंट्रीफ्यूज ऑफ हिस्ट्री,* सिनेमा जर्नल, वॉल्यूम.50, नम्बर 1 (फाल 2010) पेज 135-140।

वरटोवेक एस. (2000) द *हिन्दी डायस्पोरा : कंपरेटिव पैटर्न्स,* रटलेज लंदन।

विजय, अनन्त (2019) हिन्दी फिल्मों की काली : स्मिता पाटिल, 17 अक्टूबर, 2019, साहित्यसिनेमासेतु.कॉम।

विप्लव, विनोद (2013) *हिन्दी सिनेमा के 150 सितारे,* प्रभात प्रकाशन, नई दिल्ली।

विरदी, ज्योतिका (2003) द *सिनमैटिक इमैजनैशन : इंडियन पोपुलर फिल्म एज सोशल हिस्ट्री,* रटजर्स यूनिवर्सिटी प्रेस, न्यू बर्लिनस्वीक (Brlinswick)।

विस्वास, सौतिक (2016) *व्हाट डायवोर्सड एंड सेपरेशन टेल अस अबाउट मॉडर्न इंडिया,* 29 सितम्बर, 2016, बीबीसी.कॉम/न्यूज/वर्ड-एशिया-इंडिया।

वेबर डोनाल्ड (2015) *फ़ातिह अकिन'स सिनेमा ऑफ हास्पिटैलिटी,* इन द मसाचूसेट्स रिव्यू, वॉल्यूम.56, नम्बर.3, पेज 421-439

यूसुफजाई, मलाला (2019) वी आर डिस्प्लेस्ड : *माइ जर्नी एंड स्टोरीज फ्राम रेफ्यूजी गर्ल्स अराउंड द वर्ल्ड,* वेडेनफेल्ड&निकोलसन पब्लिशर्स, लंदन।

वेबसाइट्स

बॉर्न इन सीरिया (नसिडो एन सीरिया) : *फिल्म रिव्यू बाइ द स्टाफ,* डब्लूडब्लूडब्लू.हॉलीवुडरिपोर्टर.कॉम, 27 फरवरी 2017

फिल्म्स अबाउट इंडेन्चरशिप (2021) अमीनागफ़ूरइंस्टिट्यूट.ओआरजी, दिसम्बर 2021

'ही इज माय फॉरएवर' सेज, आर्मी विडो अबाउट हसबेंड इन पोस्ट गॉन वायरल बाय एनडीटीवी ऑफबीट डेस्क, एनडीटीवी.कॉम, 5 जुलाई 2017

मोर दैन 14 मिलियन पीपल फलेड होम्स इन यूक्रेन सिन्स रसिया इन्वैजन: यूएन, अलजजीरा.कॉम, 22 फरवरी 2024

एचटीटीपीएस://साउथएशियाजर्नल.नेट/इंडिया-ए-ट्रिब्यूट-टू-द-ब्रिलियंट-गुरु-दत्त-द-ग्रेट-मास्टर-ऑफ-द -आर्ट-एंड-क्राफ्ट-ऑफ-फिल्म-मैकिंग/

एचटीटीपीएस//डब्लूडब्लूडब्लू.वनइंडिया.कॉम/2006/03/23/गुरुदत्त-इंडिया-ऑरसेन-वेलेस-सेज-ब्रिट-फिल्म-जर्नल-1143097408.एचटीएमएल